U0450636

教育部人文社会科学研究规划项目资助
（项目批准号：12YJA820071）
感谢盐城工学院人文社科出版基金资助

近代司法体制的社会化变革
——以清末民初商会理案为中心的历史考察

王红梅 著

中国社会科学出版社

图书在版编目(CIP)数据

近代司法体制的社会化变革：以清末民初商会理案为中心的历史考察 / 王红梅著. —北京：中国社会科学出版社，2020.8
ISBN 978-7-5203-7064-6

Ⅰ.①近… Ⅱ.①王… Ⅲ.①司法制度—体制改革—研究—中国—近代 Ⅳ.①D929.5

中国版本图书馆 CIP 数据核字（2020）第 158266 号

出 版 人	赵剑英
责任编辑	任　明
责任校对	赵雪姣
责任印制	郝美娜

出　　版	中国社会科学出版社
社　　址	北京鼓楼西大街甲 158 号
邮　　编	100720
网　　址	http://www.csspw.cn
发 行 部	010-84083685
门 市 部	010-84029450
经　　销	新华书店及其他书店
印刷装订	北京君升印刷有限公司
版　　次	2020 年 8 月第 1 版
印　　次	2020 年 8 月第 1 次印刷
开　　本	710×1000　1/16
印　　张	24.25
插　　页	2
字　　数	411 千字
定　　价	110.00 元

凡购买中国社会科学出版社图书，如有质量问题请与本社营销中心联系调换
电话：010-84083683
版权所有　侵权必究

序

经过多年的努力,笔者主持的教育部人文社会科学研究一般项目《近代司法体制的社会化变革——以清末民初商会理案为中心的历史考察》终于完成了。本书就是该项目的最终研究成果。

对近代司法体制的社会化现象产生兴趣,源于笔者在写博士论文时接触到的一些商会史料。笔者的博士论文以"商会与中国法制近代化"为题,主要论述法制近代化过程中,商会推动近代宪政运动、参与商事立法和商事裁判等诸多活动。博士论文写作过程中,笔者通过阅览大量的商会档案,发现近代商会自1904年成立以来,裁决商事纠纷的活动一直延续到民国中期。民国初年还颁布了《商事公断处章程》对商会处理商事纠纷的组织构建、人员配置、经费管理、程序规则等作了明确的规定。由于将商会处理商事纠纷的活动纳入法制化轨道,即使在民国初年社会动荡、政权更迭频繁、国家法律体系和司法制度不健全等不良法治环境下,商会处理商事纠纷的活动仍然一直有序进行,处理了大量的商事纠纷,在维护商人权益、维持商业秩序方面发挥了极大的作用。近代商会是一个自治性的社会组织,民国时期的司法体制,在普通法院体系之外,出现了以商会为主体的国家法规范的商事仲裁体制,为近代多元化司法体制的建立画上了浓浓的一笔。商会参与商事裁判活动,使得近代司法体制中有很明显的社会化痕迹。

由于博士论文篇幅有限,主题与近代司法体制的社会化也不相同,所以博士论文中虽然涉及商会参与近代商事裁判活动的内容,但是未能从司法体制的社会化角度进行论述。譬如,商事公断处是附设于商会的机构,在民初颁行的《商事公断处章程》中明确其性质为仲裁机构,但当时商会及商事公断处是由商人组成的一个民间组织,博士论文中对历届公断处职员的选举过程、职员背景资料的分析都没有。再譬如，在博士论文写作过程中，很惊讶地发现上海会审公廨会将一些案件移交给上海总商会或公断处处理，这与以往会审公廨无耻地攫取租界司法审判权的历史公论似乎有些矛盾，为什么会出现这一现象？凡此种种，许多问题，萦绕在心。

另外，博士毕业以后，一些新史料的获得，也使笔者喜出望外。1925年"五卅"运动以后，全国掀起了反帝运动新高潮，收回会审公廨成为对英交涉的13项条件之一，1926年在收回会审公廨的谈判中，中国商事公断处的良好运作，还作为和西方各国谈判的筹码，司法部官员李炘专门写了《考核商事公断处情形报告书》供各国调查法权委员会参考。① 根据《考核商事公断处情形报告书》的记载，京师商事公断处在1915—1925年处理了776个案件，但是这些案件的具体案情、公断处如何处理这些案件的情况都不得而知。张松博士在《固有商事习惯与近代商法间的冲突与传承》一文中曾经提及中国社科院法学所图书馆藏有《京师商事公断处公断书录》多册，并在文中引用②，笔者曾几次电询法学所图书馆，都答复古籍馆在整理中，资料不对外开放，所以写博士论文时未能引用该资料。写完博士论文，偶尔查到北京档案馆有馆藏6集8册，而且可以阅览。笔者异常兴奋，因为尽管目前出版了许多商会档案，但是完整的商事公断处公断书录还没有。2011年元旦过后，我抽出时间兴冲冲地跑到北京档案馆去查阅，却被告之大多数资料破损严重，不允许阅览，当时的遗憾之情真是难以表达。好在第2集上、下册和第4集比较完整③，笔者还有幸一览。我在北京档案馆花了20天时间，匆匆阅览了第2集上、下册和第4集，并抄录了几十个案例作为研究之用。在京期间我还在国家图书馆查到了1922年出版的《上海商事公断处报告》，虽然只有薄薄的26页，却反映了上海商事公断处的一些理案概况。

有了这些新增加的史料，笔者就打算将这些资料整理后结合博士论文

---

① 李炘：《考核商事公断处情形报告书》，《法律评论》1926年第169期、第172期、第173期、第174期。

② 张松：《固有商事习惯与近代商法间的冲突与传承》，载王立民主编《中国历史上的法律与社会发展》，吉林人民出版社2007年版，第528—533页。该文中提及《京师商事公断处公断书录》由京师商事公断处编印，中国社会科学院法学研究所图书馆馆藏只有1、2、5集。

③ 北京档案馆收藏的京师商事公断处公断书录一共有6集8册，第1集（上、下册）、第2集（上、下册）、第3集、第4集、第5集、第6集。

中已经研究的一些内容，在近代司法体制的社会化主旨框架内，对清末民初商会理案做一个专门研究，2012年尝试申报教育部人文社科基金项目，很顺利地获得立项。课题获得立项以后，为了进行更深入、全面的研究，2013年我申请到中国社科院法学所做访问学者，希望能够结合北京档案馆的资料，阅览比较完整的《京师商事公断处公断书录》。但是非常遗憾的是，法学所的古籍资料仍在整理之中，未能查阅。不仅如此，北京档案馆馆藏的《京师商事公断处公断书录》，也因为破损严重，一册都不对外开放，到北京档案馆也已经不能阅览《京师商事公断处公断书录》。2013年以来，我和课题组成员用以前收集的资料，边研究边等待，一直盼望这些资料能够经过整理和修复早日对外开放，但至今也未能如愿，研究的进度也因此耽搁了下来。

本书以清末民初商会理处商事纠纷为切入点，考察中国近代司法体制的社会化变革。中国近代商会的出现，是商人团体由传统向近代的转变，这一转变的过程直接源于国家法的颁布和实施，清末民初的政府都颁行了商会法。不仅商会的发展如此，当时与商会并称三大社团的中国教育会、农会，也都是政府颁布单行社团组织法以规范、推动其迅速发展。除了上述三大社团外，清末民初的中国，"社团之多，真如过江之鲫"①。中国近代社团的发展，从制度根源上探究，是现代化结社制度的确立为社团发展提供了法律保障。中国传统社会，历朝历代多严格禁止或限制民众结社，但是清末以后，所谓"数千年未有之变局"的社会环境之下，近代国民的结社权由政府鼓励特定职业团体结社而颁布单行法规，转向宪法规定公民普遍享有结社权，政府立法的目的也由功利性向保护国民政治权利转化，体现了中国法制由传统向近代转型的渐进过程，也是国家对社会力量扶持和培植的过程，近代社团成为推动中国法制近代化进程的重要力量。近代社团的发展，为公民参与法制近代化提供了重要的载体，提升了公民的参与能力，有利于保证公民参与的有序和实效。众多社团对中国法制近代化的作用不仅仅表现在某些个案上，更在于为法制近代化提供良好的社会基础。

法治的实现固然要依靠国家的推动，但社会力量的参与对法治的实现

---

① 陆丹林：《革命史谭》，载荣孟源、章伯峰主编《近代稗海》，四川人民出版社1985年版，第619页。

具有更加持久的推动力。十八届四中全会以后，法治国家建设走上了快车道，坚持"法治国家、法治政府、法治社会"一体化推进、建设多元化的纠纷解决机制成为建立高效的法治实施体系的实现路径。本书着重研究清末民初商会参与解决商事纠纷的状态，并将之作为近代司法体制社会化的一个典型个案进行研究，为当下法治社会建设提供某种历史实践素材，从这个角度评价，本书的研究还是有重要的理论和实践指导意义的。

虽然本书在写作过程中，注重对收集的史料进行整理和量化分析，希望能够将史料运用得更翔实、结论更可靠，在苏州、上海、京师商事公断处的共性研究之余，还研究了各自的个性，对上海商事公断处和会审公廨之间关系、京师商事公断处对破产案件的处理等富有特色的素材进行了重点整理和研究，但是由于收集资料困难，本书写作过程中没有运用州县商会理案的资料，与以往所有的研究一样，仍然是以商务繁富之地的大商会为研究个案，对农会等其他社会组织处理纠纷的材料还是一个空白，希望今后的研究能有所突破。研究中多有不到之处，敬请方家指正。

王红梅

2020年5月26日

目　　录

绪论 ……………………………………………………………（1）
  一　本书副标题"理案"的内涵说明 ……………………………（1）
  二　文献评论 ……………………………………………………（3）
  三　研究的基本框架和研究方法 ………………………………（7）
**第一章　从"行"到"会"：商人组织形态的近代转型与社会
　　　　进步** ……………………………………………………（11）
  一　中国古代商人团体 …………………………………………（11）
    （一）唐以前的商人组织形态 ………………………………（11）
    （二）唐宋的行团 ……………………………………………（12）
    （三）明清时期的会馆、公所 ………………………………（15）
  二　清末商会的成立 ……………………………………………（20）
    （一）商会成立的历史背景 …………………………………（20）
    （二）《商会简明章程》：近代商会成立的直接推动力 ………（27）
  三　近代商人结社制度的确立促进商人社会的进步 …………（32）
    （一）中国古代商人结社法律制度的缺失对商人结社
　　　　　的影响 ……………………………………………………（32）
    （二）清末商会法对近代商人结社的影响 …………………（35）
第二章　清末商会理案权的形成与特点 ……………………（42）
  一　清末商会理案权的形成：政府重商政策下改善司法
　　　环境的举措 …………………………………………………（42）
    （一）清朝传统商事纠纷解决机制概述 ……………………（43）
    （二）清朝传统商事纠纷解决机制中存在的弊端 …………（49）
  二　清末商会理案的特点 ………………………………………（55）

（一）清末商会理案的规范化 …………………………………（56）
　　（二）清末商会理案的民主化 …………………………………（63）
　　（三）清末商会理案的专业化 …………………………………（64）

第三章　民国初年商事公断处的设立 ……………………………（68）
　一　民初商事公断处的相关立法 …………………………………（68）
　　（一）公断处名称的由来 ………………………………………（68）
　　（二）民初《商事公断处章程》的颁行 ………………………（70）
　　（三）《商事公断处办事细则》的制定 ………………………（73）
　二　民初商事公断处的设立概况 …………………………………（80）
　三　司法体制变革下商会理案性质及权限争议的考察 ………（84）
　　（一）商会理案性质的分析 ……………………………………（86）
　　（二）商会与司法部关于商事裁判权争议的考察 ……………（98）

第四章　苏州商事公断处个案研究 ………………………………（110）
　一　苏州商事公断处的设立 ……………………………………（110）
　二　苏州商事公断处职员分析 …………………………………（114）
　三　苏州商事公断处理案概况 …………………………………（121）
　四　苏州商事公断处公断案件的具体运作 ……………………（126）
　　（一）苏州商事公断处受理案件的程序 ………………………（126）
　　（二）苏州商事公断处和解劝导息讼为主的理案方式 ………（134）
　　（三）以查清账目为主的司法协助 ……………………………（136）
　五　苏州商事公断处对破产案件的处理 ………………………（138）
　　（一）"徇有力债权团之情"的不公平分配 …………………（139）
　　（二）破产不免责主义 …………………………………………（141）
　六　苏州商事公断处与苏州总商会在理处商事纠纷
　　　方面的关系 …………………………………………………（142）

第五章　上海商事公断处个案研究 ………………………………（151）
　一　上海商事公断处的设立 ……………………………………（151）
　二　上海商事公断处职员分析 …………………………………（154）
　三　上海商事公断处理案概况 …………………………………（163）
　四　上海商事公断处公断案件的具体运作 ……………………（172）
　五　会审公廨司法审判权的"攫取"与"让渡"——会审公廨
　　　移交上海总商会理处民商事纠纷的分析 …………………（184）

（一）攫取与让渡的对立——攫取的过程与让渡的事实……（186）
　　（二）攫取与让渡的统一——租界秩序的维护……………（189）
　　（三）商会理案——租界谋求纠纷解决机制社会化的途径…（192）

第六章　京师商事公断处个案研究……………………………（197）
　一　京师商事公断处的设立………………………………（197）
　二　京师商事公断处职员分析……………………………（199）
　三　京师商事公断处理案概况……………………………（205）
　四　京师商事公断处公断案件的具体运作…………………（221）
　五　京师商事公断处对破产案件的处理……………………（237）
　　（一）破产程序中商事公断处的主导作用…………………（237）
　　（二）"以昭平允"原则下的均分破产财产制与抵押
　　　　　权优先有限受偿制………………………………（242）
　　（三）均分财产前提下的酌提讼费与个别民事程序中止…（246）
　　（四）"抵销债款全额"的破产免责制度……………………（247）
　　（五）习惯与法理成为破产案件的理案依据………………（248）

第七章　结论与现代启示………………………………………（253）
　一　从理案处到公断处：近代司法体制的两次社会化变革
　　　及质的飞跃…………………………………………（253）
　二　商事公断处：近代司法体制社会化变革中的优质司法
　　　资源…………………………………………………（257）
　三　司法体制社会化变革中的制度设计缺陷影响了商事公
　　　断处作用的有效发挥………………………………（260）
　四　现代启示之一：国家对社会力量的扶植和培育可以为
　　　法治近代化提供必要的社会基础……………………（271）
　五　现代启示之二：当代须建立以商会为主体的商事纠纷
　　　仲裁与调解体系……………………………………（280）

附：京师商事公断处公断书录（选录）…………………………（285）
　1. 京师商事公断处公字第一百七十九号……………………（287）
　2. 京师商事公断处公字第一百八十号………………………（289）
　3. 京师商事公断处公字第一百八十一号……………………（290）
　4. 京师商事公断处公字第一百八十二号……………………（292）
　5. 京师商事公断处公字第一百八十三号……………………（293）

6. 京师商事公断处公字第一百八十八号 …………………（296）
7. 京师商事公断处公字第一百八十九号 …………………（297）
8. 京师商事公断处公字第一百九十号 ……………………（298）
9. 京师商事公断处公字第一百九十二号 …………………（299）
10. 京师商事公断处公字第一百九十四号 …………………（301）
11. 京师商事公断处公字第一百九十九号 …………………（302）
12. 京师商事公断处公字第二百零二号 ……………………（304）
13. 京师商事公断处公字第二百零九号 ……………………（305）
14. 京师商事公断处公字第二百一十九号 …………………（306）
15. 京师商事公断处公字第二百二十六号 …………………（309）
16. 京师商事公断处公字第二百二十八号 …………………（311）
17. 京师商事公断处公字第二百二十九号 …………………（312）
18. 京师商事公断处公字第二百三十号 ……………………（313）
19. 京师商事公断处公字第二百四十号 ……………………（315）
20. 京师商事公断处公字第二百四十一号 …………………（316）
21. 京师商事公断处公字第二百四十八号 …………………（317）
22. 京师商事公断处公字第二百五十六号 …………………（318）
23. 京师商事公断处公字第二百五十九号 …………………（320）
24. 京师商事公断处公字第二百六十八号 …………………（321）
25. 京师商事公断处公字第二百七十号 ……………………（322）
26. 京师商事公断处公字第二百七十四号 …………………（324）
27. 京师商事公断处公字第二百七十五号 …………………（325）
28. 京师商事公断处公字第一百八十六号 …………………（326）
29. 京师商事公断处公字第一百九十七号 …………………（327）
30. 京师商事公断处公字第二百零六号 ……………………（329）
31. 京师商事公断处公字第二百一十号 ……………………（330）
32. 京师商事公断处公字第二百二十号 ……………………（331）
33. 京师商事公断处公字第二百二十五号 …………………（333）
34. 京师商事公断处公字第二百三十一号 …………………（334）
35. 京师商事公断处公字第二百三十九号 …………………（335）
36. 京师商事公断处公字第二百五十一号 …………………（336）
37. 京师商事公断处公字第二百六十一号 …………………（337）

38. 京师商事公断处公字第二百八十八号……………………………（339）
39. 京师商事公断处公字第三百零一号……………………………（340）
40. 京师商事公断处公字第三百一十七号…………………………（341）
41. 京师商事公断处公字第三百一十八号…………………………（342）
42. 京师商事公断处公字第三百二十六号…………………………（343）
43. 京师商事公断处公字第四百七十七号…………………………（344）
44. 京师商事公断处公字第四百七十八号…………………………（346）
45. 京师商事公断处公字第四百八十一号…………………………（347）
46. 京师商事公断处公字第四百八十五号…………………………（348）
47. 京师商事公断处公字第四百八十九号…………………………（350）
48. 京师商事公断处公字第四百九十号……………………………（351）
49. 京师商事公断处公字第四百九十三号…………………………（353）
50. 京师商事公断处公字第五百号…………………………………（354）
51. 京师商事公断处公字第五百零一号……………………………（355）
52. 京师商事公断处公字第五百一十三号…………………………（357）
53. 京师商事公断处公字第五百二十九号…………………………（358）
54. 京师商事公断处公字第五百三十号……………………………（360）
55. 京师商事公断处公字第四百九十八号…………………………（361）
56. 京师商事公断处公字第五百零三号……………………………（363）
57. 京师商事公断处公字第五百零四号……………………………（364）

参考文献 ………………………………………………………………（365）

绪　论

一　本书副标题"理案"的内涵说明

本书副标题为"以清末民初商会理案为中心的历史考察",其中"理案"一词颇难理解,有必要在行文之初对此作一解释。

中国近代商会始建于1904年,后发展成为近代人数最多、规模最大的商人社团。1904年清廷颁布《商会简明章程》,谕令各地设立商会,在政府的推动下,第一个商会在上海设立,以后各地商会次第建立。根据学者阮忠仁的统计,1904年全国仅设立了9个商会,以后逐年增加,1911年全国设立的商会已有1022个[①],阮忠仁统计的数据还是各个商会上报当时的管理机构——农工商部申请备案的,还有许多商会当时未在政府机构备案。1912年全国商会联合会筹备成立之时,对全国各地总分会进行调查,"已经立案报部之总分会约千百余处,未报部者约千余"[②],可见清末商会数量众多。清末商会还形成了商务总会、商务分会和商务分所三级建制的纵向组织结构,这些纵向结构的商会分布于商务繁富之地或省垣、州县及乡镇。1912年以各省商会联合会为会员的全国商会联合会成立,克服了以往商会存在的省际横向联系缺乏的弊端,使商会形成纵横联合的网络结构体系,商会的组织优势更加显现,在民初中央政权更迭频繁、社会动荡不安的政治环境下,各地商会始终处于良好的组织运作过程中,在全国商会联合会和各地总商会的带

[①] 阮忠仁:《清末民初农工商机构的设立》,台湾师范大学历史研究所专刊,1988年,第238页。

[②] 《商会联合会始末记》,《时事汇报》1914年第6号,"纪录二",第1页。

动下，对贯彻国家的经济政策、维护市场经济秩序、振兴实业、开展城乡自治和城乡社会建设等方面发挥了巨大的作用，是中国近代不可忽视的社会力量。①

1904年《商会简明章程》在谕令各地建立商会的同时，也赋予商会商事纠纷理处权限，当时商会的行政管理部门商部以及商会，以"理案"一词指称商会处理商事纠纷，如苏州商务总会设立以后，制定了"苏州商务总会理案章程"，专门规范商会处理商事纠纷的程序②，商部要求各地商会"按年将理结各业讼案详细填注呈报本部"③，因此本书研究清末商会处理商事纠纷即以"理案"称之。

1913年3月司法、工商两部会同制定了《商事公断处章程》，引导各地设立附设于商会的商事公断处，并明确规定商事公断为仲裁性质。据司法部官员李炘统计，至1925年底全国在司法部备案的商事公断处有178个，分布在全国京兆地方、19个省、1个特别行政区（热河），其中江苏、四川两省居多④，设立商事公断处的商会约有10%。由于1914年9月12日北洋政府颁布的《商会法》仍然赋予商会调解工商业者之间争执的职能⑤，不设立商事公断处的商会也根据一些商人的声请⑥，调解一些商事纠纷，但此时商会调解商事纠纷是民间调解性质，与民初公断处的仲裁性质不同。由于清末对商会理案的习惯称呼，所以民初对商事公断和调解也有称为理案的，本书在写作过程中为行文方便，对民初商会商事公断和调解在广义上也统一称为理案。

---

① 清末民初商会的组织名称和负责人称谓有些变化，清末繁富之地或省垣商会称为商务总会，州县设立商会，乡镇堡设立商务分会，商会正职负责人称为总协理。1912年上海商务总会改组为上海总商会，但改称总商会的商务总会不多，1914年《商会法》颁布以后，繁富之地或省城商会改称谓为总商会，其他地区称为商会，商会正副职负责人统一改称为会长、副会长。

② 华中师范大学历史研究所等编：《苏州商会档案丛编》（第一辑），华中师范大学出版社1991年版，第521页。

③ 同上书，第532页。

④ 李炘：《考核商事公断处情形报告书》，《法律评论》1926年第169期。

⑤ 江苏省商业厅等编：《中华民国商业档案资料汇编》，中国商业出版社1991年版，第40页。

⑥ 民国时期声请公断、声请调解，全部用的是"声请"而非"申请"字样，本书也按民国时期原文照录，用"声请"字样。

二　文献评论

关于司法体制社会化问题，目前的研究成果不多。从中国知网上以"司法社会化"为主题关键词搜索，文章也不过数十篇。最早的记录是1935年周新民发表在《复旦学报》上的《立法与司法的社会化》一文，文章虽然篇幅不长，但已经提出通过裁判社会化运动改革现行司法体制，包括法院组织、诉讼手续、律师制度等方面，学习美国已经盛行的简易程序、公共律师制度等。① 周新民是日本明治大学的法科毕业生，中共地下党员，也是民盟的重要人物，中华人民共和国成立后曾担任过中国社科院法学研究所所长，写这篇文章时正以复旦大学法学院的教职为掩护从事党的工作②，提出司法社会化，号召进行裁判社会化运动，目的之一是为无产者争取平等裁判权。虽然当时欧美国家已经开始司法援助、简易程序等司法社会化改革，但是此后国内社会动荡，抗日战争、解放战争接踵而来，司法社会化的问题也无人问及。当下法学界对司法社会化问题的关注，多是从国外非诉讼纠纷解决机制（ADR）开始。范愉教授在这方面做了较多的研究，并于2000年出版了《非诉讼纠纷解决机制研究》，对现代法治条件下非诉讼纠纷方式的地位、功能、理论框架及制度构建以及世界各国现行的多元化纠纷解决机制进行了分析比较。此后范愉教授又发表了多篇相关论文，把建立法院以外的多元化纠纷机制视为司法社会化的表现形态。2012年以后，随着社区矫正、人民陪审制度的推广和重视，司法社会化又增加了新的含义。

本书主要以清末民初商会理案为中心，进行近代司法体制社会化的考察，下文对清末民初商会理案的研究状况做一个简单的学术梳理。

关于清末民初商会理案研究，经历了一个从简单到深入的研究过程，早期的成果主要是研究商会史的学者在相关专著中有所涉及，如马敏、朱英教授合著的《传统与近代的二重变奏——晚清苏州商会个案研究》一书，第三章"不完全的司法职能——受理商事纠纷"即对苏州清末商会

---

① 周新民:《立法与司法的社会化》,《复旦学报》1935年第6期。

② 方兆本主编:《安徽文史资料全书·安庆卷》,安徽人民出版社2007年版,第1208—1210页。

理案权的取得、理案的基本概况、理案的积极和消极影响等作过简单的论述①，1996年马敏教授撰写了《商事裁判与商会——论晚清苏州商事纠纷的调处》一文，对晚清苏州商会的理案职能、理案概况、典型案例以及商事纠纷调处中的官商关系进行了较为深入的研究，可以说是对晚清商会理案研究由简单向深入转变的标志。②对晚清商会理案研究得最系统的是范金民等所著《明清商事纠纷与商业诉讼》一书，该书第四章、第五章对商会产生以后商事纠纷的种类、商会成立后商会章程中有关处理商事纠纷与诉讼的规定、商会理处纠纷与诉讼的程序等问题作了详细论述，史料翔实，论证充分，对清末商会理案作出了客观的评价。③蔡晓荣《论清末商会对华洋商事纠纷的司法参预》一文侧重研究商会参与理处的华洋商事纠纷，是研究切入点的一个新尝试。④

付海晏《民初苏州商事公断处研究》一文，梳理了商会清末理案向民初商事公断处转变的过程，并以苏州商事公断处为例，对苏州商事公断处的理案概况、理案过程中的官商互动、苏州商事公断处的理案依据等做了系统研究，最后得出了商事公断处是司法辅助之机构、是司法现代性变革的社会资源的结论，该文是深入研究民国商事公断处的开创之作，对商事公断处作为司法现代化变革的社会资源的结论也颇有见地。⑤此后研究商事公断处的个案范围不断扩大，有以上海总商会为例研究的，如王志华《民国初年商会商事公断研究——以上海总商会商事公断处为例》⑥，也有以京师商事公断处为研究个案的⑦，研究清末民初商会理案的切入点也各

---

① 马敏、朱英：《传统与近代的二重变奏——晚清苏州商会个案研究》，巴蜀书社1993年版，第201—214页。

② 马敏：《商事裁判与商会——论晚清苏州商事纠纷的调处》，《历史研究》1996年第1期。

③ 范金民等：《明清商事纠纷与商业诉讼》，南京大学出版社2007年版，第193—288页。

④ 蔡晓荣：《论清末商会对华洋商事纠纷的司法参预》，《学术探索》2006年第1期。

⑤ 付海晏：《民初苏州商事公断处研究》，载章开沅主编《近代史学刊》第1辑，华中师范大学出版社2001年版，第70—96页。

⑥ 王志华：《民国初年商会商事公断研究——以上海总商会商事公断处为例》，硕士学位论文，复旦大学，2005年。

⑦ 张松：《民初商事公断处探析——以京师商事公断处为中心》，《政法论坛》2010年第5期；张松：《固有商事习惯与近代商法间的冲突与传承——以民初京师商事公断处为中心的考察》，载王立民主编《中国历史上的法律与社会发展》，吉林人民出版社2007年版，第526—536页。

不相同，常健的《清末民初商会裁判制度：法律形成与特点解析》开始注意研究清末民初商会理案的性质[①]，众多学者的参与，使清末民初商会理案研究向广度和深度发展。[②]

另外需要提及的是，目前已有两项研究成果与本书一样都以清末民初商会理案为切入点进行相关的综合研究，一是2012年华东政法大学刘承涛的博士论文《近代中国商会理案制度研究——以苏沪为中心（1902—1927）》，二是张松博士2016年10月在法律出版社出版的专著《从公议到公断：清末民初商事公断制度研究》。刘承涛的博士论文，以布鲁斯·L. 本森"商人法庭"概念为参照，通过对清末民初苏州、上海商会理案人员的选任、理案程序以及典型案例的分析，认为近代上海、苏州商会商事纠纷的性质不是调解，也不是仲裁，更不能简单地套用"非诉讼纠纷解决机制"的外来理论，近代商会理案的性质应该是"商人法庭"，一种在"自发产生、自愿接受裁判、且自愿接受执行的"过程中，无须诉诸国家强制力的"由声誉所支撑的互惠、自愿的关系网络"，因为"商人法庭"得以有效运作，并非由于其具有如正式法庭那样的物质暴力做后盾，而是在当时的商会内部发展出来了一种成员间平等交往的网络，在这样的网络中，商会商事裁判机构（公断处）——"商人法庭"在成员中具有类似、有时超过正规法庭的权威。作者以社会学社会资本理论为基础，通过对苏沪商会理案的分析，认为法律是一种相对来说成本比较高昂的社会治理方式，过分依赖法律等正规物质控制力量，在不少情形中，并不能获

[①] 常健：《清末民初商会裁判制度：法律形成与特点解析》，《华东政法大学学报》2008年第5期。

[②] 朱英：《清末苏州商会调解商事纠纷论述》，《华中师范大学学报》（人文社会科学版）1993年第1期；朱英：《转型时期的社会与国家——以近代中国商会为主体的历史透视》，第八章，商会的独立司法活动，华中师范大学出版社1997年版，第291—345页；任云兰：《论近代中国商会的商事仲裁功能》，《中国经济史研究》1995年第4期；宋美云：《近代天津商会》，"第二章/二、仲裁商事纠纷"，天津社会科学院出版社2002年版，第247—266页；虞和平：《清末民初商会的商事仲裁制度建设》，《学术月刊》2004年第4期；付海晏：《清末民初商事裁判组织的演变》，《法理学、法史学》（人大复印报刊资料）2002年第7期；付海晏、匡小烨：《从商事公断处看民初苏州的社会变迁》，《华中师范大学学报》（人文社会科学版）2004年第3期；郑成林：《清末民初商事仲裁制度的演进及其社会功能》，《天津社会科学》2003年第2期；赵婷：《民国初年商事调解机制评析——以商事公断处章程为例》，《江西财经大学学报》2008年第1期；刘红娟：《近代中国商会商事公断处职能研究的启示》，《社会科学战线》2006年第3期；陶水木、郎丽华：《略论民国后期杭州商会的商事公断》，《商业经济与管理》2003年第11期。

得最佳的法律效果，甚至造成原有社会关系的失序；反之，若法律能充分借助、或引导非正规的社会自主网络规范，则不但能降低法律实施的成本，亦能提供更优的规范治理效果。

本书与刘博士的研究相比较，两者的研究都利用了苏州、上海商会的档案资料作为史料基础，分析近代商会理案组织的演进和运作机制，虽然研究的理论范式不同，但是研究结论上，都认可商会等民间社会组织是良好的社会司法资源。但是，由于本书旨在通过考察商会理案的运作过程展现司法体制的"社会化"，因此，更侧重对商事公断处职员的年龄、职业、公断处职员的选任连任情况、案件受理类型、处理过程等进行量化分析。另外，从全国现有的商会理案的档案来看，上海商事公断处留存的公断案件很少，笔者收集到的完整的案例只有三个。苏州商会理案档案，清末比较多，民初的很少，完整的理案文书更少。而北京商事公断处留存的理案档案最为完整，其公断书的行文格式、语言表达与当时的判决书基本相同。因此，在史料运用方面，本书对京师商事公断处公断书录的利用和分析，还是有一定的价值的。

张松博士的专著《从公议到公断：清末民初商事公断制度研究》系统考察了中国传统商事纠纷形式"公议"与近代欧洲商事纠纷形式"商事裁判"的历史发展与功能异同，认为清末民初商事公断机构具有亦官亦民、亦新亦旧、亦中亦西的特点，作者从国家和地方两个层面考察商事公断处的建构，分析商事公断制度的演进，比较各地商事公断制度的异同之处，认为清末民初商事公断制度呈现出既统一又分立的发展趋势，国家和地方在制度构建过程中有目标差异，制度与实践之间存在一定程度的背离。作者提出，商事公断制度在清末民初的商业发展中起到了一定的积极作用，其原因有经济成本的考量、心理上的亲近、结案效率高等。作者结合商会的复杂性构成、近代中国的社会环境及大转型的社会形势，分析了商事公断制度的法律性质和法律地位，并认为国家和社会之间的权力博弈，最终造就一个既有调解特点，又有仲裁形式，同时兼具司法审判风格的商事公断制度，成为一个存在于三者之外的"第四制度"，"准司法"特征鲜明。

本书与张松博士的专著相比，虽然两者运用的基本史料有许多相同之处，但是两者的结构与结论各不相同。张松博士侧重对商事公断的制度研究，以古今中外的商事裁判制度为参照对象，对公断制度的成因、演进过程、特点等进行更多的分析，本书侧重将商事公断处作为民初司法制度社会化的"样本"进行研究，因此对商事公断处的组成，理案状况更为关注。对清末民初商会理案的性质，本书与张松博士的结论也略有不同，本书认为清末商会理案权的性质是国家授权的专属商事纠纷裁判权，民初商事公断权则是商事仲裁权。

总体而言，目前对清末民初商会理案已经有了一定的研究成果。从研究对象来看，清末多以苏州、天津商会理案为个案研究，民国时期的商事公断处以苏州商事公断处为个案研究为主，偶尔也有以上海、京师商事公断处为例进行相关研究的。早期研究者的学术背景以史学专业的学者居多，最近几年法学专业背景的研究者较多。史学界的研究是将商会理案作为一种自治活动加以描述，法学界以法学理论为基础，认为商会理案是一种特有的裁判制度、社会纠纷解决机制，研究的内容更加丰富和深化。

本书从司法体制社会化的角度来考察清末民初商会理案，将之作为近代司法体制社会化的一个典型个案进行研究，在当下司法体制改革强调"法治国家、法治政府、法治社会"一体化推进、建设多元化的纠纷解决机制的语境之下，本课题的相关研究还是有重要的理论和实践指导意义的。

三 研究的基本框架和研究方法

本书的研究主旨是以清末民初商会理案作为近代司法体制社会化的一个样本，以展示近代多元化纠纷解决机制的样态，因此在研究框架上，先探究为什么近代会出现商会理案的现象？本书从结社制度的近代转型入手，分析其原因，认为商人结社制度从传统向现代转型，不仅商人的法律地位有了极大地提高，商人团体组织发展也趋于成熟，为商会建立纠纷解决机制提供了组织保障。这是本书第一章的内容。

本书的主体内容为研究清末民初商会的理案状况。在清末民初商会理案的时段安排上，结合目前已有的研究成果和收集的新史料，本书重点研究民国商会理案。清末商会理案，目前的史料主要以清末苏州、天津商会档案资料为主，由于清末苏州、天津商会档案资料出版较早，相关研究成果较多，在没有新史料补充的情况下，本书对清末商会理案研究只安排一章，即第二章，该章通过分析商会成立以前清朝的商事纠纷处理机制及其弊端，并以此为比较基础，分析清末商会理案的特点，从这些特点中反映清末商会理案的优势。

本书第三章论述民初商事公断处的成立。首先研究民初商事公断处成立的相关立法，民初商事公断处与清末商会理案重要的不同点在于，公断处是由政府制定单行的《商事公断处章程》来规范其设立、组织构建、公断程序等内容，与清末商会自设理案机构相比，民初公断处被纳入了法制化发展的轨道，而清末商会理案则是一个自我规范的过程。《商事公断处章程》和《公断处办事细则》是中国近代唯一的仲裁制度单行立法，也是基于立法的授权，近代司法体制才出现了介于法院判决和民间调解之间的又一新的"准司法"的纠纷处理机制，因此本书对公断处的相关立法介绍的比较详细。

接着考察了司法体制变革下清末民初商会理案的不同性质以及商会与司法部关于商事裁判权争议的过程。清末商会理案与民国商事公断处的性质不同，清末商会理案权是经过国家授权获得的专门的商事纠纷司法权，民初的商事公断权则是仲裁权。民初商会与司法部之间因商事裁判权的组织体系以及扩大公断权限发生了历时多年的冲突，其根本原因主要是由于司法部在民初司法变革的背景之下拘泥于司法独立理念，片面的追求西方化的司法体系所致。由于司法部拒绝采纳商会提出的扩大商事公断权的若干有价值的建议，与当时社会的司法需求相脱节，也使司法部所构想的民主化、社会化的商事公断制度，在一些地区未能得到商人的认可，反而成为官商司法理念冲突的根源。

本书第四章、第五章、第六章以苏州、上海、京师商事公断处为个案，分别论述了这些商事公断处的成立过程，统计分析各商事公断处历年选任职员的年龄、籍贯、行业、连任概况，对商事公断处的组织构建和组织运作状况作了详细的梳理。同时对各商事公断处的案件受理概况、公断结果进行详细的数理统计分析，并以若干案例为基础综合研究公断运作过程，为综合评价商事公断处的作用提供基础。由于收集到的各商事公断处的史料不同，据此又单独研究了苏州商事公断处与总商会在理处商事纠纷方面的关系、上海商事公断处与会审公廨在处理商事纠纷中的关系、京师商事公断处对破产案件的理处等各自富有特色的内容。

第七章是"结论和现代启示"，通过前面几章的研究，本书最后得出了以下结论：第一，清末民初商会从理案处到公断处是近代司法体制从自我规范到国家法规范的两次社会化变革和质的飞跃；第二，商会理案成为近代司法体制社会化变革中的优质社会资源；第三，司法体制社会化变革中的制度设计缺陷影响了商事公断处作用的有效发挥。另外，通过以上研究，本书认为以下两个方面的内容可以作为当代颇有价值的历史借鉴：第一，国家对社会力量的扶植和培育，可以为法治建设夯实社会基础。近代结社制度的转型，为社团发展提供了比较宽松的制度环境，不仅形成了商会、农会、教育会三大社团，而且其他政治性、学术性、公益性等不同性质的社团数量众多。社团成为凝聚社会力量、向政府表达民主政治诉求和团体利益的载体。众多社团对中国法制近代化的作用不仅仅表现在某些个案上，更在于为法制近代化提供良好的社会基础。十八大以后，党和政府格外强调法治社会建设，借鉴历史，通过立法扶植和规范社团的发展，是法治社会建设的制度化实现路径。第二，在当下诉讼爆炸的司法环境下，建立以商会为主体的商事纠纷仲裁和调解体系，是构建多元化商事纠纷解决机制的一个重要途径。

  本书附录部分选录了一些京师商事公断处案例，供读者参考。

  本书研究过程中有两点需要说明：

  第一，民初商事公断处的正常运作直至1928年，1928年以后南京国民政府成立，对商事公断处的组建没有足够的重视，尽管仍有一些商会的商事公断仍然正常运作，但商事公断处的发展还是受到了极大的影响。[①]直到1933年司法部发布第八四九号令，答复青海互西法院关于未设有商事公断处之商会调处案件的效力问题时，才重新肯定了1913年颁行的《商事公断处章程》的有效性。[②] 由于1928年以后商事公断处发展的这一波折，加之商事公断处可供研究的史料主要集中在1928年以前，所以本书主要研究1928年以前商事公断处的状况，此后的内容没有涉及。

  第二，民国时期并不是所有的商会都设立了商事公断处，没有设立商事公断处的商会也处理商事纠纷，这时商会理案从性质上分析，既不同于清末商会理案时拥有的司法权性质的理案权，也不同于公断处的仲裁权，

---

  ① 1930年2月23日，行政院将拟就的商事公断处条例交立法院讨论，立法院经审核以后，认为商事公断处条例暂无制定之必要，这实际上否认了商事公断处的合法性。参见《商事公断处条例草案暨商事公断处条例施行细则草案审查报告》，《立法院公报》1930年第15期，"立法院各审查委员会报告"，第27—50页。

  ② 《司法行政公报》1933年第28期，"专件"，第68—69页。

而是一种完全的民间调解。这一点许多学者在研究时并未注意，但是分清性质对认识清末民初商会理案的发展过程、法制近代化过程中司法体制社会化变革的形态体系等问题有着重要的意义。当然，这种性质的划分是当下我们以现代法学理论所做的人为划分，当时人们可能并没有对此有清晰的认识，尤其是清末商会理案与民初商会调解之间，运作过程并没有太大的区别，如天津商会一直到1924年才开始筹备设立商事公断处，而在筹备之前一直处理大量的商事纠纷，有学者统计"天津商会从1906年至1917年间受理的商事纠纷5157起"[①]，而商事公断处成立之前，天津商会与清末理案在组织构建、理案程序等方面都一样，仍然是一个自我规范的过程。也就是说，清末商会理案与民初商会调解具有性质上的区别而形式上的一致性，也正因为如此，本书研究过程中没有对民初商会调解进行单独研究，只在第四章中对于苏州商事公断处与总商会在理处商事纠纷方面的关系作了分析。

本书的研究方法主要以实证研究为主，通过对苏州、上海、京师商事公断处的个案研究，运用大量的案例史料，对清末民初的商会理案状况进行分析，使研究过程和结论建立在更加可信的基础之上，同时通过综合运用多种研究方法，比如统计学方法，本书将大量收集的资料进行统计归类，并制作图表从多个角度对史料进行分析，不仅能够充分挖掘史料的运用价值，也使得出的结论更具有说服力。因此文中有大量的图表。他如辩证的方法，比较的方法等都在文中运用。

本书的写作，与前在研究一样，多以苏州、天津、上海、北京等繁富之地的商会理案为研究个案，在研究样本选择上未能有更多的突破，其他还有许多不足之处，敬请方家指正。

---

① 胡光明：《论早期天津商会的性质与作用》，《近代史研究》1986年第4期。

第一章

从"行"到"会":商人组织形态的近代转型与社会进步

一 中国古代商人团体

(一)唐以前的商人组织形态

中国古代很早就有商业活动,传说神农氏时,"列廛于国,日中为市,致天下之民,聚天下之货,交易而退,各得其所"①,那时简朴的国家机器无力达致如此严格的市场秩序,某种工商行业自发组织形态也许已经开始形成。商朝的时候,商人"形成了独立的阶层,交换为行为的商业已成为社会上必不可少的一种社会分工"②,商业交换的秩序维护可能包括一定的行业自我组织形态在起作用。《周礼》记述,当时所有商品都按品类和价格高低分区陈列,经营品类相同、价格接近的业者摊位相对集中排列,称为"肆"或"次",实有一定组织属性。每肆委派一人为"肆长",主管货物的陈列秩序;还有"市师"在"思次"听"大治大讼","胥师""贾师"在"介次"听"小治小讼"。③"肆"或"次"的形成,当然不仅是国家安排,也必有一定的商人自治组织属性;"市(胥、贾)师"不一定是国家官员,可能就是商人自治头领。春秋时,孔子学生子贡善于经商,"子贡结驷连骑,束帛之币以聘享诸侯,所至国君无不分庭

---

① 杨铨注释:《易经》,云南人民出版社2003年版,第211页。
② 张景月、刘新风主编:《商史通鉴》,九州图书出版社1996年版,第17页。
③ 《周礼·地官司徒·司市》。

与之抗礼"①。"结驷连骑"肯定不仅仅指其商队规模之大，还可能包括连接商人同行跨境经营亦即结成商人组织的情形，子贡也可能兼有商人组织头领的身份。

秦汉承西周旧制，经营同类商品的铺席各自排列成行，仍叫"肆""次""市肆"，也叫"列""列肆""市列"。汉都长安市场很多，大约"四里一市"，即四个"里"（市政小区）的范围内即设置一个市场。"长安有九市，各方二百六十五步，六市在道西，三市在道东"②，分别称为"东市""西市"。长安九市，可能是按照货物分类出售而形成的，"市开九场，货别隧分"③。市里设有"市楼"，又称"旗亭"，是市官的办公室，直接监临整个市场的所有商肆，"廓开九市场，通阛带阓；旗亭五重，府（俯）察百隧"④。阛、阓，皆指街市；隧，大约指商人摊位纵向排列如隧道然。这些秩序形态，其中当然包括对原本互不相关的工商业者召集排列的自治组织形态，也就是业者内部的某种程度自治形态。由于各肆陈列的商品相同，所以也称为"酒市""药市""牛市"等，这不可能完全由官府无微不至的管理安排而成。每一类"市"内部自发形成的秩序形态暨自治权威，当然就是当时商人结社或商人团体的粗朴形态。

（二）唐宋的行团

隋唐时代，"肆"的概念有所扩展，集中同品类商品的行列店铺除了叫"肆""市肆"外，更多地称为"行"。唐人杜宝在描写隋朝丰都市场的繁荣时描述："有丰都市，周八里，通门十二，其内一百二十行，三千余肆，甍宇齐平，四望一如榆柳交阴。通渠相注，市四壁有四百余店，重楼延阁，牙相临映，招致商旅，珍奇山积。"⑤可见当时"行"的繁荣。

---

① 《史记·货殖列传》。
② 佚名：《三辅黄图》（毕沅校本）卷二，《长安九市》。此书记载秦汉时三辅地区的城池、宫观、陵庙等，以汉之长安为主，间涉及周代旧迹。
③ （汉）班固：《两都赋》。
④ （汉）张衡：《西京赋》。
⑤ （唐）韦述、杜宝撰，辛德勇辑校：《两京新记辑校 大业杂记辑校》，三秦出版社2006年版，"大业杂记辑校"，第15页。

商人团体是以商人为成员组成的一种社会组织。社会学认为一个组织无论规模大小、目标指向如何，必须具备以下五个构成要素：（1）一定数量的成员；（2）一定的管理机构；（3）特定的活动目标；（4）一定的行为规范；（5）一定的物质技术设施。① 借用社会学关于组织构成要素的界定，可以对隋唐时期的"行"进行性质界定。由于隋朝历时较短，现有史料又较少，还很难找到其他能够佐证"行"作为当时的商人团体组织形式的材料。但是按照上述社会学对组织构成要素的界定，唐时的"行"已经具备了组织的基本要素，可以被视为一种由商人组成的团体组织。

唐代的长安，有东西两市，东市"街市内货财二百二十行，四面立邸，四方珍奇，皆所积集"②。可见唐"行"种类比隋朝增加了许多。一些学者从众多唐代的历史文献中，寻找出当时对唐代行的描述，当时的行已有丝行、钉行、茶行、米行等众多行业。③ 唐时"行"规模一般在四五十人（户）（符合上述组织第一要素：一定数量的成员）④；各行有自己的行首（头），负责"检校"一行事务（符合上述组织第二要素：一定的管理机构）；各行必须按政府规定，供应其所需物品，协助政府平抑物价，对封建政府的横征暴敛有时也进行抵制和斗争，遇有祭祀节日，还组织共同的宗教活动（符合上述组织的第三要素：特定的活动目标）；同行之间有外人不可识解且具有技术保密作用的行话，到唐代后期还有内部成员共同遵守的行规，对入行人员的技术有一定的要求，非本地人员不能随便入行（符合上述组织的第四要素：一定的行为规范）。⑤ 行还必须缴纳一定的费用，用于祭祀等活动（符合上述组织的第五构成要素：一定的物质技术设施）。

尽管有学者认为"中国古代城市中的工商业行会直到唐代仍没有出

---

① 风笑天主编：《社会学导论》，华中理工大学出版社1997年版，第141—142页。

② （宋）宋敏求著，（明）毛杰昌校勘：《宋著长安志》，民国长安县志局印1935年版，"卷八"，"十二一"页（此书就这种页码标注方法，第一页是"一"，下一页"二一"，以此类推）。

③ 关于唐朝相关文献中对行的记录，见曲彦斌《行会史》，上海文艺出版社1999年版，第40—42页；傅筑夫《中国经济史论丛》，生活·读书·新知三联书店1980年版，第397—403页。

④ 柯昌基：《试论中国之行会》，《南充师院学报》1986年第1期。

⑤ 朱淑瑶：《略论唐代行会的形成——兼论唐代行会与欧洲中世纪行会的区别》，《广西师范学院学报》1983年第2期。

现。所谓的'行'既指行业，又指各类店铺，而所谓的'行首'、'行头'也只不过是市中一肆之长，而并非整个行业的领导者"①。但从上面的分析至少可以说明，唐时的行已经具有最基本的组织构成要素。

唐时"行"成为一种商人团体有一定的历史偶然性。"唐代的工商业已有了很大的发展，各行业的从业人数又相当众多，则涉及全行业的一些共同和应有的一些共同活动，实势所难免，因而不得不有某种形式的联合或组织。最初可能是一些临时性的集合，形成某种松弛的团体活动，久之，便会逐渐发展成一定形式。行既是工商各业的总称，而工商各业者的组织不论是临时的还是常设的，事实上又只能按照共同行业来形成，所以行又很自然的成为工商业者的组织名称。"②

宋朝经历了北宋、南宋两个时期，历时320年，在这300余年的历史时期，中国的城市经济空前繁荣，城市工商业人口急遽增加，商人团体在前朝的基础上，获得了更加广阔的发展空间。宋时商人团体的名称多样，有学者进行过考证，北宋时期商人团体的名称有行、团、团行、作、市等，但主要是"行"和"团"，北宋孟元老所著《东京梦华录》、耐得翁的《都城纪胜》以及《西湖老人繁胜录》与吴自牧所著《梦粱录》等书中都有记载。③与唐朝相比，宋时的行数量大为增加，并且遍及全国各大中小城市。

唐宋时期行团等商人团体的成立，并没有系统的法律规定，只能见到一些零星的记载。以唐为例，唐"行"的组建，由政府官员，在市里按不同职业，把同类店肆集中在一起，《唐六典》中规定："建标立候，陈肆辨物"④，即各行行首要修筑一个土堆（候通"堠"，土堆的意思），作为各行的区别之界，唐《关市令》所称"诸市，每肆立标，题行名"⑤，界首立一标牌，写上行名，说明该区域所售商品的类别。唐时有专门的官员负责监督"分行"事宜，《唐会要》记载："大都督府市令一人，掌市内贸易，禁察非为，通判市事；承一人，掌判市事；佐一人，史一人，师

---

① 马继云：《宋代工商业行会论略》，《山东社会科学》2006年第2期。
② 傅筑夫：《中国经济史论丛》，生活·读书·新知三联书店1980年版，第402页。
③ 曲彦斌：《行会史》，上海文艺出版社1999年版，第10—13、47—55页。
④ （唐）李林甫等：《唐六典》，陈仲夫点校，中华书局1992年版，第543页。
⑤ [日]仁井田陞：《唐令拾遗》，栗劲等编译，长春出版社1989年版，第644页。

三人，掌分行检察。州县市，各令准此。"①

唐时"行"的职能规定，《唐会要》有一记载："陌内欠钱，法当禁断，虑因提搦，或亦生奸，使人易从，切不干扰。自今以后，有因交关用欠陌钱者，宜但令本行头及居停主人、牙人等，检校送官。如有容隐，兼许卖物领钱人纠告。其行头、主人、牙人，重加科罪。府县所由祗承人等，并不须干扰。"② 行头等有校检陌内欠钱的义务，不得容隐，否则他人举报后，行头、主人、牙人要罪加一等。

从唐时的这些零星法律记载中可以看出，唐时"行"的主要功能，首先在于贯彻执行政府有关法令，协助政府进行征缴赋税等管理工作，具体则由各行行首办理，行首对政府负责。宋时与此基本相同。但宋时商人团体的"行""团"较唐时更加普遍，此与宋时推行免行钱有关。

宋时商人承担着向官府供纳物品、提供工役的义务，叫行役。王安石变法时推行免行钱法，以钱代役，城市中的行户只要交了钱，就可以免除行役，所以叫免行钱。由于免行钱是通过"行"向行户征收的，"原不系行之人，不得在街市卖易与纳免行钱人争利，仰各自诣官投充行人，纳免行钱，方得在市卖易。不赴官投行者有罪，告者有赏"③。因此商人投行方可经营，行的组织更加发展壮大和巩固起来。"市肆谓之行者，因官府科索而得此名，不以其物大小，但合充用者，皆置为行，虽医卜亦有职。"④ 即使行医占卜之人也须入行，更不用说商人了，可见当时"行"的普遍性。也有学者研究表明，宋时商人团体成立后，除了应付官府科配，还具有疏导商品流通、垄断商品及服务市场以及联络同业人之间感情等功能⑤，这些功能的发挥，说明宋时商人团体的自主性在一定程度上得以加强，除了应付官府科索外，在一些行业事务上已经发挥了一定的作用。

(三) 明清时期的会馆、公所

宋时商人团体的发展模式，多为金元时期继承，"元代工商业诸行完

---

① （宋）王溥撰：《唐会要》，中华书局1955年版，第1583页。
② 同上书，第1629页。
③ （宋）郑侠：《西塘集》卷一《免行钱事》，1995年（从序看，此书似乎是郑氏子孙资助刻印的），第5页。
④ （宋）耐得翁：《都城纪胜》，中国商业出版社1982年版，第4页。
⑤ 魏天安：《宋代行会制度史》，东方出版社1997年版，第44—73页。

全与宋代相同，是为了'当行'、'祇应'，即为了应付官府而不得不组织起来的"①。即使明朝时期，为了应对官府科索而组织起来的商人组织仍然得以延续，当时的一些文献资料上称为"行"或者"铺行"。明朝时期实行严格的编行制度，每一行户均需在政府审编的簿册上登记注册。与宋时行户一样，这些行户必须承担一定的行役。

但是明清时期，随着交通的便捷和贩运行业的发展，出现了新型的商人团体——会馆与公所。会馆与公所的问题，经济史学界研究成果丰厚②，长期以来就会馆与公所是不是行会③、会馆与公所之间的异同④等观点也各不相同，本书此处只介绍会馆、公所的发展脉络以及其与明清时期结社法律制度的关系，对学者的不同观点不作评价。

明清时期，水陆交通发达，已经形成了可以在全国范围内通达的水陆商业交通网络。北京工商大学的刘秀生教授曾经专门对清时的商业交通网络进行详细的考证，认为在清中叶，已经在全国形成了12条覆盖全中国的商业交通网络。⑤ 明清时期，还形成了一些专业化的经济区域，如苏杭形成的以丝绸纺织业为特色的经济区域，湖广形成的以粮食生产为主的经济区域，等等。另外，中国地大物博，各地土特产丰盛，明清时期，徽商的兴起就与徽州地区丰富的竹木、茶和特有的制瓷原料白土等地方产品有关。商业交通网络和专业经济区域及各地土特产品的差异，为商人从事长途贩运提供了良好的条件，明时安徽、山西、陕西、广东、福建、江西、山东、河南、浙江、江苏等地形成许多靠长途贩运而发达的商帮。⑥ 这些以同一地域商人为主形成的地域商帮，因为长途贩运，离乡经营，为了维护本帮商人的利益，联络乡谊，迫切需要建立自己的利益团体，会馆公所逐步建立。

明清时期商人团体是以建立自己的活动场所会馆、公所为标志的。商人会馆明代已有，至清康雍乾嘉时期为盛，但道光以后，会馆渐衰，多为

---

① 傅筑夫：《中国经济史论丛》，生活·读书·新知三联书店1980年版，第445页。
② 有关会馆公所的研究成果综述，见王日根《中国会馆史》，东方出版中心2007年版，"绪论"，第6—19页。
③ 朱英：《中国行会史研究的几个问题》，《江西社会科学》2005年第10期。
④ 周均美等主编：《中国会馆志》，北京方志出版社2002年版，第4—8页。
⑤ 刘秀生：《清代商业经济与商业资本》，中国商业出版社1993年版，第163—225页。
⑥ 范金明：《明代地域商帮的兴起》，《中国经济史研究》2006年第3期。

公所替代。会馆、公所原是商人们自筹资金建造的建筑物的名称,但是,随着商人们在这些建筑物中的互动活动日益加强,其含义逐步变为商人自己团体组织的指称,台湾学者邱澎生先生借用社会学对组织特征的描述,对此作过一个比较圆满的解释。① 1918年4月,北京政府农商部颁布《工商同业公会规则》第九条规定,"本规则施行前,原有关于工商业之团体,不论用公所、行会或会馆等名称均得照旧办理"②。可见民初的立法者对会馆、公所等也认为是工商业团体,会馆、公所作为商人团体有相当的社会认可度。

会馆一词,最早使用的却不是商人。③ 商人会馆始建于万历年间的苏州,后向全国各地扩散,其建立的原因复杂。既有商人强大后,希望得到社会承认的驱动④,也有团结客商对抗牙行盘剥的利益需求⑤,更有联乡谊于异地的乡土情结。客商外出经营,背井离乡,建立会馆可以联络乡谊,用乡土宗亲这一层关系把同籍商人联合起来,加强同乡人的团结。

---

① 邱澎生:《十八、十九世纪苏州城的新兴工商业团体》,台湾大学出版中心1980年版,第21—23页。

② 澎泽益主编:《中国工商行会史料集》(下),中华书局1995年版,第986页。

③ 史料中会馆最早出现的时期为明永乐年间,安徽芜湖人俞谟作为京官,在京买地建造旅舍,辞官后交另一芜湖京官晋俭做芜湖会馆,作为同乡京官聚会之用。永乐帝迁都北京后,一些南方官员对建立会馆投入了极大的热情,在他们的积极倡导下,会馆这种同乡聚会之所便以民间自助的形式出现于历史舞台之上。明中叶以后,会馆多服务于科举,来自不同地域的官吏非常渴望自己乡井的子弟科举及第以便入朝为官,他们把会馆逐渐转向作为安顿来京应试之子弟的理想场所,有的会馆成为试子会馆。封建官僚倡导和自助会馆的创设,使会馆成为地方经济文化实力的象征,各地会馆纷纷建立,官僚独资和合资创建会馆几乎成为时尚。当然,当时也有商人为这些服务于官绅和科举的会馆捐资出力,但这些会馆并不是为商人服务的。参见王日根《乡土之链——明清会馆与社会变迁》,天津人民出版社1996年版,第30—44页。

④ 官僚建立的会馆有禁止商人住宿的规定,对商人有"不许住宿"的规定,商人有了一定的经济实力后,自建会馆,以表示抗争和博得社会认可。参见王日根《乡土之链——明清会馆与社会变迁》,天津人民出版社1996年版,第43页。

⑤ 明清时期领有牙贴的牙行拥有中介商品交易的特许权,有些牙行利用垄断优势欺行霸市,任意抬价压价,索取佣金,勒索商民。外来客商不甘受这些牙行的盘剥,于是建立会馆并通过官方的支持获得保护,广东人在北京设仙城会馆、山西河东商人设河东会馆时都有相关记载,参见《创建黄皮胡同仙城会馆记》《重修河东会馆记》,载李华《明清以来北京工商会馆碑刻资料选编》,文物出版社1986年版,第5—6、46—49页。

商业性会馆成为明清会馆中数量最多的一部分，散布于全国各大都市和工商城镇。以北京为例，民国时所有会馆（包括商人会馆及一些手工业者组织的会馆、公会）共有 48 所，其中建自明代的 9 所，清初至康熙时 8 所，雍正时 4 所，乾隆时 9 所，嘉庆时 5 所，清后期 5 所，不详年代的 8 所。① 范金民对江南地区的苏州、上海、南京、嘉兴、湖州、常州等地的会馆统计表明，至嘉庆时期，各地商人在这些地区建立的会馆为 59 所，其中苏州作为万商云集的繁富之区，会馆数量众多，已至 48 所。② "在边远城市会馆也有，但不如内地之多，如甘肃兰州府的皋兰县，从康熙四十七年到光绪初所建会馆也有 9 所。"③

商人建立会馆，地域层次相当多。覆盖范围较广的有两省、三省甚至五省商人合建的会馆，如湘潭就有山西、山东、河南、陕西、甘肃五省商人共建的会馆，但更多的是两省会馆，如重庆的湖广会馆、苏州的两广会馆等。覆盖范围较小的有一省会馆，如苏州有山西人建立的全晋会馆，也有一府或数府建立的会馆，如苏州的潮州会馆为潮州府商人所设，盛泽镇的徽宁会馆是由安徽徽州、宁国两府商人所设，更有一县或数县商人建立的会馆。

明时行、铺行与会馆是并存的，即使清代行的组织仍然存在。与会馆相比，团行、行等是官府责令成立、为支应官府科索的需要服务的，行首虽选自行铺，但由官府加委，是封建职役性质，而会馆摆脱了官府的羁绊，成为纯粹商人自己的组织。商人会馆的活动，都是为了商人自己的利益，不是为了应付官府科索的需要。

清康雍乾嘉时期会馆发展兴盛，但道光以后，另一种商人组织——公所的发展却赶上甚至超过了会馆。以苏州为例，道光以前苏州会馆是 41 个，公所只有 20 个，但道光以后，会馆只有 16 个，公所发展到 74 个④，

---

① 此处数据根据李华在《明清以来北京工商会馆碑刻资料选编》一书的前言中所记载的会馆整理而来。见李华《明清以来北京工商会馆碑刻资料选编》，文物出版社 1986 年版，"前言"，第 2—9 页。

② 范金民：《明清江南商业的发展》，南京大学出版社 1998 年版，第 285 页。

③ 吴慧：《会馆、公所、行会：清代商人组织演变述要》，《中国经济史研究》1999 年第 3 期。

④ 范金民：《明清江南商业的发展》，南京大学出版社 1998 年版，第 285 页。

会馆与公所有所不同①,而且消长兴衰比较明显。

清中期以后,公所向行业化发展,也与当时商品经济发展一致。清中叶以后,商业发展的行业化程度越来越高,行业的竞争也日趋激烈,更需要行业自发组织起来,在商品价格、质量、商业道德等方面加强自我管理,规范行业经营行为。再者,清中叶以后,随着商品经济的发展和客商经济力量的强大,客商在经营地居住的人也越来越多,如徽商在扬州、杭州多有落籍,宁波帮在上海定居者也多。客籍商人土著化,在联络乡谊上更加方便,面对越来越激烈的行业竞争,商人设立团体的动机也变得复杂起来:谋求官方保护、维护行业信誉、应付日趋繁复的同行业事务、对付西方经济的入侵并与之竞争,等等。②

会馆、公所的职能,学者已经多有论述,一般是联乡谊、办义举(设义冢、助药、助丧、助困)、祭祀,等等。会馆和公所还制定了相关的规章制度,对管理人的确立、经费的筹集与支出、议事规则等都有简单明了的规定。公所更注重行业管理,许多公所都订有行规,规范行业行为。这些规章或行规,学者多有研究,引证资料多见于碑刻史料中。③

会馆、公所这一类商人团体,即使在1904年商会成立后,仍然存在,并且多以团体身份加入商会作为合帮会员。1929年南京政府颁布《工商同业公会法》,1930年公布其实施细则,此次立法规定"原有之工商各业同业团体,不问其用公所、行会、会馆或其他名称,其宗旨合于本法第三条所规定者,均视为依本法而设立之同业公会,并应于本法施行一年内,依照本法改组"④。会馆、公所至此才为同业公会所代替,而退出了历史

---

① 会馆和公所的不同主要表现在以下两个方面:第一,会馆主要由同籍贯的商人构成,排斥本地商人,只代表外来客商的利益,该组织的地缘性特点明显;公所打破狭隘的地域概念,不分籍贯、外地本地,从事同一行业的商人都可以加入同一公所,公所的行业性特征显著。第二,会馆主要是商人组织,公所有不少是手工业者组成,清末约有半数是手工业公所。因此,会馆更具有地缘性特质,公所更具有业缘性特征。
② 周均美等主编:《中国会馆志》,北京方志出版社2002年版,第14—16页。
③ 碑刻史料主要有江苏省博物馆编:《江苏省明清以来碑刻资料选集》,生活·读书·新知三联书店1959年版;南京大学等编:《明清苏州工商业碑刻集》,江苏人民出版社1981年版;上海博物馆编:《上海碑刻资料选辑》,上海人民出版社1981年版;李华编:《明清以来北京工商会馆碑刻选编》,文物出版社1980年版;澎泽益主编:《中国工商行会史料集》(全二册),中华书局1995年版。
④ 《工商同业公会法》,《商业月报》第9卷第7号,"附载",第5—8页。

的舞台。

二 清末商会的成立

商会是某一地域的商人不分行业组织起来的商人团体。商会（Chambre de Commerce）这一名词最早出现在法国，即商业议院的意思。1599年，世界第一个商会在法国马赛成立，这是近现代商会的雏形。受法国商会影响，加拿大第一个商会于1750年在哈利法克斯诞生，英国、美国第一个商会于1768年分别在泽西岛和纽约成立，德国第一个商会1802年在美茵茨问世，墨西哥第一个商会1874年在墨西哥成立。在这期间，意大利、比利时、荷兰、卢森堡等国也都相继成立了商会。

近代中国境内出现的最早的商会，是外国商人在中国设立的洋商商会。早在1834年8月，英国商人就在广州设立了英商商会，1836年又在此基础上组成了包括广州的全部外商企业在内的洋商总商会，1939年因第一次鸦片战争爆发一度解散。鸦片战争后，上海的各国商人于1847年联合组成了上海洋商总商会。1861年，香港的60家外商行号在英国驻华公使的直接支持下组成了香港洋商总商会。1887年，天津的各国外商也成立了天津洋商总商会。据初步统计，到1904年中国的商会产生之前，外商已在广州、上海、香港、天津设立了6家商会。[①]

1904年中国本土商人在上海成立第一个商会。在已有商人团体会馆、公所存在的情况下，是什么原因促成了新的商人团体的产生？商会成立后的发展状况如何？首先分析商会这一商人团体产生的历史背景。

（一）商会成立的历史背景

清末商会的成立，许多学者都曾经联系当时的社会环境进行了较为系统的论述。有些观点学者之间有一定的共识，有些观点之间还有些争论，此处作一简单回顾。

学者们争议比较大的观点有以下两个方面：

第一，清末商会的成立是否是中国资本主义初步发展和资产阶级力量增长的结果，从而使商会的出现反映了社会发展的必然趋势？

---

① 虞和平：《商会与中国早期现代化》，上海人民出版社1993年版，第62页。

最早开始系统研究商会的章开沅教授认为，1904年以后建立的商会，"决不是简单地套用西方模式，也不是出于清朝皇帝偶发善心的恩赐，而是资本主义初步发展和资产阶级力量增长的结果，它的出现反映了社会发展的必然趋势"①。

与章开沅教授有师生关系的朱英教授对此也表示了相同的观点，并辅以大量的数据说明19世纪末20世纪初中国民族工商业都获得了令人瞩目的发展，并形成了像上海、广州等绾毂中外、联络城乡的新型商业中心城市。而且认为19世纪末20世纪初中国工商业的发展与西方工商业同步发展的特点不同，西方资本主义商业基本上是随着工业发展的需要同步发展的，而近代中国具有资本主义性质的商业资本，是鸦片战争以后，通过洋货贸易积累起来的，而不是建立在19世纪70年代开始形成的弱小的民族工业基础上。鸦片战争以后，中国的商业已经开始纳入世界资本主义的运行轨道，附着在外国产业资本的皮上，而先于民族工业发展。当民族工业发展以后，民族商业资本洋货土货兼销，获利更丰。因此，近代中国商人的经济实力和影响更加突出，更能形成商人社团。②"显而易见，清末资产阶级社团的出现，与中国资本主义发展的特殊经济格局和资产阶级队伍的成员构成特点，都有着十分密切的联系。它并非与资本主义不相关涉，也不单单是统治者恩赐的产物，而是以资本主义的发展，尤其是资本主义商业的发展作为经济基础，以迅速成长壮大的商人作为阶级基础。在此意义上可以说，清末新式商人社团，是资本主义发展的必然结果。"③

研究上海商会史的徐鼎新在分析了上海民族资本主义的发展状况后，也得出结论："上海民族资本主义经济因素的明显增长，则无疑是孕育着一个新的资产阶级社会团体——商会的温床。"④宋美云在分析了近代天津和其他地区的近代市场经济发展以后，也认为，"以商业资本占主导地位的中国近代市场经济的产生和发展，已为商会的孕育和萌生奠定了不可缺少的坚实的经济基础"⑤，"商会的成立也是近代中国资产阶级初步形成

---

① 章开沅：《就辛亥革命性质问题答台北学者》，《近代史研究》1983年第1期。
② 朱英：《辛亥革命时期新式商人社团研究》，中国人民大学出版社1991年版，第32—43页。
③ 同上书，第42—43页。
④ 徐鼎新、钱小明：《上海总商会史》，上海社会科学院出版社1991年版，第24页。
⑤ 宋美云：《近代天津商会》，天津社会科学院出版社2002年版，第25页。

的一个重要标志"①。

与此相反,高旭晨认为,在洋务运动厉行几十年以后,尽管中国社会的经济结构发生了变化,上海、天津、香港等地经济已较发达,在西方经营者的示范下,各种行业的经济实体也都建立起来了,但中国社会的传统封建小农经济的基础没有被根本触动。"如果说,此时中国已具备了近代商会出现的经济背景,恐怕言之尚早。"②

第二,资产阶级是否已有建立商会的认识和需要?

朱英、徐鼎新、虞和平等人都认为19世纪末社会各界对设立商会的呼吁,使资产阶级有了建立商会的认识和需要。③几乎所有的文章都引用了郑观应、张之洞、康有为、张謇等一批有影响的官吏和商人,积极呼吁中国发展工商业,建立商会的建议。高旭晨先生虽然否认商会产生的经济背景,但也认为:"如果说商会制度建立本身是官方和工商界良性互动的产物,那么这些思想家们的舆论宣传可以说起到了催化剂的作用。"④

朱英还指出,晚清商人政治思想渐趋成熟,阶级意识明显萌发增长,主要表现在以下几个方面:民族主义爱国思想空前高涨、国民思想和时代使命感萌发增长、自治自立思想萌发、联结团体、合群合力的思想日趋强烈。商人政治思想的发展变化,为清末商人社团的产生奠定了政治基础和思想基础。随着资本主义工商业的产生和发展,传统的行帮组织内部融入了新的经济因素,商人也认识到传统行会落后涣散的弊端,迫切需要成立商会,因此不能认为通商各埠存在着传统的行帮组织,商人商智未开,各行帮、各业及同业之间联系不多,隔阂甚深而认为商人对组织新的社团并无迫切愿望。⑤

徐鼎新列举了近代社会思潮对上海工商界的冲击和影响。影响之一,是要求繁衍西学,借箸富国;影响之二,是笃信"天演"公理,谋求商

---

① 宋美云:《近代天津商会》,天津社会科学院出版社2002年版,第30页。
② 高旭晨:《中国商会制度的创立》,《环球法律评论》2002年夏季号,第151页。
③ 马敏、朱英:《传统与近代的二重变奏——晚清苏州商会个案研究》,巴蜀书社1993年版,第44页;朱英:《辛亥革命时期新式商人社团研究》,中国人民大学出版社1991年版,第43—52页;虞和平:《商会与中国早期现代化》,上海人民出版社1993年版,第77页。
④ 高旭晨:《中国商会制度的创立》,《环球法律评论》2002年夏季号,第151页。
⑤ 朱英:《辛亥革命时期新式商人社团研究》,中国人民大学出版社1991年版,第43—52页。

战角胜；影响之三，是要求冲破行帮界限，团结商界团体。正是在当时近代资本主义经济获得一定发展和近代思想文化广泛传播而为国内有限的吸收消纳的基础上，在叠经资本主义新风吹拂下的上海，一个孕育于社会母体内日益成熟的宁馨儿——商会，已呼之欲出了。①

王笛与上述观点不同，他认为"甲午战后，由于维新思潮的兴起，各地学会纷纷成立。当时虽并不乏设立商会的鼓吹，然而并未出现。原因大概有二：一是在通商各埠都存在着中国传统职业性的行帮、商帮，如奉天、天津、烟台等地的公议会，重庆的八省会馆，广东的七十二行等，他们对建立新的商人组织并无迫切愿望；二是中国商智未开，商人各行帮、各业以及同业之间联系不多，隔阂甚深"②。之所以成立商会，是因为清政府的官方推动。即使是1904年第一个商会在上海成立，不同地区的商人对商会设立问题也有不同的态度。"目前史学界的流行观点认为：商会之所以在中国出现，主要是资产阶级自觉的组织活动，这是值得商榷的。至少初期阶段，即1903—1904年间绝大部分的商会设立情况不是这样，因为这期间我们很难找到完全由商人们自己组织的商会。这并不是企图贬低当时资产阶级的觉悟程度，问题在于，资产阶级是否认为商会就是最适合自己阶级活动的组织形式？因为早在设立商会之前，各种形式的资产阶级组织便已大量出现。据统计，迄1903年底，全国非革命的公开结社出现过78个，革命团体亦有37个，而设立商会当时并非是全国资产阶级的共同选择，却是由清政府的行政手段来实现的。当时，由于资产阶级涣散、力量弱小，尚不具备在全国范围内广泛组织起来的条件，因此，自上而下的设立商会形式，为资产阶级组织起来制造了可乘之机。"③

上述问题的争论，与不同时期学术研究的目的有关。20世纪60年代开始，国外研究中国近代史的一些学者，如白吉尔等，曾经认为由于资本主义发展不充分，中国至辛亥革命以前尚未形成一个独立的资产阶级，并否认辛亥革命是一场资产阶级性质的革命。台湾学者张玉法等也有类似观点。辛亥革命是不是一场资产阶级革命，是一个重要的政治学术命题。为了证明中国资产阶级在辛亥革命以前就已经形成了一个阶级，在章开沅先生的带领下，将商会研究作为资产阶级研究的基础，也正是出于此种研究

---

① 徐鼎新、钱小明：《上海总商会史》，上海社会科学院出版社1991年版，第24—36页。
② 王笛：《试论清末商会的设立与官商关系》，《史学月刊》1987年第4期。
③ 同上。

目的的需要，使20世纪80年代开始，大陆商会史的研究格外繁荣。研究者的思路也是从清末资本主义经济的发展和资产阶级队伍的壮大两方面进行论证，说明从当时的经济和组织基础上看，资产阶级已经形成，商会的成立是资产阶级形成的标志，商会的出现是社会发展的必然趋势，资产阶级也有对商会的认识和需求。

对商会的成立，学者们也从商人以外的角度去寻找原因，并至少在以下两个方面达成共识：

第一，清政府经济政策的重大转变，为商会的成立奠定了政策基础。

朱英和马敏在其相关著作中特别强调甲午战争以后清政府商业政策的变化对商会成立的影响。他们认为：明清时期，张居正、黄宗羲等人虽然对自商鞅以来就存在的"重农抑商"的传统政策进行了抨击，但并没有改变其作为政府主导经济政策的地位。鸦片战争以后的洋务运动中，洋务派虽然开办了一些近代工业，揭开了近代工业化的序幕，但由于官办、官商督办的形式，一方面严格限制民间资本对现代工业的渗入，另一方面由于管理不善而终未修成正果。戊戌变法期间，虽然颁布了一些发展工商实业的主张，但是，由于变法新政的流产，重商保商在19世纪末仍未成为清王朝的主要经济政策。20世纪初，经过庚子之役的冲击，清王朝统治集团内部各派力量的消长发生重要变化，主张变革的洋务派明显占于上风。与此同时，巨额的赔款和庞大的开支使清政府面临严重的财政危机。此时，以商为立国之本的观念出现并逐渐被统治者接受。1903年光绪帝发布"通商惠工上谕"，是清末重商政策确立的标志。1903年9月清政府专设商部，重商保商为宗旨的《商会简明章程》颁行，并以此推动商会的成立，在此之后，清政府迭发诏令，保商护商，并且颁布了一系列奖励工商业章程，商人的地位大大提高。①

宋美云认为，甲午战争的惨败给了清政府沉重的打击，才有了清末的变法新政，"在清末新政改革过程中发生的一个最引人注目的变化是：国家逐步失去了向社会成员提供资源和机会的唯一源泉的地位，而社会正在成为另一个相对独立的提供资源和机会的源泉。这种变化之所以发生，从

---

① 朱英：《辛亥革命时期新式商人社团的兴起》，中国人民大学出版社1991年版，第21—32页；马敏、朱英：《传统与近代的二重变奏——晚清苏州商会个案研究》，巴蜀书社1993年版，第33—40页；马敏：《官商之间——社会巨变中的近代绅商》，华中师范大学出版社2003年版，第64—74页。

根本上说，取决于晚清政府经济政策的转变和行政控制力度的减弱。由于商人经济与社会活动空间的出现，加速了国家与社会间结构分化的可能性。"①

台湾学者邱澎生认为："商会的出现不是反映商人终于体会到联系合作发展经商利益的必要，而是反映经济政策的重大转变，政府开始出现以支持市场发展为目标的经济政策。尽管晚清政府政策的改变主要是因为时局所迫，为了求强求富不得不进行政策改革。"②

第二，在华的外国商人在中国广州、上海等地设立的商会，对中国商会的创设起了直接的示范作用。

虞和平、宋美云、高旭晨、张东刚等都肯定了洋商会的示范作用③，其中虞和平先生的《商会与中国早期现代化》一书描述的最为详细。其他文中的论述，似以此为参考的居多。虞和平指出：据初步统计，到1904年中国的商会产生之前，外商已在广州、上海、香港、天津设立了6个商会，到1923年时，在中国各通商口岸设立的洋商商会约计61个。各国在华设立的洋商商会，不仅能联合一致地与中国的政府和商界交涉商务以维护和扩展他们的经济利益，而且能够与各国驻华使节乃至各国政府密切配合，共同进行对华的经济和政治扩张。直接使洋商会的示范作用付诸行动的是当时的商约大臣盛宣怀。1902年，盛宣怀奉命会同商约大臣吕海寰在上海与英、美等国谈判修订商约，此次修约谈判的主要内容是关于外商在中国的商税和行船问题，由于英国谈判代表马凯来华之前和到沪之后，得到了商会的密切配合，在谈判中处于事事占先的优势地位。盛宣怀很有感触，于当年奏请朝廷，在上海设立商业会议公所。④ 上海商业会议公所成为商会的最初形态。

近30年的商会史研究中，以上对商会成立的背景分析是占主流的，

---

① 宋美云：《近代天津商会》，天津社会科学院出版社2002年版，第33页。

② 邱澎生：《商人团体与社会变迁：清代苏州的会馆公所与商会》，博士学位论文，台湾大学，1995年。

③ 虞和平：《商会与中国早期现代化》，上海人民出版社1993年版，第54—75页；宋美云：《近代天津商会》，天津社会科学院出版社2002年版，第55—64页；高旭晨：《中国商会制度的创立》，《环球法律评论》2002年夏季号，第154页；张东刚：《商会与近代中国的制度安排与变迁》，《南开经济研究》2000年第1期。

④ 虞和平：《商会与中国早期现代化》，上海人民出版社1993年版，第54—74页。

大多数学者研究的思路、史料的运用也都有相似之处。除此之外，也有学者为清末商会的成立提出了其他的观点，认为商会的成立是为了解决中央和地方权利争夺的需要，重新调整国家与社会的关系，加强对地方基层社会的控制，等等。①

  商会的成立不会是空穴来风，必须与当时的整个社会环境结合起来考虑，不同观点之间的争论和互动更有助于对商会成立的认识。近代商会的成立，是在19世纪末20世纪初"数千年来未有之变局"的情况下产生的，在当时错综复杂的社会变迁过程中，如果把商会的成立视为质的飞跃的话，他是需要一个量的积累过程。无论是资本主义经济的发展、资产阶级队伍的壮大还是商人的认识以及洋商会的示范作用，都为商会的成立准备了条件。但是，具备这些条件，商会的出现不一定会在1904年，并且在晚清短短10年，商会即从无到有继而在全国城乡普及，规模之大速度之快可谓急变，促成这一急变的主要因素当是官方的推动。

  19世纪末20世纪初虽然中国资本主义经济有所发展，但小农经济仍占主导优势。就当时对商会的认识而言，早在1889年时钟天维作为中西文俱通的士绅型知识分子就在《扩充商务十条》提出要设立商会，1895年"长于言论"的买办商人郑观应在介绍西方商会的同时，力主中国建立商会，此后设立商会的言论一直在知识分子、商人和官员中时有倡导，当时的报刊也有这方面的宣传，"从介绍商会到1904年正式设立商会不过十多年时间里，中国认识商会可谓全面开花，从介绍西方商会到设想在华建立商会，包括商会的创办方式、组织系统功能操作等等，几乎涉及当时商会的方方面面。而且认识商会的角度也多种多样，商人及其知识分子大多认为要兴商务，伸商权，必须设立商会，政府官员大多从辟利源、富财用、维系统治的角度向朝廷进言，也有政治思想家认为设立商会是启民智，行自治的大好方法"②。但是，在这样的鼓动下，并没有商人自发自觉的建立一个商会，即使《商会简明章程》颁布以后，也只有上海很快成立了商会，政府还派官员在京师访觅劝告商人成立商会"联络商人、挽回利权"的好处。③ 1847年上海就有洋商总商会，1887年天津的各国

---

① 吴桂龙：《晚清地方自治思想的输入及思潮的形成》，《史林》2000年第4期。
② 洪振强：《近代中国对商会的早期认识述论》，《安徽史学》2004年第2期。
③ 《商部奏劝办京城商会并推广上海商会情形折》，《东方杂志》第1卷第5号，"商务"，第58页。

外商也成立了天津洋商总商会,但中国的商人并没有仿效洋商会建立自己的商会,如果不是盛宣怀在1902年商约谈判中,领教了洋商会的厉害,可能洋商会的示范作用也难以发挥。

而此时商人原有的团体会馆、公所的发展却很迅速,前文述及会馆在咸丰年后数量减少,但从咸丰元年(1851年)至光绪三十年(1905年),苏州、上海建立的会馆仍分别有8、14所,新建的公所达39、45所,以苏州、上海历史上建立的公所总数57、94所计算,这一时期建立的公所的数量占历史总数的比例分别达68%、41%,可见,商人在中国资本主义经济发展以后,面对建立商会的舆论倡导,并没有建立商会的动作,相反对建立会馆公所的兴趣仍然是相当高的。

因此,1904年商会的成立,起决定作用的应当是官方的推动。而体现官方推动意愿的直接表现形式就是《商会简明章程》的颁布。

(二)《商会简明章程》:近代商会成立的直接推动力

1903年9月,清政府正式设立了商部,作为制定商事法及相关法律的主要机构。商部下设四司,又设律学馆以从事外国商事法律的翻译工作。当时,新成立的商部是清重要的机构,"它在官方的地位高于传统的六部,仅次于外务部。它拥有广泛的管辖权,并且授权接管所有已由传统各部和机构建立起来的重大工商业计划"[1]。商部成立后,于光绪二十九年十一月二十四日,即1904年1月11日颁布《商会简明章程》,1月21日,商部完成《商人通例》、《公司律》的编订,定名《钦定大清商律》颁行,此后,商部又先后制定了《商标注册章程》、《奖励公司章程》、《奖给商勋章程》、《华商办理农工商实业勋爵章程》、《破产法》等单行商事法规。《商会简明章程》是商部成立后颁布的第一部商律[2],可见当时商部希望商人"抱团"振商的愿望多么强烈。看来,1902年,盛宣怀、

---

[1] [美]费正清、刘广京:《剑桥中国晚清史》,中国社会科学出版社1985年版,第438页。

[2] 按照现代部门法的分类,商会法放在行政法的范围之内,商会法属于商人结社法律制度,而结社法律制度是国家管理人民结社的行政法律制度,因此蔡鸿源主编的《民国法规集成》(黄山书社1991年版)和谢振民编著的《中华民国立法史》(中国政法大学出版社1991年版)都把商会法放在行政法的编目之中。但是清末修律时,并没有这种明确的部门法划分的概念,商会法被视为商律的一部分。

吕海寰在上海进行修约谈判时,英国商会为英方谈判做的准备,让他们印象深刻。

1904年颁布的《商会简明章程》共26条,是中国近代商会立法的初步尝试,尽管在立法技术、内容全面性等方面还存在缺陷,但对以下内容却作了明确的规定。[①]

1. 商会的设立

首先,规定了商会按照"商务繁富"的原则设立,并分为商务总会、商务分会两级。第三条规定,"凡属商务繁富之区,不论系会垣,系城埠,宜设立商务总会,而于商务稍次之地设立分会,仍就省份隶属于商务总会。"《商会简明章程》颁行前,商人组织的名称很多,既有商业公所、会所,也有官方设立的保商局,《商会简明章程》颁行时,在商会的名称上,强调整齐划一。第二条规定,"凡各省各埠,如前经各行众商公立有商业公所及商务公会等名目者,应即遵照现定部章一律改为商会,以规划一。其未立会所之处,亦即体察商务繁简酌筹举办。至于官立之保商各局,应由各督抚酌量留撤。"

其次,对商会管理机构的建立、管理人员的任资资格做了明确的规定。按照《商会简明章程》第四条、第五条的规定,各地设立的商务总会由总理一员,协理一员和董事二十员至五十员组成,分会由总理一员和董事十至三十员组成。总理、协理产生的方式是民主公举,任资条件必须是熟悉商情、众望素孚者,任期一年。商会的董事也通过民主推举的方式产生,并且在第六条规定了会董四个方面的任资条件,"公举会董应以才地资望四者为一定之程度,如下所列为合格:一、才品:首创商业卓著成效,虽或因事曾经讼告,于事理并无不合者;二、地位:系行号巨东或经理人,每年贸易往来为一方巨擘;三、资格:其于该处地方设肆经商已历五年以外,年届三旬者;四、名望:其人为各商拥护居多数者"。

最后,规定了商会的议事规则。会董应于每星期赴商会与总理、协理会议一次,"使各商近情时可接洽,偶有设施不至失当",如商家有紧急情况,则"应立赴商会酌议",在重大事项的议决上,也有民主色彩,要通知"各会董及各商理事人齐集商会,公同会议。会议务须开诚布公,

---

[①] 商会简明章程的内容详见天津市档案馆等编《天津商会档案汇编(1903—1911)》(上),天津人民出版社1989年版,第21—28页。

集思广益。各商如有条陈，尽可各抒议论，俾择善以从，不得稍持成见"。

商会召开会议，也有法定的规则，"必须照会议通例章程办理。凡开议时，应以总理为主席，该会董事到场者须有过半之数，否则不应开议"。在具体议决事项上，实行少数服从多数，"从众议决"。

2. 商会的职能

《商会简明章程》对商会的职责规定比较原则，与商会的组织机构的规定相比较，具体内容不多。这和《商会简明章程》颁行的主要目的是提倡各地先创立商会组织有关。归纳起来，《商会简明章程》规定的商会的职责以保商振商为主要的指导原则，具体内容有以下几个方面：

（1）受理商事纠纷，维护商人利益。为了商会能够实现保商的职责，《商会简明章程》规定商会具有一定的受理商事诉讼的权利。第十五条规定，"凡华商遇有纠葛，可赴商会告之总理，定期邀集各董秉公理论，以众公断。"如双方不服，仍可以到地方衙门重新提起诉讼。第十六条对涉外商事诉讼受理作了单独的规定。洋商如果向商会告诉，"商会应令两造各举公正人一人秉公理处，即酌情剖断，如未能允洽，再由两造公正人合举众望夙著者一人从中裁判"，洋商如果向地方官府或领事处直接告诉，悉听尊便，但不服者仍有向商会告诉的权利，"设该地方官领事等判断未尽公允，仍准被屈人告之商会代为伸理"。尽管对涉外商事受理的规定比较慎重，但"仍准被屈人告之商会代为伸理"规定，在当时洋人享有领事裁判权的情况下，其保护华商的目的还是很明显的。

（2）联络商情。商务总会每年要将"商务盛衰之故，进出口多寡之理，以及有无新出、种植、制造各商品，总会应按年由总理列表汇报本部，以备考核"，紧急事项可以直接电禀商部。各地分会，应当按季将"商务情形列表报由总会汇报本部查核"。

（3）消除内弊，维持市面，促进工商业发展。《商会简明章程》鼓励各级商会，对商人有利之事，皆可"应行整顿，应行提倡"，凡可兴利除弊之举，经过会董会议议决后，可以实施。为了防止商业欺诈，商会拥有对合同、文契等契约的管理权限。"凡商家订货之合同、房地出入之文契以及抵押称货之券据，凡可执以为凭者，均应赴商会注册，将凭单上盖明图记，以昭信实而杜诳诈欺伪等弊。"市面混乱之时，商会可及时处理，采取平抑物价等措施维护市场稳定。"柴米油豆攸关民生日用各物，无故高抬、籍端垄断等情，该总理及会董务须随时留心稽察，如有上项情弊，宜传集该商导以公理，或由会董会议按照市情决议平价。倘敢阳奉阴违、不自悛改，准该总理等移送地方官援例惩治，以儆其余。"在市场银根奇紧时，商会可以资助重要商户。"设值银根奇紧，该商为该处人望所系，适以积货过重，不能周转，一经倒闭，必致牵累商务大局者，总会应举行特别会议，从众议决。准将存货抵借公集款若干，力为维持，订期缴还，月息约以四厘为率，以副保商之实政。"

（4）执行部分工商行政管理职能。《商会简明章程》规定了商会管理公司注册、商号账簿、合同契约登记管理等行政职能。商会"按照本部嗣后奏定公司条例，令商家先办注册一项，使就地各商家会内可分门别类编列成册，而后总理、协理与各会董随时便于按籍稽考。酌施切实保护之方，力行整顿之法。至于小本经济不愿至会注册者，悉从其便，不得勉强，转失保商本旨"。对合同文契等文书的管理，上文已有阐述。对商号的账簿管理，商部已经认识到，"中国商人向无商业学堂肄习经商一切，故凡为商者，悉系父传其子，师传其弟。所有行号簿册各不相同。设有讼告呈堂核账，眉目难清，吏胥得高下其手"。因此，商部印制统一格式的账簿，由商会负责发放、登记等。

3. 商会的会费

《商会简明章程》规定商会的经费主要来源于商会行使管理职权时所收取的规费。《商会简明章程》移植于日本，而日本又移植于法德，法国和德国的商会会费，有一部分就是行政管理收费。因此，《商会简明章程》第二十一条明确规定，商会在收取注册费、凭据费、簿册费外，不得"别立名目再收浮费"，以"从保商之意"。所有会费，"七成为商会公积"，用于商会的日常开支、置办办公用品，如有积余，可在市场银根奇紧时，资助商人，或办产品陈列所等。

《商会简明章程》颁行后，商部又颁布了《商部劝办商会谕帖》，鼓励各地建立商会。1904年5月上海商务总会成立，随后，京师商务总会和天津商务总会也相继成立。商务总会成立后，各地符合条件的府、厅、州、县开始设立分会，由于《商会简明章程》对商务分会的设立规定较少，1906年，商部又颁布了《商会章程附则》六条，对分会的设立作了详细的规定。"各地商务分会应就省份隶属于各总会，其禀请设立时，即应由隶属之总会"转报商部"核夺"，在设立原则上，为免分歧，"每属只准设立一分会,其设立所在,不论系城埠系村镇,总以在该州县中商务最繁之地为断",但又规定了特殊情况下的变通规则,"各省商务情形,往往一洲县中商务繁富之区不止一处,彼此相同,无可轩轾,自应量予变通,两处均准设立分会。惟须实系水陆通衢,为轮船、铁路所经,商贾辐辏之处,方得援照办理"。分会设立后,负责商务较次之地的联络,"每属既准设一分会,则一属中商务稍次之地,无论城埠村镇,应即由该分会设法联络。凡有愿入会者,所有会董总理等应与就地各商家一体推举,不得稍分畛域。遇有商务应办事宜,务即彼此合力统筹,也不得稍有意见,反致隔膜"①。

同是1906年,江苏锡金商会总理周廷弼禀告商部,说明"商会之设,所以联络商情。惟大多数之联络,必以小多数之联络以成之,积村堡以成乡镇,积乡镇以成县邑。苟乡镇之商不能互相联络,则居县邑而言联络,非失之范围狭小,即失之呼应不灵"。据此建议"各乡镇凡有商铺荟聚之处,次第筹设分会之分会,籍广联络,而资调查。此项乡镇分会,统隶属于县城分会,分之则各自为部,合之则连成一气"。周廷弼提出的在乡镇设立分会之分会的建议,符合商部设立商会联络商情的宗旨,很快得到商部批准,将"分会之分会"定名为商务分所,规定"嗣后各府州县中,如已设立商会,而各村镇尚有续请设立者,即令定名为商务分所,与各该处总、分会设法联络"②。

因此,从1904年《商会简明章程》颁行以后,经过几年的实践,清末商会的发展形成了商务总会、商务分会和商务分所三级组织体系,分布于繁富的大、中商业城市和商业较发达、集中的府、州、县、镇等十分广阔的区域内,并形成有机联系的纵向动态组织系统,商会成为近代中国各类商人社团中人数最多的一种,在"保商、振商"方面发挥了巨大的作用,并在政治上崭露头角,使辛亥革命后,北洋政府也非常重视商会立法,1914年6月,参议院代行立法院职权,议定《商会法》三章、共六十条,1914年9月12日公布,中国近代史上第一个以《商会法》命名的商会立法终于出现在近代立法史的舞台上。

---

① 《商会章程附则六条》,载华中师范大学历史研究所等编《苏州商会档案丛编》(第一辑),华中师范大学出版社1991年版,第33页。
② 《商部为设商务分所札苏商务总会》(光绪三十二年九月二十九日),载《苏州商会档案丛编》(第一辑),华中师范大学出版社1991年版,第72—73页。

三 近代商人结社制度的确立促进商人社会的进步

(一) 中国古代商人结社法律制度的缺失对商人结社的影响

结社是晚近社会才有的国民权利。从外观形态上讲，古时的商人有一些自发组成的商人团体，国家也有一些零散的规范商人团体活动的法律条文，但这些法律规定的宗旨不是规范并保护商人结社权，而是实现国家对商人的管控并征收商税，在古代，没有个人独立、个人自由的主体意识，因而也没有结社权意识。人们的结合，不是自由独立的个人主体结合，而是行业互助协调需要的结合，是个人所执之业与他人所执业的衔接形态。或者说，这是以业为主轴的结合，不是以人为主轴的结合。这种业的结合而非人的结合，与近代社会强调个人独立自主之法律秩序下结社权，本质上不是一回事。

古代商人结社法律制度的缺乏，对古代商人结社产生了以下的影响：

第一，商人组织规模有限。唐宋时期的商人结社，是政府为了便于科索和管理，强制商人以行业为基准结成团体，商人结社的规模局限于行业范围之内。至明清时期，商人自发结社，但也多因地缘或业缘关系组成小团体性质的商人社团，并没有形成跨地域乃至全国范围的联合，这与缺少国家法律的制度化与规范化引导有关。

第二，商人结社宗旨多为"联乡谊、祀神祇、办善举"。商人以图利为根本，商人结社，当"在商言商"，其结社宗旨应当规定维护商业经营方面的内容，如保护商人的利益，谋划商业事务等。但是，中国古代商人的结社宗旨，却有违一般认识。明清时期的会馆公所，大多以"联乡谊、祀神祇、办善举"为结社宗旨。苏州有 143 所会馆公所的结社宗旨为"联乡谊、祀神祇、办善举"[①]，《明清以来北京工商会馆碑刻资料选编》、《上海碑刻资料选辑》中所载各地商人在北京、上海建立的会馆、公所，也多是以"联乡谊、祀神祇、办善举"为结社宗旨，虽然偶尔也有协调

[①] 邱澎生：《商人团体与社会变迁：清代苏州的会馆公所与商会》，博士学位论文，台湾大学，1995 年。

团体经营事务，如在上海的江西商人建立江西会馆时就是为了协调同乡货价①，但"联乡谊、祀神祇、办善举"是各地商人结社的主要宗旨。

商人以"联乡谊、祀神祇、办善举"宗旨，有学者认为是明清时期"禁同社、同盟名目"的结社管理目标下，商人结社有很高的风险，为了降低这种风险，会馆公所变通结社宗旨，以"联乡谊、祀神祇、办善举"为公开结社宗旨，这些结社宗旨符合政府结社法令的规定，使政府看来，会馆公所与同乡会馆和善堂一样，都是有助于社会治安和慈善教化的民间结社，以降低政府结社法令的干预。②这样的评价，似乎商人在结社宗旨上已经有了主动的选择，商人刻意选择"联乡谊、祀神祇、办善举"的结社宗旨以规避政府的干预。

商人真的具有这种主动选择的意识吗？明清时期，国家的经济政策仍然是以农立国，商业并没有受到重视，商人的地位也不高，在此情形下，商人的结社宗旨只能从当时商人最基本的需求出发。商人异地经营，更需要同乡之间加强交流、依靠团体的力量获得更多的保护，"联乡谊"成为异地经商的商人结社的需求。商人经商，会有意想不到的风险，多祈求神灵护佑，降福消灾，以求心理安慰。因此，各地会馆祭祀行业神、乡土神等各种神灵③，"祀神祇"成为商人结社的精神支柱。商人外出经营，"童而出，或白首而不得返，或中岁萎折，敛无资，殡无所，或无以归葬，暴露与野。盖仁人君子所为伤心，而况同乡井者乎！"④因而"办善举"是同乡人之间互助的重要体现。"联乡谊、祀神祇、办善举"是漂泊到异地经商的商人最基本的、自发的需求，因此商人结社也多以此为宗旨。

另外，中国传统商业文化受儒家思想的影响，重义轻利，因此商人结社，"利"字当头，与传统商业文化不符，而"联乡谊、祀神祇、办善举"却是一种尊重儒家文化的表达。通过"联乡谊、祀神祇、办善举"可以加强同籍商人的合作与协调，灌输商业伦理道德，获得更多的社会认

---

① 上海博物馆编：《上海碑刻资料选辑》，上海人民出版社1981年版，第335页。

② 邱澎生：《商人团体与社会变迁：清代苏州的会馆公所与商会》，博士学位论文，台湾大学，1995年。

③ 各地会馆、公所祭祀的神灵，可参见王日根《乡土之链——明清会馆与社会变迁》，天津人民出版社1996年版，第280—285页。

④ 上海博物馆编：《上海碑刻资料选辑》，上海人民出版社1981年版，第232页。

同,这本来就有利于商业。如果规避政府的干预,宣誓"联乡谊、祀神祇、办善举"的三大结社宗旨,就能阻却政府干预吗?因此"联乡谊、祀神祇、办善举"是中国古代商人在儒家文化影响下的自然选择,并没有主观能动意义上的刻意选择,以规避政府的干预。

第三,由于国家法的缺失,中国古代商人团体的权益寻求特殊的官方保护方式。中国古代缺乏商人结社法律制度,因此,商人结社不是依靠制度保障,而是寻求特殊的官方保护方式。

明清时期,苏州商人则积极谋求政府的"立案"保护。建于同治年间的云锦公所是苏州丝织业商人集资所建,太平天国运动平息之后,为了重整行规,并修缮被战火毁坏的建筑物,曾邀众人集议办法,送府宪备案,并由官府允许,"皆蒙准予垂石",将重建经过刻成碑文立于公所之前。① 苏州府曾为晞布染坊业建立浙绍公所议定章程办理善举给示晓谕,如有"地匪棍徒阻挠滋扰。许即指禀拿究。地保徇纵,并惩不贷。各宜禀遵毋违"②。苏州18、19世纪成立的68个商人会馆和公所,"最大的一个共同点,便是都拥有一处经过官方立案保护的专属建筑物"③,通过官方的立案保护,苏州的会馆公所得以生存和发展。

与苏州会馆公所积极谋求官府的立案保护不同,北京的商人则以官员撰写碑文的形式,向世人宣示另一种官方的庇护方式。仙城会馆为广州商人在北京前门外王皮胡同三号建立的商人会馆,康熙五十四年(1715年)建立时,由"赐进士出身中大夫都察院左佥都御史加一级张德桂撰"④,乾隆五十三年(1788年),仙城会馆题名,碑文由"翰林院编修温汝适撰、庚子解元张锦芳书"⑤,嘉庆十四年重修仙城会馆时的碑文,虽然仍由温汝适撰写,但落款是"都察院副都御史前通政使司太仆寺卿国子监祭酒左春坊左庶子充日讲起居注官顺德温汝适撰"⑥,如此长串的官名介

---

① 苏州博物馆等编:《明清苏州工商业碑刻集》,江苏人民出版社1981年版,第33—34页。

② 同上书,第83页。

③ 邱澎生:《商人团体与社会变迁:清代苏州的会馆公所与商会》,博士学位论文,台湾大学,1995年。

④ 李华编:《明清以来北京工商会馆碑刻选编》,文物出版社1980年版,第16页。

⑤ 同上书,第17页。

⑥ 同上书,第19页。

绍，可见，仙城会馆向世人炫耀与京内高官关系的意图是很明显的。官员不仅替会馆撰写碑文，还乐于捐款资助会馆的建立。康熙五十七年，山西临汾、襄临商人建立临襄会馆，光绪十四年重修时，不仅由"赐进士出身诰受奉政大夫国史馆纂修、翰林院编修加四级陈履亨撰文"，而且在碑文中明确记载当时的"翰林院陈积德、户部主政曹某"等都有捐款各二十两。在李华所编的《明清以来北京工商会馆碑刻选编》中，不同地区各行各业的会馆公所建立时的碑文都有官员撰写的记载，这些撰写的碑文刻于石上，立于会馆公所门前，静默地向社会宣示着官商之间的关系，并通过这种宣示，谋求社会的认同和保护。

古代商人结社法律制度的缺乏，对古代商人结社产生的上述影响，在清末《商会简明章程》颁布以后，发生了根本性的改变，商人在独立的商人结社法律制度的规范和引导下，自主结社，以"保商振商"为结社宗旨，并建立了跨行业、跨地区乃至全国统一的商人联合机构，实现了商人结社的近代转型。

（二）清末商会法对近代商人结社的影响

1904年1月11日颁布的《商会简明章程》，是中国历史上第一部独立的商人结社法律制度。《商会简明章程》以单行法的方式颁行天下，在中国建立了现代化的商人结社制度，这是清末十年修律提供的契机。商会作为近代的商人社团，正是由于法制近代化过程中，伴随着近代商事立法的进程产生并得以普及的。

1901年1月29日（光绪二十六年庚子十二月十日），慈禧颁布变法上谕，晚清新政开始，也拉开了清末十年修律的序幕。学界研究法制近代化的问题，焦点多集中在修订法律馆成立以后，对刑法、民法等的修订，而修订法律馆成立以前，先于其成立的商部就拟定颁行了中国近代史上第一批具有现代意义的商事法律制度，其在中国法制近代化工程上的意义或贡献还没有被学界注意。

1901年预备变法的上谕颁布了以后，并没有什么实质性的变法活动开始。1902年，列强"放弃治外法权"的许诺，却像强心针一样，强烈刺激了清政府修律的热情。1902年初修订商约谈判时，英国要求中国整顿律例而放弃治外法权的许诺，刺激了清政府朝野上下修律的热情。1903年4月，光绪帝发布"通商惠工"上谕，拟设商部，修商律，修约谈判大臣吕海寰上书:"诚以修订全国例律,乃更定商律之提纲,更定商律,为收回治外法权之要领。"① 为了收回治外法权,迎合列强的需求,清末的修律,先从更定商律开始。

1903年9月,商部成立后,于光绪二十九年十一月二十四日,即1904年1月11日颁布的《商会简明章程》,此后又颁布了《钦定大清商律》等多部商事法律。清末商事立法,上演了中国法制近代化的第一幕。中国古代传统的法律体系中,并不存在私法意义上的商法。为了实现收回治外法权的梦想,清政府以极快的速度,在中英商约谈判后一年多的时间里,就颁布了《钦定大清商律》。尽管《钦定大清商律》"五分之三的内容仿自日本法,五分之二的内容仿自英国法"②,但是该法却是中国历史上第一部现代意义上的商法典。

从时间意义上讲,《商会简明章程》先于《钦定大清商律》颁行,《商会简明章程》颁行之时,是把商会法归为商法一类,而不像现代部门法分类时把商会法归为行政法。如果把清末商事立法比作中国法制近代化的第一幕,《商会简明章程》则出演了第一场,并且确立了现代化的商人结社法律制度。

中国近代的商会立法,是中国近代社会转型时期社会制度变革的结果,是中国法制近代化的有机组成部分,中国商会法律制度的建立,对中国近代商人社会的进步产生了深远的影响。

1. 为中国近代民间社团发展提供了一定的空间

近代商会法律制度的建立,开创了中国近代社团立法的先河,促进了商人团体组织发展的成熟化,为中国近代民间社会力量的发展提供了一定的空间,清末民初商会发展成为了一支不可忽视的社会力量。

"社团是社会体系中的一种组织形态、社会结构方式和社会成员集体活动载体。按现在的定义,社团是社会公民自愿组成,为实现会员共同意愿,按照其章程开展活动的非盈利性组织。"③ 世界范围内社团的产生和发展,是社会生产力发展以后,促进社会分工,产生了不同的利益集团的结果。资本主义社会,社会化大生产所导致的社会分工的日益精细化,使

---

① (清)朱寿朋编:《光绪朝东华录》,中华书局1958年版,总第5341页。

② 赖英照:《中国公司立法之回顾与前沿》,载氏著《公司法论文集》,台湾证券市场发展基金会,1986年,第8—9页。

③ 吴世良:《社团的形成、发展与演变》,《理论界》2000年第4期。

世界范围内的社团发展加快。加之西方社会实行宪政以后,结社自由作为公民的一项基本人权得到宪法的承认和保护。为了对社团的设立宗旨、职能、组成、议事规则等内容加以规范,各国社团立法纷纷出台。社团的发展是社会进步和成熟的标志,对促进市民社会的形成和发展,从而实现对国家权力支配的有效制约,发展民主政治都有积极的作用。

19世纪末以前的中国,经济上是自给自足的小农经济占主导地位,而且长期实行重农抑商政策遏制商品经济发展,与西方国家相比,社会分工有限,社会利益多元化态势不明显,民间社会力量存在的空间有限。鸦片战争后,中国的政治经济状况发生了很大的变化。内忧外患已使清政府的统治政策发生了变化,迫于各方面的压力,政治上要实行宪政,而且西方社会的民主精神也对中国社会产生了一定的影响;经济上鼓励民间工商业的发展,资本主义生产关系逐步发展,对社会力量的发展也由以往严禁民间结社转向鼓励商会等新式社团的成立。这些统治政策的变化,为民间社会力量的发展提供了条件。由于清政府积极鼓励各地建立商会,对商会的各项活动也较少干预,为商会提供了较大的自主发展的空间。在中国这样一个有着几千年封建专制历史的国家,能够允许一个有着较强自主、自治性质的社会力量发展、壮大,而且以专门的立法加以保障,这本身就是一种社会的进步。

由于有了国家法的规范和引导,商会这种新型商人团体的建立与中国古代商人团体相比,显得更加成熟,各地的商会名称统一,组织机构完善,商会打破以往商人结社地缘或业缘关系的限制,形成跨地域乃至全国范围的联合,商会成为不分行业和籍贯的商人大联合体。

据台湾学者阮忠仁统计,1904年全国成立的商会有9个,此后逐年增加,1904—1911年,全国共设立过商会1022个,1912—1916年又增设611个,总计1633个商会。1916年商会会员人数有215901人。这些商会分布于全国22个行省及4个特别行政区,在各省区内,分布于省会及大商埠者70个,占总数的4.2%,县(府州)者1231个,占总数的75.3%,镇、堡、屯、市等332个,占总数的20.3%①,商会的分布遍及城乡,相当普遍。"与此同时,海外华侨聚集之地,也由华侨商人陆续建

---

① 相关数据见阮忠仁《清末民初农工商机构的设立》,台湾师范大学历史研究所专刊,1988年,第238—241页。

立了中华商会，1912年时已达39个……这些海外中华商会一直延续到今天，有不少声名卓著者，为当地的华商经济和所在国经济的发展作出了重大的贡献。"①

近代商会与会馆公所的地缘或业缘特征有着明显的区别。《商会简明章程》颁行以后，商会迅速发展，打破地缘与业缘的限制，形成了横向和纵向的互有联系的网络结构体系，商会的对外联络功能不断加强，而且各商会都制定了严密的组织章程，商会的内部组织运作更加完善，成为超越传统的新型商人团体。

2. 极大地提高了商人的社会地位

中国古代自商鞅为了"农战"在秦实行重农抑商的政策以后，重农抑商的政治传统一直传承了两千多年，商人的社会地位低下，许多朝代都有"困商辱商"之立法。"'锢商贾不得宦为吏'，这是历代最常见的一种抑商之法。汉初，'贾人不得名田为吏，犯者以律论'；孝惠高后时虽'弛商贾之律'，'然市井子孙犹不得仕宦为吏'；汉文帝时，'贾人赘婿及吏坐赃者，皆禁锢不得为吏'；唐《选举令》规定'身与同居大功以上亲自执工商，家专其业者不得仕'；北魏律规定：'工商皂隶不染清流'。直到明清时代，商人子孙仍须数世以后才被允许参加科举。"② 尽管也有学者认为中国古代商人地位并不是如此低下③，但是，从时间上分析，历史上商人被压制的时间长，商人地位略有改善的时间少。另外，从对象上来说，即使对商人入仕科举有些优待，获得利益的商人也只是某些商人个人或其家族，而不是惠及整个商人阶层。更为重要的是，因为有了历史上诸

---

① 虞和平：《商会史话》，社会科学文献出版社2000年版，第19页。
② 范忠信等著：《论中国古代法中"重农抑商"传统的成因》，《中国人民大学学报》1996年第5期。
③ 也有学者认为古代商人地位低下被大大扩大了，瞿同祖认为历史上商人的困辱法令"只是个理想形态，实际情况却远为复杂。商人在中国历史上的低下地位常常被夸大，不管事实上他们的阶级位置并不符合他们的地位。他们的财富影响力不容忽视，这对他们的地位及其生活方式必有影响"。参见瞿同祖《中国的阶层结构及其意识形态》，载段国昌等译《中国思想与制度论集》，台湾联经出版事业公司1976年版，第285页。杨联陞认为，在不同的历史时期，商人的地位并非一成不变，"即使汉初，武帝时期就有孔僅、桑弘羊等，由市井擢登朝列。其他限制似也渐成具文。此后在理论上，虽仍轻商，实则对商人之控制与利用，力图兼顾。在清代商人入仕，远较前代为易。金元时期对商人应科举，似乎已无限制。明清更有所谓商籍，专为盐商子弟在本籍之外盐商营业之地报考生员，而且特为保留名额"。参见杨联陞《中国政府对城市商人的统制》，载段国昌等译《中国思想与制度论集》，台湾联经出版事业公司1976年版，第373—376页。

多的"困商辱商"的法令政策,在社会大众心理形成的轻视商人的社会心态很难消除。中国古代商人社会地位不高,是中国古代工商业发展滞后的重要原因。

《商会简明章程》作为商人结社法律制度,确立了"保商""振商"宗旨,商人的社会地位大大提高。

首先,提倡消除官商隔膜,打破了中国古代沿袭数千年的"士农工商"的等级界限。

中国古代贱商政策的实施,导致官商隔隙很深,郑观应就曾指出,"我商人生长中土,畏官守法"[①],"恭读康熙五十三年谕曰:'朕视商民皆赤子,无论事之巨细,俱当代为熟筹。'今官商隔阂,情意不通。官不谙商情,商惮与官接。如何能为之代筹?"[②] 呼吁完善立法,通过建立商会,加强官商联系,使"胥吏无阻挠之弊,宦臣无侵夺之权"[③]。《商会简明章程》也指出"中国历来商务素未讲求,不特官与商隔阂,即商与商也不相闻问,不特彼业与此业隔阂,即同业之商亦不相闻问。计近数十年间,开辟商埠至二三十余处,各国群趋争利而华商势涣力微,相形见绌,坐使利权旁落"[④],因此要通过立法,建立商会,以期"消除内弊"。《商会简明章程》实施以后,为了体现商部消除官商隔膜的决心,商部还拟定了《商部定接见商会董事章程》,专门设立商会处,接待商会会董随时来部讨论一切商务事宜,对商会条陈"亦不必拘以公牍体制,只须字迹明净,盖用某业商会戳记,送至商会处"[⑤],至少从文字上看衙门做派已经鲜见。

其次,商会成为商人参与国家治理的组织载体。

通过商会,商人可以参与国家管理和经济建设。《商会简明章程》规定了商会执行部分工商行政管理的职能。商会有管理公司注册、商号账簿、合同契约登记管理等行政职能。此后 1914 年和 1929 年商会法也都有

[①] 郑观应著、王贻梁评注:《盛世危言——首为商战鼓与呼》,中州古籍出版社 2001 年版,第 299 页。

[②] 同上。

[③] 同上。

[④] 《商部奏劝办商会酌拟简明章程折》,载天津市档案馆等编《天津商会档案汇编(1903—1911)》(上),天津人民出版社 1989 年版,第 21 页。

[⑤] 《商部定接见商会董事章程》,《东方杂志》第 1 卷第 2 号,"商务",第 197 页。

专条集中规定商会的职能,这些规定,激发了商人的主体意识,使商人能够积极投入到经济和社会活动中去。

现仅以《天津商会档案汇编》(1903—1911)所载的史料分析,天津商务总会和各地的分会、分所成立后,在多个方面大有作为,商会作为新型商人组织发挥着重要的行业自治功能:第一,积极维持金融市面。先后在1904年因银两短缺导致的现银贴水风潮、1905—1911年因袁世凯乱铸铜元而导致的铜元危机、1909年因上海部分钱庄投机国外橡胶公司股票而波及京、津、沪等地的钱庄倒闭风潮等金融危机中,采取多种措施,发动商人,联络政府,群策群力,平息金融危机,保护商人的整体利益。第二,兴利除弊,严格规范和整顿市场,1906年整顿为外地客商代办经营纳税事宜的报单局,严禁影射磅单、涂改税单,在开办程序上严加规范;1909年要求天津染行整顿行会,禁止染行杀价争利;鼓励工商业者参加南洋及各地的商品陈列会等;第三,振兴实业。例如天津高阳县商务分会,极力提倡用铁轮织布机代替人力木轮机纺织土布,并劝设工厂,"布质与外洋相仿,制本稍廉,举国倡行,利不外溢,富国利民"[①]。天津商会的积极作用,使天津的民族工业发展迅速,《天津商会档案汇编》(1903—1911)上的统计资料表明,到1911年前,天津民族资本的工业厂家有107家,涉及矿业、机器制造、水泥、交通运输、纺织、面粉、榨油、烛皂、火柴、皮革等16个行业。第四,注重商情调查。《天津商会档案汇编》(1903—1911)所载资料显示,天津商会在商情调查上做了大量细致的工作,仅档案上显示的关于银行业统计资料就有:《津埠银行调查表》《津埠票号调查表》《中外银行银号发行纸币种类表》《直隶省商银钱号资本营业统计表》,各次金融风潮中的每日多种数据调查统计等。第五,加强对外贸易和对外商务往来。1910年,作为中国土货大宗的草帽辫由于尺寸减短、货样不符而为欧美商人拒售,天津商会对此加以整顿。1910年天津商会接待美国商会访华团,为中外建立平等互利的经贸关系提供了宝贵的经验。第六,另外,天津的各商会在抵制苛捐杂税、仲裁商事纠纷、平抑粮价、赈济灾民、创办商报等方面都有所建树。全国其他地区的商会大多也是如此,在振商、保商、促进民族经济发展方面显示

---

① 天津市档案馆等编:《天津商会档案汇编(1903—1911)》(上),天津人民出版社1989年版,第225页。

了商会作为商人组织的力量。

　　最后,以法律形式肯定了商人的结社权。《商会简明章程》以法律形式肯定了商人的结社权,对商会成立的宗旨、组织机构的建立、会费等内容都有明确规定。凡属商务繁富之区的商人,"不论系会垣,系城埠,宜设立商务总会,而于商务稍次之地设立分会,仍就省份隶属于商务总会"[①]。商会成为合法的商人结社组织。《商会简明章程》规定的商人结社权,明显早于1908年《钦定宪法大纲》规定的"臣民于法律范围以内,所有言论、著作、出版及集会、结社等事,均准其自由"。直到光绪三十四年(1909年),宪政编查馆会同民政部才制定了单独的"结社集会律"35条[②],但该结社集会律的主要内容都是关于政治结社和集会的规定,与《商会简明章程》作为单行法相比,后者成为商人结社的主要依据。

　　北洋政府和南京国民政府时期,都重新制定了《商会法》,从清末《商会简明章程》颁行后,商会成为自治、民主的现代商人团体,也为商会处理商事纠纷、实现司法自治提供了组织基础。

[①] 天津市档案馆等编:《天津商会档案汇编(1903—1911)》(上),天津人民出版社1989年版,第21页。

[②] 《宪政编查馆会同民政部奏拟定结社集会律折》,《东方杂志》第5卷第4号,"内务",第228页。

第二章

清末商会理案权的形成与特点

一 清末商会理案权的形成：政府重商政策下改善司法环境的举措

清末商会获得理案权，源于1904年《商会简明章程》的规定。该章程第十五条规定，"凡华商遇有纠葛，可赴商会告之总理，定期邀集各董秉公理论，以众公断，如两造不服，准其禀地方官核办"；第十六条"华洋商遇有交涉龃龉，商会应令两造各举公正人一人禀公处理，即酌行剖断，如未能允恰，再由两造公正人合举众望夙著者一人从中裁判。其有两造情事商会未及周悉，业经具报该地方官或该管领事者，即听两造自便。设该地方官领事等判断未尽公允，仍准被屈人告之商会代为伸理"[①]，至此，商会理案获得了法律的授权。尽管对涉外商事纠纷受理的规定比较慎重，但规定，"仍准被屈人告之商会代为伸理"在当时洋人享有领事裁判权的情况下，其保护华商的目的还是很明显的。

清末商会理案权的形成，是晚清政府在内忧外患之下，调整国家经济政策的结果。正如有些学者指出的那样，甲午战争以后清政府商业政策发生了很大的变化，由传统的"重农抑商"向"重商保商"转变。明清时期，张居正、黄宗羲等人虽然对自商鞅以来就存在的"重农抑商"的传统政策进行了抨击，但并没有改变其作为政府主导经济政策的地位。鸦片战争以后的洋务运动中，洋务派虽然开办了一些近代工业，揭开了近代工业化的序幕，但由于官办、官商督办的形式，一方面严格限制民间资本对现代工业的渗入，另一方面由于管理不善而终未修成正果。戊戌变法期

[①] 商会简明章程的内容详见天津市档案馆等编《天津商会档案汇编（1903—1911）》（上），天津人民出版社1989年版，第21—28页。

间,虽然颁布了一些发展工商实业的政令,但是,由于变法新政的流产,重商保商在19世纪末仍未成为清王朝的主要经济政策。20世纪初,经过庚子之役的冲击,清王朝统治集团内部各派力量的消长发生重要变化,主张变革的洋务派明显占上风。与此同时,巨额的赔款和庞大的开支使清政府面临严重的财政危机。此时,以商为立国之本的观念逐渐被统治者接受。1903年光绪帝发布"通商惠工上谕",是清末重商政策确立的标志。1903年9月清政府专设商部,旋即颁布了一系列法令,重商保商为宗旨的《商会简明章程》颁行,并以此推动商会的成立,在此之后,清政府迭发诏令,保商护商,并且颁布了一系列奖励工商业章程,商人的地位大大提高。①

赋予商会商事纠纷理案权是政府重商政策的内容之一。及时处理商事纠纷,可以为工商业发展提供良好的司法环境,但是中国古代即有轻商传统,这种观念在司法体制上也有体现。晚清商会成立以前,清朝已经形成了多元化的商事纠纷解决机制,但是,这种纠纷解决机制弊端丛生,很难适应政府重商政策的需要,下文具体分析传统商事纠纷解决机制存在的弊端。

(一)清朝传统商事纠纷解决机制概述

中国古代从商朝的时候,商人"形成了独立的阶层,交换为行为的商业已成为社会上必不可少的一种社会分工"②,此后,以商业活动为职业、以营利为目的的商事活动已经存在。由于商事活动必定在不同主体之间进行,在此过程中的利益争执,即纠纷必不可少。因此,中国古代从商朝开始,就应当存在商事纠纷。明清时期,商业更为发达,不仅商业人口增加,商人还形成了行帮,商业活动的范围也不断扩大,这一切都必然导致商事纠纷的复杂化,已有学者将明清时期的商事纠纷进行了归类,有合伙经营纠纷、亏欠银钱纠纷、商业借款纠纷、商货承运纠

---

① 朱英:《辛亥革命时期新式商人社团的兴起》,中国人民大学出版社1991年版,第21—32页;马敏、朱英:《传统与近代的二重变奏——晚清苏州商会个案研究》,巴蜀书社1993年版,第33—40页;马敏:《官商之间——社会巨变中的近代绅商》,华中师范大学出版社2003年版,第64—74页。

② 张景月、刘新风主编:《商史通鉴》,九州图书出版社1996年版,第17页。

纷、商业规例纠纷等十多种。① 商业纠纷的大量存在，需要有相应的纠纷解决机制，以维护社会秩序的稳定和商业活动的正常开展。清末商会成立以前，清时商事纠纷的处理已经形成了国家司法审判和民间调解的多元化纠纷解决机制。

从国家司法审判体系而言，清朝建立了以州县政府为主的商事纠纷审判机制。清承明制，建立了中央和地方比较完善的司法体制。中央有刑部、大理寺和都察院组成的最高级别的三法司各司其职。地方上，清朝也实行了中国古代司法和行政合一的体制，以地方政府为依托，形成了地方司法体系。《清史稿·刑法志三》内载："户婚、田土及笞杖轻罪由州县完结，例称'自理'。"因规定"州县完结"，"户婚田土及笞杖轻罪"一般在州县父母官作出裁决后，当事人若不上诉，裁决即发生法律效力，不必像刑事案件那样逐级审转，称为"自理案件"，因此，清朝的州县是主要的商事纠纷审判机关。

当然，在当时州县官长的意识中，"'户婚田土钱债'案件和'命盗'在性质上都是'刑案'，只是刑责程度有所不同，并不存在用民事区别刑事的法律概念，将司法案件区分成规范私权利的'民事'以及规范公权利的'刑事'，并且将商事案件列入民事案件之中，是晚清借自近代欧美国家的法律制度"，"到了晚清，不但出现了诸如'商业词讼''商务诉讼'等新的专门用语，更在光绪卅四年制颁了《大清刑事民事诉讼法》，正式将区分民事和刑事的欧美法律制度引入中国。至此，政府将商事纠纷引起的诉讼，认为是'民事'案件，而不是'刑案'的一种"②。

现以《清代乾嘉道巴县档案选编》中记载的巴县衙受理的商事纠纷案件为例。清巴县即为今天的重庆市，是"三江总会，水陆通衢"的交通要道，又是川东道和重庆府的首县，优越的地理位置和重要的政治中心，吸引了南来北往的客商和工匠，工商业繁荣发达。《清代乾嘉道巴县档案选编》的第二部分为工商业史料，有煤、铁、铜铅、窑、糖、棉织、印染、山货、瓷器、药材、粮食、油、鱼、当铺、钱庄、船运等工商业的行规、帮规、契约以及这些行业的从业者们在经营的过程中发生的各种纠

---

① 范金民：《明清商事纠纷与商业诉讼》，南京大学出版社2007年版，第15—193页。
② 邱澎生：《商人团体与社会变迁：清代苏州的会馆公所与商会》，博士学位论文，台湾大学，1995年。

纷，大多数都属于商事纠纷。① 在清乾嘉道时期，巴县衙受理的煤窑租赁的主佃之争案 33 件，铁铜铅行业的商事纠纷 14 件，木行、炭铺、造纸、窑、制糖等业的商事纠纷 33 件，棉织印染业商事纠纷 43 件。② 范金民的《明清商事纠纷与商业诉讼》一书，也多以《清代乾嘉道巴县档案选编》中的案例为主，结合其他档案材料，具体研究了晚清商会成立前的合伙经营、亏欠银钱等十多种商业纠纷与诉讼，并阐述了各种商事纠纷处理的程序和特点，这些案件的一审也都在州县府衙中。③

---

① 此处与本书中商事纠纷的界定从商主体和商行为的基本特这出发，从主体而言，必须是以商业活动为职业的人；从行为而言，必须是为了实现营利目的而进行的活动。因此，将商事纠纷定义为"以商业活动为职业的人，为了实现营利目的而进行的活动中所发生的纠纷"。目前出于研究需要，对"商事纠纷"概念进行界定的有范金民著《明清商事纠纷与商业诉讼》一书和秦炳瑞等主编《商事纠纷调解要点与技巧》一书，两书都从中国古代商和商事定义的发展，结合现代商法概念，对商事纠纷概念进行了界定。范金民等人把商事和纠纷分别界定，然后得出一个综合概念："以从事商业活动为职业的人，以营利为目的而进行的营业活动，称为商事活动"，"纠纷是指社会主体之间的一种利益对抗状态"，在此基础上，作者对明清商事纠纷与商事诉讼的范围确定为：充当主体的，应当只是以经营为职业、以营利为目的的商人或组织，而并不包含其他类型的人或组织，纠纷所针对的对象也必须是进入流通领域的可以为当事人带来利益的权益；商业诉讼是指发生在流通领域的以商人为主体的诉讼。（见范金民等《明清商事纠纷与商业诉讼》，南京大学出版社 2007 年版，第 4 页）《商事纠纷调解要点与技巧》一书将"商事纠纷"直接定义为"商事纠纷，是指作为平等商主体之间在从事以营利为目的商事行为的过程中所发生的纠纷"。（见秦炳瑞等主编《商事纠纷调解要点与技巧》，人民法院出版社 2007 年版，第 2 页）从商主体的角度而言，两个概念都明确了商事纠纷存在于从事商业活动为职业的商主体中，具有主体特定性，但是范书中的概念纠纷的一方是商主体即可视为商事纠纷，而秦书中的纠纷必须存在于两个或两个以上的商主体之间。从商行为的角度而言，两个概念都明确了行为的营利性，就是说商主体进行的商行为是可以产生营利的行为。但范书中将商人租赁店铺的纠纷纳入商事纠纷，商人租赁店铺是为作为营业场所，并不是通过租赁行为本身获利，从商行为角度看，该书的研究内容与概念界定出现了不周延。在秦书中也是如此，编者将保险合同纠纷、担保合同纠纷都纳入了研究范围，从主体而言，这些纠纷并不一定发生在两个商主体之间，也出现了研究范围和概念界定的不周延。商法是一个现代法学概念，利用现代的概念去解释古代的现象，语境不同，很难解释。从清时商业发展的状况和现存的一些档案所载的商业纠纷看，将商事纠纷的主体定为一方为以商业活动为职业的人，将引起纠纷的行为界定为实现营利目的而进行的活动，更便于研究。商人租赁商铺的行为，可以视为实现营利目的的行为。这样的定义也便于理解商会处理的商事纠纷中，包含大量的商铺租赁纠纷。

② 四川大学历史系、四川省档案馆主编：《清代乾嘉道巴县档案选编》（上），四川大学出版社 1989 年版，第 278—360 页。

③ 范金民：《明清商事纠纷与商业诉讼》，南京大学出版社 2007 年版，第 15—193 页。

除了州县官衙审理商事纠纷以外,民间调解也是商事纠纷解决的途径。虽然官府在审理案件时也会通过调解息讼,但是这种调解属于诉讼过程中的调解,郑秦的研究表明这种调解具有"强制性""优先性"和"堂上堂下"结合的特点①,与大量的诉讼外的民间调解不同。

民初民商事习惯调查时,湖南民商事习惯调查报告中曾经记载了湖南一些地区民间调解的习惯,既然是习惯,必定延时已久,或许能反映湖南一些地区传统的民间调解风貌。下文列出具体内容:

第一,汉寿、益阳、安化、湘阴各县排解争议习惯②

邻间争议事项,经地邻、戚族排解者,办法有二:(一)令理曲者出钱若干,买羊一只,以一人牵之,沽酒一坛,用二人抬之,由第三者督率,送至理直者家宅,伏礼寝息其事,名曰"牵羊扛酒礼",此系触犯乡约或违反族亲等事体之较大者。若细微之事,用肉一块,用酒一壶,亦可寝息,名曰"触肉壶酒礼"。前者羊酒礼伴以铳爆,后者肉酒礼伴以鞭爆。此种习惯,汉寿、益阳、安化各县视之甚重,与民事和解方式生同一之效力。(二)书"公判字",或书"和息字",箝写合同,双方各执一纸,历年既久,即为有效。此种习惯,湘阴县最通行,惟甫经和解,或一方终不甘允,随向官厅起诉者,则仲裁契约仍然不能发生效力。

附录:立和息公判字

邻族等,今因徐、李二姓互争青龙冲郭家坝下杨楂坝尾坝水反车,互控在案,二比各执一词,我等从中公议,判令从郭家坝下至石板邱东头抵挡,任徐筑堤修坝,坝上归徐姓管业,坝下系李姓私水,徐姓不得反车。此系二比情愿,自后各车各水,各管各业,均不得越界混争。恐口无凭,书立公判字二纸,箝以永敦和好,徐、李二姓各执一纸,永远收执为据。

永敦和好。

到场人:地邻某某　户族徐某某　李某某

---

① 郑秦:《清代司法审判制度研究》,湖南教育出版社1988年版,第218—220页。
② 前南京国民政府司法行政部编,胡旭晟等点校:《民事习惯调查报告录》(上册),中国政法大学出版社2000年版,第687页。

第二，湖南常德、武冈县习惯①

散事费：

常德、武冈两县有一种散事费，如甲、乙二人因债务或口角等缪辖不清，甲、乙互备酒席，请丙、丁、戊、己等从中排解，若得和平寝事，或甲俯乙礼，或乙赔甲钱，丙、丁、戊、己等即将过付之钱，提出二成平均分受，名为"二八回堂"。又有所谓斗彩者，遇两造各执，相持不下之时，为之排解者若遽分曲直，反激起讼端，每于两造请客说礼时，由排解人剋期约集两造至公众场所，除令平均出酒席费外，并平均各斗重金，交由排解人即行仲裁。理曲者词穷，即将所斗之钱概行瓜分，理直者原璧奉赵，或由瓜分之钱中扣出一、二成备办礼物，向直者俯礼。如此解决，无论输服与否，断不能听其翻异，日后间有不服，径行诉讼，同场排解人等必大彰公道，毫不偏私，谚云"过得乡场、过得官场"。此种习惯，武冈乡居最盛，城居者则否。

从上述湖南民间调解的习惯可以看出，如果出现债务、口角等民商事纠纷，"邻、戚"即乡邻、家族宗亲尊长成为调解的主体。清时宗族势力强盛，许多宗族都制定了本宗族内部具有强制约束力的族规，这些族规中都规定"钱债细故"，必须经过调解。

湖南邵阳清真寺藏有黄氏家规十戒，其中第七戒即为"七戒好讼"：

讼不可长，讼则终凶。外人且不可，况家族乎？苟持强夹诈，饮食小结，钱债细故，动则鸣官，伤家族之和气，结骨肉之深仇，祖宗有灵，能无怨恫，亲友闻之，亦为叹息。自戒之后，凡有不平情节，应先投鸣家族，俟其公断，毋得孟浪兴讼。倘敢故违，无论有理无理，先将兴讼者议罚，然后据理公断。族长亦宜大彰公道，抑强扶弱，不得畏势莫剖，徇私枉断。庶族纲丕振，而讼端有息矣。②

清代安徽《祝氏宗谱》、安徽潜阳《李氏族谱》、江苏晋陵《奚氏族

---

① 前南京国民政府司法行政部编，胡旭晟等点校：《民事习惯调查报告录》（上册），中国政法大学出版社 2000 年版，第 688 页。

② 马建钊主编：《中国南方回族古籍资料选编补遗》，民族出版社 2006 年版，第 34 页。

谱》、江西南昌《魏氏宗谱》、浙江萧山《朱氏宗谱》、湖北荻溪《章氏家乘》等宗谱中，也有类似规定，禁止族人随意涉讼，有争议须先经过族长、户尊、房长、户长等处理，否则要受到家规惩治，甚至要"传至祠堂重责，并摒祭若干年"①。

清时会馆公所的商人团体已很发达，调解商事纠纷是会馆公所的一个重要职能。上海《潮惠会馆二次迁建记碑》上将"俾消衅隙，用济艰难"作为会馆的重要功能②，上海浙商建立靛业公所，《靛业公所缘起及厘捐收支碑》中记载靛业公所成立缘起，"当其草创经营，规模未具，每有垄断竞争之事。幸有负财望者，出而创建鄞江会馆，设规矩，定章程，勒碑示信，主宾咸贴然悦服，市由是兴"③，可见会馆在处理垄断竞争之事的作用之大。

清时西南地区建立的大量会馆公所，选举在同乡中有名望的人为首领，称为客长。随着城市生活的需要、特别是商业发展的需要，这些会馆公所还走向了联合，由多个省份的会馆公所共同推举代表，联合组成，八省联合的叫八省客长，五省联合的叫五省客长。清代巴县的八省客长就由江西、江南（原明代江南直隶省，康熙六年分为安徽、江苏两省，江南省是惯称）、湖广、浙江、福建、广东、山西、陕西八省移民各自推举的客长联合而成。蓝勇先生从民国《犍为县志》《邛崃县志》等地方县志中挖掘史料，证实清代客长的地位十分重要，有"当时不可少之首人"之称，这些客长的一个重要作用就是调解同乡的经济纠纷。④

《清代乾嘉道巴县档案选编》中也经常提及八省客长参与商事纠纷调解。八省客长有的是直接接受当事人的邀请参与商事纠纷调解。如金海望、吴起彦等合伙开裕兴棉花行，欠陈大丰等人银二万九千七百余两，该债务纠纷即由金海望邀八省客长调解。⑤除此之外，八省客长更多是接受已经诉至县衙再由县官饬委调解的纠纷，调解结束后，由八省客长以书面

---

① 郑秦：《清代司法审判制度研究》，湖南教育出版社1988年版，第223页。
② 上海博物馆图书资料室编：《上海碑刻资料选辑》，上海人民出版社1980年版，第331页。
③ 同上。
④ 蓝勇：《古代交通、生态研究与实地考察》，四川人民出版社1999年版，第238页。
⑤ 四川大学历史系、四川省档案馆主编：《清代乾嘉道巴县档案选编》（上），四川大学出版社1989年版，第338页。

形式禀告县衙销案。道光六年四月十五日渝城杨柳坊民沈玉隆因为商铺房产争议控熊源顺等一案，就由巴县令交由八省客长调解。八省客长经过认真全面的调查调解，"两造俱悦"，禀复销案。①

八省客长在调解行业纠纷上发挥了巨大作用。嘉庆六年三月，靛行行户谭敦奎与客商吕应荣等因银色、称量标准不同而发生商业纠纷，诉至巴县衙。知县下令该事件交"八省客长协同行户等议复夺"②。清时，官府按行业给商人派差徭，不用商人自己去服差役，但要交钱给官府雇人服差，由当值的行户收齐后交到官府。但是差费的多少、是否公允往往会引起行商与政府、行户之间的矛盾。八省客长通过与行商协商，确定差费，减少纠纷。如嘉庆九年三河船帮差务章程清单表明，差费条规的收费原则是八省客长遵照"路之远近，船之大小，装载口口足之多寡"制定③，嘉庆九年大河帮差务条规亦由"八省局绅公议"④。对差费不公引起纠纷的，八省客长会及时调整。色布帮、土布帮之间的差费不公，最后由八省客长召集各帮齐集府庙，协同妥议，制定了新的差费抽取标准。⑤

（二）清朝传统商事纠纷解决机制中存在的弊端

清时虽然有多元化的商事纠纷解决机制，但这种机制却存在着许多弊端。首先，商人通过官方诉讼解决纠纷的成本很高。清朝"一代名幕"汪辉祖就有亲身感受："谚云'衙门六扇开，有理无钱莫进来'。非谓官之必贪，吏之必墨也。一词准理，差役到家，有撰赠之资；探信入城，则有舟车之费。及示审有期，而讼师词证，以及关切之亲朋，相率而前，无不取给于具呈之人；或审期更换，则费将重出，其他差房陋规，名目不一。谚云：'在山靠山，在水靠水'。有官法之所不能禁者，索诈之赃，又无论已。"⑥

---

① 四川大学历史系、四川省档案馆主编：《清代乾嘉道巴县档案选编》（下），四川大学出版社 1996 年版，第 78 页。
② 四川大学历史系、四川省档案馆主编：《清代乾嘉道巴县档案选编》（上），四川大学出版社 1989 年版，第 238 页。
③ 同上书，第 402 页。
④ 同上书，第 403 页。
⑤ 同上书，第 345—346 页。
⑥ 汪辉祖：《佐治药言·省事》，中华书局 1985 年版，第 5 页。

日本学者夫马进曾引用清代官箴书《平平言》中所举的各种诉讼费用证明清时诉讼成本之高。这些费用包括：戳记费、挂号费、传呈费、取保费、纸笔费、鞋袜费、到单费、夫马费、铺班费、出结费、和息费等。此外，还需要投宿歇家的费用。而且，最重要的是，必须对胥吏和差役进行贿赂。如果请讼师包打官司，还得花更多的费用。① 吴吉远、柏桦等研究清代州县官的司法状况时，都指出清代打官司的花费名目繁多。②

如此名目繁多的花费，对普通人家而言，"一讼之累，费钱三千文，便须假子钱以济。不二年，必至卖田，田卖一亩则少一亩之入。辗转借售，不七八年，必无以为生"。即使千金之家，"一受讼累，鲜不破败"③。无怪乎清时许多宗谱严格禁止家人涉讼。

清时商人打官司，不但要花钱，还要承受人格侮辱。官司到了官衙，当事人必须在官老爷面前低三下四。《清代乾嘉道巴县档案选编》诉状的称谓很有意思，原告一般都自称"蚁"。"蚁"本命贱，以"蚁"自称，大概是贱命全靠老爷做主了，显示对老爷公断的期盼。原被告双方在被讯问时都称"小的"，这种称谓也表示在老爷面前不敢造次。两造被带到大堂前，必须双膝跪地，匍匐堂前，还要受胥吏的恐吓，这些都在所难免。

除此之外，更有皮肉痛苦。清末修律大臣伍廷芳曾经指出，"中国民事刑事不分，至有钱债细故田产分争，也复妄加刑嚇，洵属历来之锢习"④。郑秦的研究表明，州县官自理案件中，责惩即所谓"杖枷发落"是一个重要的审理手段⑤，并以清《顺天府全宗》档案为依据，说明州县官在杖责方面有很大的自由裁量权。"州县官认为要打，就可以'薄责二十'或'重责四十'，认为不需要打，就不打"⑥，滋贺秀三也认为"知州知县一般拥有必要时对管辖地域下的人民加以拘禁、或者杖责臀部、掌

---

① 夫马进：《明清时代的讼师与诉讼制度》，载［日］滋贺秀三等《明清时期的民事审判与民间契约》，王亚新等译，法律出版社1998年版，第401页。
② 吴吉远：《清代地方政府的司法职能研究》，中国社会科学出版社1998年版，第300页；柏桦：《明清州县官群体》，天津人民出版社2003年版，第250页。
③ 汪辉祖：《佐治药言·省事》，中华书局1985年版，第5页。
④ 《皇朝续文献通考》卷二四四，续修四库全书编撰委员会编《续修四库全书》819"史部·政书类"，上海古籍出版社1996年版，第25页。
⑤ 郑秦：《清代司法审判制度研究》，湖南教育出版社1988年版，第38页。
⑥ 同上书，第208页。

脸等一定限度内作为惯行而承认的体罚权限"①。即使钱债细故的案件，上诉到京师三法司，"笞杖完结者，十居八九"②。皮肉之外，说不定还有牢狱之灾，《道咸宦海见闻录》中记载，道光年间，四川各地州县（卡房）班房"最为惨酷，大县卡房恒羁禁数百人，小邑亦不下数十人及十余人不等。甚至将户婚、田土、钱债细故被证人等亦拘禁其中"③。

在《清代乾嘉道巴县档案选编》中，杖责的案例没有见到，但掌责的案例不少，许多案例中都出现"掌责"二字。道光五年（1825年）七月，黄正新将炭山租给秦宗林挖炭，租金三千文一年，至次年四月，秦仍拖欠租金九百文未给。黄正新屡讨不还，就将秦厂内铁掘拖子拿了，被秦宗林告之官府。官府即以不应拿人器具不还为由，掌责黄正新。④ 此案中秦宗林如何处置，未见有记载，但黄正新还是债权人，拿债务人的挖炭工具抵债，尚且被掌责，说明在商事纠纷的审理中，掌责使用的还是比较普遍的。

就民间调解而言，虽然宗族尊长可以调解一部分纠纷，但是这些"民间调处由于亲属身份的尊卑，宗族支派的远近，门房的强弱，嫡庶的差别以及姓氏大小，人口多寡，财产状况，文化教育，与宦府权势的结交等等情况都会造成当事人在调处中的地位不平等，调处可能的偏袒性甚至强制性是显而易见的"⑤。上述所列举的湖南某些地区的调解习惯，也是要花费的，不仅要置办酒席，还要让从中调解的人提取一二成的调解费用，花费还是不少的。

从八省客长的调解来看，八省客长参与调解的纠纷，多与行规的制定与执行有关，调解更多的是协助官方对商业的行政管理。另外，八省客长作为各公所的首领，在本乡人士中一般富有名望，也有强大的经济实力，有些人还捐有功名，这种地位，可能一般小商人请他们调解纠纷也不容

---

① ［日］滋贺秀三：《中国法文化的考察》，载滋贺秀三等《明清时期的民事审判与民间契约》，王亚新等译，法律出版社1998年版，第13页。

② 《刑部京控分别准驳疏》，载《皇朝经世文编续编》卷102，《刑政五》，页七。转引自联合报文化基金会国学文献馆编《第六届亚洲族谱学术研讨会记录》，台湾联经出版事业公司1993年版，第305页。

③ （清）张集馨撰：《道咸宦海见闻录》，中华书局1981年版，第95页。

④ 四川大学历史系、四川省档案馆主编：《清代乾嘉道巴县档案选编》（上），四川大学出版社1989年版，第282页。

⑤ 郑秦：《清代司法审判制度研究》，湖南教育出版社1988年版，第224页。

易,所以在《清代乾嘉道巴县档案选编》中很少见八省客长调解一般商事纠纷,上述八省客长调解的陈长丰等人与金海望之间的纠纷,金额达到近三万两银子,能做这么大生意的,肯定是大商人。八省客长的调解案件范围还是有一定的限制的。

苏州、北京、上海等地的碑刻史料虽然述及会馆公所对商事纠纷的调解职能,但具体如何调解并没有记载。但是不管什么主体主持的民间调解,一般都没有专门的组织和调解规则来约束,更多的是有事论事,临时组织几个人从中劝说,调解纠纷,化解矛盾,是一种自发的不规范的调解。

清朝传统行业纠纷处理过程中,还出现过苏州金箔作咬死董司案的个案,用极端血腥的方式处理行业纠纷,令人不寒而栗。清同治年间,苏州金箔业已非常发达。金箔作是苏州城内一项收入十分丰厚的手艺,高工价可达一天七千三百文。道光十六年(1836年),为维持现有市场份额,保证盈利水平,苏州金箔业专门成立了行业公所"丽泽公所"[①],为了防止"教会徒弟,饿死师傅",公所曾议定行规,严格控制工匠人数,每家作坊一次只能雇一名学徒,一个学徒三年期满以后,老板才能招另一名学徒,这就是所谓的"三年期满,出一进一"。但是,制定的行规没有起到足够的约束作用,1872年苏州城双林巷的一位金箔作坊主,违规招收徒弟,金箔业的一百多名业者,群起而咬之,将其活活咬死。被害人还是丽泽公所会员,出任董司(下称被害人为董司),他为了扩大生产、提高市场占有率,没有经过同业认可,另外多收了一名徒弟,这下激起同业的公愤,同业强行禁止董司收徒。董司不仅不予理睬,还以"同业把持"的罪名将同业告之县署衙门。县令传齐两造到堂讯问,指出"该业私立规条,本非国例所当管办"。但是,"既有此规条,则将来宁勿犯之,以免拂人心而肇衅端"。县官的态度是,收徒规则并非国家法制,县里当然不会代其强制执行;但既有此规则,董司最好还是息事宁人,以免触犯众怒。其处理结果是,"此案姑免深究焉",既不认定行规违法把持,又不确认董司收徒破坏行规有罪。可能县令和董司有一些私人交情,所以本案县令处理行业纠纷含糊其辞,从《明清苏州工商业碑刻集》中记载的有关案例看,县令处理行业纠纷,往往以行业条规为依据处罚违规者,而本

---

① 苏州博物馆等编:《明清苏州工商业碑刻集》,江苏人民出版社1981年版,第163页。

案县令却没有这么做。而且事后,董司还深相结纳衙役,作为"保护伞",由此看来,董司和官府之间的关系很微妙。县令模棱两可的判决,纵容了董司,也最终导致了事态的恶化。董司依然故我,并不遣散徒弟,同业工匠更是愤怒难平,"其势汹汹",开会商量对策,准备对付董司。某日,公所召集董司到所议事,董司不敢不应召,但请衙役数人同去,以为保全之计。既到公所,同业一二百人早已聚集。"众人将衙役驱之户外,紧闭大门。衙役捶门不得入,但闻门内呼号之声甚惨,喧闹之声甚嚣。"衙役想尽一切办法,仍不能进入公所,只好赶去告知县令。县令赶到公所,破门而入,大吃一惊。在他面前的是一幅惨不忍睹的情景:"一裸尸系于柱侧,自头至足,血肉模糊,不分上下,盖几如腐烂朽败者一般矣。"而大厅中另有一二百人,看见县令来则"木立如雕塑,既不哄散,也不畏惧"。每个人的唇齿之间皆血污沾染。显然,董司是被众人口咬致死。县令立即让人关上大门,擒住众人。原来,捆缚董司后,有人号令众人说,董司坏我行规,可恶已极,理宜凌迟寸磔才能消解众怒。他们商议了一个不用凶器的办法,对董司施以惨刑,又可不被王法追究,即"各咬其肉,必尽乃已"。于是众人争相上前,摇唇鼓吻,登时董司皮开肉尽,血流满地,辗转数刻才凄惨毙命。①

苏州金箔作咬死董司案虽然是个案,但同时也反映了随着清朝商品经济的发展,传统的行业纠纷解决机制中没有能够形成常态化、权威性的纠纷解决途径,才会出现苏州金业工匠在传统"法不责众"的观念影响下滥用私刑的现象,制造了骇人听闻的血案。

清时商事纠纷处理机制中的弊端,尤其是官衙审理案件的弊端备受诟病。曾为郑观应《盛世危言》作序的陈炽指出,"中国积习相沿,好持崇本抑末之说,商之冤且不能白,商之气何以得扬?即如控欠一端,地方官以为钱债细故,置之不理已耳,若再三渎控,且将管押而罚其金……"②《治台必告录》中也指责地方官员"以钱债细故,账目烦扰,又不能耐心细审,任意搁延"③,商人感受更为深刻,1909 年,山东烟台商务总会向农工商部

---

① 彭泽益主编:《中国工商行会史料集》(下册),中华书局 1995 年版,第 685—686 页。

② 陈炽:《创立商部说》,载赵靖等编《中国近代经济思想资料选辑》(中册),中华书局 1985 年版,第 84 页。

③ (清)丁曰健辑:《治台必告录》,载《近代中国史料丛刊续辑》(757—758),台湾文海出版社影印版,1985 年,第 359 页。

陈诉,"钱债诉案,一入地方衙门,差役如得鱼肉,不问债务能否追偿,只要堂规。纵地方官廉洁,而衙门上下,非钱不行,商民视为畏途"①。

清末商事纠纷中存在的弊端,尤其是国家审判机制中的陋习,已经很难适应当时国家振兴商务国策的需求,更不能满足商人希望通过国家强制力保护个人权益、维护交易秩序的要求,迫切要求政府改善商事纠纷处理机制,作出适当的司法调整。政府也作了一些改善的尝试,戊戌变法前后,光绪帝屡发上谕,欲革除商事诉讼中胥吏勒索等弊端,"近来各省商务未见畅兴,皆由官商不能联络,遇有铺商倒闭,追比涉讼,胥吏需索,以致商贾观望,难期起色。当此整顿商务之际,此种情弊亟宜认真厘剔。著各直省将军督抚,严饬各该地方官,务须体察商情,尽心保护。凡有倒闭亏空之案,应即讯明查追断还,并严禁胥吏勒索等弊,以儆奸蠹而安善良"②。从机构设置来看,1896年以后,各地开始陆续建立隶属于督抚的商务局、农工商局,这些机构出于保商护商的目的,也规定有处理商业词讼的职能③,但由于处理商业词讼不是这些机关的主要职责,而且局中负责人总办或会办都为督抚委派在职或候补官员担任,官僚作风严重,官商隔阂之旧弊难以消除,"行之数年,敷衍如故,隔阂如故,徒糜无数之资财,曾无丝毫之裨益……依然官自官,商自商,而于整顿商务之端,仍如隔十里之雾"④,这样的机构很难成为重要的司法救济途径。

朝廷的三令五申和另设机构的尝试未能改善商事纠纷处理机制中的弊端,1904年《商会简明章程》第十五条、第十六条直接赋予商会的理案权⑤,商

---

① 《农工商部通咨认真审讯钱债词讼文》,载耿云清《破产法释义》,五南图书出版公司1984年版,第445页。

② 戴逸等主编:《中国近代史通鉴1840—1949 戊戌维新与义和团运动》(4),红旗出版社1997年版,第433页。

③ 朱英:《晚清经济政策与改革措施》,华中师范大学出版社1996年版,第168页。

④ 《通商情以前贸易说》,《申报》1901年6月19日。

⑤ 《商会简明章程》第十五条规定,"凡华商遇有纠葛,可赴商会告之总理,定期邀集各董秉公理论,以众公断,如两造不服,准其禀地方官核办";第十六条"华洋商遇有交涉龃龉,商会应令两造各举公正人一人禀公处理,即酌行剖断,如未能允恰,再由两造公正人合举众望夙著者一人从中裁判。其有两造情事商会未及周悉,业经具报该地方官或该管领事者,即听两造自便。设该地方官领事等判断未尽公允,仍准被屈人告之商会代为伸理"。商会简明章程的内容详见天津市档案馆等编《天津商会档案汇编(1903—1911)》(上),天津人民出版社1989年版,第21—28页。

会获得的商事纠纷理案权是否能弥补一些传统商事纠纷体制中的弊端呢？以后的事实证明商会理处商事纠纷成为清末政府改善商事纠纷处理机制最快速而有效的方法之一。

二 清末商会理案的特点

清末商会理案，与传统商事纠纷解决机制相比较而言，有着一个明显的共性，即仍然以"息讼和解"为理案宗旨。1904年上海商务总会成立之初，其章程即规定商会成立的宗旨为"维持公益，改正行规，调息纷难，代诉冤抑，以和协商情"①。苏州商务总会成立时制定的章程第三条也明确规定"本会以保护营业，启发智识、维持公益、调息纷争为宗旨"②。商会"调息纷争"宗旨的定位，成为商会理案活动的指导思想。

1906年2月苏州商会理结绸缎业亏欠讼事一起，即为调息结案。陈顺兴、萃昌、同兴三家绸缎庄，与昆山万盛号互有业务往来，昆山万盛号欠三家货款七百八十元。后万盛号失火，三绸缎庄与其协商，以货款四成折价偿还，但是万盛号长久拖欠，不予清偿。因此三绸缎庄将案件诉之昆山县衙，要求万盛号清偿，昆山县衙后移交商会理处。商会理处案件时，邀请双方都熟悉的中证人魏炳章一同参与调解，将纠纷解决。③

苏州商会理结的药材业拆股讼事、木业短欠货款讼事、茶食业被打讼事等都是通过调解结案。④ 商会在理处商事纠纷过程中遵循调息纷争的宗旨，与中国传统的司法理念相吻合。中国传统封建社会，"无讼"作为儒家倡导的政治法律理念，一直强调诉讼是一种破坏社会和谐秩序的方式，主张"讼不可长"，"讼不可妄兴"，但是在纷繁复杂的社会生活中，不同社会主体有着不同的利益追求，冲突和矛盾处处存在，因此，尽管古代主流文化意识强调无讼，但现实生活中诉讼又不可免。一旦讼事兴起，无论

---

① 上海市工商业联合会、复旦大学历史系编：《上海总商会组织史料汇编》（上册），上海古籍出版社2004年版，第81页。

② 华中师范大学历史研究所等编：《苏州商会档案丛编》（第一辑），华中师范大学出版社1991年版，第17页。

③ 同上书，第561页。

④ 同上书，第562、572、569页。

民间还是官方都希望能够"息讼",并建立起了一套息讼制度。民间的息讼制度主要表现在两个方面:一方面是通过家规、族规严厉禁止族人涉讼,清时的一些家规、族规中的规定在第二章已经阐述;另一方面表现在民间有一套调解机制,一旦讼起,由乡邻、族长、乡保调处私了,不至于对簿公堂。官方也有严格的息讼制度,民事纠纷诉至公堂,一般在州县解决,即"州县自理",规定州县自理,而不像刑事案件可以逐级上诉,就是为了减少诉讼环节,迅速解决民事纠纷。州县官员对民事纠纷也是以调解为主,以求迅速解决纠纷。中国传统的"息讼"司法理念,也为商会解决民事纠纷时所运用。

商业惯例是商会理处案件的主要依据之一,但是如果惯例的使用不利于实现"息讼"的目的,这样的惯例在案件中也不能使用。苏州商会于1906年8月理结的一件绸缎业诈扰讼事,即是如此。俞平之原系振源永绸缎庄的伙友,1903年病故后,振源永绸缎庄就将俞平之存于庄内之洋二百元如数清付消折。但俞平之的媳妇俞顾氏却于1907年6月伪造了一个"无图章之存折",要求绸缎庄清付存款。绸缎庄诉之商会,由商会移交县衙处理。虽然是一件很明了的诈骗案,但县衙本着早日息讼的理念,断案时认定俞顾氏存折并无图章,却以"俞平之究系伙友"为由,令该庄给洋了事。该庄不服,认为"折据全凭图章,商家通例。破例付洋,后患无穷"。商会也禀请县衙秉公断结。后来县衙处理该案时,居然"酌劝该庄给俞姓葬费三十元,格外体恤",俞顾氏也自称受人之愚,求免追究伪造存折之罪。[①] 此案了结,俞顾氏未受任何处罚,反而获得丧葬费三十元,而"折据全凭图章,商家通例"的商业惯例官衙未采纳,商会也未坚持,原因就在于坚持惯例不能打破"和为贵"的传统,不能有碍"息讼"的实现。

但是清末商会理案,与传统的商事纠纷解决机制相比,仍有明显的不同,呈现出规范化、专业化、民主化的特点。

(一) 清末商会理案的规范化

乡邻、族长、商人团体参与的民间调解机制,属于民间自发的调解,

[①] 华中师范大学历史研究所等编:《苏州商会档案丛编》(第一辑),华中师范大学出版社1991年版,第568页。

没有固定的调解组织和机构。而商会对商事纠纷的调解,却来自法律的规定,对商会来说,即是权利也是义务。并且调处机构已经是规范化和常态化的专门机构,不是专为调处某一个案件临时组成的,有专职的评议员或理案员专事调处纠纷,制定了专门的理案章程,明确规定理案员的职责和理处程序。《商会简明章程》对商会理案权限规定的非常简单,各地商会却在此规定下,进行了自我规范与约束。

1. 商会理处案件的职责范围在章程中有明确的规定

章程是一个社团组织最根本的制度规范,是社团组织活动的基本准则。清末一些商会成立时制定的章程中,就明确的把商会调处商事纠纷的职能列入其中,无论是"商务繁富之区"的商务总会还是"商务稍次"之商务分会,都在章程中对商会的理案调处职能作了明确的规定。

第一个成立的上海商会,在制定的《上海商务总会第三次禀定详细章程》第四条规定:

> 维持公益,改正行规,调息纷难,代诉冤抑,以和协商情。①

天津商务总会的《天津商务总会试办便宜章程》第二十五条规定:

> 凡商家辚轇既由本会评议,一经各商赴会告知,应由总理等定期邀集各董秉公理论,从众公断。两造倘有不服,准其分别具禀商部,或就近禀请地方官核办。②

苏州也属商务繁富之区,在苏州设立商务总会时,其章程中对商事纠纷的调处作了更详细的规定,着力保护商会会员:

> 第三条 本会以保护营业,启发智识、维持公益、调息纷争为宗旨。
> 第四十七条 凡既经入会注册之商号,由本会开单备文送至地

---

① 上海市工商业联合会、复旦大学历史系编:《上海总商会组织史料汇编》(上册),上海古籍出版社2004年版,第81页。

② 天津市档案馆等编:《天津商会档案汇编(1903—1911)》(上),天津人民出版社1989年版,第48页。

方官衙门存案。嗣后，该号应事被控牵涉，应请地方官现行知照本会，分别办理如下：

一①、该商号因号中商务被控必须传讯者，本会公同据实查复，俾良懦者得尽其词，狡黠者无可饰变。

一、各商因钱债细故被控者，由本会随时酌觅担保，以免羁押之累；

一、各商如所犯案情重大、不关商务者，当立派会员查察，属实，本会即不任保护之责。

第四十八条　在会之人因商业纠葛（如买卖亏倒财产、钱货等），本会当为之禀公调处，以免涉讼。但须各将前后实在情形及账目等和盘托出，不得稍事欺饰。经本会核明确实，其理直者，虽为之联名电部，本会亦所担任

第四十九条　事经本会调处，众议佥同，其理曲者，梗顽不服或避匿不到，非本会权利所及，当酌量代诉有司。

第五十条　本会调处事件以和平为主，禀公判断。如两造相持不下，听其付诉有司。如延迟不结，两造任愿会中调息者，本会也不推辞。

第五十一条　甲商在会，乙商未入会者，乙商另请公正人到会调处。

第五十二条　入会各商既已循礼守法，如有土棍吏役讹诈凌压、借端滋扰商业者，本会当代为申诉。

第五十四条　如遇假冒牌号，混淆市面，污坏名誉，扰害营业，本商因此而致有吃亏之处者，告之本会查明，确系被累被污，应公同议罚议赔，以保商业。

第五十五条　凡遇本会权力所不能及者，或代诉有司核办，或遵照部章第七款办理。

第五十七条　华洋商遇有交涉，本会酌量事理，可作代表，并遵照部章第十六款办理。②

---

① 此处"一"是旧时的标记方式，原文即是如此。
② 华中师范大学历史研究所等编：《苏州商会档案丛编》（第一辑），华中师范大学出版社1991年版，第17—28页。

县镇商务分会在章程中对商会的商事调处职能也作了规定。苏州府新阳县巴城镇商务分会试办章程规定：

其会内与会外商务往来，遇有曲抑不平之事，可请本会代向官长伸诉。其会内与会内钱债细故遇有镠辖不清之事，可请本会提议公平处理，或理处后无能甘心悦服意欲兴讼者，听其自行控告，本会概不与闻。①

天津任邱县商务分会在章程第七条第二款规定：

商家钱债纠葛，事所恒有，经商号来会申明，由总理派董调查放出债款之账簿票据，定期传集两造，邀同各会董为之秉公理论，从众议结。两造倘不折服，禀送地方官核办。②

2. 商会理处商事纠纷的机构规范化

各地商会成立以后，都设立了专门理处商事纠纷的机构，天津、上海、苏州等商会都设立评议处、理案处等机构，虽然名称各不相同，但主要的职责是调处纠纷。除了评议处、理案处等常设机构外，遇有特殊的案情，也可以将案件提交商会常会讨论。机构人员都从商会的会董中通过选举产生，专司处理商事调处之责。商会理处商事纠纷的组织作为商会的附属机构，是商会的主要部门之一，也是商会理处纠纷的常设机构，人员也是固定的，机构设置处于规范化状态。

商会理案员或者评议员是通过民主选举方式产生的。按照《商会简明章程》和各商会章程的规定，商会召开会员大会选举商会议董，然后再从这些议董中选举理案议董或评议员。以苏州商会理案处为例，苏州商会理案处的理案员称为理案议董。1907年选出的理案议董是倪咏裳、叶

---

① 华中师范大学历史研究所等编：《苏州商会档案丛编》（第一辑），华中师范大学出版社1991年版，第183—184页。

② 天津市档案馆等编：《天津商会档案汇编（1903—1911）》（上），天津人民出版社1989年版，第48页。

少斋、蔡寿卿等,共13人。苏州商会1907年的议董一共是26人①,而理案议董就选举了13人,占总数的50%,安排这么多人专事理案,说明商会对理处商事纠纷还是非常重视的。

商会理案、评议的人员为商会议董中选出,专任理处纠纷之责,按照《奏定商会简明章程》的规定,议董须有四个方面的任资条件:"公举会董应以才地资望四者为一定之程度,如下所列为合格:一、才品:首创商业卓著成效,虽或因事曾经讼告,于事理并无不合者;二、地位:系行号巨东或经理人,每年贸易往来为一方巨擘;三、资格:其于该处地方设肆经商已历五年以外,年届三旬者;四、名望:其人为各商拥护居多数者。"所以,参与调处商事纠纷的议董都是各行业的头面人物,由于他们在商界的影响非比旁人,前来申请调处的商人,按照中国"熟人社会"的传统习惯,也要给这些人一个面子,所以商会调处案件的成功率相对高一些。

理案议董选出以后,并不是只挂个头衔,是要有调处案件的作为的,并且有严格的日程安排。如苏州商会在这方面就有明确的规定。按照《苏总商会工作日程》的规定,从星期一至星期五,"理事议董两员○○○、○○○另室专理现行案件(与案无涉之人不准阑入),不得托故不到,如实有事故,须自行商请议董代办,如有违[回]避之处,与别期理事议董商调"②,而且理案议董在商会只能"办公事",不得利用商会名义处理"乡里私情"。1906年3月,天津商会专门为此公示了"关于总协理及会行各董事不得以商会名义牵入亲友事件的牌示":

> 照得本商会自总理、协理、会董及董事、散商,均悉同乡之人,凡遇亲友争执事件,本难禁其排解,惟不准借公地随便议论。且本会办事公订章程,以禀呈为据,若无禀呈投会,即系乡里私情,不得妄为本会知情,以免混淆。如有假托本会与亲友排解者,一经查觉或被告发,定照公议禀究。合行牌知,各宜遵照毋违。③

---

① 华中师范大学历史研究所等编:《苏州商会档案丛编》(第一辑),华中师范大学出版社1991年版,第41页。
② 同上书,第40页。
③ 天津市档案馆等编:《天津商会档案汇编(1903—1911)》(上),天津人民出版社1989年版,第57页。

3. 商会理处商事纠纷理案程序规范化

各地商会除成立了专门的常设调处商事纠纷的机构外，这些调处机构依照章程的规定，制定有专门的理案规则，规范其理案程序，使商会理案的过程规范化。

以苏州商务总会理案章程为例。苏州商会理案处制定了专门的理案章程，内容如下：

一、凡钱债纠葛商会允予理处者，开具节略到会，送交理事员，面询原委，转送总协理公阅。至常会期，邀同原被两造并中证人到会。提议总协理谈判员议董入座，研究情节，秉公判断。将问答语由书记员逐一登记，两造有申辩处及谈判议董驳诘之词一并载明，书名签字。决议后，由书记员详细登录断语，谈判议董亦书名签字，以示不再更动。

一、两造既请商会理处，即作为允认本会公断。订期后，无故不到，即作情虚论。倘实有事故，应准预先改期。

一、两造中证须询问者，必得邀集。如中证人不到，不能提议。又两造代表及各该业董事应有询问者，亦须到会。

一、两造有欲入会听议者，由代表人介绍入旁听座。然不得过四五人。凡局外人与案情不干涉者，有介绍人亦不得入听。

一、旁听者各有坐次，不得环列立听及从旁插议，助原、被告申辩。

一、会议时由总理于议董中酌派一人纠议。凡入座散坐，皆以摇铃为准。

一、既入议坐，当守议规。有违规则高声哗争者，纠议员鸣警铃止之。若警之不止，由纠议员告令出座。

一、入坐散坐，均由纠议员摇铃。如议方及半率行出座，或议毕时不待摇铃遽起出座，均以违规论。

一、逢期如有提议数案者，理事员排次甲乙标示。如甲案未毕，乙案之人别座等候。甲案毕，乙案之人始准入座。判议员分班轮坐，总协理也轮次听判。

一、判决后或未允协，两造互有翻异，或尚多疑窦，当再详细研究，可于下期再集两造提议一次。如仍不协，即罢议，任其涉讼有司。

一、每次分班听议，谈判员议董至少须有两员入坐，由总协理主派，不得推诿。

一、到会签名，除议董会员外，凡案内人及案外旁听人，均书明介绍姓名。①

从苏州商会制定的理案章程看，理处的纠纷范围为"钱债纠葛"，参与者为原被两造及商会的理案议董、证人等，理案过程遵循公平原则，"秉公判断"。申请商会理处案件，都要有书面的申请，"开具节略"，以这些书面的申请作为理处案件的凭据。参与的理案人员最少是两位，并有专门人员记录，参与人员签字，评议程序比较规范。苏州商会理案时，还专门设立纠议员维持秩序。理处案件以两调或三调为准，可见，对案件的处理相当慎重。

光绪三十一年（1905年）天津商务总会评议处制定了办公专条四条，随着评议案件不断增多，这几条过于简单的规则对评议程序缺少详细的规定，光绪三十四年（1908年）天津商会对此办公专条进行修改，在原有的基础上增加了八条，一共十二条。②

上海商务总会在章程"第十章 办公"中，从第六十一条至第六十五条都列出了处理商事纠纷的各项规定，并在第六十四条专列理案章程十项，对申请理案的条件、结案期限、开议程序、理案场所设置等内容作了比较详细的规定。③

从上海、苏州和天津商会对商事调处的规定看，各地调处的规则虽然有简有繁，但更加说明在没有国家法律规范的情况下，商会规范理处过程完全是一种自发的行为。这些理案章程或规则，作为一种程序规范，已经对该程序的参与者、参与者的权利与义务等内容作了规定，基本能够为商事纠纷的解决提供必要的规则、方式和秩序，商会对商事纠纷的理处纳入了规范化、常态化的管理模式中。

---

① 华中师范大学历史研究所等编：《苏州商会档案丛编》（第一辑），华中师范大学出版社1991年版，第521—522页。

② 天津市档案馆等编：《天津商会档案汇编（1903—1911）》（上），天津人民出版社1989年版，第55页。

③ 上海市工商业联合会、复旦大学历史系编：《上海总商会组织史料汇编》（上册），上海古籍出版社2004年版，第81页。

（二）清末商会理案的民主化

首先，在程序规则的控制下，商会理案已经显示民主化的特点。商会理案时"以和平为主，禀公判断"，如果两造分歧严重，在商会处理不了的，可以去地方衙门告诉。"相持不下，听其付诉有司。"地方衙门延迟不结，仍愿意"会中调息者，本会也不推辞"。对调处的结果不服，可以再次调解，仍不服，还可诉之衙门。"判决后或未允协，两造互有翻异，或尚多疑窦，当再详细研究，可于下期再集两造提议一次。如仍不协，即罢议，任其涉讼有司。"可见，商会理案不强制调处，只出于保护商人的目的，为商人消解纠纷，整个过程颇具民主色彩。商会理案还具有公开性，允许与案件有关人员旁听，只有公开才能保证公证。与官衙"钱债细故，置之不理已耳，若再三渎控、且将管押而罚其金……"[①] 的专横相比，已有天壤之别。

其次，商会理处商事纠纷，多出于"保商振商"之目的，以保护商民利益为重。虽然有些商会仍然会出现敲诈勒索的现象，如有资料中记载，嘉兴商会"设有两名差役，凡传唤负债人到会，其勒索与县衙相同，而转有过之"[②]，但这不会是普遍现象，对纠纷当事人而言，商会理处案件是一种快速低廉的救济途径。以天津商会为例，"在1903—1911年的九年中，天津商会理结的各类纠纷共有二千八百余起"[③]，也就是说，从1903—1911年的九年中，天津商会平均每年要处理311件，几乎每天一件。商会处理的商事纠纷涉及范围非常广泛，马敏先生对苏州商会1905—1911年受理的393件商事纠纷进行过统计，认为"商会受理的案件均与商务有关，最多的是钱债纠纷案，即欠债、卷逃等，约占70%；其次是行业争执、劳资纠纷、假冒牌号、房地产继承、官商摩擦、华洋商人纠葛等等"[④]。以往在官衙"钱债诉案，一入地方衙门，差役如得鱼

---

① 陈炽：《创立商部说》，载赵靖等编《中国近代经济思想资料选辑》（中册），中华书局1985年版，第84页。
② 苏州档案馆藏苏州商会档案，全宗号乙2，目录号1，案卷号202。
③ 胡光明：《论早期天津商会的性质和作用》，《近代史研究》1986年第4期。
④ 马敏：《商事裁判与商会——论晚清苏州商事纠纷的调处》，《历史研究》1996年第1期。

肉"①，是胥吏重点敲诈勒索的对象，往往使原被双方都要倾家荡产，而在商会却能得到迅速的解决。

商会理案，商人也不会有人格侮辱和牢狱之灾。以苏州商会为例，与旧有的衙门断案相比，商会调解讼案，两造不用下跪，匍匐堂前。商人向商会递交的禀状都自称"商民"，从称呼而言，已经不见旧时的"蚁"、"小的"等贱称，虽然在禀状上还会出现商务总会总台大人、绅长大人的称呼，这更多的是尊称，商会总理、协理和他们一样，都是商人，相互之间已经没有官民的隔阂和畏惧。商人更不会有杖责发落和牢狱之灾，不仅如此，遇有商人被辱之事，商会还会为其讨还公道。苏州经纬业商人吴子谓酒后插口，被警兵攒殴，又受藤鞭重责，经纬业吴恒泰等30家同业呈文商会，控告东路警兵，商会将经纬业的禀状移请巡警总局核办，查验吴子谓受伤属实，重惩警兵，并且将东路巡官徐倬记大过一次。② 从这个案例看来，商会已经成为商人信赖的保护机关。

（三）清末商会理案的专业化

商会理案、评议的人员为商会议董中选出，专任理处纠纷之责，按照《奏定商会简明章程》的规定，议董须有四个方面的任资条件："公举会董应以才地资望四者为一定之程度，如下所列为合格：一、才品：首创商业卓著成效，虽或因事曾经讼告，于事理并无不合者；二、地位：系行号巨东或经理人，每年贸易往来为一方巨擘；三、资格：其于该处地方设肆经商已历五年以外，年届三旬者；四、名望：其人为各商拥护居多数者。"所以，参与调处商事纠纷的议董都是各行业的头面人物，这些人都是商界大腕，有着丰富的从商经验，因此，处理商事纠纷与地方官相比，显得更专业，这种专业化特点在清末法律缺失的情况下，更加明显。

清朝调整民商事活动的法律规范主要是《大清律例》中的"户律"篇，该篇又分为户役、田宅、婚姻、仓库、课程、钱债和市廛七节，其中钱债和市廛两节是地方官审理商事纠纷的主要依据，但这些法律规定与清

---

① 《农工商部通咨认真审讯钱债词讼文》，载耿云清《破产法释义》，五南图书出版公司1984年版，第445页。

② 华中师范大学历史研究所等编：《苏州商会档案丛编》（第一辑），华中师范大学出版社1991年版，第569页。

末商业发展已经相去甚远，钱债一节中规定的违法行为主要是违禁取例、费用受寄财产、得遗失物，很难调整多种原因引起的复杂钱债纠纷，市廛一节规定的违法行为主要有私充牙行埠头、市司评物价、私造斛斗秤尺、器用布娟不如法①，这些规定，很难调整当时各种类型的商事纠纷。晚清时期清政府虽然着手制定商法，但1904年公布的《商人通例》《公司律》调整的商事纠纷范围有限，1910年完成的《大清商律草案》未能颁行，因此，在法律缺失的情况下，理处商事纠纷时更多的是依靠商事习惯。商会都由商人组成，尤其商会议董都是在当地素孚声望的商界"大腕"，有着丰富的从商经验，理处案件能切中要害，提出双方都能接受的处理意见，这也是商会理案大都以调解结案的原因，商会提出的调解方案，对当事人来说往往都是最佳的选择。

分成偿还债务是一种商业惯例，既考虑到债务人的偿债能力，又保护了债权人的合法权益，苏州商会理处钱债纠纷，就经常使用这一惯例。光绪三十二年（1906年）二月理结绸缎业亏欠讼事一起、光绪三十二年（1906年）四月理结珠宝业请追汇票讼事一起、光绪三十二年（1906年）六月商会理结桐油业请追欠款讼事一起、光绪三十二年（1906年）七月理结钱业亏欠讼事一起、光绪三十二年（1906年）十二月理结钱业请追欠款讼事一起②，都是使用分成偿还的形式调解结案，涉案金额少则一千，多则一万九千余元，如果外行不熟悉商业惯例、不使用商业惯例，很难结案。

商事纠纷的处理往往涉及复杂的账目，查账获得证据应当是比较专业的活动，这对地方官府来说是有一定的困难的，但对商会的理案人员来说，由于他们有着丰富的从商经验，厘清账目不是难事。苏州商会光绪三十二年（1906年）二月理结药材业拆股讼事一起，姚郑氏之夫姚荣卿与经显庭、张慎甫等股开信隆草药店。荣卿故后，各股东拆股，经索酬劳，张索存款。姚郑氏赴县控告，由县移会。商会调查显示，信隆店生意兴旺，经显庭等拆出自非情愿，商会在查验合同、账目的基础上，认为信隆店余利丰厚，作出了"各照股本余利，劝令姚郑氏请找"的调解意见，后双方当事人和解结案。该案中查账取证是关键，如果账目显示信隆店亏

---

① 张荣铮等点校：《大清律例》，天津古籍出版社1993年版，第187—277页。
② 华中师范大学历史研究所等编：《苏州商会档案丛编》（第一辑），华中师范大学出版社1991年版，第561、564、566、568、573页。

本，劝令姚郑氏掏钱绝非易事。①

上述商会理案的特点，也是商会理案与民间调解和官府断案相比显示出的优势。可以看出，清末商会理案，已经能够弥补一些旧有商事纠纷解决机制中的弊端。从商会理处案件的实际效果看，商会的理处活动颇见成效。天津商会开办五年，"至于平日解商纷，疏商困，救商急，恤商艰，有关兴利革弊者，罔不殚精竭虑，劳怨不辞。比年来，剖析各商债款、荒闭缪辖等案，无虑千百起，有历年报部清册可查"②。"在1903—1911年的九年中，天津商会理结的各类纠纷共有二千八百余起"③，苏州商务总会"自光绪三十一年（1905年）十月成立至次年十二月，受理各种商事纠纷讼案约达70起，其中已顺利结案的占70%以上，迁延未结而移送于官府的不到30%。如从成立之时至宣统二年（1911年）八月计算，苏州商务总会所受理的讼案更多达380余起，有的案件还经过了反复的调查与集会审议"④。商会调处商事纠纷，不仅维护了商人的合法权益，而且成为吸引商人入会的重要因素。天津羊马商12家行号，因为要求遇事保护并调解纠纷，而申请加入商会。申请书中载明："窃维东西各国之富皆赖兴商，而兴商之要尤重保持，是以各国皆立有商会，每遇商务缪辖，不分巨细，无不反复详推，秉公判断。故各国商业得以保安，日增月盛。今我国各埠商业在会者固不乏人，而未入会者也属不少，倘一遇亏损等事每致无所申诉。商等有鉴于此，是以恳请入会赐发会照，则一朝有事自不难水落石出。至商会一切章程及应如何纳费之处，商等无不遵从。"⑤

当然，商会理案也有一些消极方面，有秀水沈涤生冤死案滥用权力的情形⑥，复杂的人际关系也可能导致案件的审理失去应有的公正性⑦，商

---

① 华中师范大学历史研究所等编：《苏州商会档案丛编》（第一辑），华中师范大学出版社1991年版，第562页。

② 天津市档案馆等编：《天津商会档案汇编（1903—1911）》（上），天津人民出版社1989年版，第87页。

③ 胡光明：《论早期天津商会的性质和作用》，《近代史研究》1986年第4期，第216页。

④ 朱英：《转型时期的社会与国家——以近代中国商会为主体的历史透视》，华中师范大学出版社1997年版，第297—298页。

⑤ 天津市档案馆等编：《天津商会档案汇编（1903—1911）》（上），天津人民出版社1989年版，第83页。

⑥ 范金民：《明清商事纠纷与商业诉讼》，南京大学出版社2007年版，第279页。

⑦ 同上书，第281页。

会理案更容易偏向本地商人①，但是这些消极方面是次要的，不能因为清末商会理案存在着一些消极因素，而影响对清末商会理案的综合评价。清末商会理案在当时司法体制不健全、法律缺失、官府断案积弊丛生的时代背景下，为商人提供了迅速有效的纠纷解决途径，为维护交易稳定、保护工商业发展提供了良好的司法环境。

---

① 范金民：《明清商事纠纷与商业诉讼》，南京大学出版社2007年版，第245页。

第三章

民国初年商事公断处的设立

一 民初商事公断处的相关立法

（一）公断处名称的由来

公断处的名称由"商事裁判所"改称而来。

商会成立以后，虽然《商会简明章程》赋予商会商事裁判权，但是各地的组织名称、组织构建却没有法律的统一规定，实际上商会理案是一个自我规范和发展的过程。在这一过程中，商人对商事裁判的组织构建提出了一些新的设想，除了理案处、评议处等名称外，还出现了商事裁判所的名称。

商事裁判所最初由四川成都商务总会提出。1907年成都商务总会设立了商事裁判所作为理处商事纠纷的机构，并制定了101条的商事规则，对设立缘由、宗旨、组织方式、理案程序、结案方法等作了详细的规定。[①] 这个规则与法国商事裁判所编制法有多处吻合[②]，由于有了法国商事裁判所编制法作参考，成都商务总会的商事裁判所规则，内容详细、完备，更具现代特征。1907年第一次商法讨论大会上，清江浦商会代表也曾提议"各商会宜自设商业裁判所，免与官吏交涉"，由于"众议恐难办

[①] 《四川成都商会商事裁判所规则》，《华商联合报》1909年第17期，"海内外公牍"，第1—8页。

[②] 天津市档案馆等编：《天津商会档案汇编（1903—1911）》（上），天津人民出版社1989年版，第99页。

到"，所以这一提议并没有受到重视。① 商事裁判所在清末应当是一个外来的崭新概念，成都商务总会以法国商事裁判所编制法为蓝本，设立商事裁判所，应当有西洋法学知识的指点，这可能与四川新政时的风云人物周孝怀有关。周孝怀，字善培，祖籍江苏，其父宦游四川，他寄籍成都。1901年赴日本留学，学习警政。1902年归国，历任四川警察传习所总办、警察局总办、商务局、劝工局总办、通省劝业道、署理提法使等职，于社会和实业诸方面改革甚多。在四川新政时期以"文明建设，今有古无"为其办理新政的理念，梁启超曾经评价周孝怀："觥觥周孝侯，刚果通大理。宦迹遍三川，气骨横一世。"② 由此可见，周孝怀为人干练，行事果断。周孝怀十分欣赏日本明治维新的做法，试图在成都实行，在四川任职期间，商务局、劝工局总办、通省劝业道等职务，都与商业有关，1908年任川通省劝业道期间还兼任成都商务总会总理。③ 以他的工作经历，以及对商会工作的热心，加之留日学习警政的经历，对法律比较熟悉，周孝怀完全有可能根据日本学习获得的法学知识结构，借鉴法国商事裁判规则，指点成都商务总会成立商事裁判所。由于没有相关的史料印证，这些虽然都是猜测，但成都商务总会以商事裁判所命名理案机构，绝不会是空穴来风。此后重庆、保定商务总会的理案机构也以商事或商务裁判所为命，或许是受成都商会的影响。

1906年商部主办的《商务官报》刊登了杨志洵的文章《商业机关释》，该文中介绍了法国、比利时等欧洲一些国家的商事裁判所制度④，《商务官报》由于是商部主办，各地商会都订购并代为销售，成都商务总会、保定商务总会等或许也会受此影响。

成都商务总会的商事裁判所与苏州、天津等商会理案机构虽然都是附设于商会，却有很大的不同。苏州、天津等商会的理案人员都是从商会议董中选出，而成都商会主持商事裁判的，是专设的裁判员、评议员各四人，前者有权对案件作出裁决，后者可以对案情进行评议。他们可以由商

---

① 天津市档案馆等编：《天津商会档案汇编（1903—1911）》（上），天津人民出版社1989年版，第286页。
② 唐振常：《俗轻集》，汉语大辞典出版社1998年版，第24页。
③ 孙丽霞：《成都商会组织的缘起与发展》，《四川大学学报》（哲学社会科学版）2004年增刊。
④ 杨志洵：《商业机关释》，《商务官报》第25期，光绪三十二年十一月初五日，第6页。

会会董、会员中推选，也可以聘请商会以外的商界或其他知名人士，"不必自营于商业，而以有名于商界公正廉明兼通法律文字者"为适当人选，选举中以票数多的前四名为裁判员，第5—8名为评议员，任期均为一年，届期按章选举，当选者可以连任。苏州、天津等商会理案处，受理的案件至少一方必须是商会会员，但成都总商会的商事裁判所已经无此限制，只要是商事纠纷，都可以受理。而且还收取裁判费。虽然成都商事裁判所以"和平理处商事上之缪辖，以保商规息商累为宗旨"，但从其商事裁判规则的内容来看，商事裁判所已经成为具有现代意义的商事法院。

成都商务总会设立的商事裁判所在上报修订法律馆核准名称时，改为商事公断处。有关记载说："前清光绪三十四年间，四川省总督据成都商务总会请附设成都商事裁判所并章程咨请立案，由前农工商部咨送修订法律馆查核。嗣准复称，此项章程为商会办事一部分之细则，不能遽为定制。其所拟裁判所名目与新官制审判厅名目混淆，似以改用公断处等字样较为合宜。"① 此后，成都商务总会的商事裁判所即改名为商事公断处，商事公断处名称由此而来。

（二）民初《商事公断处章程》的颁行

1912年四川省第二次商务联合会决定号召各地分会仿照成都重庆设立商事公断处，并拟定了四川商事公断处规则，"此为商事公断制度之嚆矢"②。四川省商务联合会将此事禀呈工商部，1912年7月3日工商部咨请司法部，"现在民国初基，司法独立，商事裁判亟宜规划。各处商会纷纷以设立商事裁判所为请，近复据四川成都、重庆两处商务总会会呈，以现在各级法官未尽通晓商情，往往有误会而误判者，值此振兴商务之时，商事裁判（所）既难猝设，唯有仿照前清部议，设立商事公断处成规，略加更改，以为目前补救之计，既可实行保商之宗旨，兼可为改设裁判之根基"。"兹该商会等仍请商会内附设商事公断处，虽有成案可稽，现在是否可行，有无窒碍，究竟商事诉讼应否另设裁判所，抑系附设于民厅

---

① 《工商部咨司法部各省商会请设商事公断处是否可行并妥筹商事诉讼划一办法统希核复饬遵文》，雷瑨编辑《政府公报分类汇编》第33册，上海扫叶山房1915年版，"商业"，第71—72页。

② 李炘：《考核商事公断情形报告书》，《法律评论》1926年第169期，第15页。

之内，应如何妥筹办法，约计何时可以实行，以期审判制度归于划一，商人诉讼有所遵循，相应咨行贵部查照，酌核速复，以凭饬遵可也。"① 司法部于7月10日很快答复了工商部："查商事诉讼按照从前施行之法院编制法系属普通审判，由民事法庭审理，现在改正法案仍照此规定，并无特别组织。将来商事发达，诉讼繁多，如有必要情形，自应另设商事法庭，以期便利，此时似非所急，无庸预为筹办。至商事公断处为仲裁裁判，其性质与国家法院迥不相同，该商会等如为调处商人争讼起见，自可准其援案设立。唯此等公断处，必须两造合意受其公断，不得稍有强迫。其断后如有一造不服，仍应受该管法庭正式审判。"②

此后，河北卫辉等商会即依照司法部的批示呈请设立商事公断处。按照当时的规定，各省商会附设商事公断处应先拟定章程呈请工商部与司法部核准，然后成立。鉴于各处所拟章程参差不齐，考核不易，而商事公断处确能保护商人利益，促进商业发展，司法部也有意在全国推广商事公断处，并着手开始起草商事公断处章程以图规范商事公断处的组建，工商部也专门派人一起会酌该章程。③

1913年1月28日司法部会同工商部公布了《商事公断处章程》，该章程分为总则、公断处之组织、职员之选任及任期、公断处之权限、公断程序、职员之制裁、附则七章，共三十九条。④ 下面具体介绍《商事公断处章程》的内容。

第一章总则部分共五条，第一、三、四条分别规定"商事公断处附设于商会"，"公断处之评议场，由各商会总理或协理酌量事之繁简，分别设立"，"公断处之经费，由各商会担任之"，这三条实际上明确了商会与商事公断处的关系，商事公断处的组织构建、评议场所设置以及经费问题，都由商会统一管理，商事公断处是商会的一个附属机构。总则部分第

---

① 《工商部咨司法部各省商会请设商事公断处是否可行并妥筹商事诉讼划一办法统希核复饬遵文》，雷瑨编辑《政府公报分类汇编》第33册，上海扫叶山房1915年版，"商业"，第71—72页。

② 《司法部咨工商部商事公断处准援案设立如有一造不服仍应受法庭审判之》，雷瑨编辑《政府公报分类汇编》第15册"司法"，上海扫叶山房1915年版，第50页。

③ 李炘：《考核商事公断处情形报告书》，《法律评论》1926年第169期，第16页。

④ 《商事公断处章程》的内容见华中师范大学历史研究所等编《苏州商会档案丛编》（第二辑），华中师范大学出版社2004年版，第79—83页。

二条规定"公断处对于商人间商事之争议,立于仲裁地位,以息讼和解为主旨",这一条明确了商会的仲裁性质,商事公断处既不是调解机关,也不是法院这样的司法机关,而是具有仲裁权的仲裁机构。

第二章"公断处之组织"共三条,规定了商事公断处由哪些人员组成,组建的规模如何。第六条、第七条规定,公断处由公断处长、评议员、调查员、书记员组成,公断处处长1人,评议员9—20人,调查员2—6人,书记员2—6人。第八条规定,处长、评议员、调查员,均为名誉职,但可以给予适当报酬。书记员的报酬,由公断处酌量给予。

第三章"职员之选任及任期"共六条内容,规定评议员、调查员各于商会现任会员中互选之,以得票多数者当选,票数同者抽签定之。互选适用连记投票法。并且要预选原额三分之一的候补人。评议员、调查员的任期为两年,可以连选连任,但最多不超过两届。处长人选从评议员中互选,处长因故未能就任,由名次在前的评议员代理。由于处长从评议员中选任,评议员连任只能连任两届,所以处长也只能连任两届。

第四章"公断处之职权"。章程第十五条至第二十五条,对公断处受理案件的范围、与法院的关系、公断的效力、公断收费、调查取证等问题做了明确规定。公断处受理的案件范围有两种:第一,于未起诉前,先由两造商人同意自行声请者①;第二,于起诉后,由法院委托调处者。就公断效力而言,公断必须两造同意,方发生效力,两造对于评议员之公断如不愿遵守,仍得起诉。公断处与法院的关系,章程规定,评议员在公断裁决时不能自为的行为不得为之,要呈请法院作为;公断后两造均无异议的裁决,如果需要强制执行,必须呈请法院实施。民国时期的公断采取收费制度,评议员对于理屈者,可以酌征费用,其两造主张各有一部理由者,得使其平均负担费用,但不得超过争议物价的2%。在调查取证时,评议员可以询问证人、鉴定人,但不强制其出场或具结,评议员对于判断前,须询问当事者,且于必要之时,或亲自或委托调查员,调查争议之事实关系。第二十五条规定"处长有处理处内一切事务之权",实际上规定公断处实行的是处长负责制。

第五章"公断程序"。从第二十六条至第三十五条,章程规定了公断受理的时间、评议规则、回避制度等程序内容。公断处接收两造自愿声请

---

① "声请"二字原文如此,与现代汉语"申请"用词不同。

或法院委托公断的文书以后，须于三日内出具通知书通知两造公断时间和地点，公断时必须两造到场，不得缺席判决。处理商事争议时，以评议员三人或五人行之，具体人员由公断处处长抽签决定，并临时公推一人为评议长。公断裁决，以投票方式进行，取决于多数。公断实行回避制度，处长认为签订的评议员有回避的理由，可以责令其回避，评议员对于评议事件，自认为有应当回避的理由，可以声请回避，当事人对于签订的评议员认为有要求回避的理由的，可以陈请回避。

"以三人或五人组成的评议组裁决案件，公断裁决，以投票方式进行，取决于多数"，这些规定表明公断处实行的是合议制。合议制与回避制的规定，保证了公断的程序公正，体现了公断制度的现代性。

第六章"职员之制裁"共两条内容，规定对公断处职员渎职的制裁。公断处职员确有渎职情事者，处长或商会总理可以按其情节命其退职，或除其商会会员之名。退职或除名之职员，当事人如因其渎职而受损害，并得要求赔偿。要求赔偿，须先向处长或商会总理行之。这些内容的规定是为了增强公断处职员的责任心，但是民初公断处职员是义务服务，这些内容的规定虽无不可，但对公断处职员的要求还是很苛刻的，所以天津商务总会认为"不应绳之过苛，倘果实行，恐公断处无暇调处商事，反生当事人之要求，势必刺刺不休，应行废止，免生事端"[①] 还是有一定的道理的。

第七章附则两条，规定章程施行后从前各省所定公断之章程，概行废止。章程之变更废止，由司法部、工商部会商，以部令行之。

（三）《商事公断处办事细则》的制定

《商事公断处章程》规定，"公断处办事细则，由商会拟定，报明各该地方长官核准后，转报司法部、工商部会核"，但自商事公断处章程颁行后，"各省报部之案，不下百余起，核其内容，其中可称完备、深合公断性质者，虽所在不乏，而失之疏略，或涉于繁冗，不切实用者，实居多数。且各地异制，办法分歧，尤非整齐划一之道"。有鉴于此，司法部1914年9月18日又公布了《商事公断处办事细则》六十一条，对商事公

[①] 天津市档案馆等编：《天津商会档案汇编（1912—1928）》（1），天津人民出版社1992年版，第323—324页。

断处章程的内容进行补充、细化，使之更具操作性，并声明公断处办事细则公布后，各商会制定的办事细则即归于无效。但从司法部颁布的《商事公断处办事细则》的内容看，该细则中的多数条款吸收了上海、苏州商事公断处办事细则，尤其是苏州商事公断处办事细则，可以说是部颁细则的蓝本。

上海总商会对办事细则的制定非常重视。商事公断处章程一颁布，上海总商会认为，司法工商两部既已协定，势在必行。1913年3月1日上海总商会第三次常会上，讨论拟定公断处办事细则事宜。按照章程第五条规定，公断处办事细则由各商会拟定，"本会不能不预事筹备，以期早日成立，为各商会之先声"①，考虑到"办事细则部饬商会拟定者，为因地制宜，应将本会原有理事规则逐一核改，应存者存之，应删者删之，应修正者酌量修正，改订后，俟开大会时通过，以期完密"②，于是会商决定，先由商会拟就草案，然后分送各会员讨论。办事细则分送各会员后，苏筠尚、郁屏翰、张乐君等人提出了一些修改建议。1913年3月22日公断处第一次职员会议研究讨论办事细则，并决定将办事细则原稿及会董提出的意见结合考虑，请有法律学问者纂修使无触背可行为准。③ 1913年3月29日召开的第五次常会上，讨论公断处处长人选和办事细则成为会议的主要议题。会议中对商事公断处的公断效力问题，还经过了激烈的讨论。当时宁波商会来函提出，部章第十八条评议员之判断必须两造同意方发生效力，公断力太小应请修改，总商会即将宁波商会提出的问题交会讨论。周舜卿认为：公断处以息事宁人为主旨，评议员之判断自应遵照部章，必须两造同意方能发生效力。设有一方面不愿遵守，则公断处义务已尽，和解已穷，只得听其起诉。公断处无执法之权，似未便强迫两造遵守，不令诉讼。叶明斋认为：西人遇有各请公证人或请和鸣商会判断之件，必先由两造签字允诺，方始开议，顾一经判决，不能再控。我国之商会公断处既无先由两造签字承认之条，则性质已与西人之公证人不同，无强迫双方同意

---

① 上海市工商业联合会编：《上海总商会议事录》（一），上海古籍出版社2006年版，第67页。
② 同上书，第68页。
③ 同上书，第82—83页。

之权。① 1913年4月26日，商会将"各种意见条复由会逐细纂辑，将修正办事细则及呈省部文稿"交公众讨论。周金箴提出，"凡事有情有理，固不能舍理而专言情，亦不能舍情而专言理，必须情理兼至，方无缺憾。商事公断处办事细则自应于法律习惯双方兼顾，庶可推行无弊"②。既要考虑法律，又要兼顾人情成为商会商事公断的基本准则。

上海总商会商事公断处办事细则共八章三十七条，为总则、公断处之规定、职员之组织及职务、争议人与有关系人之规定、争议及公断必要之规定、公断之权限及程序、公断处规则、附则，是对《商事公断处章程》的细化。③ 在办事细则的总则部分中，重申商会和商事公断处的关系，"本公断处遵照司法工商部协定章程，设立于总商会内，为附属机关"，并明确公断处"以理处商事之争议息讼和解为宗旨"。

上海总商会办事细则细化的公断程序主要有声请→审查→通知→评议员预评及调查→开场公断及裁决等五个过程的主要程序，并自拟了评议场规则，供当事人遵守。

表 3-1　　　　上海总商会公断处办事细则规定的公断程序

主要程序	具　体　内　容
声请	公断商事纠纷以申请先后为序，公断商事纠纷先由两造各具愿书，亲身到会签字，愿听本处之公断，方予核理。两造先后具词，务须删除繁文，简叙事实，不合格者交还冲缮。
审查	其争议事件与本细则抵触者，应令该当事人自赴法庭起诉。
通知	两造诉书经本处核准者，于三日内送达通知书于两造，并另备通知回单，收时签字。
评议员预评及调查	两造具愿书后，由处长签定评议员若干人，即由书记将节略或案卷检送评议员先行研究，评议员既阅节略案卷后，由处长分派评议员作为两造公正人分别调查询问，调查询问备具，即由两造评议员将全案事理会同公断意见相同者，合具理由书请处长宣布。意见不同者各具理由书，请处长核定。

---

① 上海市工商业联合会编：《上海总商会议事录》（一），上海古籍出版社2006年版，第79—80页。

② 同上书，第90页。

③ 上海总商会公断处办事细则的主要内容详见上海市工商业联合会编《上海总商会议事录》（一），上海古籍出版社2006年版，第149—153页。

续表

主要程序	具体内容
开场评议	处长核定后，订期邀集两造人证会同评议员到会，令两造各说明理由，由书记录，两造签字，即将评议理由书、两造说明词逐一朗读，既毕，令两造暂退，由评议员推勘理由之所在，与初议相符者，仍令两造到场由处长宣布终决，两造说明理由后或须继续研究者，候再定期宣布终决。
评议场规则	一、两造争议事件一入公断处，须依左定之规则：两造须和平谈判，不得互相詈辱；二、两造对于评议员须真实无妄，各尽其词；三、公断未定，不得先自离开；四、评议员询问理由，对答不得支离及不关于所争事件之词答；五、两造辩驳须各待词毕，然后发言，违者，评议员得禁止之。

资料来源：《上海总商会议事录》（一），第149—153页。

上海商事公断处的组织构建仍然按照部章规定，基本组成人员由处长、评议员、调查员、书记员组成，这些人员在总商会现任会董会员中投票互选，额定人数为处长1人、评议员调查员26人。评议员、调查员之候补当选人员照原额预选三分之一，计9人，于会董会员普通互选之次多数当选。同时规定公断处任用书记员4人，延聘法律顾问员1人。聘请法律顾问弥补了商事公断处组成人员法律知识缺乏的缺陷。商事公断处章程未对书记员职责做明确规定，上海商事公断处办事细则弥补了这一缺陷，规定了书记员的六大职责。这些规定对商事公断处的组织构建和运作起到了重要作用。

上海总商会商事公断处办事细则的规定，对公断案件所需的证人、执行担保人等所谓的案件"关系人"在公断过程中遵循的程序规则比部颁章程详细，第五章"争议及公断必要之规定"对商事公断处案件的受理范围做了规定。第三十条以排除法规定了不予受理的十二种案件类型：一、商事纠葛在五年以上者；二、商业须凭簿据，凡商事呈请公断非有完全可查之据者；三、商业往来间有自弃权利者，如先自抛弃，欲籍公断追偿者；四、无干之人强为他人生事者；五、事件琐屑，款项微细者；六、申请公断只准就事论事，如有撮拾他人、牵连妇女、罗织多人者；七、旧案不叙审语诉词、不开原批及遗匿紧要各据者；八、钱债倒欠，不开切实年月，混称上年前月，不开被欠细数，混称数千数百及有要据，各要件不抄不粘者；九、空盘买卖非正当营业至生纠葛者；十、申请公断文件，无图章牌号及执事人姓名住址或非该业董函送者；十一、申请事件或受理后查有关系刑事者；十二、被告人如逃亡，莫可究诘者。从商事公断处这些受理案件的范围看，实际上商事公断处受理的案件必须具备"要有明确的被告、事实清楚、与商事有关"三个实质要件，与现在诉讼法中规定的受理案件范围有些相似。

第六章"公断之权限及程序"则全部照搬部颁《商事公断处章程》的规定，苏州总商会1913年也制定了《苏商总会附设商事公断处办事细则》，有七章四十七条，为总则、公断处之规定、公断处之员额及选任、公断程序、职员之职务与选任、评议场规则、附则。① 苏州商事公断处办事细则与上海总商会商事公断处办事细则一样，在总则中明确规定了商会与公断处的关系，公断处附设于苏州商务总会，公断处遇有案件，依据商事习惯为断，以息讼和解为宗旨。对公断处组成人员的规定与上海总商会的办事细则的内容基本相同，且都依据部颁章程的内容，从这一点也可以说明，部颁章程对商会建立统一规范的商事公断处组织机构，起到了非常大的作用。当然，苏州总商会的办事细则规定，"职员选举若得票不满数者如法再选，以足额为止。票数同者以年长之人列前，年同者抽签定之。凡选举公断处职员，由商会总、协理预定日期招集举行。每届选举确定，由商会备具证书，分送当选人收受、任事，并将得票数目报部备案。公断处职员均以二年为任期，任满改选。连举得连任。依部章第十三条之规定，处长因事出缺，应即补选，评议员、调查员因事出缺，以候补人依次递补。补缺各员任期，均以补足前任满期为止"。这些规定比上海商事公断处办事细则详细，并为后来司法部制定的细则所吸收。

苏州商事公断处办事细则制定的公断处运作程序比上海商事公断处办事细则的内容更加详细。第二章"公断处之规定"对公断处受理案件的范围、收费标准作了比较详细的规定。公断处受理商事争议案件，均以苏州商务总会范围内之商事为限。争议事件如有一造不在本会范围内者，应征该造意见办理，或将声请案情调查明确，交由本商会转移各该商会之公断处核办（未设公断地方，即咨行所属管辖法院，或应行受理之地方官衙门核办）。同时也以排除法规定了三种不予受理的情形：一、争议事件与商事无关系者；二、两造全无证物证人者；三、因非正当之营业纠葛而致生争议者。法院委托之案如有属于前列各条之争议，应将原案咨回，仍

---

① 华中师范大学历史研究所等编：《苏州商会档案丛编》（第二辑），华中师范大学出版社2004年版，第83—88页。

请法院核办。已经起诉之案，除由法院委托调处外，凡两造自愿声请移转本处公断，该两造应赴法院呈请批准，仍应将原呈、诉辩、批词全文抄粘到处，方准核理。理结后，遵部章第三十五条办理。公断未结之案，或在外调停和息，应由两造将和息情形各具愿书声请注销。如系已经起诉者，并备愿书两份，依据部章第十六条办理。公断理结得征费用，遵照部章第二十一条、第二十二条办理。当事人曾在商会注册，担负常年会费之义务者，得照部定之率减半征收。

在公断程序方面，苏州商事公断处办事细则规定公断商事，以声请先后为序。凡向本处声请公断者，两造所具陈诉书或辩诉书，应将争议事实简明直叙，不得罗织牵连，并照左列各项详细开列：一、当事人姓名及住址；二、当事人之职业；三、店铺牌号及地点；四、关于争议之证人；五、粘送各项账据。前项声请事件应否受理，由处长核定揭明公告。两造诉书核准受理，由处长签定评议员三人或五人，函请到处，先将案由原委公同审查研究。如对于此案原委有需调查之处，应由处长委托调查员查明各项事实，报到再行核理。当事人对于签定评议员，援据部章第三十三条陈请拒却者，于公断日期之前陈明拒却之理由，不得临场托故陈请。签定评议员如遇应行拒却或回避、引避时，由处长另行签定。调查员如有应行回避、引避及拒却各情，援照部章第三十一条至第三十四条办理。本处排定公断日期，应于三日以内具出通知，令两造及证人或参加人按照定期到场；其由法院委任者亦同。本处定期公断，两造如确有事故，得先期声请酌予展期，但展期不得逾两次，所展之时日每次不得逾两星期。公断定期展至三次不到者，原告将案撤销。如系被告，应由原告自赴法院起诉。本处即分别调查案情录送受诉之法院核办。公断事件有须证人、鉴定人时，应得签定本案评议员之同意，由处长临时约请。本处公断，两造当事人均须亲自到场陈述。如遇不得已事故时，应由当事人声请核办，惟不用律师制度。当事人对于本处之公断如有异议不服时，应由不服者自赴法院起诉。并得由本处依据商习惯、公断原委，叙录全案送请受诉之法院核办。理结争议事件，得两造同意亲自签字后，依部章第三十五条作成公断书交付当事人，即应发生效力。无论何造，如再翻异，应将公断全案情由录送管辖之法院，并呈请宣告强制执行。公断案内有关于赔偿、缴纳各事宜，应由当事人觅具殷实信用之保人担负责任。如无人担保，呈请管辖法院为之宣告强制执行。

细则同时也详细规定了商事公断处成员的职权及权限。公断处实行的是处长负责制，"处长督理本处内外一切事务，仍得与商会总、协理会同治议。公断处对外函牍，由处长署名负责，借用商会钤记"，评议员遇有公断事件，经处长签定，不得无故谢绝。调查员受处长之委托，依照该案开列各节查明直告。如另有意见者，得附记于后，同时报告之。对于该案事件，如需会同该商事业董调查之处，得陈明处长，知会商会，函请会查。调查员履行职务本处应给予证书，如遇不服调查及障碍各节，得据情声请，分别核办。书记员掌拟叙稿牍、收发文件、保存案卷、临场记录及本处会计庶务事宜。处长、评议员、调查员均为名誉职，依照部章第八条酌赠酬金，应由商会公同议决之。调查员舟车日用，得酌给相当之公费。书记员薪金由处长量事之繁简，分别核给。公断案内如有银钱、折据及缴纳赔偿财产各款，应由处长送交商会执管保存，以昭郑重。

　　对于公断评议的具体程序，细则规定了评议场规则。公断商事争议时，评议场公开之。但非商业人及案外无关系者，非经特许，谢绝旁听。处理商事争议时，由签定评议员临时公推一人为评议长。评议场以处长及评议长为主席，左为评议员席，右为原、被两造及证人等席。其余旁听各人概无发言之权。调查该案之调查员，得列席陈述意见，但理结时不列判决之数。评议员询问理由，原、被告及各证人须依次直告，不得僭越。两造辩论须和平谈判，各待词毕然后发言，违者评议长得禁止之。公断判决以投票决之，可否同数，取决于评议长，其公断记录仍连署负责。公断未定，当事人均不得先自离席。评议未终结，须继续开议公断者，由处长定期当场宣告。

　　与上海总商会商事公断处办事细则相比而言，苏州总商会制定的公断处办事细则"立法技术"应当更胜一筹。苏州总商会制定的公断处办事细则可以说"有板有眼"，条文内容从总则到附则，井然有序，各章内容明晰，无论作为公断处成立的组织规则还是作为公断程序规则，其制定的内容都已经体现出相当高的规则制定水平，从中也可以看出法制近代化过程中现代立法技术对商人的影响，从总则到附则的规则结构是苏州商事公断处借鉴近代成文法规则结构的结果，我国传统成文法中并没有这些规则。该细则的许多内容都是部颁章程和上海总商会商事公断处办事细则中没有的，最后多数内容被部颁《公断处办事细则》采纳。

　　当然，即使从上海和苏州总商会制定的细则，也可以看出两者之间的差异，有的甚至与部颁章程或其他法律制度相违背，如苏州商事公断处办事细则第二十六条规定，"本处公断，两造当事人均须亲自到场陈述。如遇不得已事故时，应由当事人申请核办，惟不用律师制度"，这一规定剥夺了当事人委托代理人的权限，并且排斥律师，与民国刚开始实施的律师制度相违背。从全国范围看，各地制定的办事细则差异更大，因此，司法部适时提出制定各地通用的商事公断处办事细则还是非常必要的。1914年9月18日，司法、农商两部联合颁布《商事公断处办事细则》，从司法部颁行的《商事公断处办事细则》的具体内容看，80%的内容都吸收了《苏商总会附设公断处办事细则》中的内容，从这一点看，地方商会办事细则的制定对当时公断法律制度的完善发挥了很大的作用。① 尽管部颁细则规定，"各省公断处办事细则已经核准备案者，自本细则施行后一律作废"，但从苏州、上海两地的具体运作看，自定的办事细则一直有效。苏州商事公断处不允许律师参与成为惯例，1920年苏州总商会在处理吴受祐与张铭廉等账款纠葛案时，被告方聘请律师周庆高为代表，总商会认为"以本会公断章程，向无准律师出席之规定"②加以拒绝。

二 民初商事公断处的设立概况

据民国时期司法部官员李炘统计，截至1925年，全国共建立178个商事公断处（见表3-2），分布在全国京兆地方、19个省、1个特别行政区（热河），其中江苏、四川两省居多。③ 当时民国省级行政区有京兆地方、22个省（不包括被日本侵占的台湾省）、4个特别行政区（绥远、察哈尔、热河、川边）。④ 商事公断处的覆盖范围还是比较广的。表3-2数据是根据司法部官员李炘所写《考核商事公断处情形报告书》中所列数据统计，表中没有列出的省份是山西、新疆、云南以及察哈尔、热河、川边，但没有列出并不一定未设立，当时由于战乱、设立批准手续繁杂等多

---

① 有关商事公断处细则的具体内容参见江苏省商业厅等编《中华民国商业档案资料汇编》，中国商业出版社1991年版，第139—145页。
② 华中师范大学历史研究所等编：《苏州商会档案丛编》（第三辑，上册），华中师范大学出版社2009年版，第669页。
③ 李炘：《考核商事公断处情形报告书》，《法律评论》1926年第169期。
④ 蓝勇主编：《中国历史地理》，高等教育出版社2002年版，第91页。

种原因，有的地区可能没有将设立商事公断处的情形向农商和司法部报告。如云南商务总会 1913 年 5 月设立商事公断处，而且有记载云南商务总会从 1913 年至 1933 年，总计受理了 3287 件案件。① 四川犍厂 1914 年 6 月也成立商事公断处②，山西商会联合会报告中也有记载，曾竭力"与全国各大商埠联镳骈辔，为国家辅助精神，为社会培养元气，以尽地方团体之义务。调查实业，要求赔偿，提倡商团，组织商报，筹设商事公断处，虑凡兹种种共筹进行"③，说明山西也是有商会成立商事公断处的，可是李炘的报告中没有这些记载。由于各地商事公断处的统计数据没有其他来源，只能采用李炘报告的数据，了解大致的情况。

表 3-2　　　　　　1915—1925 年商事公断处设立概况

省＼年	15	16	17	18	19	20	21	22	23	24	25	合计
京兆	2		1					1	1			5
河南	1		2	1		3		1		1	3	13
山东	1	1	1	1		1		1				6
广西	3									1		4
奉天	4					1				1		6
吉林	2								2			4
广东	1		1	1								3
湖北	2		3	1		1		1		1		9

---

① 龙云修、周钟岳等纂，云南省志编纂委员会据原稿整理：《续云南通志长编》（下册），第 49—51 页。需要说明的是，此书中列出的是云南省昆明市商事公断处案件数目表。陈子昂曾经是民国时期云南总商会的会员，他写的《云南商会》一文中介绍，昆明市一级的 1931 年 3 月成立，在此之前，昆明只有云南总商会，可能当初由于云南总商会设在昆明市，所以该书没有区分云南总商会和昆明总商会。参见云南省文史资料委员会编《云南文史资料选辑》（第 49 辑），云南人民出版社 1996 年版，第 1—8 页。云南省地方志编纂委员会总纂的《云南省志卷九·工商行政管理志》中就直接标明的是云南总商会商事公断处受理案件统计表，并且介绍了云南总商会商事公断处的基本运作状况。参见云南省地方志编纂委员会总纂《云南省志卷九·工商行政管理志》，云南人民出版社 1998 年版，第 199—200 页。

② 四川省犍厂商会职员表（附犍厂商会商事公断处职员表），《中华全国商会联合会会报》第 3 年第 5 期，"附录"，第 1 页。

③ 《山西商会联合会会议报告录》，天津档案馆全案二类目录 2324 卷，转引自朱英、郑成林主编《商会与近代中国》，华中师范大学出版社 2005 年版，第 271—272 页。

续表

年份\省	15	16	17	18	19	20	21	22	23	24	25	合计
四川	15	3	6						3		1	28
江苏	14	4	1		4	1	1	3	2	3		33
湖南	4	3	6	1	2							16
直隶	1							1	2		1	6
浙江	4	2	1		1	1		2	2		1	14
福建	4	2	1	1		3	1					13
安徽		1		1						1		3
甘肃			1				1					2
黑龙江				1		1	1					3
陕西				1								1
贵州				3								3
江西					2						1	3
热河									1	2		3
合计	58	16	24	13	11	12	5	10	12	10	7	178

说明：1. 表3-2 的数据根据李炘《考核商事公断处情形报告书》①中所列数据统计列表，每年的数据为新设公断处的数量。

2. 行标题中"15、16"为1915年、1916年，依次类推。

3. 该数据是各年各地向农商部、司法部报告的设置商事公断处的数据，不是当时设立的商事公断处的总数。有的地区可能未向农商部和司法部报告。

4. 李炘报告中所载1915年商事公断处成立为59处，其中渠县重复，应为58处。

表3-2 的数据显示，截至1925年，全国建立178个商事公断处，而1916年全国的商会总数是1633个②，全国设立商事公断处的比例为10.9%，比例并不高。京师、天津、上海、汉口、重庆、成都、南京、苏州是清末民初全国有名的八大商会，就是这八大商会中，汉口总商会

---

① 李炘：《考核商事公断处情形报告书》，《法律评论》1926年第169期。

② 阮忠仁的统计主要是根据《农商统计表》中的的统计资料，民国《农商统计表》公布到民国九年，该表中有各年的商会总数，但这些数字只是各年向农工商部报告的商会数，并非当时已设的商会数，需要参照其他资料重新计算，所以，尽管在民国九年的《农商统计表》中有商会总数，但该数据不准确，所以本文仍以阮忠仁1916年的数据为参考。

1924年8月1日才成立商事公断处①，天津商会1924年5月才开始筹备工作，组成临时公断处。②

出现如此局面，首先，"概因国家多事，经济窘迫"③，商会章程第四条规定，"公断处之经费由各商会承担"，第八条还规定要据情给评议员酌增30元内之酬金，按章规定，评议员9—20人，虽部章未规定是按月还是按年支付，天津商会就惊呼"会内无此巨款每月支付"④。

其次，部颁章程中的许多规定限制了商事公断的权利，又与地方商事习惯、商会名誉多有不相适宜之处。天津商会就曾经指出商事公断处章程九个条款的不适之处，认为"公断处照章系息讼和解为主旨，在大部维持商事之苦心，实深钦佩。惟就天津一方面而言，公断处之章程有与地方商事习惯、且与商会名誉不甚相宜之条件，应将公断处暂缓办理"⑤。

最后，设立程序复杂。商事公断处筹设，司法部和其他官方机构不资助任何费用，商会公断事务全属义务劳动。但是，司法、工商两部以及地方官厅对商事公断处还是有比较严格的管理的。部章第五条规定："公断处办事细则由各商会拟定，请各该地方行政长官咨行审判厅会核。其未设法院地方，咨行受理诉讼衙门会核。核定后，由各该地方行政长官呈由本省民政长转报司法部、工商部会核。"此条规定中，公断处设立要上报的行政部门很多。上海商事公断处成立之初，"将公断处办事细则照章请省长核夺，一面迳呈工商司法两部。讵省实业司泥于法律，不谙习惯，多方驳诘，经本会申明理由，逐条呈复，是否核准，迄未奉到部复。首任沈处长以办事困难来函辞职，并请将机关暂时取消"⑥。苏州商事公断处1914年成立之初，将拟定的《商事公断处办事细则》呈送司法部核夺，司法部提出了23条修改之处。很显然，繁杂的核准

---

① 付海晏：《民初苏州商事公断处研究》，载章开沅主编《近代史学刊》（第1辑），华东师范大学出版社2001年版，第76页。

② 天津市档案馆等编：《天津商会档案汇编（1912—1928）》（1），天津人民出版社1992年版，第326页。

③ 李炘：《考核商事公断处情形报告书》，《法律评论》1926年第72期。

④ 天津市档案馆等编：《天津商会档案汇编（1912—1928）》（1），天津人民出版社1992年版，第324页。

⑤ 同上书，第323—324页。

⑥ 上海市工商业联合会编：《上海总商会议事录》（一），上海古籍出版社2006年版，第125—123页。

程序，挫伤了商会的积极性，所以为了省却麻烦，有的商会干脆不设立商事公断处，有的商会自设商事公断处，并不履行一套烦琐的批准程序。

部章第三十六条规定，"公断处职员确有渎职情形者，处长或商会总理得按情节命其退职或除其商会会员之名"，第三十七条规定，"退职或除名之职员，当事人如因其渎职而受到损害，并得要求赔偿，要求赔偿须先向处长或商会总理行之"，这些要求虽然是为了加强评议员的责任心，但评议员纯粹是尽义务，"不应绳之过苛，倘果实行，恐公断处无暇调处商事，反生当事人之要求，势必刺刺不休，应行废止，免生事端"①。许多商会为免滋事，也不愿意成立商事公断处。

但是，未成立商事公断处的商会，调解商事纠纷仍是商会法赋予商会的职责之一，只是这些商会没有成立公断处的组织，天津总商会在成立商事公断处之前，"评议案件，实含有公断性质，故历年办案，商界久已遵行"②，此时，商会成为一个民间调解机构，商会理案，仍然是以自我规范的方式发展。

三　司法体制变革下商会理案性质及权限争议的考察

晚清及民国以后，中国司法体制发生很大的变化。清末司法体制改革以前，清朝施行中国传统的司法和行政合一的体制，行政机关同时兼有司法职能。中央由刑部、大理寺和都察院组成最高级的三法司各司其职，刑部有审判职能，各省上报的案件及某些在京、直隶地方的上报案件由刑部审判，大理寺负责复核刑部审理的案件，都察院负责监察百官，并参与审理大案，平反冤狱。地方上，以地方政府为依托形成了地方司法体系，地方司法，民刑不分，民商也不分，清朝的州县是主要的商事纠纷审判机关。

清朝传统的司法体系在1906年以后发生变化。1906年，清政府宣布"预备立宪"，进行了一次包括司法机关在内的官制改革，1907年公布的

---

① 天津市档案馆等编：《天津商会档案汇编（1912—1928）》（1），天津人民出版社1992年版，第323—324页。

② 同上书，第326页。

《各级审判厅试办章程》及后来颁行的《法院编制法》,也都涉及建立新的司法机构体系。这些改革,一是设立分立的机构,实现了司法权和行政权(包括司法行政权)的分离,改变了中国传统的政审合一的局面;二是实现了中国民事刑事案件审判的分离。从机构的设立看,第一,改刑部为法部,掌管全国司法行政事务,法部不再具有审判职能;第二,改大理寺为大理院,为全国最高审判机关并有权解释法律、监督各级地方审判活动,并分设民、刑审判庭。在地方州县设初级审判厅,府(直隶州)设地方审判厅,省设高等审判厅。从司法体制改革的实际效果看,至1910年底,各直省省城商埠各级审判厅基本建立起来,但是直省府厅县治各级审判厅和乡镇初级审判厅大多未能建立。[1] 1906年司法体制改革以后,传统的司法体制正在向近代司法体制过渡。

民国建立以后,《临时约法》的颁行,宪法意义上的司法、行政、立法三权分立的理念基本确立,在司法体制改革上,司法部更是致力于四级三审制的司法体制的构建。但是,北洋政府时期,连年的政治和军事冲突造成的中央政权的频繁更迭以及人力财力的限制,民国建立初期设想的司法体系并没有建立起来。1914年修订法院编制法,反而舍弃了清末以来的四级三审制,废止初级审判厅之设置,以地方审判厅为第一审司法机关,而且所建甚少,至1928年南京国民政府建立时,"普通法院为数甚少,计大理院一所,高等庭二十三所(新疆未设)、高等庭分庭二十六所,地方庭八十九所"[2]。此外,1914年颁布了《县知事兼理司法事务暂行条例》,由各县行政首长兼理词讼,重新回到了旧时代的地方司法形态。因此,就商事纠纷的审判机制而言,在民国建立的十余年间,设有新式司法机构的地区多集中在通商大埠及省城地区,其他地区仍然由县知事兼理。

清末民初商会对商事纠纷的处理涉及国家的司法权,清末民初司法体制的变革,对商会调处商事纠纷应当有所影响,但目前学界对该问题研究的不多,已有的研究也有值得商榷的地方。下文即将商会理案置于司法体制变革的背景之下,考察商会理案的性质及官商关系。

---

[1] 李启成:《晚清各级审判厅研究》,北京大学出版社2004年版,第82页。
[2] 张国福:《中华民国法制简史》,北京大学出版社1986年版,第179页。

（一）商会理案性质的分析

商会理处商事纠纷清末民初都有，对商会理处商事纠纷的性质，学界有涉及，但没有统一的观点。从研究时段而言，一部分学者将清末民初商会的商事纠纷理处"一锅端"，没有分清末和民初不同的时间段分别研究其不同的性质，而是将两个时段的商会理案统一定性，在"一锅端"的前提下，分为两种观点，一种认为清末民初商会理案是仲裁[①]，一种认为是调解[②]。分时段研究的，对清末商会理处商事纠纷，马敏认为清末商会的理案机构"实际上已经具有某种民间法庭的性质，至少在组织形式上和程序上更为接近现代法治社会中比较流行的商事仲裁制度"[③]，范金民先生也赞同这一观点[④]，这两位学者至少把清末商会理处商事纠纷看作近代仲裁制度的雏形。朱英教授认为清末商会受理商事纠纷的职能"涉及司法方面的内容，与一般的官府断结讼案有很大的不同，因而将受理商事诉讼称为不完全的司法职能"[⑤]，张启耀等认为"清末商会理案与民间调处、司法审判各有相似和不同之处，因此，不能把它看作是单纯的民间调处或者单纯的司法审判，而应当把它看作是具有一定特殊性的、准司法的行为"[⑥]，张松认为民国商事公断处"鉴于公断兼具仲裁和调解的性质，同时又有自己的特点，借用'非诉讼纠纷解决机制'这一概念来界定"[⑦]。

[①] 虞和平：《清末民初商会的商事仲裁制度建设》，《学术月刊》2004年第4期；任云兰：《论近代中国商会的商事仲裁功能》，《中国经济史研究》1995年第4期；郑成林：《清末民初商事仲裁制度的演进及其功能》，《天津社会科学》2003年第2期；常健：《清末民初商会裁判制度：法律形成与特点解析》，《华东政法大学学报》2008年第5期；宋美云：《近代天津商会》，天津社会科学院出版社2002年版，第247—267页。

[②] 王兰：《中国传统商会纠纷解决机制之功能分析——以调解为视角》，《仲裁研究》2007年第2期。

[③] 马敏：《商事裁判与商会——论晚清苏州商事纠纷的调处》，《历史研究》1996年第1期。

[④] 范金民：《明清商事纠纷与商业诉讼》，南京大学出版社2007年版，第250页。

[⑤] 朱英：《传统与近代的两重变奏——晚清苏州商会个案研究》，巴蜀书社1993年版，第201页。

[⑥] 张启耀：《清末商会调理经济纠纷的性质及评价》，《安庆师范学院学报》（社会科学版）2008年第1期。

[⑦] 张松：《民初商事公断处探析——以京师商事公断处为中心》，《政法论坛》2010年第5期。

这些研究，有以下几个问题值得商榷：首先，将清末民初商会理处案件"一锅端"，并将之或定性为仲裁、或定性为调解，在清末民初不同的司法体制下，这种定位是否准确？另外，分时段研究想给商会理案定性的，都没有能够给出一个准确的定性。以张松先生"非诉讼纠纷解决机制"的定性为例，张先生自己运用的解释是："非诉讼纠纷解决机制是对20世纪逐步发展起来的各种诉讼外纠纷解决方式的总称，现已引申为对世界各国普遍存在的、民事诉讼制度以外的非诉讼纠纷解决方式或机制的称谓"，"是一个总括性综合性的概念"[①]。由此可见所谓"非诉讼纠纷解决机制"应当是一个属概念，而商事公断应当是这一属概念下的种概念，以属概念表现的特征为种概念定性，只抓住了这类事物的基本特征，没有抓住特定事物的本质特征。其他几位学者在分时段研究时，对商会理案的定性也与此类似。为什么会这样？因为他们都有一个共同的研究方法，用现代有关仲裁、调解的概念与清末民初的商会理案比较，发现其与现代调解、仲裁有几分相同，又有几分不同，很难定性，所以用一个内涵窄、外延广的属概念定性，如"不完全的司法职能""准司法行为""非诉讼纠纷解决机制"等。打个比方，就像我们要找一个点，但不能定位，画个圈，告诉你，就在这个圈里。造成这一困境的原因，正如梁治平先生所言，是因为法律史研究中现代人自以为是的"现代中心主义"，将现代学术的概念和术语硬套在历史材料上，所以颇多似是而非之处。[②]如果我们换一种思考路径，先确定他在历史上"是什么"或"该是什么"，然后分析其与现代的差别，或许可以得出确定的结论。

1. 清末商会理案权：国家授权的专属商事纠纷裁判权

清末商会理案权，源于《商会简明章程》的规定。清末商会理案，在当时"该是什么"？和现代法院设置中拥有的海事法院、铁路法院等专门法院一样，清末商会理案权应当是经过国家授权的专属商事纠裁判权。

首先，商会理案权是国家授予的司法权，是国家司法权的让渡。

1904年《商会简明章程》颁行之时，晚清仍然实行的是政审合一的司法体制，这种体制之下，国家没有单独的司法体系，行政机关同时也是

[①] 张松：《民初商事公断处探析——以京师商事公断处为中心》，《政法论坛》2010年第5期。

[②] 梁治平：《寻求自然秩序中的和谐》，中国政法大学出版社2002年版，"再版前言"，第4页。

司法机关，司法权和行政权不分，司法权被看作行政权的内容之一，地方官员审理案件是其行使行政权的一种方式，也是其管理地方必须履行的义务。在这种政审合一的体制下，司法权与行政权还没有现代国家权力制衡与约束的概念，也没有司法独立的概念，司法权的让渡是比较容易的。司法权的让渡可以通过皇帝或国家行政部门甚至高级官员的同意实现让渡。中国古代，皇帝作为最高统治者，集行政权、司法权、立法权为一身，皇帝可以决定司法权的归属。国家行政部门在获得皇帝的批准以后，也可以实现司法权的让渡。甚至高级官员在其管辖权的范围内，也可以将其辖区内的司法权赋予某一机构。加之，在国家的权力构架里，只有军权和财权才是官员们最重视和极力追求的，司法权虽说不是完全无足轻重，但至少不如前者那么重要。尤其是商事纠纷向来属于"钱债细故"，与命盗案相比，更不重要。命盗案的审判权关系重大，也是行政权昭示权威的象征，不会轻易转让，商事纠纷实属钱债细故，对大多数不熟悉法律和商业事务的官员而言，审理这些案件还是为官的一种负担，因此商事纠纷处理权限更容易让渡。

以清末成立的农工商（矿）局（1903.9—1908.8）获得商事纠纷理处权为例。1895年《马关条约》签订，外人有在口岸设厂的权利，为筹抵制，御史王鹏运率先上奏，请饬各省普设商务局，以便发展工商。1898年8月，汉口最先设立商务局，天津设农工商分局，1903年浙江设农工商矿总局，1904年，河南有商务农工局。名称虽不一致，但都是主持经济发展的事业机关。这些机构没有地方官制里的正式编制，机构人员也没有定制中的职位品秩，人员统由督抚将军或商部及农工商部札委，本质上是幕僚的一种，至多只能称为非正式的组织或半官式组织①，但是这些机构出于保商护商的目的，却规定有调处商业词讼的职能。② 这些机构非国家正式的行政组织，司法权的获得既没有皇帝的谕旨，也没有获得军机处或总理衙门认可再奏请皇帝批准，只是在制定的章程中列明处理商事纠纷的权限，经过督抚批准以后，就有了商事纠纷的处理权限。因此，商事纠纷理案权在当时很容易让渡。

商会在清末地位比较特殊，他直接和商部联系。各地商会成立时协

---

① 阮忠仁：《清末民初农工商机构的设立》，台湾师范大学历史研究所专刊，1988年，第183—184页。

② 朱英：《晚清经济政策与改革措施》，华中师范大学出版社1996年版，第168页。

理、总协理要报部批准，商会成立朝廷要颁发谕旨裁可，并发给关防（官印）。尽管对商会的性质，学界一直意见不一，官办机构、半官方机构、商办民间组织、官督商办组织各持一说①，但商会与官方的特殊关系显而易见。1904年1月14日，新成立的商部做的第一件大事，就是给光绪皇帝上了一折——《商部奏劝办商会以利商战角胜洋商折》，内载商会简明章程二十一条，赋予商会商事裁判权，经光绪皇帝批准颁行。商会这样一个特殊的机构经过合法的授权获得了理案权。

其次，商会理案权的受案范围只能裁判商事纠纷。

1909年江苏农工商务局给总商会的一个照会，内载：

照得各属商民，每以钱债争讼延宕纠缠，致令破产倾家，甚或牵动市面，影响商界，为害于民间者最深且重。朝廷体恤商民，故于颁定简明章程十五款内载：凡华商遇有纠葛，可赴商会告知总理，定期邀集各董秉公理处，从众公断。如两造不服，准其具禀地方官核办。原欲其先向商会理处，以息争端，如商会不能调处，始由地方官核办，无非为体恤商民起见，惟地方官治繁理剧，日不暇给，此等诉讼多视为钱债细故，讯结无期，拖累何堪。②

这个照会是一个官方文件，从中可知，官方授权时的本意是：所有的商事纠纷必须先向商会申请理处，商会不能调处，才由地方官核办。很显然，商会只能处理商事纠纷。

因此，晚清在商事纠纷裁决权上，形成两个体系，一是原有的政审合一体制下的官府断案机制，二是农工商局或商会这样的机构通过授权获得的商事纠纷裁决权。当然，商会裁决商事纠纷与官府有区别，但是这一区别不是司法权性质的区别，商会与官府享有的司法权在性质上是一样的，都是国家的司法权，其区别在于受案范围、办案过程中享有的强制措施等方面。

由于商会理案权是国家授权专门理处商事纠纷的裁判权，因此，商会

---

① 马敏、朱英：《传统与近代的二重变奏——晚清苏州商会个案研究》，巴蜀书社1993年版，第231—259页。

② 《农工商务局为处理商事诉讼照会苏总商会》，载华中师范大学历史研究所等编《苏州商会档案丛编》（第一辑），华中师范大学出版社1991年版，第527页。

只能受理商事纠纷案件,刑事案件与普通民事案件,商会无权理处,商事纠纷中若涉及商事诈骗等商事转刑事的案件,商会也没有处理权限,必须移交官府处理。苏州商会光绪三十二年(1906年)闰四月理结绸缎业被累讼事一起,该案中,陈苹斋从怡大公司承办沪宁铁路砖石,转包给贺稚斋,到期欠砖。怡大公司到商会控告贺稚斋及保人鲍荷清,经过商会调查,贺稚斋所提供的保人鲍荷清是假的,这样,案件就涉及贺稚斋作伪骗人,涉及商业欺诈,商会就将该案移交县衙处理。①光绪三十二年(1906年)七月理结绸缎业诈扰讼事一起,也是因为涉及被告俞顾氏伪造存折,涉及诈骗,而由商会移交县衙处理。②

另外,商会不具备"票传勒追"的权利。山东烟台商会就曾禀农工商部,认为无此权利为影响结案率的主要原因之一。③"票传"即拘传,要采取强制措施勒令当事人到案。"勒追"就是强制债务人履行债务,逃债的要追拿归案。在当时票传勒追这些强制措施,要派衙役执行,商会非衙门,不养衙役,而且这些强制措施涉及限制人身自由,商会无此权利,若遇票传勒追的案件,须交县衙处理。譬如当事人不到案,需要拘传,要交衙门将人提传到案,商会方可处理。例如光绪三十二年(1906年)六月,商会处理桐油业请追欠讼一事,星记桐油号金润之汇款一千元给大丰豆行,但该行倒闭,执事吴敬安走避,股东杨献南等延不清理,金润之将杨献南与吴敬安诉之商会,由于吴敬安作为案件的被告人之一,"走避"不到案,处理该案要提人,由会移县,此案经县饬传被告,最后还是在商会调解结案。④光绪三十二年(1906年)十一月理结酱园业酒店欠款讼事一起,也是因为要提追被告,由商会移县处理。⑤

因此,有些学者在研究清末理处案件的官商关系时,把商会将一些案件移交官府处理,认为是商会与官府协同办案的一类⑥,实际上是商会将

---

① 《农工商务局为处理商事诉讼照会苏总商会》,载华中师范大学历史研究所等编《苏州商会档案丛编》(第一辑),华中师范大学出版社1991年版,第565页。

② 同上书,第568页。

③ 《农工商部通咨认真审讯钱债词讼文》,载耿云清《破产法释义》,五南图书出版公司1984年版,第445页。

④ 华中师范大学历史研究所等编:《苏州商会档案丛编》(第一辑),华中师范大学出版社1991年版,第566页。

⑤ 同上书,第573页。

⑥ 范金民:《明清商事纠纷与商业诉讼》,南京大学出版社2007年版,第250页。

不属于自己受案范围的案件移交官府处理，而不是官商协同办案。

　　商会理案与官府处理商事纠纷除了在受案范围与拘传提追的强制方法有所不同外，许多方面与官府断案相似。就理案程序而言，无论是商会还是官府，经历的过程大致都是：原告提交诉状→了解基本情况→传召两造质证→调解→判决，商会比官府断案还民主些，商会有多人共同评议，而官府断案由地方官员一人断案或幕僚操纵，主观臆断的可能性极大。调解是官府断案的必经程序，商会理案也是如此，调解不成方作出判决。就理案的依据而言，两者在当时商事法律规范缺失的情况下，理案更多的是依据情理调解，商会理案由于更熟悉商事习惯，情理之外，更多地依据商业惯例。

　　就结案方式而言，"在清代州县审判中，通行的作法是在案件审理（包括调解）终结时，由当事人或其监护人、调解人出具甘结、保状、禀呈，表示悔过、服输或和解，州县官作出批示，即可结案。'甘结或保状加批示'就是自理案件的基本形式"，官员在甘结等文本上写"批：准结"字样。① 从《清代乾嘉道巴县档案选编》中，确实可见当事人出具结状②、供状③、息状④、禀状⑤，但不是每一个结案的文本中都有批示，有的有，有的没有。如同是息状，道光十六年（1836年）四月二十五日窦祥盛息状，就有"县正堂批：既据理明，准息销案。各附结"⑥，道光四年（1824年）十二月初一日彭国应等息状，就未见有县官的批示⑦。个中缘由或许是编者录入的档案不全，或许批示可能更多的是一个形式，只要两造有息状、甘结等表示愿意消弭纠纷的书面文本，就可以结案。商会

---

① 郑秦：《清代司法审判制度研究》，湖南教育出版社1988年版，第210页。
② 四川大学历史系、四川省档案馆主编：《清代乾嘉道巴县档案选编》（上），四川大学出版社1989年版，第241页。
③ 同上书，第243页。
④ 四川大学历史系、四川省档案馆主编：《清代乾嘉道巴县档案选编》（下），四川大学出版社1996年版，第377—378页。
⑤ 四川大学历史系、四川省档案馆主编：《清代乾嘉道巴县档案选编》（上），四川大学出版社1989年版，第244页。
⑥ 四川大学历史系、四川省档案馆主编：《清代乾嘉道巴县档案选编》（下），四川大学出版社1996年版，第377—378页。
⑦ 四川大学历史系、四川省档案馆主编：《清代乾嘉道巴县档案选编》（上），四川大学出版社1989年版，第151页。

结案，也是如此。原被告任何一方出具息讼结①、销案禀文②就可以结案。

　　为了保证裁决的执行，商会除了不能使用限制人身自由的强制措施，其他的诸如罚款、查封或变卖债务人的财产、强制债务人迁出房屋或土地等强制执行措施，都可使用。天津商会1909年理处了药材商天聚号等禀控河南怀帮全盛祥欠款私逃一案，被告河南怀庆商阎永图在天津开设药行全盛祥，积欠天津药材商号货银79000多两，1909年八月初三夜阎与掌柜李怀宝因债私逃，天津药材商号天聚号等七家合词具诉，要求商会处理，商会及时将全盛祥号内现有遗存货物查封备抵。③苏州商会理结敬业公所纠纷案，就以罚款结案。苏州猪肉业商人分别设有敬业公所（经营肉类）、猪业公所（经营生猪）和毘陵会馆，三家定有行规，十家之内不得新开肉店，否则予以处罚。但不久就有张阿世、任建卿、谢瑞福、金松泉等违规设店，敬业公所请求商会处理，张阿世等人到县衙告敬业公所私改县示、恃蛮霸业，相互纠讼一年多，最后仍然由商会理处，商会后判令任建卿、谢瑞福等捐助公所经费洋五百元，以为创开新店紊乱行规者戒④，实际上，这种惩戒意义的捐助就是罚款。

　　最后，在涉案人员的眼中，商会是如同官府一样的裁判机构。

　　上述敬业公所一案商会裁决以后，很快任建卿等人就将罚款交给商会，由商会转交敬业公所，敬业公所给商会的领条上有这样一段话："今领到商务总会于二月初五日开会判令任建卿、谢瑞福等捐助公所经费洋五百元，以为创开新店紊乱行规者戒。以此为例，永远遵守。目下任建卿于二月二十八日已将此洋如数缴呈到会。商等照数领到。"⑤这段话中，敬业公所将商会的裁决看作"判令"，"判令"当非一般民事调解可用，在敬业公所看来，商会的裁决和官府的裁决一样具有效力，并且愿意"以此为例，永远遵守"，可见判决的效力。再如天津商会受理的"天津老顺

---

　① 华中师范大学历史研究所等编：《苏州商会档案丛编》（第一辑），华中师范大学出版社1991年版，第561—562、567、572—573页。

　② 同上书，第571页。

　③ 天津市档案馆等编：《天津商会档案汇编》（1903—1911）（上），天津人民出版社1989年版，第862页。

　④ 华中师范大学历史研究所等编：《苏州商会档案丛编》（第一辑），华中师范大学出版社1991年版，第617—635页。

　⑤ 同上书，第632页。

记禀诉万义川票号不认自家开出银元票文一案",老顺记号在给天津商会的控书中写有"伏希贵会总、协理大人讯传万义川质对","讯传"一词的运用,在商民看来商会和官府一样都是很有权威性的机关。

当时商会中确实也有把自己装扮的和衙门一样的,"内地有许多商会,如通州等处,门首悬挂虎头牌,如衙署式样","正阳关商会总理尚兼司法职务,厅事中竟摆设公案",但这些被上海总商会认为极易造成官商隔膜,认为要"严加取缔"。[①] 因此,多数商会在当时并没有端出衙门架势,或许这也是现代人研究时,并没有把商会理案权当作官方正式授权的司法权看待的一个原因。许多学者把商会理案当作调解的另一个原因,与商会在理案过程中多出现"调处""调息"字样有关,这些字样的出现,与中国传统断案的习惯有关,古代中国官府对"钱债细故"等民商事案件的处理,一般都采用调解方式结案,清末商会理案也以"调解息讼"为原则和宗旨。

上述分析显示,清末商会理案权与一般民间调解不同,是经过国家授权的专门裁决商事纠纷的司法裁判权。为什么说清末商会理案在当时不具有仲裁性质呢?1904年清朝还是政审合一的司法体制,民事诉讼和刑事诉讼还没有区分,沈家本主持修律,1906年才考虑修订诉讼法,1904年制定《商会简明章程》时,司法体系里还没有仲裁的概念。但是随着1906年官制改革以后,司法独立以及建立独立的国家审判体系的理念渐渐确立,对商事纠纷处理设立仲裁制度的设想已经出现端倪。

1907年成都商务总会设立了商事裁判所,作为理处商事纠纷的机构。有关记载说:"前清光绪三十四年间,四川省总督据成都商务总会请附设成都商事裁判所并章程咨请立案,由前农工商部咨送修订法律馆查核。嗣准复称,此项章程为商会办事一部分之细则,不能遂为定制。其所拟裁判所名目与新官制审判厅名目混淆,似以改用公断处等字样较为合宜。"[②] 此后,成都商务总会的商事裁判所即改名为商事公断处,商事公断处名称由此而来。从修订法律馆的查核意见可以看出,其建议改"裁判所"为

[①] 上海市工商业联合会编:《上海总商会议事录》(一),上海古籍出版社2006年版,第495页。

[②] 《工商部咨司法部各省商会请设商事公断处是否可行并妥筹商事诉讼划一办法统希核复饬遵文》,雷瑨编辑《政府公报分类汇编》第33册,上海扫叶山房1915年版,"商业",第71—72页。

"公断处"而非"调解处",说明当时已有公断概念,"公断"与"调解"也有区别。修订法律馆接触大量的外国法律制度,1887年以后许多国家都颁布了仲裁法,尤其1877年德国《民事诉讼法典》和1890年日本的《民事诉讼法典》都规定了仲裁制度①,德国与日本是清末修律主要效仿的国家,这些法典在修律过程中都翻译成中文,因此修订法律馆对仲裁制度比较了解,虽然修订法律馆的答复没有用"仲裁"一词,但"仲裁也称公断"②。修订法律馆改商事裁判所为公断处的提议成为民国成立商事公断处的蓝本。

2. 民初商事公断权的仲裁性质

民国商事公断权的性质为仲裁权。

1912年四川省第二次商务联合会议定各地分会仿照成都重庆设立商事公断处,并拟定了四川商事公断处规则,"此为商事公断制度之嚆矢"③。四川省商务联合会将此事禀呈工商部,1912年7月3日工商部咨请司法部,"现在民国初基,司法独立,商事裁判亟宜规划。各处商会纷纷以设立商事裁判所为请,近复据四川成都、重庆两处商务总会会呈,以现在各级法官未尽通晓商情,往往有误会而误判者,值此振兴商务之时,商事裁判(所)既难猝设,唯有仿照前清部议设立商事公断处成规,略加更改,以为目前补救之计,既可实行保商之宗旨,兼可为改设裁判之根基","兹该商会等仍请于商会内附设商事公断处,虽有成案可稽,现在是否可行,有无窒碍,究竟商事诉讼应否另设裁判所,抑系附设于民厅之内,应如何妥筹办法,约计何时可以实行,以期审判制度归于划一,商人诉讼有所遵循,相应咨行贵部查照,酌核速复,以凭饬遵可也。"④ 司法部于7月10日很快答复了工商部:"查商事诉讼按照从前施行之法院编制法系属普通审判,由民事法庭审理,现在改正法案仍照此规定,并无特别

---

① 陈忠谦:《仲裁的起源、发展与展望》,载陈忠谦主编《仲裁研究》第9辑,法律出版社2006年版,第45—46页。

② [日]我妻荣编:《新版新法律学辞典》,董璠舆校译,中国政法大学出版社1991年版,第654页。

③ 李炘:《考核商事公断情形报告书》,《法律评论》1926年第13期。

④ 《工商部咨司法部各省商会请设商事公断处是否可行并妥筹商事诉讼划一办法统希核复饬遵文》,雷瑨编辑《政府公报分类汇编》第33册,上海扫叶山房1915年版,"商业",第71—72页。

组织。将来商事发达，诉讼繁多，如有必要情形，自应另设商事法庭，以期便利，此时似非所急，无庸预为筹办。至商事公断处为仲裁裁判，其性质与国家法院迥不相同，该商会等如为调处商人争讼起见，自可准其援案设立。唯此等公断处，必须两造合意受其公断，不得稍有强迫。其断后如有一造不服，仍应受该管法庭正式审判。"[1] 司法部的答复意见很明确，"商事公断处为仲裁裁判，其性质与法院迥不相同"，民国初年，司法部就确定了商事公断处的仲裁性质。

此后，商会依照司法部的批示呈请设立商事公断处的情况相继发生。按照当时的规定，各省商会附设商事公断处应先拟定章程呈请工商部与司法部核准，然后成立。司法部鉴于各处所拟章程参差不齐，考核不易，而商事公断处确能保护商人利益，促进商业发展，司法部也有意在全国推广，因此，开始起草商事公断处章程以图规范商事公断处的组建，工商部也专门派人一起会酌该章程[2]，而此时正好工商会议召开，还出现了商会与司法部就设立"商事裁判所"发生了冲突。

1912年11月1日至12月5日在北京召开了临时工商会议。会上就商事裁判问题提出了两项议案，宁波商会代表盛在珣提出了"请设立商事裁判所"的议案，提出三条理由：法官对商业习惯不甚明了不能为正当之判决、普通审判厅案件繁多致商事案件不能迅结、商事裁判不必拘泥于形式可口头即决之而普通裁判不能，主张仿照法国成例在商业繁盛之区设立商事裁判所专司商事诉讼。另一议案则提议"设立公断处于商会内专理商人破产事项处理不结当由会移送法庭办理"。工商会议法制审查股认为设立商事公断处仅有调停争议之责而无审理判决之权，事事必须判决于民事裁判所，有名无实，还会使商会终日忙于排解移送之事而于商情利弊反致无暇研究，且范围只限于商人破产纠葛范围更加狭窄，不如仿照法国制度另设商事裁判所专司商业诉讼以专责成而惠商界。经工商会议讨论后，决定请工商部咨商司法部斟酌进行。[3]

工商会议结束后，1913年1月7日，工商部将工商会议议决另设商

---

[1] 《司法部咨工商部商事公断处准援案设立如有一造不服仍应受法庭审判之》，雷瑨编辑《政府公报分类汇编》第15册"司法"，上海扫叶山房1915年版，第50页。
[2] 李炘：《考核商事公断处情形报告书》，《法律评论》1926年第169期。
[3] 工商部编印：《工商会议报告录》，民国二年三月发行，"参考案"，第9—18页。

事裁判所的意见函商司法部①,司法部1月16日函复道:

> 另设商事裁判所专司商事诉讼,自系为保护商业起见,用意甚为周到,惟法院之设立废止通例皆以法律定之,增设法庭必有法文以为根据,现在法院编制法只有民事刑事分庭,并无得设商事裁判所之规定,径自设立,既有非法之嫌,追加条文又侵立法之权限。但据称商事最贵敏捷,诉讼繁多,不免延搁之弊,此种情形实为事实所常有,既有充分之理由,即不可不有补救之方法。本部现拟变通办理,暂就商埠及繁盛之区地方审判厅内,酌加民事法庭,专理商事诉讼,庶几不居商事裁判之名,而有商事裁判之实。②

司法部以法院编制法无此规定冠冕堂皇的婉拒,并没有使工商部完全放弃努力,1月22日工商部再次函商司法部,指出:

> 现在法院编制法尚未经参议院通过,如能乘此时机稍予修改,则此后凡关于商事诉讼各案,均有所根据,于商务前途不无裨益。本部详加核议,可否于各大商埠及商务繁盛之区,添设商事裁判所,其余普通商务地方如有设立之必要者,于地方审判厅内酌加民事法庭,专理商事诉讼。③

但是,司法部再次回复加以拒绝:

> 惟体恤商情之本意,原不仅以设有商事裁判所之名称,即能达希望之目的。必俟关于商事之各种实体法规足资援用,始可收圆满之效。现在此种法规多未制定,若遽有商事裁判所之设则所谓商事裁判所者不过名词上之关系,究无从发现其特别之作用,且按之现时状况

---

① 《工商部致司法部据工商会议决另设商事裁判所并将法国制度暨公断处规则汇送参考请核复函》,《政府公报》1913年2月4日,"公文",第8—9页。
② 《司法部致工商部商事裁判所一案法院编制法并无此项规定拟就各商埠等地方审判厅内酌加民事法庭专理商事诉讼等情希核复函》,《政府公报》1913年2月4日,"公文",第9页。
③ 《工商部致司法部商事裁判所可否准其于商埠及商务繁盛之区设立等情核复文》,《政府公报》1913年2月4日,"公文",第9页。

才财之问题，尤不能充足愉快，多设一机关恐不能增加利益，本部前此变通办法不居商事裁判所之名而求商事裁判之实即系有见于此，即与贵部此次所批示办法亦复名宜实同，似此办法庶能面面兼到。至修改法院编制法增设商事裁判所，本部意见以为至速亦经五七年后始能议及。①

司法部反对成立商事裁判所的态度很坚决，却积极筹设成立商事公断处，1913年1月28日会同工商部公布了《商事公断处章程》。司法部反对成立商事裁判所的坚决态度与民国时期的司法体制变革有关。民国建立以后，确立了三权分立体制下的司法独立理念，在这一理念指导下，司法改革更是致力于建立民刑分庭、四级三审为主要构架的司法审判制度，实现审判体制的近代化。由于这一套构想仍然是延续清末变法以来的框架，司法体制的建立明显受日本司法体制的影响，"是故，东瀛无商事裁判所，而我国亦然，东瀛于普通法院无商事庭而我国亦然"②。商事诉讼归并于民事诉讼的范畴之中，在普通法院之外不设商事法院。但司法部却设想能够仿效德日，在法院体系之外设立商事仲裁制度，以利解决商事纠纷。因此，司法部对商事纠纷处理机制的构架很明确的包括以下两个方面：第一，在国家审判机制上建立四级三审制的普通法院体系，普通法院之外不设商事法院；第二，利用各地商会，建立商事仲裁体系。这种构想在民国初期应当是比较完善的，既符合司法独立的理念，又能充分运用商会这一良好的司法资源。尤其现代国家的权力体系中，裁判权作为司法权的重要内容，只有国家才有权行使。而国家通过法律的授权，赋予民间机构行使只有审判机关才能行使的某些裁决职能，司法部在民国初年就以国家法的形式确立了商事仲裁制度，在近代多元化司法体制的构建上，应当是迈出了司法民主化、社会化的重要一步。而商事公断处章程及细则的内容，则是基本按照仲裁制度的原理制定的，比如，仲裁的契约性（必须有争议双方当事人的合意方能进行）、无缺席判决、裁决须交法院执行等。但是，由于民初政局多变，又受到财力和人力的限制，现代审判体系并没有能够建立起来，而商事公断处章程的规定又影响了商事公断的效

---

① 《司法部复工商部增设商事裁判所一节一时碍难议及函》，《政府公报》1913年2月4日，"公文"，第9—10页。

② 李炘：《考核商事公断处情形报告书》，《法律评论》1926年第174期。

率，加剧了司法部与商会在扩大商事公断处权限方面的冲突。下文将详细说明。

1913年1月颁布的商事公断处章程第二条规定，"公断处对于商人间商事之争议，立于仲裁地位，以息讼和解为宗旨"，该条文明确了商事公断处的仲裁性质，体现了司法部建立商事仲裁体系的意图。张松先生认为以此条规定确定商事公断为仲裁不妥，"章程此条款并不是规定公断处的法律属性，而是明确公断处在裁决商事纠纷时所应持的立场，其含义应为公正公平合理，从而达到息讼和解、稳定社会的宗旨"①，但从商事公断处章程制定颁布的过程来看，这一条是确立商事公断为仲裁的法律依据。当然，正如张松先生指出的，商事公断与现代意义上的仲裁确有异同，但并不能否认民初商事公断的仲裁性质，时代不同，语境不同，与民国初期仲裁制度相比，现代仲裁理论还有一个不断发展完善的过程，何况作为一个主权国家，立法的时候可以结合国内的实际情况来确定仲裁制度的内容，而不是用固有的理论来判定已有的立法是否是仲裁制度。以仲裁和调解为例，虽然现代法学理论评价两者的异同时认为：仲裁和调解都是双方当事人自愿将争议提交双方同意的第三方居中处理，仲裁的裁决对于双方当事人具有约束力，而调解意见对于双方当事人不具有约束力。但是，改革开放初期的一些经济法规规定经济纠纷实行"两裁两审"制，1983年的《经济合同仲裁条例》也规定了"一裁两审"制，仲裁并没有终局的效力，当时并没有人否定其仲裁的性质。②因此，在那个时期，区分仲裁与调解，用"是否对双方当事人有拘束力"是无法判断的。同是双方当事人提交第三方居中处理纠纷的形式，由于国家法律对其性质的不同规定，使我们能够将仲裁与调解截然分开。

（二）商会与司法部关于商事裁判权争议的考察

商会与司法部关于商事裁判权的争议，主要涉及两个方面，一是关于商事裁判所等商事裁判机构设立的争议，另一个是商事公断处成立以后，为扩大公断权限的争议。

---

① 张松：《民初商事公断处探析——以京师商事公断处为中心》，《政法论坛》2010年第5期。

② 刘敏、陈爱武主编：《现代仲裁制度》，中国人民公安大学出版社2002年版，第27页。

1. 商会与司法部关于设立商事裁判所等商事裁判机构的争议

　　商事裁判所最初由四川成都商务总会提出。1907 年成都商务总会设立了商事裁判所作为理处商事纠纷的机构，并制定了 101 条的商事规则，对设立缘由、宗旨、组织方式、理案程序、结案方法等作了详细的规定。① 这个规则与法国商事裁判所编制法有多处吻合②，由于有了法国商事裁判所编制法作参考，成都商务总会的商事裁判所规则，内容详细、完备，更具现代特征。1907 年第一次商法讨论大会上，清江浦商会代表也曾提议"各商会宜自设商业裁判所，免与官吏交涉"，由于"众议恐难办到"，所以这一提议并没有受到重视。③ 商事裁判所在清末应当是一个外来的崭新概念，成都商务总会却能以此为商会理案机构名称，不知是什么原因。1906 年商部主办的《商务官报》刊登了杨志洵的文章《商业机关释》，该文中介绍了法国、比利时等欧洲一些国家的商事裁判所制度④，《商务官报》由于是商部主办，各地商会都订购并代为销售，成都商务总会或许受此影响。

　　成都总商会的商事裁判所与苏州、天津等商会理案机构虽然都是附设于商会，却有很大的不同。苏州、天津等商会的理案人员都是从商会议董中选出，而成都总商会主持商事裁判的，是专设的裁判员、评议员各四人，前者有权对案件作出裁决，后者可以对案情进行评议。他们可以由商会会董、会员中推选，也可以聘请商会以外的商界或其他知名人士，"不必自营于商业，而以有名于商界公正廉明兼通法律文字者"为适当人选，选举中以票数多的前 4 名为裁判员，第 5—8 名为评议员，任期均为 1 年，届期按章选举，当选者可以连任。苏州、天津等商会理案处，受理的案件至少一方必须是商会会员，但成都总商会的商事裁判所已经无此限制，只要是商事纠纷，都可以受理。而且还收取裁判费。虽然成都商事裁判所以"和平理处商事上之镠辖，以保商规息商累为宗旨"，但从其商事裁判规则的内容来看，商事裁判所已经成为具有现代意义的商事法院。成都商事

---

① 《四川成都商会商事裁判所规则》，《华商联合报》1909 年第 17 期，"海内外公牍"，第 1—8 页。

② 天津市档案馆等编：《天津商会档案汇编（1903—1911）》（上），天津人民出版社 1989 年版，第 99 页。

③ 同上书，第 286 页。

④ 杨志洵：《商业机关释》，《商务官报》第 25 期，光绪三十二年十一月初五日，第 6 页。

裁判所设立时，并没有受到当地官府的反对，也从另一方面说明政审合一体制下，商事纠纷裁判权在当地的官府看来，并不是需要争夺的一项权力。但是，成都商事裁判所设立上报修订法律馆核准时，就受到正在进行的司法改革的影响，"其所拟裁判所名目与新官制审判厅名目混淆，似以改用公断处等字样较为合宜"①。成都商务总会的商事裁判所后改名为商事公断处，商事公断处名称由此而来。

上文提及1912年工商会议上，商会代表盛在珣提出设立商事裁判所的议案被司法部拒绝后，此后各地商会就建立商事裁判组织的提议并未停止。1914年3月15日至4月11日，全国商会联台会第一次代表大会在北京召开。四川省商会联合会事务所又提出请设立商事裁判所的议案。1915年11月24日至30日，全国商会联合会在上海召开临时大会，专门讨论诉讼结案办法。此次会议，上海总商会、苏州总商会、无锡商会、宁波商会又提出了四件请设商事裁判的议案。但是，工商会议后司法部的态度，使全国商会联合会觉得这种提议不太可能实现，因此这些议案经过大会审查后，或"暂缓提交"或"不予提交"②，或虽然承认商事裁判所为"商事诉讼之必要机关"，"惟政府因财政困难厉行减政主义，原有之司法机关保存已属无几，则商事裁判所之设当然尚非其时。计惟有将商事公断处章程完全修正，依法改组以为目前之补救，将来国家财政充裕司法扩张再行提议办理较有把握"③。

此次会议上海总商会还提出了设立商事检察处的设想。上海总商会提出设立商事检察处，宗旨在于对商事诉讼进行监督，代法院分担义务，以提高商事纠纷的结案速度。"欲协助司法实行督促诉讼，又不参与审判以符独立之精神，而抒商人讼累之疾苦，以求折衷适宜之法，乃于商会之内，转设商事检察处，其宗旨以协助司法官厅，督促诉讼之进行，掐制审判之迟缓。庶可涤除迟延积压之弊，代法院分担义务，又不侵害司法之权，以为商事裁判之雏形，与商事公断处并行不悖，且与现行司法制度、法院审级毫无抵触。"

---

① 《工商部咨司法部各省商会请设商事公断处是否可行并妥筹商事诉讼划一办法统希核复饬遵文》，雷瑨编辑：《政府公报分类汇编》第33册，上海扫叶山房1915年版，"商业"，第71—72页。
② 《商会联合会始末记》，《时事汇报》1914年第6期，"纪录二"，第25页。
③ 《商会联合会临时会记》（六），《申报》1915年11月30日，第10版。

以此为宗旨，上海总商会拟定了商事检察处组织大纲四章。第一章为商事检察处之职务。凡属商会管辖区内的商事纠纷，其未向法院起诉以前，应向商事检察处申请，检查员认定有理由者，予以受理，无理由或不合定章的，驳回。检察员受理的案件，经过初步审查，制作证明书交付司法官厅处理。对于已经起诉未审判或法院驳回不予受理的案件，也可向商事检察处申请，并由检察员根据是否有理和符合定章，决定是否受理。第二章，司法官厅之职务。司法官厅收到商事检察处的证明书后，应在五日内开始审理，并通知检察处派员莅临观审。司法厅虽受理但未开始处理或无论进行到何种程度，自接到检察处咨请48小时之内，应将案卷全宗，移交检察处处理。第三章为观审员之职务。于法庭特设观审员席，观审员莅席以备审判员之顾问。庭审中认为当事人证人供述或证据有疑义时，可以向审判员表达意见。但不得直接向受判人发问，以免干涉指挥诉讼。第四章为检察处之组织。检察处下设处长、检察员等职位，选举使用商事公断处规则。检察员为名誉职，各地可根据事务繁简设7人以上20人以下。①

上海总商会设立商事检察处的设想，从审判监督的角度提出了新的构想，其设想意图是通过对立案、审限、审判过程的监督，以达到迅速审结商事纠纷的目的。上海总商会意欲加强审判监督的出发点是值得肯定的。但他所设想的审判监督机制是不可能实现的，按其构想，商事检察处设于商会，人员与商事公断处职员一样从商会会员中选举，这样产生于民间的一个监督机关，依据什么权利履行对司法机关的监督权？从其设想的四章内容看，虽名曰不干涉司法，但干涉法权的内容还是不少的，比如业经法院驳回的案件，检察员可以重新审查其是否可以受理，法院裁决的权威立于何处？商事检察处的权力已经远在审判机构之上，在商事审判权上，商事检察处更居于主导地位。

1914年3月，第一次全国商联会期间，广东商会联合会事务所提出"增设民庭专理商事诉讼"的议案。在商埠及商务繁盛之地方审判厅内增设民庭专理商事诉讼，民国工商会议后司法部曾经有所表示，当时司法部反对成立商事裁判所，但"本部现拟变通办理，暂就商埠及繁盛之区地

---

① 《上海总商会提出之研究债务诉讼结案办法拟设商事检察处理由书》，《中华全国商会联合会会报》，第3年第2期。

方审判厅内,酌加民事法庭,专理商事诉讼,庶几不居商事裁判之名,而有商事裁判之实"①。但是,司法部的这种变通办法并未施行。因此,广东商会联合会的提案,希望"呈请农商部转咨司法部照案行令各省商埠及商务繁盛省会地方审判厅增设民庭专理商事诉讼",广东商务总会要求增设民庭专理商事诉讼的要求,在当时是最容易实现的。司法部也有变通之打算,只要商会联合会将该议案转呈农商部,督促司法部实行,即有极大的实现可能。但是,全国商会联合会也将此议案列入"不予提交"之列,甚是可惜。② 1926年李炘也发出感叹,"惜乎国政不轨,动乱相寻,而商事审判独立之议从无道及者,今之谓改良司法制度者遂也淡忘之矣"③。

2. 商会提出的公断制度设计的若干建议

除了设立商事裁判所、增设民庭专事商事审判的建议以外,1915年11月召开的全国商会临时大会和1916年召开的全国商会联合会第二次大会上,各地商会就改善商事公断制度提出了若干建议。有的商会提出了设立审判机构与商事公断处合作互动的机制,增强商事公断的作用,有的商会提出扩大商事公断处权限,以增强公断效力。

贵州总商会代表提议,"凡遇地方债务重大案件发生,必先经商会据理公断",然后由商会将公断理由报告交给法庭,法庭判决时"将商会公断原案加入讨论",这样做"非商会欲侵法庭之权,而酌准情实足以为法庭之辅助",商会也不至于"有名无实视同赘疣"④。陕西联合会主张,法庭应将债务案件先交由商会调查评议,"法庭认为确当即采择所议判决"。可以形成"官倚商为调处而事实习惯昭然若揭,商以官为主持而判断执行凛不可干,亦结案迅速之一道也"⑤。吉林扶余商会提出,"凡关商事诉讼一经起诉,司法衙门即知会本地商会令其先行调查秉公声复,该衙门即

---

① 《司法部致工商部商事裁判所一案法院编制法并无此项规定拟就各商埠等地方审判厅内酌加民事法庭专理商事诉讼等情希核复函》,《政府公报》1913年2月4日,"公文",第9页。
② 《商会联合会始末记》,《时事汇报》1914年第6期,"纪录二",第25页。
③ 李炘:《考核商事公断处情形报告书》,《法律评论》1926年第174期。
④ 《条陈公断债务事件案(贵州总商会)》,《中华全国商会联合会会报》第3年第11、12合期。
⑤ 《条陈债务诉讼结案案(陕西商会联合会事务所)》,《中华全国商会联合会会报》第3年第11、12合期。

认商会之复函为诉讼之资料。"①

在审判机关与公断处的合作方面，一些商会提出了陪审员制度。山东商会联合会代表张謇建议在商事诉讼中建立商事陪审制度，即在法庭处理商事诉讼时由公断处派员到厅陪审以司顾问之职，因商人对账目、簿记等非常熟悉，由他们到庭陪审可防止法庭误判②，广东商会联合会也提议在审理商事诉讼的过程中，"凡就地之商务总会商事公断处均得派员列席期间，随案说明商场习惯以为判断之补助"③。

在扩大商事公断处权限方面，江苏海门商会指出，"商民诉讼，宜交商会公断也"，"民间诉讼，以债务为多，债务以商家为甚，商会之设，首重保护商人权利，维持商业现状。则仲裁事件，为当然天职。遇有债务发生，若概由商会处理公断，既能洞悉商情，复又熟谙习惯，固无不在准情酌理之中，更不致逾越法律之外……官厅既省却许多手续，人民亦少受一番讼累，必于债务有裨，易于结案"，并要求明定审限，根据债务诉讼标的大小，规定期限，由部颁条例，一律遵守④，河南总商会特别会董李朝栋提议，"凡关于商事债务诉讼准其商人自便呈诉，但起诉程序照审判厅试办章程办理"。在执行时，如商事公断处认为"当事人有逃匿之虞"，有权将其移送法院"暂为拘押候审"。当事人对公断处的公断不服时可向法院起诉，逾期公断处可向法院申请依法执行。⑤

有的商会提出通过修改公断处章程，扩充公断处权利。山东商会联合会代表张謇提出修改章程，规定公断处享有"调查实权"，即调查证据权和调查财产权。南京总商会提出了四条修改公断处章程、扩充公断处权利的建议：第一，在章程第十四条规定公断处受理两类案件之后加入"三、于起诉后未经法院判决由两造商人或一造自行申请撤回审理者"；第二，在第十五条内加入"已经起诉之案未经法院判决，两造中如有一造自行

---

① 《请速结债务诉讼案（吉林抚余商会）》，《中华全国商会联合会会报》第 3 年第 11、12 合期。

② 《公断处有调查实权案（山东商会联合会张謇）》，《中华全国商会联合会会报》第 3 年第 11、12 合期。

③ 《全国商会联合会记事（十二）》，《申报》1914 年 3 月 27 日，第 13 版。

④ 《江苏海门商会提出之债务诉讼结案意见四条》，《中华全国商会联合会会报》第 3 年第 2 期。

⑤ 《条陈债务诉讼结案办法案（河南总商会特别议董李朝栋提议）》，《中华全国商会联合会会报》第 3 年第 11、12 合期。

声请在公断处理结，公断处认为可以受理者，得向法院调取卷宗核断，并得具通知书于两造，令其到场接受公断"；第三，第十七条加入"评议员之判断，两造中虽有一造不愿遵守，然所主张之理由既已充足，应将所判决该案之情详誊判本送请该管法院查核，经该法院认为平允而又别无办法者，得据原判决强制执行"；第四，第二十六条后加入"公断处开场时两造中有一不到场，事前并未声明故障及声明之不合乎情理者，得依照法院缺席判决之程序于最后之缺席时判决之"，以严惩无故缺席借以回避判决者。①

这些建议，是民初为解决京师商事诉讼久延不决商民困苦不堪的困境，由袁世凯饬令各地商会详加研究商事诉讼结案办法的情况下提出的，袁世凯死后，司法部以"若仅就债务诉讼厘定一结案办法，于论理既不甚合，也究非目前切要之图，所请应暂缓议"②，将商会提出的若干意见束之高阁。此后，各地商会对扩充商事公断处权限的建议已少有提及。

3. 商会与司法部商事裁判权冲突的根源

从民国初年工商会议上宁波商会代表盛在珣提出设立商事裁判所的提议被司法部拒绝，到研究债务诉讼结案办法中商会要求扩充公断处权限要求的束之高阁，就商会的商事案件裁决权问题，司法部和商会一直没有达成共识。司法部与商会的这种冲突，是现代司法变革的必然结果。

清末司法体制改革以后，商会理案权就受到影响。1911年，山东劝业道咨询审判厅设立后商事案件如何处理时，法部态度明确："司法独立，民刑分庭，凡属债务讼案，均为民事裁判范围。其已设审判厅地方之商业诉讼，自应一概归并。"③民国建立以后，在司法独立司法权统一理念指导下更是如此，"文明国三权鼎力，司法乃完全独立未便以商事机关加以干涉"④，在司法独立理念下，司法部对商会的拒绝也是必然的。司法部对商事纠纷处理机制的构架很明确的包括两个方面：第一，在国家审判机制上建立四级三审制的普通法院体系，普通法院之外不设商事法院；

---

① 《江苏南京总商会提出之研究债务诉讼结案办法意见书》，《中华全国商会联合会会报》第3年第2期。

② 李炘：《考核商事公断处情形报告书》，《法律评论》1926年第172期。

③ 华中师范大学历史研究所等编：《苏州商会档案丛编》（第一辑），华中师范大学出版社1991年版，第528页。

④ 工商部编印：《工商会议报告录》，民国二年三月发行，"参考案"，第11页。

第二，利用各地商会，建立商事仲裁体系。因此，商会的屡次建议，司法部都未能采纳。

商会屡次提出扩大商事公断处的权限，也反映了商事仲裁制度在当时并没有被商会认可。司法部是按照仲裁制度的基本原理设计商事公断制度的，如"商会受理的案件必须是两造同意"，这体现了仲裁的契约性特点，仲裁必须是双方当事人对仲裁处理方式的合意，有一方不同意，就不能进行。由于仲裁机构不同于法院这样的国家司法机关，因此，仲裁机构不享有独立的强制执行权，必须依靠法院的配合，公断处章程也规定公断裁决要交法院执行。而这些内容都是商会屡次提出要修改的内容。晚清至民初十几年的时间里，中国司法体制正经历传统向近代化的变革之中，商事仲裁这种新的商事纠纷解决方式，还没有被社会认可，司法部就希望在民初将这种外来的制度引入中国，发生"水土不服"的现象也是在所难免的。

商会与司法部的冲突还因当时特殊的司法环境而变得更加激烈。司法部对商事纠纷处理机制两方面的构想在当时的社会现实下并没有实现。首先，北洋政府时期，四级三审制的法院体系并没有能够建立起来。由于受人力财力的影响，1928年南京国民政府建立时，"普通法院为数甚少，计大理院一所，高等庭二十三所（新疆未设）、高等庭分庭二十六所，地方庭八十九所。凡未设普通法院之县，其民刑案件暂由县知事兼理，称兼理司法法院"[①]。近代化的法院体系没有建立起来，县级地方实行知事兼理，北洋政府时期的司法体制呈现新旧杂糅的局面。其次，1912—1927年间，国家法律体系中最基本的民事、商事法典，在当时的中国付诸缺如而一直处于研讨、草拟阶段，除了1914年颁行了《公司条例》《商人通例》以外，票据法、保险法等虽然编制了草案，但并未提交进入立法程序，现代民商法律制度缺失的情况在北洋政府时期一直没有改变。由于民商法律制度缺失，商事审判更多地依靠商事习惯作为审判依据，而当时许多审判官员却不熟悉商事习惯。民国壬子之变以后，京师地区之所以出现大量积案，正与审判官不谙商事习惯有关。当时商民被抢而无款偿还者不可胜数，法庭则不问其能办与否，均以如数偿还为判决，而没有按照商业上减

---

① 张国福：《中华民国法制简史》，北京大学出版社1986年版，第179页。

成偿还的惯例，致使大量案件不能执行。① 审判官员拘泥于法律，不谙商事惯例的弊端也为商会指责。陕西商会联合会事务所称，"官员强半拘文牵义，又不谙习惯，不征事实，模糊判断"，致使"司法独立为后世诟病"②。江苏仪征县商会抨击，"非藉口于钱债细故即拘牵于法律条文，举凡商情习惯商务全悉置不顾"③。

商会提出的上述建议中，民元工商会议上盛在珣提出单独设立商事裁判所的建议，在当时确实很难实现。首先，设立商事裁判所缺乏必要的人才。盛在珣在工商会议上的提议，"裁判官必以经商满五年精通商法及商业习惯者为合格"④，以上文成都商事裁判所 4 名裁判员、4 名评议员的组成计算，当时省会及大商埠有 70 个商务总会⑤，这些地区正是"商务繁盛之区"，至少所谓合格的法官要 280 人，而晚清设立普通审判厅就遇到了人才严重短缺的问题，当时许多法官都没有受过正规的法学教育⑥，更何况还要有经商的经历，精通商法及商业习惯的合格法官当时真是太难找了。其次，当时也没有财力另设商事裁判所。晚清各级审判厅的设立就因为财力不足，举步维艰。晚清山东巡抚袁树勋曾经计算过，仅是州县设立地方审判厅和初级审判厅，全国每年需要的司法经费是五千万两⑦，而当时清政府的年财政收入才一亿两左右。民国初建，同样国库空虚，无力进行司法体制的改革，甚至倒退到了知县审理民刑案件的传统法制体系中去。另外一个问题，如果单独设立商事裁判所，审级如何确定？是否要设立普通民事审判制度的四级三审制？不设立的话，不服初审商事裁判所的判决，当事人又有什么救济途径？财力、人力、审级问题不解决，商事裁判所是很难设立的。

---

① 李炘：《考核商事公断处情形报告书》，《法律评论》1926 年第 173 期。
② 《条陈债务诉讼结案案（陕西商会联合会事务所）》，《中华全国商会联合会会报》第 3 年第 11、12 合期。
③ 《请速结债务诉讼案（江苏仪征商会）》，《中华全国商会联合会会报》第 3 年第 11、12 合期。
④ 工商部编印：《工商会议报告录》，1913 年 3 月发行，"参考案"，第 10 页。
⑤ 阮忠仁：《清末民初农工商机构的设立》，台湾师范大学历史研究所专刊，1988 年版，第 238 页。
⑥ 李启成：《晚清各级审判厅研究》，北京大学出版社 2004 年版，第 188—192 页。
⑦ 《宪政编查馆会奏遵议变通府厅州县地方审判厅办法折》，陈刚总主编《中国民事诉讼法制百年进程》，中国法制出版社 2004 年版，第 627 页。

除此之外，商会提出的其他建议，还是很有价值的，在民国初年特殊的司法环境下，司法部应当适时变通，接受商会的建议。比如商事陪审制度，不仅可以实现，而且很有价值。选派商事公断处的评议员作为法庭商事审判的陪审员，可以发挥陪审员熟悉商事习惯的优势，也可以对案件的审理过程、审理进度进行适当的监督。尤其是扩充商事公断处权限的意见，是各地公断处从公断实践中提出的建议，还是比较可行的，南京商事公断处提出的四条修改建议，对扩大商事公断处的权利，提高公断效力是非常有针对性的。但是，司法部一直未能接受商会的建议，商事公断处章程和细则几经修订也未作出相应的调整。1913年7月28日修订了原章第五条、第三十六条、第三十七条[①]，1926年修订原章第七条、第八条、第十条、第十二条，修订原细则第七、八、九、十二、三十、三十四、四十五条[②]，这些条款都是对商事公断处评议员的选举、责任等组织构建方面的修订，对商会需要扩大公断权限的第十四、十五、十七、二十六条，一直没有修订。

民国时期，商事公断处章程和细则颁布以后，商事公断处有规范的组织体系，公断案件程序也在法律的规制之下，商事公断也尽量做到公允，公断处职员也颇有责任感，因此，这样良好的社会司法资源，司法部却拘泥于司法独立，一直不愿意扩大商会的商事仲裁权限，片面地追求西方化的法制形式和司法体系，与当时社会的司法需求相脱节，出现了形式与内容的剥离，其结果只能是取得司法改革形式上的进步。正因为如此，司法部所构想的现代司法审判体系以及民主化、社会化的商事公断制度，在一些地区未能得到商人的认可，反而成为官商司法理念冲突的根源。

1928年南京国民政府建立了全国统一的政权，虽有利于司法独立体系的建立，并开始着手完善以"六法体系"为核心的法律体系，但商事公断处却是命运多舛。1928年全国商会联合会召开临时大会，拟请讯颁商事公断处条例，认为"从前旧章与现制不合，既有修改之必要，若不从速颁布，则公断事务，无所依据。应分呈工商部司法部迅速会同将草案

---

① 天津市档案馆等编：《天津商会档案汇编（1912—1928）》（1），天津人民出版社1992年版，第318—322页。

② 《会同修正商事公断处章程及细则》，《司法公报》1926年第227期，"例规"，第14—17页。

审核，专呈国府颁布"①。1930年2月23日，行政院将拟就的商事公断处条例交立法院讨论，立法院经审核以后，认为商事公断处条例暂无制定之必要。② 1930年9月，湖南衡阳县商会向工商部请示，"商会改组在即，商事公断处是否继续设立并依据何项法规改组"，行政院据工商部呈据，转咨立法院，立法院解释称："商会法第三条第四款规定工商业之调处及公断事项为商会职务之一种，并未寓有设立公断处之意，所有调处及公断事项，商会可以据条文自为分配处理，无庸再行特设商事公断处。"③ 立法院的这一解释，对商事公断处的发展影响很大，实际上取消了商事公断处的合法地位，1930年河北冀县商会设立商事公断处就被河北工商厅指令取消。④

1933年1月，青海高院根据西互地院的呈请咨询司法院，"商会关于商业之调处与公断事项原有商事公断处之组织，设遇有未成立商事公断处之商会其办理商事公断事宜，是否认为有效，又民国二年一月三十日颁布之商事公断处章程刻下能否援用"，司法院以院字第八四九号令答复："关于工商业之调处及公断依商会法第三条第一项第四款规定，本为商会之职务，其未成立商事公断处之商会所办理之商事公断事宜，两造如均愿遵从，应认为有效。致从前施行之商事公断处章程非商会法之附属法令，依民国十六年六月十二日国民政府之训令，除与中国国民党党纲主义或国民政府法令抵触外，应准援用，自不因商会法第四十二条规定而失效，合行令仰转饬知照"⑤，司法部的解释实际上又肯定了1913年颁行的《商事公断处章程》的有效性。1936年，安徽省党部函咨实业部应否组织商事公断处，实业部即依照司法部的八四九号令答复，"查各地商会如有组织商事公断处之必要，自可以依照从前施行之商事公断处章程办理"⑥，1936年3月4日，全国商会联合会向各地发出电文，以司法部和实业部

---

① 中华民国史纪要编辑委员会编：《中华民国史事纪要》，中华民国史料研究中心1982年出版，第768页。
② 《商事公断处条例草案暨商事公断处条例施行细则草案审查报告》，《立法院公报》1930年第15期，"立法院各审查委员会报告"，第27—50页。
③ 《立法院公报》1930年第22期，"公牍"，第7页；《行政院公报》1930年第183期，"指令"，第19—20页；《工商半月刊》1930年第22期，"工商消息"，第1—2页。
④ 《河北政府公报》1930年第544期，"指令"，第13页。
⑤ 《司法行政公报》1933年第28期，"专件"，第68—69页。
⑥ 《中央民众训练部公报》1936年第5期，"公文"，第35页。

的批示转知各地,《商事公断处章程》仍然有效①,商事公断处又取得了合法的地位。1937年,重庆市党务指导委员会曾认为该市成立商事公断处与法无据,而呈请民众训练部批示,民众训练部即示按实业部解释办理。② 南京国民政府时期,商事公断处断断续续的存在,又加之战事连绵,各地商会商事公断处发挥的作用有限,商会更多的是在1929年商会法的规制下,履行商事调解职能,调解商事纠纷。

---

① 《商事公断处章程仍有效》,《法令周刊》1936年第321期,"法讯",第1页。
② 《中央民众训练部公报》1936年第5期,"公文",第43页。

第四章

苏州商事公断处个案研究

一 苏州商事公断处的设立

  1913年司法、工商两部联合颁行《商事公断处章程》以后，苏州商会就着手商事公断处的建立。苏州商事公断处的组织构建可以说是分两步走，第一步是建立规章制度，第二步是选举公断处职员。

  苏州商务总会设立商事公断处，首先进行的是相关的规章制度的建立。1913年苏州商务总会首先制定了《苏商总会附设商事公断处办事细则》，有七章四十七条，为总则、公断处之规定、公断处之员额及选任、公断程序、职员之职务与选任、评议场规则、附则[①]，具体内容已在上一章详细介绍。这一章程制定完成以后，苏州商务总会还广泛地征求了各方面的意见，当时苏州的著名绅商王同愈[②]曾对草案未妥之处提出了两点意见，一是关于商会的受案范围，认为细则规定"如一造在他属商会即不领受本处之公断"，案件移送他处商会公断，则另一造若在本商会，"亦岂肯受他属商会之公断"？出现这样的情况会导致案件成为两造不同意公断的案件，建议删除相关规定。另一个是关于限制委托代理人的规定，王

[①] 华中师范大学历史研究所等编：《苏州商会档案丛编》（第二辑），华中师范大学出版社2004年版，第83—88页。

[②] 王同愈（1855—1941），字文若，号胜之，别署栩缘、栩缘老人，江苏吴县人。室名栩栩盦。光绪十五年（1889年）进士，后历任江西学政、顺天乡试同考官、湖北学政。曾与张謇等主持江苏省铁路事宜。辛亥革命时，隐居上海。晚年定居嘉定。长于算术。著有《栩缘随笔》等。参见卢辅圣主编《近代书画市场词典》（修订版），上海书画出版社2005年版，第124页。王同愈在清末苏州商务总会成立时，一直是该商会的名誉会员和会董。

同愈也认为有一些不合理之处。① 苏州商务总会有没有采纳这些意见已经很难查证，但是有了广泛的会员与社会其他阶层人员的参与，有助于苏州商务总会的办事细则制定得更加合理、规范。

苏州商务总会在广泛征求意见的基础上拟定的公断处办事细则，经过常会讨论通过后，即按照部章要求呈报各级官厅批准。根据1913年7月28日修订的《商事公断处章程》第五条规定："公断处办事细则由各商会拟定，请各该地方行政长官咨行审判厅会核。其未设法院地方，咨行暂行受理诉讼衙门会核。核定后，由各该地方行政长官呈由本省民政长转报司法、工商部会核。"② 按照这一规定，苏州商务总会应当先呈请吴县知事咨请审判厅会核，可能苏州商务总会没有理解部颁章程第五条的规定，1914年3月28日，苏州商务总会将办事细则直接呈送江苏民政长，"伏祈民政长鉴核，迅赐分别咨行法院，并转报司法、工商两部会核饬遵施行"。很快在4月14日民政长批示，要求苏州商务总会"呈县会由该管地方审判厅核定"③。

经过层层转呈，6月17日司法部对苏州商事公断处办事细则提出了22条修改意见，从这些修改意见中可以看出，司法部对商事公断处的仲裁性质有着很明确的界定，不容含糊。按照《商事公断处章程》第二条的规定，"公断处对于商人间商事之争议，立于仲裁地位，以息讼和解为主旨"，而办事细则第二条规定"本处遇有案件，依据商习惯为断，以息讼和解为宗旨"，显然办事细则没有明确公断处仲裁的性质，所以司法部要求修改。办事细则第二十四条规定，"本处定期公断，两造如确有事故，得先期声请酌予展期，但展期不得逾两次，所展之时日每次不得逾两星期。公断定期展至三次不到者，原告将案撤销。如系被告，应由原告自赴法院起诉。本处即分别调查案情录送受诉法院管辖"，司法部要求苏州商务总会将"原告以下改为即将该案却下不理"，也即删除"原告将案撤销。如系被告，应由原告自赴法院起诉。本处即分别调查案情录送受诉法院管辖"，司法部要求这样修改，是因为商事仲裁必须遵循自愿原则，三次不到，即意味着当事人不愿公断，既然不愿公断，商事公断处对案件就

---

① 华中师范大学历史研究所等编：《苏州商会档案丛编》（第二辑），华中师范大学出版社2004年版，第88页。

② 同上书，第79页。

③ 同上书，第89页。

没有管辖权，纠纷如何解决即应当由原告与被告自主解决，细则的原规定实际上限制当事人对案件救济途径的选择。商事公断和法院审判在司法部看来是两个不同的体系，司法部不希望商事公断干涉法院判决，因此原细则第二十七条规定"当事人对于本处之公断如有异议不服时，应由不服者自赴法院起诉。并得由本处依据商习惯、公断原委，叙录全案送请受诉法院核办"，司法部要求将"并得由本处依据商习惯、公断原委，叙录全案送请受诉法院核办"删除，以免公断处的裁决影响法院的判决。

在 22 条的修改意见中，有几条涉及商会与法院之间的公文格式用语问题。公断处与法院之间的公文往来要用"禀请"，而不适用"移请""呈请"，如原细则第四条第一款规定不予受理的案件，第二款规定"法院委托之案如有属于前列各条之争议，应将原案咨回，仍请法院核办"，司法部的修改意见是"将原案咨回五字应删，仍字下应增禀字"，第二十八条"无论何造，如再翻异，应将公断全案情由录送管辖之法院，并呈请宣告强制执行"，司法部要求将"录送改为录请，仍字下应增加禀字"，第二十九条关于执行担保的问题，"如无人担保，呈请管辖法院为之宣告强制执行"，司法部的意见是要将"呈请"改为"禀请"。从民初法院和公断处之间实际互动看，两者之间是互相独立的体系，但是司法部对公断处与法院之间公文用语的严格界定表明，在处理商事纠纷方面，司法部设想的法院和公断处之间的关系，即使没有上下位的关系，也有主次之分。① 与民初各地商会与农商部关于行文程式之争相比而言②，此次苏州商务总会对司法部的修改意见没有什么反应，但是从苏州商务总会公断处办事细则的呈报核准的过程看，商事公断处成立的手续还是相当烦琐复杂

---

① 司法部的 22 条修改意见，参见华中师范大学历史研究所等编《苏州商会档案丛编》（第二辑），华中师范大学出版社 2004 年版，第 90—91 页。文中列举的苏州商务总会公断处办事细则的具体内容见该书第 83—88 页。

② 商会与官厅之间的公文程式之争发生在 1914 年初，农商部接管各省农工商总、分会后，发现农工商总、分会与各地官府往来公文程式不一，不便管理，因此专门制定了商会与官厅的行文程式，规定嗣后凡京外行政各级官厅对于农工商总、分各会往来公文一概用"令""批"，农工商总、分会对于京外行政各级官厅一律用呈。1 月 17 日，北京政府将农商部拟定的这一行文程式登入第 609 号政府公报。新行文程式颁布以后，对于自身地位敏感的商人，立即感到政府有意缩小商权，压制商人地位，引发了许多商会的激烈抗争。详细过程可见朱英《张謇与民初的商会法之争》，《近代史研究》1998 年第 1 期；李达嘉《袁世凯政府与商人（1914—1916）》，《"中央研究院"近代史研究所集刊》第 27 期，1997 年 6 月版。

的，无怪乎上海商事公断处成立时，"将公断处办事细则照章请省长核夺，一面迳呈工商司法两部。讵省实业司泥于法律，不谙习惯，多方驳诘，经本会申明理由，逐条呈复，是否核准，迄未奉到部复。首任沈处长以办事困难来函辞职，并请将机关暂时取消"[1]。尽管后来司法部重新颁布了《商事公断处办事细则》，并声明公断处办事细则公布后，各商会制定的办事细则即归于无效，但商会严格制定规章制度以规范商事公断的指导思想是值得称道的。1920年苏州总商会在处理吴受祐与张铭廉等账款纠葛案时，被告方聘请律师周庆高为代表，总商会认为"以本会公断章程，向无准律师出席之规定"[2]加以拒绝。可见苏州商会自拟的商事公断处章程在以后公断处的运作过程中仍然具有效力。

　　苏州商务总会成立过程中的第二步就是进行公断处职员选举。职员选举问题，商会非常重视。1914年4月28日，苏州商务总会常务会议共同议决公断处选举办法：本会会员均有选举权及被选举权，选举用记名连记式，每票举18人。当选正额27人，候补9人，以投筒票数三分之一为当选。一次不足额，举行第二次投票，以足候补人名额为止。并确定5月5日向会员分送选票，5月12日开票。[3] 选举前，苏州商务总会公布了商事公断处选举人名单，共108人[4]，经过选举，庞式鋆等27人入选。苏州商务总会又制定了苏州商事公断处处长选举注意事项，便于下一步在选出的职员中选出会长：选举票用记名单记法，以得票满三分之一为当选。票不足额，如法再选，以足额为止。投票人如有事不克到会，得委人代理，唯须具切实委托书为证。处长选出后，由处长于当选职员内，会同商会总、协理，择宜派定调查员6人。[5] 首届选举，庞式鋆当选会长，苏绍柄等20人为评议员，蔡恩权等6人为调查员。第一届职员选定后，苏州商事公断处于1914年7月正式成立，这一时间距1913年1月28日《商事

---

[1] 上海市工商业联合会编：《上海总商会议事录》（一），上海古籍出版社2006年版，第123—125页。

[2] 华中师范大学历史研究所等编：《苏州商会档案丛编》（第三辑，上册），华中师范大学出版社2009年版，第669页。

[3] 华中师范大学历史研究所等编：《苏州商会档案丛编》（第二辑），华中师范大学出版社2004年版，第95页。

[4] 同上书，第96页。

[5] 同上书，第97页。

公断处章程》颁行有一年半的时间，应当说苏州商事公断处成立得并不迅速，主要原因是商事公断处成立过程中要经过多种审批手续拖延了时日，公断处细则制定后要层层报送批准，公断处职员选出以后也要报部核办，手续繁杂，迁延时日。

二 苏州商事公断处职员分析

苏州商会档案资料比较全面，商事公断处职员的背景资料比较详细，通过对苏州商事公断处职员背景的分析，可以全面了解民初商事公断处的组织构建。表4-1列出了苏州商事公断处从1914年7月成立以后至1926年12月，公断处职员的履历清单。从表中的内容可以看出，苏州商事公断处成立以后，根据《商事公断处章程》和《商事公断处办事细则》的规定，建立了以处长负责的稳定的组织机构，商事公断处职员由处长、评议员、调查员组成，无特殊情况，商事公断处每两年选举一次。按照公断处历年上报给相关管辖部门的材料中显示，商事公断处选举时，由商会会长预定日期，召集商会会员公开选举。每次选举时都选出27人，并预选三分之一候补人，以防任期内评议员、调查员出缺。第一届、第二届苏州商事公断处也选出了候选人，但上报材料中没有列出，第三届选出7位候选人，参照法律规定以所选名单27人的三分之一为候补人员的规定，少了2人，其他几届都选出了9位候补人员，符合法律的规定。

苏州商事公断处的处长由正式当选的27人投票选举，过总数的三分之一并且得票最多的当选，然后由处长指定调查员6人，其余为评议员。这种选举方法也成为苏州商事公断处选举的惯例。1920年苏州总商会上报农商部、司法部的公断处选举呈文中说明，"惟查本会民国三年组织公断处选举旧案，以被选公断职员，不分评议、调查，同为商会会员，又属义务，职任初无阶级区别，是经酌量变通，先由被选职员27人中互选处长1人，处长选定后，再于当选职员26人内，择宜派定调查员6人。又部定细则，应以得票满过半数者为当选。惟本会于民国三年组织商事公断处时，虽经拟章呈奉核准，以得票满三分之一者为当选，历届均经寻章办理，当无各项流弊窒碍"。从这段文字说明看，苏州商事公断处组织构建遵循的不仅有部颁章程和细则，还有成立之前拟定的办事细则，尽管《商事公断处办事细则》颁行时规定各公断处拟定的办事细则皆归无效，似乎苏州商事公断处并没有完全如此。在选举过程中对国家法的适当变通并因为"历届均经寻章办理，当无各项流弊窒碍"① 而成为公断处选举时的惯例。

表4-1 苏州商事公断处1914年7月至1926年12月当选职员履历清单

姓名	龄	籍贯	行业	获选情况	姓名	龄	籍贯	行业	获选情况
庞式鋆	61	浙江吴兴	典业	一二处长	宋 度	46	江苏吴县	钱业	三处长；一二七；五补
韩锡珪	70	江苏吴县	金业	四届处长；二三五	庞延祚	44	浙江吴兴	钱业	五六处长；一
贝里泰	53	江苏吴县	银行	七处长；三	尤先甲	72	江苏吴县	绸缎	一二三四
苏绍柄	63	江苏上海	建烟	一二三五	王兆祥	43	江苏吴县	纱缎	一二三四
吴本齐	47	江苏吴县	杭烟	一二三四	邹宗淇	44	江苏吴县	纱缎	一二三七，五补
季厚柏	42	江苏吴县	木业	一二三四	倪开鼎	61	浙江海宁	珠宝	一二四，三补
刘敬襄	41	浙江镇海	木业	一二四；三六补	许祖藩	42	江苏吴县	布业	二三四；六补
石福宏	45	江苏江都	钱业	一二三；四补	施莹	63	江苏武进	广货	一二三
洪玉麟	47	安徽歙县	钱业	一二三	杭祖良	60	江苏吴县	纱缎	一二三
潘祖谦	73	江苏吴县	典业	一二三	沈传淦	49	浙江吴兴	钱业	一二三
程仁鼎	60	江苏吴县	绸缎	一二三	谢鸿翼	38	江苏吴县	农业	二三四
王立鳌	43	江苏吴县	典业	一二三	童培钧	56	浙江慈溪	酒业	五六七
黄美泰	42	浙江镇海	电灯	三四七	沈德琪	46	江苏吴县	广货	三七；五补
姚铣	44	江苏吴县	纱厂	一二；五补	王子诩	41	江苏吴县	银楼	五六；七补
程兆栋	48	江苏吴县	纱缎	四六；五补	汪文海	42	安徽歙县	茶业	二三
蔡恩铨	65	江苏吴县	米业	一二	程兆模	50	江苏吴县	钱业	二三
徐承干	48	江苏吴县	钱业	二三	杭锡纶		江苏吴县	纱缎	四六
吴理昌	54	江苏吴县	钱业	三四	程乃衡	41	江苏吴县	纸业	五六
程椿	38	江苏吴县	金业	三六	王凤藻	35	江苏吴县	南货	五七
刘恭礼	41	江苏吴县	钱业	五六	汪存志	56	江苏吴县	丝厂	六七
薛耀祖	46	江苏吴县	广货	五六	陆是福	40	江苏吴县	纺织	六七

---

① 华中师范大学历史研究所等编：《苏州商会档案丛编》（第三辑，上册），华中师范大学出版社2009年版，第138页。

续表

姓名	龄	籍贯	行业	获选情况	姓名	龄	籍贯	行业	获选情况
庞中行	42	浙江吴兴	典业	六七	吴登泰	46	安徽歙县	茶业	六七
马敦铺	39	江苏吴县	绸缎	六七	王开源	51	江苏吴县	蛋行	三；六补
徐寿麟	50	江苏吴县	猪行	六七	刘铺	40	江苏吴县	木业	五；三补，
徐浩	44	浙江绍县	珠宝	六七	徐寿麟	48	江苏吴县	肉铺	五七补；六
潘邦俊	39	江苏吴县	竹号	五；七补	徐绪鎏	56	江苏吴县	南货	三补
吴理杲	65	江苏吴县	钱业	二	汪嘉凤	44	江苏吴县	钱业	三补
汪廷栋	41	江苏吴县	钱业	三补	陈君玉				四
李殿春				四	顾世绶				四
沈和声				四	蔡际云	49	湖南洞庭	造纸	四
林仰贤			布业	四	徐怡春			广货	四
汪巨川			茶业	四	邹章卿				四
潘子起	58	江苏吴县	典业	四补	林仲卿				四
徐性伯				四补	程彝卿			纱缎	四补
程亦甫				四补	戴伯华				四补
翁庆长				四	程志范			钱业	四补
刘久余				四	金钟	41	浙江绍县	酒业	五
金家悦			酒业	四	施魁和	37	吴县	纱缎	五
林训琪	46	丹阳	典当	五	谢守祥	45	浙江绍县	纺织	五
吴大冶	54	安徽歙县	茶业	五	周景櫟	52	吴县	米行	五
戎聚华	46	丹阳	皮货	五	沈传润	44	浙江吴兴	绸缎	五
程奎葆	56	浙江吴兴	绸缎	五	汤炳奎	46	吴县	肥料	五
唐葆廷	38	丹徒	洋货	五	陈嘉模	57	吴县	药铺	五
陈速纲	54	浙江杭县	典业	五	胡锡元	48	吴县	钱业	五补
汪源清	57	吴县	典业	五	顾润祥	44	江苏吴县	烟业	六
叶之芹	61	江苏吴县	银行	六	顾赓熙	39	江苏吴县	石灰	六
丁怀荣	49	江苏吴县	电气	六	朱善鲑	47	江苏吴县	迷航	六
顾庆琪	46	江苏吴县	绸缎	六	唐保廷	40	江苏吴县	洋货	六
李元兆	42	江苏吴县	绸缎	六	戈日焕	57	江苏吴县	药业	六
林家声	49	江苏吴县	布业	六	何鸿来	37	江苏吴县	绸缎	六
张绍懋	54	江苏吴县	药铺	六补	程锡桐	60	江苏吴县	绸缎	六补
江正礼	50	江苏丹徒	钱庄	六补	陈圭	36	江苏吴县	豆米	七补
谢成邦	38	浙江绍县	绸缎	六补	程鸿仪	32	江苏吴县	木业	七补

第四章　苏州商事公断处个案研究

续表

姓名	龄	籍贯	行业	获选情况	姓名	龄	籍贯	行业	获选情况
周乃伟	39	浙江杭县	银行	七	方鸿钧	49	江苏吴县	纱缎	七补
徐文澜	37	江苏吴县	瓮业	七	陆兆鸥	50	江苏吴县	典业	七补
黄藻	59	江苏吴县	米业	七	林立诚	41	江苏吴县	钱业	七补
施培源	52	浙江吴兴	绸缎	七					
张福元	37	江苏吴县	丝厂	七					

说明：1. 本表资料根据《苏州商会档案丛编》第二辑、第三辑（上册）的内容整理，具体内容有：

（1）"苏州商事公断处履历清册"，载《苏州商会档案丛编》（第二辑），第98—99页。

（2）"苏州商事公断处第二届职员履历清册"，载《苏州商会档案丛编》（第二辑），第100—101页。

（3）"苏州商事公断处第三届职员履历清册"，载《苏州商会档案丛编》（第二辑），第104—105页。

（4）"苏州商事公断处第三届职员录"，载《苏州商会档案丛编》（第三辑，上册），第140页。该册104页列出的职员名单只有人名，没有年龄、籍贯、行业等内容，根据记载是1920年7月选举，但标题列出的是第三届，结合《苏州商会档案丛编》（第二辑）第104—105页中相关的职员履历清册，笔者认为是第四届，此后该书中第四、第五、第六届职员名册笔者认为应当是第五、六、七届，所以上表中的四五六七都是在表示第四、五、六、七届。与《苏州商会档案丛编》（第三辑）中的届次表达不一致。

（5）"苏州商事公断处第四届当选职员名录"《苏州商会档案丛编》（第三辑，上册），第143—145页。

（6）"苏州商事公断处第五届当选职员名录"《苏州商会档案丛编》（第三辑，上册），第148—149页。

（7）"苏州商事公断处第六届当选职员名录"《苏州商会档案丛编》（第三辑，上册），第152—153页。

2. 表中当选情况一览中的大写数字为当选届数字，大写数字后面的"补"字表示候补人选，如第一行第十列"三处长；一二七；五补"，表示宋度在第三届当选为处长，第一、二、七届当选为正式职员，第五届当选为候补职员人选。第一届职员的任期为1914年7月至1916年7月，1916年至1920年每两年选举一次，都是在7月份前后完成选举。第五届选举因故推迟，1922年12月份方完成选举，以后两届都是12月左右确定名单。

3. 表格中"龄"表示年龄，此年龄为各职员首次当选的年龄，如第一行宋度的年龄是46岁，宋度在1914年第一届即当选，此46岁为其1914年第一届当选之年龄。

从年龄看，苏州商事公断处第一、二、三届职员的平均年龄约53岁，第五、六、七届职员的年龄在48岁左右，商事公断处成员的年龄总体上说稳定递减。商事公断处的职员是公开选举，选出的人选都是当地商界的成功人士，这些人经商多年才打拼下了一片商业江山，在商界获得成功应当要到四五十岁的年龄。当然，从苏州商事公断处职员的年龄也可以看出，在商会任职，在当时的商界看来，可能更是一种荣誉，一种社会地位的体现，譬如尤先甲，担任过五届商会总理，是苏州著名的绸缎业巨商，家资颇丰，号称"尤顶富"①，商事公断处成立后，连任第一届至第四届公断处职员，到第四届当选时应当已经 78 岁了，这样的老人，在商事公断处只是担个名分，真的要去断什么案子，不大可能。另外潘祖谦是江苏典业公会会长，是苏州著名的绅商②，从 73 岁起连任一、二、三届商事公断处职员，他在商事公断处中的作用，也如尤先甲一样，只是挂个名而已。从第四届开始，其第六子潘子起被选为公断处职员，可以说是继承了其父亲的社会地位。③ 之所以这些年逾花甲的富商能当选为商事公断处职员，是因为商会会员有许多行业会员，选举公断处职员时以行业为单位进行，所以每个行业首先会选出本行业最有名望的商人进入商事公断处，这也是一个行业的荣誉问题。

从行业看，商事公断处处长有二任从事的是典当业，三任是钱业，一

---

① 尤先甲（1843—1922），字鼎孚，吴县人。清光绪二年（1876 年）进士，曾在礼部任职。光绪九年（1883 年）因其父去世，尤告"丁忧"假回乡守孝，不再复出。尤先甲居家近 40 年，以经商为业，并热心于社会公益慈善事业。在清末社会变革动荡时期，对苏州地方颇有贡献。他曾投资创办同仁和绸缎局，积极参与苏纶、苏经两厂筹建事宜，以发展民族工商业。1905 年苏州商务总会成立后，担任过 5 届商会总理，一直被选为商会议董 20 年。详见王梦沂《名人辈出刘家浜（系列之四）——富甲一方尤先甲》，2015 年 5 月，http：//blog.sina.com.cn/s/blog_4d1574080100m18g.html。

② 潘祖谦（1842—1924）字济之，号寅生，晚年自号平愉老人。吴县人。18 岁入吴县学，翌年为廪膳生。清同治十二年（1873）癸酉科优贡。光绪二十九年（1903 年）与王同愈、尤先甲、张月楷、吴卓丞、彭颂田人发起组织苏州商务总会，任历届会董。1905 年任典业公所议董。辛亥革命时，借张一麐、沈恩孚、尤先甲等策动江苏巡抚程德全起义。民国初年积极筹设苏州女子职业中学，兴办女学。1913 年任江苏省典业公会会长，1919 年任博习医院名誉董事。详见平江区志编纂委员会编《平江区志》，上海社会科学院出版社 2006 年版，第 1508 页。

③ 潘子起（1878—?）名贞谷，字仲甡，以号行。苏州人。系出名门，是潘祖谦第六子。湖北士官学校法政系毕业。初为湖北试用县丞、补用知县，后升用知府监运使衔。20 世纪 20 年代任苏州洪昌典经理，被推选为吴县典业同业公会主席，曾任江苏全省典业公会副会长，多次担任吴县县商会董事。日伪占领时期，由于程干卿等商界头面人物离苏他居，伪自治会和伪维新政府几次恢复商会组织不果，即另行指定人员组织伪商会，潘子起被选举为主席，时在 1941 年，后于 1943 年、1945 年两次改选连任，直至抗战胜利。卒年不详。见《潘子起》，2015 年 9 月，http：//www.szcc.org.cn/szccweb/Web/aspx/Info.aspx? InfoCategoryID = 56。

任是金业，一任是银行业。其他职员也主要集中在典业、钱业、绸缎、纱缎，这与苏州的区域经济结构有关。苏州历来是商务繁富之区，钱业、典当业是商界融资的渠道，所以钱业、典业发达，古城苏州又是织造之乡，纱缎、绸缎业是主要产业，多年来，这些行业集中了许多富商巨贾，凭借经济实力和在当地的威望，这些行业的主要代表人物被选入商事公断处。当然，随着时间的推移，近代苏州的经济结构也出现了分化，从商事公断处当选职员的职业变化也可以看出，第五届以后的职员职业越来越分散，出现了许多新的行业。例如，随着近代金融业的发展，使一些近代的银行家成为当地有权有势的商人被选入商事公断处，1926年12月的选举中，贝理泰就是苏州上海银行经理，被选为公断处处长。公断处职员中还出现了蛋行、猪行甚至掏大粪的壅业代表，这一方面说明，随着时间的推移，苏州商会容纳的行业越来越多，也说明苏州城市经济向多元化方面发展，报关行等新型行业和纺织厂等现代工业企业在民国时期的苏州经济发展中出现。

从籍贯看，苏州商事公断处的职员以本地商人为主，异地客商很少，异地客商早年多以浙江籍客商居多，浙江籍客商多经营绸缎、纱缎，苏州又多以此产业为主，所以这些客籍商人能够在苏州获得商业成功。

表4-1显示，从1914年7月至1926年12月共有115人被选为公断处职员，第一届职员（1914.7—1916.6）27人，第二届（1916.7—1918.6）27人，从苏州总商会上报的材料中显示，第一、二届公断处职员选举时也选出了候选人，但没有上报。第三届（1918.7—1920.6）选出36人，其中27人为正式当选人员，9人为候补人选，第四届（1920.7—1922.6）选出34人，27人为正式当选人员，7人为候补人选，此后三届也都选出27名正式当选人选，9名候补人员。从现有资料看，七届一共有232人次当选，其中189人次当选为正式职员，43人次当选为候补人选，有52人次当选过两次以上。按照当时《商会法》和《商事公断处章程》的规定，公断处职员每届任期2年，连任不超过两届，但从表4-1所列的名单可以看出，当选职员中连任三届的也有不少，尤其是第一、二、三、四届职员连任的人很多，尤先甲、吴本齐、王兆祥、季厚柏连任了四届，11人在第一、二、三届连任三届，2人在第二、三、四届连任三届，1人在第五、六、七届连续当选，20人连任两届。第一届和第二届商事公断处职员，包括处长在内的27位职员，有20位职员连任，

连任比例达 69%，处长庞式鏊连任两届公断处处长，第二、第三届有 24 人连任。其实职员连任的现象不仅苏州商事公断处如此，苏州总商会职员也连任过多，并引起了行政管理部门的重视。1920 年苏州总商会选举名册上报农商部批准时，农商部指出，商会呈报的"改选会董名册，以会董多属二次连任，核于定章不符，应递补送核"①。此后，苏州总商会职员连任超过两届的情况得到改善。苏州商事公断处职员的连任情况也是如此，第四届选举职员名册中连任的已经不多，但是许祖藩、谢鸿翼在二、三、四届连任，应当是不符合部颁章程规定的。第七届选举名册上报江苏实业厅时，实业厅即指出"调查员童培钧连任超过二次，殊属不合，应饬取消，另以候补人递补"②。公断处职员连任多，有其积极的一面，可以积累经验，但却明显的不符合法律的规定。1918 年 3 月 12 日，苏州商事公断处处长庞式鏊因病出缺，公断处所有评议员集议，公推宋度（友裴）为代理处长，但宋度就此提出了公推方式合法性的问题③，显示出很高的守法意识，但是那么多人连任多届公断处职员，总商会的众多会员都没有异议，可能是苏州商事公断处受理的案件不多，多数人当选后也是闲职，挂个名而已，公断事务又是职员义务奉献，况且公断处又是"招怨之府"④，容易得罪人，所以没有会员会争这个吃力不讨好的职务，被选之人也是承蒙会员信任，公断处又没有什么过多事务，被推举上了也不推辞。所以评议员、调查员有连任的，公断处处长可从没有连任的。

按照部章和细则以及公断处自拟的细则规定，公断处还有书记员的职务，但书记员不是会员选举，所以不用报部核准，因此也没有留下什么可供考察的资料。

苏州商事公断处的职员与苏州商务总会职员有相当高的重复比例。苏州商务总会的领导层由总协理、协理、议董组成，1914 年 6 月苏州商务总会领导层改选，吴理杲、蔡廷恩分别当选为总协理、协理，而且连任两

---

① 华中师范大学历史研究所等编：《苏州商会档案丛编》（第三辑，上册），华中师范大学出版社 2009 年版，第 137 页。

② 同上书，第 156 页。

③ 华中师范大学历史研究所等编：《苏州商会档案丛编》（第二辑），华中师范大学出版社 2004 年版，第 102—103 页。

④ 上海市工商业联合会编：《上海总商会议事录》（三），上海古籍出版社 2006 年版，第 1154 页。

届，并且另选出28位议董，但这28位议董中就有20位在1914年7月第一届公断处职员选举中被选为公断处职员，其中，庞式鋆被选为处长。① 也就是说第一届公断处职员中的27位组成人员，有20位是商务总会的议董，重复比例达到74%。按照苏州商务总会制定的选举办法，总、协理为本会行政领袖，只有选举权而没有被选举权，所以吴理杲、蔡廷恩在第一届公断处职员选举中未被选为职员，蔡廷恩下一届被选为会长，吴理杲在第二届公断处职员中被选为职员。1916年5月苏州总商会重新选举时，蔡廷恩被选为会长，原公断处职员庞延祚被选为副会长，此次选举时商会共选出了50名议董，议董人数多，以至于公断处的所有职员全部同时也是议董。② 1918年5月的选举也是如此，1918年5月总商会的选举中蔡廷恩仍被选为会长，庞延祚连任副会长，选出的50名议董中，有34人又被选为第三届商事公断处的职员。③ 苏州商会职员与商事公断处职员的这种高比例的重合，主要是其产生方式都是民主选举，选举时间又在同一时间段，总商会改选完成后，即开始公断处职员改选，由于被选举人和选举时间的同一性，使会员选举时选出的都是同一时间本行业或本城有名望的商界领袖，由于选举人都是会员，他们熟悉或公认的商界精英始终是那些人，所以出现了商会职员与公断处职员的高比例重复和高比例的连任。

三 苏州商事公断处理案概况

苏州商事公断处的理案概况，可以从《苏州商会档案丛编》第二辑、第三辑（上册）所记载的内容分析。但是《苏州商会档案丛编》第三辑（上册）记载的理案清册，从编者选出的典型案例看，这些案件不全是公断处公断的案件，有一些案件是苏州总商会处理的。这里涉及商事公断处和苏州总商会在处理案件上的性质区别和关系问题。商事公断处虽然是苏州总商会的一个附设机构，商事公断处与苏州总商会之间也有一些人员的重合，但商事公断处理处案件的性质是仲裁，而商会处理一些商事纠纷，

---

① 华中师范大学历史研究所等编：《苏州商会档案丛编》（第二辑），华中师范大学出版社2004年版，第34—35页。

② 同上书，第38—40页。

③ 同上书，第41—43页。

是一种民间调解,尽管他们在处理案件时或许方式相似,多以调解结案,或者处理案件的依据都是商业习惯,但两者在处理案件时的性质根本不同,这一点是非常值得关注的。可能《苏州商会档案丛编》的编者没有意识到这一点,因此将商事公断处处理的案件和苏州总商会参与调处的案件集中编写,统一归为调解商事纠纷一大类。本书此处只将《苏州商会档案丛编》第二辑中记载的理案清册内容列出,并分析苏州商事公断处的理案状况。

表 4-2　苏州商事公断处 1914 年 7 月 1 日—1919 年 5 月 29 日受理案件情况

编号	受理时间	处理时间	内容	案由	处理
1	1914.7.1		仁昌裕等诉同盛和酱园亏欠案	债务	未结
2	1914.8.18	1914.10.14	惟勤公所诉沈茂顺欠善会款案	行业纠纷	断结
3	1914.8.25	1916.11	保大等诉张太隆米店张顺之欠款案	债务	断结
4	1914.9.25		顾菊畦诉程趾生欠款案	债务	屡传未到撤销案件
5	1914.12		殷念萱诉颐泰庄追偿欠款案	债务	原告撤诉声请销案
6	1915.1.8	1915.3.20	吴县移委钱经铭诉庞少如欠款案	债务	和解
7	1915.4.29		靖江商会移乔国连诉德顺兴等猪行欠款案	债务	证人不齐未结
8	1915.10.21	1916.1.8	吴县移仁大布店股东程昭清、范采章等互诉案	合伙	和解调劝
9	1915.11.5	1916.1.10	泰兴商会移朱鑫等诉追怡泰猪行王廷根欠款案	债务	不遵公断销案
10	1916.1.8	1916.1.13	吴县移委丁长兴鸡鸭行诉俞凤来等欠款奉批查账案	查账	查复
11	1916.1.10	1916.3.12	蒋万顺诉萃成缎庄货款纠葛案	债务	不遵公断自行起诉
12	1916.3.3	1916.3.28	庆大绸庄股东章念庭诉亏账纠葛案	合伙	断结
13	1916.3	1917.1.19	增懋寿记诉丁春荣欠款案	债务	移交地审厅处理
14	1916.4.17	1916.5.18	吴县移陆干卿诉周浩正等侵吞公债金案	合伙	断结
15	1916.4.18		吴县移林泗海等诉赖益富欠款案	债务	自行和解

续表

编号	受理时间	处理时间	内容	案由	处理
16	1916.5.29	1916.6.27	吴县移王仁卿诉张雪梅欠款案	债务	自行和解声请销案
17	1916.5.29		吴县移高颂清诉郑幼山欠款案	债务	未结
18	1916.6.23		沐泰山股东诉经理冯文卿案	经理舞弊	未结
19	1916.9.5	1916.9.9	益森洋货号诉王道生盘顶美利制店欠款案	债务	原告撤诉
20	1916.10.20	1916.11.6	丹阳县商会移朱朝魁诉郁木林欠牛款案	债务	自行和解结案
21	1916.11.18	1917.10.16	袁定山诉郁木林措交货案由	债务	自行起诉
22	1916.12.6	1917.9.18	武进商会移高琢吾请追戴仗佑欠款案	债务	自行和解
23	1916.12.17	1917.2.13	恒兴祥荤油行诉追老陆稿欠款案	债务	未履行，销案
24	1917.2.20	1917.3.15	吴县移顾世绶抗诉孙蓉生欠款纠葛案	查账	查复
25	1917.2.13		福泰源颜料行诉同源染坊欠款案	债务	被告未到，未结
26	1917.3.10	1917.8.15	高等厅移朱仰庵与范照观上诉请断账目由	查账	查复
27	1917.3.15	1917.3.28	吴县移吴木林诉徐根生欠款核算查账由	查账	查复
28	1917.4.5	1917.4.17	浙宁会馆诉公和行措缴捐款由	行业纠纷	未结
29	1917.4.13	1917.4.23	吴县移王瑞生诉孙俊英吞款清算账目由	查账	查复
30	1917.9.9		桐乡商会移谷裕兴绸庄诉启泰杨旭庄欠款案	债务	屡传未到未结
31	1917.12.5	1917.12.8	钱江、吴兴会馆诉染坊霸持追加染价案	行业纠纷	断结
32	1918.2.14		高等厅移陈文奎与蒋菊存清算账目由	查账	俟高等厅派员会同核算
33	1918.8.12	1918.9.24	吴县移委王源隆诉赵义和图吞定款案	债务	碍难理劝，复县
34	1918.8.26	1918.11.19	高等厅委查陈文奎与蒋菊存货款纠葛案	查账	查复
35	1918.10.30	1918.11.25	吴县移委查景运诉万泰号商款纠葛案	债务	断结复县
36	1919.3.16	1919.5.1	泰兴商会移委猪业册商汤殿元等诉追瑞兴利欠款案	债务	原告撤诉

续表

编号	受理时间	处理时间	内容	案由	处理
37	1919.3.22	1919.4.3	吴县委查陈君玉诉陆允才无帖私收案	调查	查复
38	1919.4.2		大丰永利诉纬利转运公司骗取缎货案	诈骗	结案
39	1919.4.25	1919.5.29	王振铨等诉德大义记药行拆股纠葛案	合伙	自行和解

说明：本表数据根据"苏州商事公断处受理案件清册"整理，见《苏州商会档案丛编》（第二辑）（1912—1919），华中师范大学出版社2004年版，第106—110页。

根据表4-2记载内容分析，苏州商事公断处从1914年7月1日至1919年5月29日共受理案件39件，其中接受吴县知事或高等审判厅委托查账的案件7件，调查事实的案件1例，其他31个案件或是两造自愿声请公断，或是吴县知事或其他商会移交商事公断处理处。从公断处理处的31个案件分析，债务案件22件，约占总数的70.97%，合伙案件4例，约占总数的12.90%，行业纠纷3例，约总数的9.68%，其他经理人舞弊案和诈骗案件各一例。这些数据反映，商事公断处在这段时间处理的案件中，债务纠纷是商人之间的主要纠纷。尽管从《苏州商会档案丛编》第三辑上册所载内容不能具体分析商事公断处具体处理了哪些案件，案件处理的结果如何，公断处到底发挥了怎样的作用？但从《苏州商会档案丛编》第三辑上册所记载的内容看，1920年至1928年的8年时间里，苏州商事公断处和苏州总商会还是理处了不少商事纠纷，仅欠款类案件就有54件，冒牌事类案有17件，有关票证挂失的案件有39件[1]，依此看来，苏州总商会和苏州商事公断处还是为商人解决了不少纠纷。在苏州总商会和苏州商事公断处理处的案件中，冒牌类案件比较多，这也反映了民国时期，随着市场经济的不断发展，苏州地区的商标和商店专用牌号作为无形资产已经具有很高的价值，而当时却没有相应的商标法来规范和保护经营者的商标专用权，才会发生冒牌纠纷比较多的现象。

---

[1] 华中师范大学历史研究所等编：《苏州商会档案丛编》（第三辑，上册），华中师范大学出版社2009年版，第633—640页。

表 4-3　苏州商事公断处 1914 年 7 月 1 日—1919 年 5 月 29 日案件处理概况

类 \ 量 \ 年	1914	1915	1916	1917	1918	1919	合计	百分比（%）
受理 于未起诉先由两造商人同意自行声请者	5	2	9	4	1	1	22	70.97
受理 于起诉后由审判机关委托调解者		2	5		2		9	29.03
合计受理							31	
已结案件	4	3	12	1	3		24	77.42
未结案件	1	1	2	3			7	22.58
合计							31	

说明：本表数据是根据表 4-2 中的内容统计而来。

表 4-3 显示，1914 年 7 月 1 日至 1919 年 5 月 29 日，苏州商事公断处受理的 31 个案件，其中于未起诉先由两造商人同意自行声请者，有 22 件，占受理案件总数的 70.97%，于起诉后由吴县知事或审判厅委托调解者 9 件，占受理案件总数的 29.03%。在受理的案件中，结案 24 件，占受理案件总数的 77.42%，未结案 7 件，占受理案件总数的 22.58%。学者付海晏曾经利用苏州商会档案馆的原始资料，统计出 1914 年 8 月 18 日至 1926 年 2 月 3 日苏州商事公断处总计理案 60 件。[1] 这些统计数据表明，苏州商事公断处成立后，每年受理的案件平均只有 5 件，最高的年份 1916 年受理的案件也不过只有 14 件，苏州商事公断处受理的案件不多，与清末苏州商会理案的情形相比，受案数据相去甚远。清末苏州商会成立以后，1905 年 3 月至 1911 年 8 月受理的案件达 384 件[2]，平均每年 64 件，两者差别巨大。

表 4-4 是苏州商事公断处已结案件结案理由的统计，表中显示，商会结案的情形多种多样。从商事公断处的结案情形分析，商事公断处起作用的案件是两造遵断和公断终结后强制执行的案件，计 9 件，占已结案件的 37.50%。向公断处声请公断后自行和解的案件有 5 起，占已结案件的 20.83%，原告自行声请销案的 3 件，占已结案件的 12.50%。虽然有些案件结案了，但公断终结须由委托法院复核办理、两造不遵公断也未起诉

---

[1] 付海晏：《民初苏州商事公断处研究》，载章开沅主编《近代史学刊》（第 1 辑），华东师范大学出版社 2001 年版，第 82 页。

[2] 华中师范大学历史研究所等编：《苏州商会档案丛编》（第一辑），华中师范大学出版社 1991 年版，第 530—560 页。

的、两造不遵调处仍向法院起诉、当事人屡传不到将案撤销或送还法院者、公断处碍难公断撤销案件的，这些案件共 7 起，是公断处没有发挥实际作用的案件，占结案案件的 29.18%。这些数据表明，就苏州商事公断处而言，两造遵断和当事人自行和解或原告撤销案件是结案的主要方式，公断发生实际作用和没起到实质作用的案件分别占结案案件的 37.50%、29.18%，公断发生实际作用的比例并没有占明显优势。

表 4-4　　苏州商事公断处 1914 年 7 月 1 日—1919 年 5 月 29 日
　　　　　已结案件结案理由分析

类	量　　　年	1914	1915	1916	1917	1918	1919	合计	百分比（%）	
已结	两造均愿意遵守公断者	1	2	3	1	1		8	33.33	37.50
	公断终结后强制执行者	1						1	4.17	
	原告自请撤销	1		1		1		3	12.50	33.32
	双方当事人自行和解声请撤销者			4			1	5	20.82	
	公断终结须由委托法院复核办理			1				1	4.17	
	不遵公断也未向法院起诉		1					1	4.17	29.18
	两造不受调处仍向法院起诉者			3				3	12.50	
	当事人屡传不到将案撤销或送还法院者	1						1	4.17	
	碍难公断撤销案件者				1	1			4.17	

说明：本表数据是根据表 4-2 对案件的处理结果统计而来。

四　苏州商事公断处公断案件的具体运作

（一）苏州商事公断处受理案件的程序

苏州商事公断处受理案件，或是根据当事人具书声请，或是由法院或县知事等审判机构委托处理案件。当事人声请公断处公断，必须出具书面节略。但从现有的一些案例来看，这些声请公断的声请书似乎没有统一的格式。

下面举例说明：

案例一　昌记仁木行经理郎健辉为江尔谦故意损害他人业务信用请求公断的理由书

1921 年 8 月 23 日

原诉人郎健辉，年四十九岁，现住娄门外昌记仁木行经理。

被诉人江尔谦，现住用直镇顺昌泰木行东。

关系人仲正业，购买木料造屋主人，现住用直乡中念都念四图。许祥高，木匠，现住用直乡中念都念三图。

证人郎汝宽，昌记仁收账友人。

诉为意图利己不遂，故意损害他人业务信用，请求公断事。

窃小行于上年阴历十二月间……（下略）

此请苏州总商会公断处处长公鉴。①

案例二　洋货业代表江维祺为东伙串吞余利请求公断事致商事公断处韩处长呈

1922 年 5 月 5 日

敬略者：为东伙设计串吞余利请求公断以平商情事

窃维祺于光绪三十二年……（下略）

此上　商事公断处韩处长②

案例三　三星织物厂为与丰泰洽米店存米纠葛案致商事公断处声请书

1924 年 6 月

原诉人，三星织物厂等，住北区。

被诉人，丰泰洽米店经理李子荣，住大郎桥堍。

连带被诉人震潋鸿米行，住娄门外。

为声请事。

窃厂……（下略）

---

①　华中师范大学历史研究所等编：《苏州商会档案丛编》（第三辑，上册），华中师范大学出版社 2009 年版，第 643—644 页。

②　同上书，第 656—657 页。此案标题原书中写的是汪维祺，经笔者核对应为江维祺，字锦洲，与下文江锦洲为同一人。具体内容见《苏州商会档案丛编》（第三辑，上册），第 647—653 页。

苏州总商会商事公断处公鉴。①

从这三个声请书的格式看，苏州商事公断处并没有要求声请人具有统一标准的格式，声请人的称谓也各不相同。只要向商事公断处或处长提出声请公断的意思表示，商事公断处就接受当事人的声请。从三份声请书的具体内容看，声请人都能叙述纠纷发生的时间、地点、起因和要求商事公断处公断的具体内容。如案例一是昌记仁木行经理郎健辉因为同行江尔谦故意散布其木行所卖木料虚加码子，损害其商业信誉，声请书中言明纠纷原委后，郎健辉就"如何令其赔偿损害名誉之处，事关商业信用，务祈公断"，而且在声请书中还将个人恩怨上升到影响整个商业秩序，"不但小行业务信用攸关，而商业会社公共信用安宁尤关紧要"②，显示及时公平公正公断的重要性。案例二是洋货业代表江维祺作为恒丰仁的经理人，因为分红纠葛，要求公断处"邀集前恒丰仁经理杜瑞庭、恒丰仁绥记店主吴赞之到会，秉公处断，庶公理可彰，商情得平"③。

对案件的受理，现代仲裁法规定，双方要有仲裁协议或者在合同中有提交仲裁的条款，表明双方合意仲裁。仲裁的合意性是仲裁的基本特征之一。民国初期部颁《商事公断处章程》和《商事公断处办事细则》也有类似规定，公断处能够受理的案件，必须是双方当事人都同意公断的纠纷，仅有一造声请者不得受理。但是这些规定，许多商会认为"此种限制，殊于公断进行障碍甚多"。1924年京师商事公断处曾去函询问天津总商会如何处理这一问题，认为"大抵情虚畏审本为人之常情，若债权呈诉债务，必待债务人之同意，则天下万无是理，其结果必至理屈者不肯同意，不肯到场，而理直者终莫得伸，公断处岂非等同虚设"。天津总商会在成立商事公断处时也有同感，"本处成立之时，因章程所限，深感困难。当经公同商议，筹拟救济方法，对于法院委托调处之案，尚可适用公断处章程第十六条，如案内无故不到者，得函请法院传讯，令其到处候讯，倘仍不到时，只有将原案送还核办，此外别无良法。至关于声请之案，于接受原声请人之声请书后，即可通知被声请人来处令阅原声请书，

---

① 华中师范大学历史研究所等编：《苏州商会档案丛编》（第三辑，上册），华中师范大学出版社2009年版，第660—661页。

② 同上书，第644页。

③ 同上书，第657页。

并嘱日内呈递诉书,俾便进行。俟接诉书后,即认为双方同意声请,照章通知正式开会评议,庶既与原章相符,并与事实上亦可进行无阻。惟该被声请人或竟拒绝通知或不具诉书,又虽具诉书终有不承认公断处之声明,则只有照章认为非双方同意声请,将其原声请书通告撤销,以维护章程效力。此历来救济之方法。"① 苏州商事公断处在处理案件的受理方面于此有些相似。

从苏州公断处受理案件的过程看,公断处收到一方的声请书后,由公断处通知另一方并要求提交答辩书,同时通知评议时间。如果被声请人提交答辩书则表示愿意接受公断,如果屡传不到,则销案处理。如三星织物厂与丰泰洽米店存米纠葛案,三星织物厂按照惯例,"每于米谷出新时,付清款洋买存米石寄放该店",没想到丰洽米店店主溺水身亡,米店也歇业。由于三洽米行欠债较多,包括三星织物厂等多家存米户没有提取完的粮食被震潋鸿米行悉数取出,并且和其他债权人成立债权团,将米卖出分摊。三星织物厂认为其所存三洽米行之物属于寄存性质,向公断处声请公断,要求震潋鸿米行将"搬存之米,核明实数,如数交出",并责令三洽米行"按照寄存石数,如数发还,以昭平允"。② 按照震潋鸿米行后来的书面答辩:

公断处处长台鉴:
  径复者:顷准通知案。三星织物厂诉称,与丰泰洽、震潋鸿存米纠葛,具书申请公断前来。兹定期本月十日下午二时开场评议……既经提请公断接准通知答辩。为此将经过情形函请查照秉公处理,以维商艰。

从这段话看,公断处接到三星织物厂的申请后,就通知了被声请人,并要求提出答辩,还通知了开议日期。被声请人提交答辩书后到场参加评议,公断处就正式对案件作出处理,并依据处理结果制作公断书。

从《苏州商会档案丛编》(第二辑)的史料记载分析,苏州商事公断

---

① 天津市档案馆等编:《天津商会档案汇编(1912—1928)》(1),天津人民出版社1992年版,第334—335页。

② 华中师范大学历史研究所等编:《苏州商会档案丛编》(第三辑,上册),华中师范大学出版社2009年版,第661页。

处制定有统一的公断书格式。

  公断书式①

  两造人等（姓名）、（籍贯）、（年龄）、（住所）、（职业）。

  右开人等因某事争议，各具诉书，声请到处（如有法院委托调处，当云本某法院委托）。现经本处邀集两造当场质证，由评议员公同评议，特为公断如左。

  争议之事实：

  （叙述两造诉书之内容及到处质证情形）

  评断之理由：

  （叙述所有如此评断之原因）

中华民国×年×月×日
苏州商事公断处
评议员（姓名） 印
评议员（姓名） 印
评议员（姓名） 印

  这种格式先列明公断结果，然后说明争议的事实和评断的理由，和民国时期的判决书是同一格式，民国时期的判决书正文采纳的是主文—事实—理由的三段论式的逻辑结构②，并在首部列明当事人姓名、年龄职业等内容，尾部列明公断时间、公断机关、评议员，和下文提到的上海、北京商事公断处的公断书格式类似，条理清晰，有理有据。但从商事公断处公断的案例来看，苏州商事公断处的公断书并没有完全按照这一预先制定的格式统一制作公断文书。下面仍举例说明。

案例四　商事公断处公断保大庄等诉张慎之泰隆、永隆两米店欠款案

  原告：保大庄尤植夫、庆丰庄李玉卿、仁昌裕庄吴莲生、源康庄石寿山、义成裕庄顾鄂卿，怡丰维康庄马慎安。

---

① 华中师范大学历史研究所等编：《苏州商会档案丛编》（第二辑），华中师范大学出版社 2004 年版，第 93 页。

② 熊先觉：《司法文书研究》，人民法院出版社 2003 年版，第 437 页。

被告：张慎之。

事实：缘张慎之开设阊门外张泰隆，又城内宫巷永隆米店，多历年所，与保大等各庄向有往来。该两店房屋均系张慎之己产，民国元年三月间，阊门外兵变劫掠，泰隆店亦遭波及，张慎之即籍故将泰隆、永隆两店全行倒闭。其时商会尚未设有公断处，当由各该造同赴本会理议，核明该两店共结欠保大等七庄会票及往来款银一万六千余两，万成德等米行货款洋一千五百元，又各存户暨米款除吴福记等六户洋三千七百余元，张襄记六户洋一千零七十余元，并无的户，剔出不计外，计欠洋五千五百余元。议将两店余存底货先交米业商董拍卖，陆续售见现洋四千五百五十元三角一分，连同泰隆店兵劫案内奉都督发给维持恤款洋七百三十一元五角，一并发交张慎之具领，即在本会照数以一七五成摊还各户，余少各款饬令张慎之将房产生财变抵归偿各在案。本年七月商事公断处组织成立，据保大等庄以张慎之延不清理诉请公断到处。

右案经本处评议公断如左：

此案迭经评议，饬令查照本会原案措缴清偿。据被告张慎之诉求格外体贴，愿将店屋房产变价凑现。除前经商会摊派各款外，再缴一层现款，计实足洋三千五十元，具限缴齐分摊各庄户，尚有余欠各庄之款，应由被造分别出具票据，交付各庄收执，日后自行清偿。原告各庄亦愿通融息讼，应即结束定断。本处酌征公断费洋六十一元，照章应由被造张慎之负担，随同前项一成现款附缴，清讫时即将缴存房契发还给领完案。

评议员：杭筱轩、刘正康
中华民国三年十月十四日发①

不难看出，保大庄等诉张慎之泰隆、永隆两米店欠款案的公断书和苏州商事公断处制定的统一格式之间还是有些差别，没有统一格式规定的内容严谨。但总体看，还能列明原被两造姓名，详述事实和评议理由，还有明显的层次。但是后来的公断书格式就没有明显的条理和层次了。

---

① 华中师范大学历史研究所等编：《苏州商会档案丛编》（第二辑），华中师范大学出版社2004年版，第114—115页。

案例五　商事公断处为江尔谦损害他人业务信用案所作的公断书

昌记仁经理郎健辉诉江尔谦图利不遂损害他人业务信用案

关系人仲正业：江尔谦依然不能到案，所以邀同证人韩正夫到案，所少昌记仁木款必扣去四十三元方愿照还。因江尔谦在茶馆里说过，昌记仁之货应加码子。请令证人韩正夫到场，可以证明事实。

证人韩正夫：郎先生向仲正业讨木账，在茶馆内一桌吃茶，昌记仁应加码子，的确江尔谦说的，是我亲眼见的事实。

陆家祥：在茶馆内闻得江尔谦、郎健辉、许祥高等，争论应加一两八码子，江尔谦所说，许祥高与昌记仁串通一事，许祥高实是冤枉的。愿为到场证明事实。

关系人木匠许详高：木料码子，素来不董，串通木行，应加码子，实在不敢是实。

原诉人郎健辉：仲正业所欠木款共洋二百三十元零五角，细账并未带来。仲正业所欠之款，为数有限，但是小号在甪直放出账面尚有二千余元，若是应加码子，被江尔谦如此当众扬言污蔑，实与小号业务信用关系甚大。如何令小号名誉恢复之，交请核断事实。

被诉人代表王松舲：前日处长所议办法，曾经转达殷董，即殷董唤仲正业的姊夫曹蟾桂出来调解，所有欠款缺少，曹愿担任料理。

本案询据曹蟾桂声称，奉甪直殷董志委嘱出面调停款项，并据江尔谦代表王松舲亦愿居间向原告道歉及登申新市乡等报，通告以释前嫌。本处质之两造，均已允洽，当饬关系人仲正业定于本月初八日将二百三十元零五角欠款如数缴案给领，和平了结。所有公断费洋陆元，由被诉人负担。①

苏州商事公断处为江尔谦损害他人业务信用案所作的公断书，与其说是公断书，不如说是理案记录。与苏州商事公断处规定的统一格式内容相差很大。商事公断处解决三星织物厂与丰泰洽等存米纠葛案，最后的公断结果与江尔谦损害他人业务信用案一样，也没有按照统一格式制作公断书，而变成了处理案件的议决案。

---

①　华中师范大学历史研究所等编：《苏州商会档案丛编》（第三辑，上册），华中师范大学出版社 2009 年版，第 644—645 页。

案例六　商事公断处为三星织物厂等与丰泰洽等存米纠葛事议决案

询据原诉人朱松筠述称：……质诸被诉人薛凤冈等辩称……应请一律公摊等语。

审核两造情词各执，惟查丰泰洽米行当时搬运米石，对于三星厂等各存米并未办理手续，似欠周密，无怪存米各户啧有烦言。兹经本处查照历届该业办理成案，劝原诉人一方消除意见，通融认亏，照当月订货价目一律公摊偿还，两造允洽签字存卷。本处照章应征费用银贰拾元，由丰泰洽负担之，该存米款由丰泰洽缴处转给具领。①

如果不是有"本处照章应征费用银贰拾元，由丰泰洽负担之"的字样，还真看不出是公断处对案件公断的文书。正文部分既没有主文、事实、理由的逻辑结构，也没有首部和尾部应当记载的内容。商事公断处1921年3月理处王景溁诉毁冒牌号一案也是如此。② 从组织构建来看，商事公断处每两年都按届选举，处长、评议员、调查员都有确定人选，有需要理处的案件，公断处也及时签定评议员到场评议③，应当说商事公断处还是处于正常的运转工作状态中，但是1920年以后公断处公断的这些案件，已经没有统一的公断格式，与下文将分析的上海和北京商事公断处的公断文书相比，相去甚远，上海商事公断处在方椒伯任内只公断了两个案子，但公断书制作的相当规范，首部、正文、尾部格式段落分明，事实清楚，评议理由充分，北京商事公断处理处的案件数量多，公断书制作的也非常规范，公断书的制作水平，反映了公断处的公断水平和严谨的态度，很难理解苏州商事公断处作为清末民初八大商会之一，何以在这一问题上有疏忽。可能公断处每年受理的案件少，虽然公断处的机构还在正常运转，但对文书制作的规范性已经不太重视。

从苏州商事公断处公断书的内容看，苏州商事公断处实行的是收费公断制度，而且收费不低。在保大庄等诉张慎之泰隆、永隆两米店欠款案中，公断处收费洋六十一元，可能是按照最后张慎之承认再缴纳的三千五

---

① 华中师范大学历史研究所等编：《苏州商会档案丛编》（第三辑，上册），华中师范大学出版社2009年版，第662—663页。

② 同上书，第696页。

③ 同上书，第654、696页。

十元的 2% 收取的，这与商事公断处章程规定的收费比例是吻合的。但以张慎之欠债甚多的状况看，已经濒临破产，苏州商事公断处在收取公断费用上一点也没有作出减免。与北京商事公断处处理的王玉珍破产案相比，王玉珍破产案第一次分配的金额为洋四千八百六十九元七角七分，公断处收取公断费二十四元，如果从分配标的为基数计算，北京商事公断处的收费比例要低。[①] 而在江尔谦损害他人业务信用案中争议标的金额是二百三十元零五角，而收取的公断费用是洋六元，实际上超过了 2% 的比例。苏州商事公断处的收费还是很高的。

（二）苏州商事公断处和解劝导息讼为主的理案方式

苏州商事公断处筹备设立之初制定的《苏商总会附设商事公断处办事细则》第二条明确规定，"本处遇有案件，依据商习惯为断，以息讼和解为宗旨"[②]，这一宗旨在办案过程中的直接体现，就是以和解劝导息讼为主要的理案方式。

现以江维祺诉恒丰仁号东伙串吞余利案为例。洋货业代表江维祺于 1906 年由恒丰仁经理杜瑞庭面邀，帮办店务。初至该店空无积蓄，经江维祺克意经营九年，至 1915 年已经获利颇多。1922 年正月，恒丰仁店因两房分析，停止营业，剔出所有开支尚余水银七千余两，但是在分红的过程中，恒丰仁号前经理杜瑞庭和恒丰仁绥记店主吴赞之合谋吞并余利，将各伙友应分的利润吞并，江维祺为索分伙友应分余利未果，邀请洋货业咏勤公所执事王黼庭劝导也未有成效，不得已将纠纷诉之商事公断处，请求"邀集前恒丰仁经理杜瑞庭、恒丰仁绥记店主吴赞之到会，秉公处断，庶公理可彰，商情得平"[③]。当时的商事公断处处长韩稼梅接到声请书后，给洋货业咏勤公所负责人王黼庭、唐少起写信，邀请两位行业领袖出面调解，"兹有江锦洲诉恒丰仁号东伙串吞余利具书请求公断一案，弟以此案双方均属体面商人，未可因此细故致伤感情，

[①] 京师商事公断处编：《京师商事公断处公断书录》（第 2 集，上册），1919 年版，第 39 页。

[②] 华中师范大学历史研究所等编：《苏州商会档案丛编》（第二辑），华中师范大学出版社 2004 年版，第 83 页。

[③] 华中师范大学历史研究所等编：《苏州商会档案丛编》（第三辑，上册），华中师范大学出版社 2009 年版，第 657 页。

执事为该业代表，其中原委谅经详悉。另请台从于夏历四月十二日下午二时莅处，商议和解方法，以免纠讼，至为盼幸"①。其时王黼庭、唐少起两人在上海办事，未能及时返苏，但给韩稼梅回信，表示愿意从中调解，"兹既示委，义不容辞，容代表邀恒丰仁执事杜瑞庭至鄙业公所实地调阅锦洲在任内间事实账情，然后再议和解方法"②。后王黼庭、唐少起在5月25日"邀集同业执事等与原告被告两造到齐会议。经代表等当面检阅，该号昔年账簿之下具见，江君所控不为无因，事有十之三四应得理由可争。不平则鸣，复经同业解劝，着恒丰仁交出洋三百五十元，拨充苦儿院、洋货公所恤嫠会两处善举为解决息争办法。江君素具以慈善为怀，由此乐从息事"③。声请人江锦洲认为，"鄙人专为商权起见，并无私意之念"，所以将应得款项捐做慈善，"该经理自知理亏，已愿缴出洋三百五十元，虽数目未足，因公理既申，不与计较"④。双方的纠纷最终在行业公所的调解劝导下解决了。

从此案的解决过程看，商事公断处接到当事人声请公断的请求以后，当即作出了请行业调解的决定，当然该案中江锦洲可能在当时的苏州商人中也属于风云人物⑤，是公断处处长韩稼梅认为的"体面商人"，没有必要"因此细故致伤感情"，所以邀请行业领袖出面调解，在处理的过程中显得更慎重一些，此案未经开场评议，由公断处委托调结结案，公断处也没有制作公断书，所以也没有收取公断费。从这一点看，似乎公断处在处理案件时，对一些知名商人在处理纠纷时还是区别对待的。但是和解劝导息讼仍然是处理案件的主要方式，在江尔谦损害他人

---

① 华中师范大学历史研究所等编：《苏州商会档案丛编》（第三辑，上册），华中师范大学出版社2009年版，第653页。

② 同上书，第655页。

③ 同上。

④ 同上书，第656页。

⑤ 未查到江锦洲的个人详细资料，从分散在苏州商会档案史料各处的零星记载来看，其一直是洋货业公所的行业代表，在商会表现活跃。1919年五四运动时表现积极，撰写白话诗文宣传抵制日货，还我青岛。"还我青岛地，取消条廿一。口诵与心维，宣言终无益。当此将亡时，援救最须急。国亡家不保，爱家先爱国。政府不可恃，人民当自决。"苏州档案局等编《苏州史志资料选辑》（第一辑），1984年版，第55页。

业务信用案中,公断处也提出对双方之间的纠纷嘱托用直殷董出面调停。① 在三星织物厂等与丰泰洽等存米纠葛案中,最后结案也是劝原诉人一方消除意见,通融认亏②,王景滂诉毁冒牌号一案也是"和平商劝被告"③。因此,公断过程中的和解劝导是主要的理案方式。

(三)以查清账目为主的司法协助

根据表4-2记载内容分析,苏州商事公断处从1914年7月1日—1919年5月29日共受理案件39件,其中接受吴县知事委托查清账目的案件4件、调查案件事实的1件,高等审判厅委托查账的案件2件。吴县知事在这段时间里共移交商事公断处理处的案件是13件,其中9件委托商会调处,移交查账的4件,调查案件事实的一件,移交商会调处的案件是根据《商事公断处章程》的规定。全案移交商会处理,实际上案件的处理方式发生了变化,由审判机关审理改为仲裁。而移交商会查账的案件,商会所做的工作是一种司法协助,主要以查清账目为主。由于苏州商事公断处的职员都具有丰富的从商经验,擅长查账、理账,因此审判机关才将一些需要查核账目的案件移交商事公断处处理。

对吴县知事或高等审判厅要求查明账目的案件,商事公断处一般会安排专人查核账目,查清账目回复吴县知事或高等审判厅,该案即以"查复"结案。如吴县移委丁长兴鸡鸭行诉俞凤来等欠款奉批查账案,公断处即"查明被告欠款属实,移复吴县核办"④。

现以吴受祐与张铭廉等账款纠葛案为例具体说明。该案是江苏省高等审判厅移交商会查清账目的案例,苏州总商会接受案件后,又转交商事公断处查账办理,虽然不是高等审判厅直接交给公断处办理查账业务的案例,但查账的过程是一样的。本案中吴受祐与张铭廉等于1904年合伙在丹阳股开晋源钱庄,1910年春歇业。张铭廉于1918年7月将吴受祐告之丹阳县衙,诉称吴受祐在晋源钱庄歇业后应当认缴

---

① 华中师范大学历史研究所等编:《苏州商会档案丛编》(第三辑,上册),华中师范大学出版社2009年版,第645页。

② 同上书,第662—663页。

③ 同上书,第697页。

④ 华中师范大学历史研究所等编:《苏州商会档案丛编》(第二辑),华中师范大学出版社2004年版,第107页。

的四百多元亏损额延年未结,而吴受祐声称晋源钱庄歇业后,账簿债权及各户票券均被张铭廉掌握,收账多寡一无所知,反而被张铭廉等诬陷倒欠四百数十元。被诉后曾具诉辩在案,并由县两次移交县商会,谕请双方请公证人核算,但因张铭廉等不缴账簿,拖了九个多月才将账簿交出,但已经有明显的作伪修改之处,张铭廉等因为是地方富商,依仗财势,竟与商会串成伪册移县,致使县知事据此伪账作出了不公正的判决。吴受祐不服,上诉至高等审判厅。高等审判厅1920年5月5日函送苏州商会查核账目,苏州商会移交商事公断处查照办理。①

本案的关键之处就是要查明账册有没有伪造之处。但是这个案件要查清账目非常困难,"晋源钱庄于宣统二年春闭歇,迄今已届时年,积存账目既多,头绪更烦。吴受祐所控各节,究竟有无舞弊作伪情形,应先从头至尾,逐款钩稽,并须传集两造,会同原清算人陈述理由,质证明稿,方足以昭折服而生效果",但是由于清算人和当年的经理人、司账人总是借故不到,账目无法核对,很难查处具体结果。所以公断处审查账簿,研究可疑之点并列出清单,据实函复高等审判厅。

当时高等厅移送查实的材料有:清单一件、证据袋一个(内计商会审查清册一本,晋源庄票五十纸、结单一纸、蔡云林议据一纸、秉余记折一扣、朱厚借信一封、阜阳公司股票股折等件一束、红簿陆本、理由意见书等伍本、商会复函一书),外晋源庄账簿九十四本。其他材料不论,仅晋源庄账簿九十四本就够多的。商事公断处查出的疑窦之处有:

> 查丹阳商会审查清册,与晋源庄汇总簿核对尚符,第汇总根据何项账目而来,并未顾及彻底根究,窃恐尚有挂漏。
> 查晋源庄宣统元年,并无红盘账簿。商家通例,年终结束,须凭红盘为要据。询据两造当事人,皆云因收账在即,当时彼此承认勿抄,惟查宣元以前,历年红盘簿洋厘,均照七分五厘结价。兹宣元红盘,既无可稽,而查其汇总簿是年洋厘,乃以六钱九分结价,合意历

---

① 华中师范大学历史研究所等编:《苏州商会档案丛编》(第三辑,上册),华中师范大学出版社2009年版,第665—667页。

年习惯相循,至此突然变异?其中当有别情。

查晋源庄光绪三十四年除夕,与宣统元年除夕之誊清及月盘等簿,均未结束,殊背商业惯例,其中有无隐情,非询该庄经理及原司账人,不能明其真相。

查晋源庄宣元年扎数簿,与宣元年底小流水簿,核其十二月二十三日之结数,已相差二百元,至除夕止,则相差有数千之巨,并细察该扎数簿,似有拆动痕迹,无怪控诉人借口作伪。即此一端,其伪迹已难掩饰。①

商事公断处提供的查账意见,详细列出了账簿中多数不符合商事惯例和疑似改动之处,并作出了初步的判断,"伪迹已难掩饰",对案件审理的关键即账册有无伪造之处已经有了根本的判断,虽然不知道该案最后的处理结果如何,但商事公断处的查账结果对高等审判厅审理案件非常有帮助。此案是由"本会公断处签派查账员,定期传集,查账清算"②。说明商事公断处有固定的查账人员,而且不止一个,否则就不用"签派",通过抽签选定人员。商事公断处的查账业务,由于结合商业惯例来确定繁复的商业账簿的真伪虚实,在商事公断处的组织运作之下,成为一种专门、专业化的业务活动,并成为法院审判商事纠纷的重要司法协助方式。

五　苏州商事公断处对破产案件的处理

苏州、上海、京师商事公断处都有处理破产案件的一些史料,尤其是京师商事公断处处理了大量的破产案件。1912年2月壬子兵变,京城商户被抢无数,导致许多商户破产,因此京师商事公断处成立初期,或是接受法院委托,或是接受当事人自愿声请,处理了大量的破产案件。民国初年国家并没有制定破产法,1906年清时的商部虽然颁布了《破产律》,但

---

①　华中师范大学历史研究所等编:《苏州商会档案丛编》(第三辑,上册),华中师范大学出版社2009年版,第669—670页。

②　同上书,第668页。

是却因为不符合当时的社会习惯，而遭到官方和民间的反对。① 1907年底即命令废止。② 1909年修订法律馆虽然聘请松冈正义草拟《破产法草案》，但也仅是一个草案而已，未及颁行。"民国四年北京法律调查馆曾草拟破产法草案，惟未正式公布施行，为因应需要，于民国十五年十一月十八日乃由前司法部呈准暂予施行，国民政府成立后，仍暂缓援用。"③ 在没有国家法律规范下，商会如何理处破产案件还是值得研究的问题。因此将商事公断处处理破产法的相关问题单独列出作一个比较研究。

（一）"徇有力债权团之情"的不公平分配

1925年3月至1926年2月，苏州公断处处理了永兴泰庆记纱缎号主王辛生破产案件。永兴泰庆记纱缎号原号朱王济川素称殷实，所以庆泰庄等庄号均与之有银钱往来。但是1923年王济川病故，其子王辛生子承父业，但是1924年夏历11月突然卷款潜逃，共欠庆泰庄等债权人债额银贰万多元，庆泰庄等债权人闻讯，派该号伙友张惠之寻访三月未果，并于1925年夏历2月26日到该号检查账目货物，查核之下，疑窦颇多，即督同张惠之先将账簿送到公断处，请求公断处定期传集张惠之到处，另派审查员详细查核，同时登报通知王辛生大案清理，所存货物由张惠之报关，另派公正人督同张惠之先行出售，将货款如数缴案。并向公断处提出声请，请求公断处处理破产事宜。④ 案件受理后，公断处着手破产案件的处理。从史料记载看，债权人组成了债权团，并推举瞿衡甫为债权团代表。1925年6月3日下午令瞿衡甫、张惠之一同将债务人位于大柳巷的住宅

---

① 由于第40条规定："帑项公款经手商家倒闭，除归偿成数，仍同各债主一律办外，地方官厅应查明情节，如果事属有心，应照倒骗律严加治罪。"这一规定虽然符合各债权人按其债权额平等予以清偿的破产立法的宗旨，但是与社会上一向采用的先偿洋款，再偿官款，最后由华商分摊的习惯不符，尤其官债不能优先受偿，因此户部行文商部表示反对。此外，当时国内钱业、汇业是商人融资的主要渠道，破产法实行的是破产免责的原则，该法实施与传统的破产不免则、"父债子还"的观念有冲突，增加了钱业等经营的风险，所以汉口、上海、宁波等地的钱业、汇业商人以破产法不合国内习惯而大加反对。因此商部先是在1906年7月宣布第四十条暂缓执行，1907年底又命令废止。

② 《本部具奏将破产律咨送法律馆统筹编纂片》，《商务官报》1907年第30期。

③ 耿云卿：《破产法释义》，五南图书出版公司1984年版，第19页。

④ 华中师范大学历史研究所等编：《苏州商会档案丛编》（第三辑，上册），华中师范大学出版社2009年版，第681页。

"详细绘图检点装折,分别登记送处备考",并致函东区警察署长,"如有不服抗拒等情,应由贵署长即予派警协同办理,以免争执而进行"。①1925年9月11日,公断处为破产案件作出公断:

庆太庄等诉追永兴泰庆记卷逃②

查永兴泰庆记卷逃案,内共欠各债权人银二万九千九两一钱,洋六百元。现由王辛生自行到案,并前后交出货物及房屋契券,并口头声明宝丰宏福详、宏泰昌勤大等应收股款,请求本处依法处分。除庆泰、义康、瑞元、义成裕、久源、仁昌、裕永丰、顺康等庄,又李素行、朱慈云等存户外,概由王辛生自行料理。此系自愿破产,请求照办。

王辛生（画押）

此后,债权人的房屋转卖给王忆记,公断处还专门制作了不动产转移证书。③公断处完成了破产案的处理。但是案件处理后,1925年9月,债权人王玉林却认为处理不公,声称他阴历三月份就申报了债权,请求加入债权团同为清理,"得蒙受理,未被却下",但"迟之又久,既不传处讯问,又不通知评议",正打听之中,"忽闻贵处徇有力债权团之情,迫令王辛生签字提出玉林债权缺席处分,不胜骇异",并从法律、处理事实等五个方面陈述公断处处理不公④,债务人王辛生也向公断处陈明,"各庄强将存户王玉记洋一千元,新记洋三百元,两户提出迫令辛生自己料理",王辛生的亲戚姚君玉作为其代理人不同意签字,但是各庄经理强迫签字,"贵处长目观情形,非辛生谬言",说明商事公断处处长在场默许了强迫签字。这样一来,"王玉记又频向家母处及堂叔旭生处吵闹拼命",王辛生一家不得安宁,请求公断处处长"劝告各债权,仅此两户请宽量

---

① 华中师范大学历史研究所等编:《苏州商会档案丛编》(第三辑,上册),华中师范大学出版社2009年版,第681页。
② 同上书,第682页。
③ 同上书,第685—686页。
④ 同上书,第682页。

大度，一律公摊。俾辛生早日清累，以谋自新"①。1926年1月28日公断处又通知王辛生，"因据庆泰钱庄否认辛生破产，责令报告账目"②，庆泰庄上年9月参与了破产财产的分配，此次大概又以王辛生隐匿财产而要求重新分配财产。

这一破产案件不通知申报债权并且加入债权团的债权人王玉林参与分配，明显存在不公，1925年苏州商事公断处的处长是庞延祚。庞延祚，字生笙，钱业商董，1916年和1918年两次当选为总商会副会长，1922年和1924年连任两届公断处处长，此次破产案件的债权人庆泰庄等又是钱业庄号，所以王玉林指称公断处"徇有力债权团之情"，破产债务人王辛生声称处长在场默认了各庄强行逼迫其代理人姚君玉签字，可能所言非虚。从公断处处长通知警察署"如有不服抗拒等情，应由贵署长即予派警协同办理，以免争执而进行"的举动看，公断处处长以权谋私完全有可能。此案最终的结果不得而知，但是王辛生的财产已经变卖偿债，王玉林的要求可能很难满足。

（二）破产不免责主义

"破产免责制度，是指在破产程序终结后，对于符合法定免责条件的诚实的债务人未能依破产程序清偿的债务，在法定范围内予以免除继续清偿责任的制度"③，1705年英国首创破产免责制度，并成为英美法系国家破产法的一大特色。清朝1906年破产法虽然没有实施，但该法立法时采用商人破产主义，并且引进了英美法系的破产免责制度。破产免责制度作为新的债务清偿理念，与中国传统的"父债子还"的债务清偿理念相冲突，一时也很难为商人完全接受。这一点在苏州商人破产的实际运作中也可以得到印证。

苏州商事公断处处理的另一个案件"保大庄等诉张慎之泰隆、永隆两米店欠款案"，也是一个破产还债的案件，但是张慎之将所有财产变卖摊还以后，"尚有余欠各庄之款，应由被造分别出具票据，交付各庄收

---

① 华中师范大学历史研究所等编：《苏州商会档案丛编》（第三辑，上册），华中师范大学出版社2009年版，第684—685页。

② 同上书，第682页。

③ 范健、王建文：《破产法》，法律出版社2009年版，第258页。

执，日后自行清偿"①。说明张慎之破产后，并没有实现破产免责。苏州总商会处理品香楼倒闭债款一案，品香楼股东顾桂生变卖所有财产后，"尽数减成均摊，折实四一七七，当各照数摊派，按户给领。此外短少欠款，姑念顾桂生等股东资本数千余元，业已亏蚀净尽，委系无力措偿，各债权人亦均允为结束"②，那么如果各债权人不同意，顾桂生以后还是要还的，只是出于同情，才免其责任，也就是说在处理该案时，债权人和商会都没有确立破产免责的现代破产原则，传统的"父债子还"的债务清偿观念，至少还存在于苏州商人的观念中。这与下文分析的北京商事公断处处理破产案件完全适用"破产免责"的原则大不相同。

六 苏州商事公断处与苏州总商会在理处商事纠纷方面的关系

本书第三章讨论过清末商会理案与民国商事公断处在性质方面的不同，清末商会拥有的理案权，是国家依法授予的专属商事纠纷裁判权，在清末政审合一的司法体制下，商会拥有的商事裁判权与县衙门的司法权在性质上是一样的。民国商事公断处成立以后，商事公断处的理案权是仲裁权，商事公断处成为国家法规范下的商事仲裁机构。当时的商事公断处与商会之间在组织体系上虽然存在附属关系，但是在仲裁商事纠纷时，商事公断处是一个独立的仲裁机构，与商会之间不存在领导和被领导的关系。其时，虽然商会也处理一些商事纠纷，但和公断处的性质不同，此时商会理处商事纠纷成为一种民间调解，处理纠纷时也不收取费用，因此，尽管商事公断处是商会的一个附设机构，商事公断处与商会之间也有一些职员的重合，但商事公断权的性质是仲裁，而商会处理商事纠纷，是一种民间调解，两者在处理案件时的性质是根本不同的。现以苏州商事公断处与苏州总商会之间在理处案件方面的关系说明这一问题。

---

① 华中师范大学历史研究所等编：《苏州商会档案丛编》（第二辑），华中师范大学出版社2004年版，第115页。

② 华中师范大学历史研究所等编：《苏州商会档案丛编》（第三辑，上册），华中师范大学出版社2009年版，第675页。

付海晏统计，苏州商事公断处成立以后，从1920年6月至1926年2月总计受理的案件是22件。① 而《苏州商会档案丛编》第三辑上册记载了1920年6月至1926年2月这段时间里的111个案件②，这些案件有的是苏州商事公断处受理的，有些是苏州总商会受理的，将这些案件与付海晏所统计的商事公断处受理的案件比对，有7件相同，或许两份资料统计的案由不同，无法比对，但至少可以说明，当时苏州总商会也受理了大量的商事纠纷，而且比商事公断处理案数量多得多。原因之一在于清末商会即有理案权，商人之间向商会声请处理纠纷成为一种惯例，民国成立以后，尽管成立了商事公断处，但商人还是习惯将案件提交商会处理，根据《商会法》第六条的规定，商会的职能之一就是"因关系人之请求，调处工商业者之争议"③。对商会而言，调处商事纠纷是其分内之责，因此苏州商会也受理一些商事纠纷。可能另一个重要原因，是商事公断处公断案件实行收费公断制度，而商会调解纠纷是免费的，两者在处理案件的方式上也都是以和解劝导为主，因此，从经济角度考虑，商人也愿意将案件交给商会处理。对商事公断处而言，民国时期的商事公断处作为商会的一个附设机构，除了北京商事公断处享受补贴外，公断处的收入除了收取公断费用外，不敷之处全部由商会承担，而商事公断处的职员又全是义务履行职务，不取酬劳，处长、评议员、调查员都是商界大腕，有自己繁忙的商业事务，商事公断处的这种人员配置和经济状况，决定公断处的态度：有声请的案件决不推辞，没有案件绝不会和总商会去争。另外，当时可能许多商人也不知道商事公断处和商会之间有什么区别，商事公断处附设于商会，又在一个地点办公，所以有什么商事纠纷提交处理，也没有刻意选择商会或商事公断处，随意选一个提交即可。

　　从《苏州商会档案丛编》的记载内容看，商会接到声请人请求处理纠纷的声请以后，也有转交商事公断处的。1920年6月17日"恒兴泰酱

---

① 付海晏：《民初苏州商事公断处研究》，载章开沅主编《近代史学刊》（第1辑），华东师范大学出版社2001年版，第82页。

② 华中师范大学历史研究所等编：《苏州商会档案丛编》（第三辑，上册），华中师范大学出版社2009年版，第629—638页。

③ 江苏省商业厅等编：《中华民国商业档案资料汇编》，中国商业出版社1991年版，第39页。

园李学成等请求解决增泰分号经理徇私舞弊案",声请人李学成即是"相应遵照《商会法》之规定,具函报告贵会查核,应如何调解公断之处,务乞迅予裁夺施行。至纫公谊,幸甚盼甚。谨呈苏州总商会会长庞、苏"。① 此案声请人即是将纠纷诉之苏州总商会。但是6月22日,苏州总商会即回复李学成,案件已经转至公断处,"复恒兴泰酱园。径复者:来略均悉,已移送本会公断处核理,希即照章觅具介绍人并保证金赴处诉理可也"②。不知道苏州总商会按照什么标准将案件移送公断处,可能该案中声请人言明"应如何调解公断之处,务乞迅予裁夺施行"。所以总商会即将案件移交商事公断处。但从苏州商事公断处的理案清册所载结果看,该案移交商事公断处以后,结果不详。③ 上述吴受祐与张铭廉等账款纠葛案,也是苏州总商会移交公断处的,公断处经过认证查核后,提出若干账目疑点,然后由总商会复函高等厅④,从中也可以看出苏州商事公断处与苏州商会之间在处理案件中的共同合作。

苏州总商会和苏州商事公断处之间的关系也有微妙之处,1921年苏州商事公断处公断"王景滂诉毁冒牌号一案",苏州总商会曾给商事公断处公函一件,"兹有王东文经理王凤祥,由王鲁门、王兆坤照章介绍请愿入会前来。查该商铺前因诉租牌纠葛,诉经本会公断处受理,已否理断结案,合先祈请检案查复,以凭核办"⑤。苏州商事公断处正儿八经的给总商会回复了公函,"查王东文租牌纠葛一案,业经本年三月二十三日由敝处和平断结,并经两造登报申明在案。准函前因,相应函复查照为荷。此致总商会会长"⑥。苏州总商会和商事公断处在同一地点办公,有没有必要公函往来另有一说,但这一来一往的公函之间,多少让人感觉两者之间的关系有一些微妙之处,也说明苏州商事公断处尽管是商会的附设机构,但在处理商事纠纷方面则是一个完全独立的机构。

---

① 华中师范大学历史研究所等编:《苏州商会档案丛编》(第三辑,上册),华中师范大学出版社2009年版,第642—643页。

② 同上书,第642页。

③ 付海晏:《民初苏州商事公断处研究》,载章开沅主编《近代史学刊》(第1辑),华东师范大学出版社2001年版,第82页。

④ 华中师范大学历史研究所等编:《苏州商会档案丛编》(第三辑,上册),华中师范大学出版社2009年版,第668—670页。

⑤ 同上书,第697页。

⑥ 同上书,第698页。

苏州总商会与商事公断处除了理处案件时两者的性质不同外，还有一些不同之处。从组织机构看，商事公断处必须公开选举处长、评议员、调查员，而商会处理商事纠纷没有严格的组织构建；从程序上看，商事公断处受理案件、评议案件一般都要依据《商事公断处章程》以及《公断处办事细则》的相关规定执行，受理的案件必须是两造都是商人而且自愿声请公断的；而苏州总商会受理案件没有这一受案范围的限制，案件处理的程序则是一个自我规范的过程。《苏州商会档案丛编》第二辑载有《苏州总商会理案章程》，从内容上看与清末苏州商会的理案章程几乎完全一致①，只是增加了谈判员权限的内容。

谈判员之权限

一、谈判以调息纷争为宗旨。

一、商家出有辚辚，无论已讼未讼，愿请本会调处者，由谈判员详查两造原委，分别曲折，和平劝解。由书记员将理由简要摘叙，谈判员签字，总协理复核执行。

一、谈判员至少须两人入座，两造口述，谈判员得据理准驳。

一、谈判员与两造商业上有牵涉者，得自请避嫌。

一、谈判员有谈判两造事理之权，以调息纠纷为宗旨。

一、两造须承认并尊重谈判员，两造愿请本会调处，即为承认谈判之证据。

一、据理谈判后，有不承认者，或复加判决，或作为无效，须辩其不承认之当理与否，请总协理分别理否。

一、谈判无效本会不再理处。②

苏州总商会之所以增加谈判员的权限，可能与商事公断处有评议员并且规定了评议员的职权有关，清末时苏州商会理案章程即有谈判议董的称谓，商事公断处成立以后，为了与评议员的称谓相区别和对应，改为谈判员。从谈判员的职权内容看，谈判员与公断处评议员的职权多有相似之

---

① 华中师范大学历史研究所等编：《苏州商会档案丛编》（第一辑），华中师范大学出版社1991年版，第521—522页。

② 华中师范大学历史研究所等编：《苏州商会档案丛编》（第二辑），华中师范大学出版社2004年版，第93页。

处。苏州总商会在理案程序上仍沿用了清末的惯例，在自定的理案程序规范下，进行商事纠纷调解活动。这些调解活动在商会总理（会长）的领导下，由商会职员中的诸位议董合作完成。在理案宗旨方面仍与清末一样，"以调息纷争为宗旨"，"分别曲折，和平劝解"，这一点与苏州商事公断处的公断宗旨也有高度的一致性。

苏州总商会处理案件不收费，这与公断处实行公断收费制度不同，公断处受理案件只要开场评议制作公断书就要收取公断费用。上文列举的公断处处理的多个案例，在公断书的最后都列明公断费用多少，由谁来承担。而商会调解的案件，都不收费。如苏州商会处理"顾子芳与宋桂芳等欠款纠葛案"中，顾子芳与诸叔良等人合股开设品香楼菜馆，因欠袁三珍肉店宋桂芳等人欠款，被允将店内值钱之物备抵债款，摊还各债权人，但宋桂芳等债权人组成债权团，却拒绝债权人方华加入，方华诉之吴县公署，并由吴县公署扣留了品香楼菜馆内的物品，宋桂芳开具节略请求苏州总商会函请县署撤销扣押命令，以保债权而杜纠葛。顾子芳也具函请求商会处理。苏州总商会函请县署撤销扣押命令，并接受吴县公署的委托公平清理该案债权债务，将债权人方华纳入债权团，变卖品香楼物品摊还各债权人，共均摊洋六百零二元八角，一件破产摊还的案件圆满解决，但该案分文未收。而公断处"在保大庄等诉张慎之泰隆、永隆两米店欠款案中"，张慎之欠债甚多，已经濒临破产，苏州商事公断处在收取公断费用上一点也没有作出减免，收取了六十一元公断费用。可能也因为收费问题，苏州总商会处理的案件比公断处多。

苏州总商会除了与商事公断处一样处理欠债、合伙纠纷、冒牌事类纠纷外，还调解了大量的行业劳资纠纷，这一点与商事公断处不同。在商事公断处处理的纠纷中有行业会务的一些纠纷，但行业的劳资纠纷没有公断过。苏州总商会之所以处理大量的行业劳资纠纷，与苏州总商会的职能和构成有关，苏州总商会的许多会员是以行业组成的合帮会员，苏州总商会实际上是各行业的领导机关，而劳资纠纷常常发生工人罢工，事关商业全局和社会稳定，因此，劳资纠纷往往需要商会、行业会馆公所、地方政府三方面联合解决。

在劳资纠纷中，商会一改以往中立和缓的劝导风格，一边倒地保护资方利益，态度强势。如苏州总商会1922年3月底处理煤炭业劳资纠纷即是如此。苏州煤炭业工人丁云高等人欲成立工界组织同和公所，以促进工界伙友公益事业的发展,而当时苏州煤炭业资方向有堃震公所,得知此事后,堃震公所代表董作严会同洽兴泰等煤炭号联名具略总商会,并由总商会于3月29日呈函苏州警察厅和吴县知事,认为"苏州煤炭一业,向有堃震公所,前清奉准立案,现在何以又有人创设同和公所,系于何年月日,曾否呈准立案,有无设立公所之必要,本会均属无案可稽",并且指出同和公所条规内的两条内容,"显有把持垄断,借端苛罚行为";"今日竟敢聚众执旗,招摇过市,胁迫罢工,不独侵害该商营业,抑且有碍地方治安。除函县、厅外,合亟据情函达贵厅长、知事查照,希烦迅即通令各区署设法禁阻,拿解讯办,以杜骚扰而安工商,并请将该同和公所已否呈请核示,查案妥为办理。"① 警察厅函复同和公所组请立案,系县署立政,而吴县公署复函未至,4月3日,苏州总商会又给吴县公署去函,声称"本日城厢内外煤炭行号,因被丁云高等胁迫,机习一律全体停工。敝会得信,即经邀请堃震公所代表询据,此次全体停业实因各机习,被丁云高胁迫罢工,以致不能开门营业。至各机习等工资,业于本月初一经同业议洽,酌量照加,而丁云高等以同和公所奉有县署布告为获符,阳借请加工之名,阴以遂其强迫工人交纳公所捐规,为聚众要挟之计。……会再函达贵县查照,希烦迅将同和公所原案暂予布告撤销,并查拿为首之人,扬案惩办,一面劝告该工人等安分工作,俾各商号照常营业,免致蔓延而维商市"②。4月4日苏州总商会为同和公所事还致函苏常镇守使、苏常道道尹,4月5日苏州总商会为要求迅办丁云高等工人罢工事致函南京督军、省长,重申丁云高煽动工人罢工,引起社会恐慌和混乱。③

与苏州总商会的强势态度相比,此次吴县公署知事和苏州警察厅等官方态度比较客观,4月5日吴县公署致函总商会,函中说明丁云高与堃震公所的矛盾,丁云高等人于上年12月20日申请组织煤炭营业公所,专办公益慈善事业,恐有地痞索诈滋扰,请求给示保护。而堃震公所司年同和义等,以丁云高等有勒派行单、强收捐款情事,呈请吊销布告,以维商业等情,而丁云高则称,筹备款项,均由发起人担任,并未募捐分文,诚恐有人误会,谓为籍端敛费等情。对于两者之间的矛盾,吴县公署认为,

---

① 华中师范大学历史研究所等编:《苏州商会档案丛编》(第三辑,上册),华中师范大学出版社2009年版,第709页。

② 同上书,第711页。

③ 同上书,第712、716页。

"丁云高等筹办煤炭营业公所,既据声明,不与堃震公所抵触,是该业工商两届互为维持起见,似无不可"。对所谓勒派行单、强收捐款情事,经派人调查得知,堃震公所以各店伙友工价向由各店自行支配,同和小行成立,对于工价一节,势在必多,是以堃震公所司年同和义等先后具呈反对,并未查到勒派行单、强收捐款情事。同和公所成立之事,也因为条规颇多未协,饬令重行妥定,呈候核定。"是同和小行公所行规尚未核定,并无立案可言",至该业发生加价风潮,双方冲突,也已责令歇业工人一律恢复原状。最后,吴县公署指出,"贵会函开加价问题,谓已于本月初一日经同业议洽酌量照加,是丁云高等前次请求之目标已为堃震公所之容纳,同和公所既未经敝署核准立案,当然不生效力。丁云高等如再妨害工作,发现集众滋扰情事,敝知事职责所在,自当按法严惩,但煤薪为人民日用所需,该业司年同和义等应团结工人照常营业。准函前因"。并分呈镇守使、道尹函致苏州警察厅暨分别布告谕知并饬警吊销布告。① 与苏州总商会一边倒的维护资方利益甚至夸大其词、中伤工界的态度相比,吴县知事的态度更加客观,并适当维护工人的利益。

　　此后吴县公署和苏州总商会之间因为对工界态度不同,发生了更尖锐的矛盾。4月6日,吴县知事公署接到一封以浙江桐乡煤炭工业全体署名的信函,诉称堃震公所勒令同业一律罢市,不准营业,违者罚款甚巨。并隔阻买客不许买货,沿途扣留挑入堃震公所之煤基及大小称不计其数。此事皆与小行伙友无涉。工人向县令提出谕令堃震公所以洋码发工钱,与原来的工价相比增加一文半的工价,"不及伊等一支香烟之费,叩求县长大发慈悲,哀怜苦工……请县长做此一文半之主",此任县知事还真的比较体谅工人疾苦,4月9日吴县公署致函苏州总商会转告堃震公所慎重对待与同和公所纠纷,"该工业人等本可毋庸再渎,惟呈请谕令堃震公所照发洋码,亦系维持生计起见,始准再行函知总商会转行堃震公所,妥议酌夺,务使工商两业有相辅而无相妨,不得再有轨外行为,自取咎戾"②。但是苏州总商会并没有将县知事要求酌加洋码的饬令予以重视,而是在4月10日致函通知堃震公所,"县署业准饬警吊销同和公所立案布告,谕

---

① 华中师范大学历史研究所等编:《苏州商会档案丛编》(第三辑,上册),华中师范大学出版社2009年版,第713—715页。

② 同上书,第718—719页。

令照常营业"①，4月11日堃震公所则请求苏州总商会致函吴县知事收回布告原文，"此布告一日不收回，必多一日骚扰，并非同业等固执，实因乌合之众，蠢尔愚鲁，蛮横成性，无可理喻"。若此辈将厅县布告，依然具挂，也是后患无穷。②4月8日苏常道道尹公署曾回复公函给苏州总商会，已饬令吴县知事"查拿为首要挟罢工之人，拘案究办"，苏州总商会4月13日致函吴县知事，请求吴县知事按照苏常道道尹训令查办首犯，并收回布告。苏州总商会的做法实际上拿道尹训令强迫吴县知事法办丁云高等人，并吊销布告。苏州总商会的做法触怒了吴县知事，直至1922年5月5日，吴县知事致函苏州总商会，指责总商会"苦工等屡次呈请加工而置若罔闻，屡次呈恳而不赞一词，苦工等恳告无门不得不出之罢工，另觅生计，而商会不测，只凭一面之词，一再函请撤销布告"。"查布告与大行并无只字之抵触，不知是何居心，势必以一旦撤销布告即可从此永不罢工，令人莫解。布告今已撤销，而洋码尚未改定，岂得谓之两平？惟有求县长据情效商会之一再函请撤销布告，亦复一再函知商会转行堃震公所转发洋码为目的，投桃报李，礼尚往来，必得美满之目的，以偿还撤销布告之请而后已。倘若堃震公所抗不遵谕我公署，又无听断之权，即请遵照道尹初次批示请会厅发给布告，抑或将呈验之旧布告查明与大行并无抵触字样，仍请发还，或请换给新示，方可谓之两平。权揆自我，以暂平二千众之气，免致酿成事端，致劳案牍之烦也。"③吴县知事的信函毫不掩饰对商会不顾工人困苦偏袒堃震公所的不满，也使商会感到了压力，后商会将吴县知事要求改发洋码一事转交堃震公所，堃震公所集议反对，碍难执行，此案就此告一段落。从结果分析，劳资双方发生纠纷，工界仍处弱势，工界想成立同和公所以济公益的愿望没有实现，工价改加洋码的目的也没有达到，这种结果与苏州总商会与堃震公所联合向官府施加压力不无关系，如若不是遇到了同情工人疾苦的吴县知事，在苏州总商会与堃震公所的联合施压下，丁云高等工界领袖或许早已身陷囹圄。

　　清末苏州商务总会在缎业机工聚众停工索加工资时，屡次要求吴县县

---

① 华中师范大学历史研究所等编：《苏州商会档案丛编》（第三辑，上册），华中师范大学出版社2009年版，第719页。

② 同上书，第720页。

③ 同上书，第722页。

令"派兵弹压"①，维护资方的利益。清末绸缎业是苏州富商云集的行业之一，在商会拥有众多会员，商会会董中也有多人，尤先甲身为缎业代表担任多届商会总理。支持绸缎业工人加工资，直接侵害的是商会诸多会员和领导层的利益。堃震公所成立很久，也是商会的会员，支持煤业工人加工资的要求也同样影响会员利益，所以总商会态度强硬，要求压制工人。因此劳资纠纷中，商会的态度明显的偏向会员的利益。

在行业纠纷中商会的态度也是如此，清末苏州商会处理肉业纠纷，张阿世等人违反肉业的行业组织敬业公所的行规，尽管敬业公所有失公允，但商会还是对违反肉业行规的张阿世等作出处罚②，维护了敬业公所的利益。商会如此作为，也是因为敬业公所是商会的行帮会员，因此在行业纠纷中商会也是维护会员的利益。如果双方都是商会会员，商会则极力调和，实在不能调和，矛盾太深，则令其出会，清末苏州金线、张金两业的纠纷即是如此。③ 商会是自主结社的团体，以会员为基本成员，只有维护会员的利益，才能有生存和发展的基础。商会与会馆、公所等行业组织之间又有着特殊的组织从属关系。1904年各地成立商会以后，商会成立以前就存在的会馆、公所等商人团体并没有消亡，许多会馆、公所以合帮会员的身份成为商会的一员。如天津商务总会1911年就有52个行业加入商会，这些合帮会员选举业董作为代表加入商会，形成了商会、业董、诸多行商的组织链接，合帮会员成为商会的主体，商会通过各业推举的业董将商会和各行业联系起来。正如苏州商务总会所言，"商会为各业之团体"。合帮会员也成为商会经费的主要来源之一，天津52个行业加入商会以后，1911年6月缴纳的会费就高达洋10994元④，如果缺乏众多行业的支持，商会很难维系。因此，商会在处理行业纠纷和劳资纠纷的过程中，明显的偏向会员维护会员的利益，虽然有失公允和正义，却也存在一定的合理性。

---

① 华中师范大学历史研究所等编：《苏州商会档案丛编》（第一辑），华中师范大学出版社1991年版，第647—660页。

② 同上书，第617—635页。

③ 同上书，第574—589页。

④ 天津市档案馆等编：《天津商会档案汇编（1903—1911）》（上），天津人民出版社1989年版，第100—104页。

第五章

上海商事公断处个案研究

一 上海商事公断处的设立

上海商事公断处1914年1月正式成立,是《商事公断处章程》颁行以后较早成立公断处的总商会。1913年1月商事公断处章程一颁布,上海总商会就认为,司法工商两部既已协定,势在必行。一个月以后,就有所行动。与苏州商事公断处成立时一样,上海总商会在成立时也是分两步走,一是制定办事细则,二是选定公断处职员,只是顺序有所不同。上海总商会是先选定人员,再制定规则。

1913年3月1日总商会第三次常会上,总商会认为按照章程第五条规定,公断处办事细则由各商会拟定,"本会不能不预事筹备,以期早日成立,为各商会之先声"[①],考虑到"办事细则部饬商会拟定者,为因地制宜,应将本会原有理事规则逐一核改,应存者存之,应删者删之,应修正者酌量修正,改订后,俟开大会时通过,以期完密"[②],于是会商决定,"先选举职员为入手办法。拟由会先发选举票,将部定章程、被选名单分送全体会董、会员、会友。初选普通职员二十七人,复选调查员六人,其余二十一人推出处长一人,其二十人即为评议员。至得票次多数前列之九人作为候补当选人,计评议七人,调查二人,以符部定第十条照原额预选三分之一之数"[③]。

---

① 上海市工商业联合会编:《上海总商会议事录》(一),上海古籍出版社2006年版,第67页。
② 同上书,第68页。
③ 同上。

选举工作进展的迅速而有效，3月15日第四次常会就将选举结果公开唱票，检查有效选举信函114封，按照得票高低依次由邵琹涛等27人当选，9人为候补人①，3月17日，上海总商会在申报上刊登公告，请当选职员3月22日午后二时到会，互选评议员、调查员、推举处长，并研究办事细则，强调"事关商界公权，又为司法工商两部协定饬办，切勿稽迟"②。

3月22日下午商事公断处第一次职员会议，就职员职任分配问题，一致认为"如照部章，选定调查员六人太嫌呆板，因调查之责任，必须于调查之事项有所经验方不至差误，不如于二十七人中，互选处长一人，其余二十六人普通担任评议员、调查员两项，临时由处长酌量之轻重难易分别派任"。但是，由于当日到会当选人不及半数，未能举行处长选举事宜。同时第一次公断处职员会议上，就有顾馨一、苏尚筠、陈一斋诸君来函告辞，会议决定，"所有已被选之职员，不能告辞，免得纷纷辞谢妨碍公益"③。关于商事公断处办事细则的讨论问题，由于办事细则分送各会员后，只有苏筠尚、郁屏翰、张乐君提出了修改建议，庞来臣两人来函表示赞同，其余各位尚无答复，会议决定将原稿及各位意见请有法律学问者纂修使无触背可行为准。④ 商事公断处第一次职员会议就遇到了到会人数不多、当选人员辞职的局面，这种开局，说明公断处成立并不是非常容易的。

3月29日总商会第五次常会上，对顾馨一等人提出的辞职问题，会议经过讨论认为顾馨一、苏尚筠二人因续任沪南商会总、协理，势难兼顾，所以从候选人中推举朱鉴堂、余鲁卿二人担任评议员，陈一斋请辞未准。原定本次会议互选公断处处长，因会上决议选举处长必须所有当选人都投票，已投之票不足27票，所以公决本次选举无效，又重新发送选

---

① 上海市工商业联合会编：《上海总商会议事录》（一），上海古籍出版社2006年版，第71—72页。

② 上海市工商业联合会、复旦大学历史系编：《上海总商会组织史资料》（下册），上海古籍出版社2004年版，第659页。

③ 上海市工商业联合会编：《上海总商会议事录》（一），上海古籍出版社2006年版，第82—83页。

④ 同上书，第83页。

第五章　上海商事公断处个案研究　　　　　　　　　　153

票，与新推补的职员一起，于 4 月 5 日选举公断处处长。① 4 月 5 日，经投票选举，沈联芳以 14 票的最高票当选为公断处首任处长。②

　　公断处职员选定以后，上海总商会召开多次会议讨论《公断处办事细则》，1913 年 4 月 26 日总商会第七次常会上，将各种"意见条复由会逐细纂辑，将修正办事细则及呈省部文稿"交公众讨论。③ 从 3 月 1 日总商会第三次常会决定着手拟定办事细则，至 4 月 26 日就办事细则问题的研究已有些时日，当时的与会人员已经督促尽早开办，"现在各处公断处已有开办，本会不能再迟疑。请今日到会诸公先将修正本讨论，所有通报公牍也已拟就，应请阅看，以期早日成立"。"各项规则本有随时修改之条文，此次会中所拟草案，如果通过后，尚有未尽完善之处，正不妨随时修改。现在各处公断处多有成立，本会已经落后，万不可再事迟延，有碍本会之名誉。"④因此，此次会议后，上海总商会即将拟就的办事细则全文照录转呈江苏省实业厅、司法、工商两部核夺。不过核定的过程比较烦琐，1913 年 5 月 23 日，上海总商会收到江苏省长批一件，认为公断处办事细则按诸部章尚须酌改。⑤ 至于哪些地方要修改，没有找到相关的史料。但已经当选的商事公断处处长沈联芳对烦琐的审批程序已经不耐烦了，8 月，沈联芳即提出辞职，"公断处办事细则早经开会通过，照章请省长核夺，一面逐呈工商司法两部。讵省实业司泥于法律，不谙习惯，多方驳诘，经本会申明理由，逐条呈复，是否核准，迄未奉到部复。沈处长以办事困难来函辞职，并请将机关暂时取消"。总商会虽然没有接受沈联芳的辞职，议定"俟部复到日再行开办"⑥，但是司法部的核准结果确实延缓了上海商事公断处设立进程，直到 1913 年 10 月，商事公断处办事细则才由司法、工商两部修改核准，由江苏省长转行到会，"虽略有修改，而大致悉皆照旧"⑦。1913 年 10 月 11 日，上海总商会第十九次常会决定，

---

① 上海市工商业联合会编：《上海总商会议事录》（一），上海古籍出版社 2006 年版，第 79 页。
② 同上书，第 83 页。
③ 同上书，第 90 页。
④ 同上。
⑤ 同上书，第 223 页。
⑥ 同上书，第 125—126 页。
⑦ 同上书，第 133 页。

设立商事公断处"事关商界仲裁职权，前因沈处长来函缓办，遂未呈报立案。今部复已到，函请沈处长订期开办"①。此后总商会开始着手正式开办的准备工作，应办的各种手续如通知书、理由书及公断书等件按照细则的要求早做预备，并于 1913 年 11 月 22 日总商会第二十二次常会上决定，1914 年 1 月 1 日正式开办。"一月一日为一年更始之期，以是日开办商事公断处甚属相宜，准照沈处长所定民国三年一月一日先行试办，届期呈报工商、司法两部并江苏省长。"② 1914 年 1 月 1 日上海商事公断处正式成立。

二 上海商事公断处职员分析

上海商事公断处成立以后，至 1926 年 9 月共进行了 6 次公断处职员的选举工作，第一届于 1913 年 3 月 22 日选出职员 27 人，候补 9 人，4 月 5 日选举沈联芳为处长，因第一次选出人选顾馨一、苏尚筠二人辞职，由候选人朱鉴堂、余鲁卿推补。初选处长沈联芳于 1914 年 4 月 25 日第 8 期常会中提出辞职，1914 年 6 月开始由张知笙任代理处长。③ 1916 年 8 月 14 日选定第二届职员，27 人当选，9 人为候选人，8 月 21 日选定处长张知笙。④ 1918 年 10 月 27 日选定第三届职员，27 人当选，9 人为候选人，并与 10 月 31 日选出处长，张知笙连任。⑤ 第三届职员中，朱鉴塘因故缺席，1919 年 1 月 11 日总商会第一次常会决议由候补名次在前的姚紫若递补；陈润夫病故，1919 年 9 月 4 日总商会常会议决席立功递补；1919 年 11 月苏筠尚病故，11 月 29 日总商会第二十四期常会决议由田澍霖递补；12 月胡秘芗因故缺席，12 月 13 日总商会第二十五期常会决定由施善畦递补。1920 年 1 月朱五楼因故缺席，1 月 10 日总商会第一期常会议决由唐

---

① 上海市工商业联合会编：《上海总商会议事录》（一），上海古籍出版社 2006 年版，第 133 页。
② 同上书，第 154 页。
③ 上海市工商业联合会、复旦大学历史系编：《上海总商会组织史资料》（下册），上海古籍出版社 2004 年版，第 664 页。
④ 同上书，第 667 页。
⑤ 同上书，第 668 页。

露园递补。[①] 1920年9月12日举行第四届公断处职员选举，此次选举与以往不同的是，分别选出了评议员21人、评议员候选人7人、调查员6人、调查员候选人2人，并且按照得票多少依次排列。按照上海商事公断处的选举惯例，是先选出当选人和候补人，然后由当选人选出会长，其余人等既是评议员又是调查员，此次选举有所变动，不知什么原因。9月19日选举方椒伯为公断处处长。9月21日完成新旧交接。当选职员姚慕莲因顾出缺，由沈润挹递补。[②] 第五届选举1922年7月23日举行，如同第四届选举职员一样，选出21名评议员、7名候补评议员、6名调查员、2名候补调查员，按照得票多少依次入选。8月3日选举沈联芳为处长，8月23日新旧成员交接。当选议员中顾馨一、穆藕初因事务繁忙辞职，由傅筱庵、田祈原递补。[③]

按照部章和惯例，每两年一次的换届选举在1924年却停选了一届，直至1926年9月25日总商会第二十期常会，才决定11月10日改选。[④] 1924年公断处的一次选举没有能够进行，可能与上海总商会1924—1926年的诸多波折有关。1924年总商会第七次选举争执很多[⑤]，选举风波过

[①] 上海市工商业联合会、复旦大学历史系编：《上海总商会组织史资料》（下册），上海古籍出版社2004年版，第669—670页。

[②] 同上书，第671—672页。

[③] 同上书，第674—675页。

[④] 上海市工商业联合会编：《上海总商会议事录》（五），上海古籍出版社2006年版，第2383—2384页。

[⑤] 1924年上海总商会的选举，争执较多。其一，上海总商会此次选举，援引中华全国商会联合会赣省事务所抄送复广州总商会函稿内对正副会长和会董选举的解释，采取新的办法，规定任满两任会董者，仍可当选为会董，具有正副会长的选举权和被选举权，俟正副会长选出后，则应辞去会董职位，由他人递补。这项规定，引起穆藕初多次质疑。（商会职员的选举，先由会员选出会董，再由选出的会董选举正副会长，而按照当时《商会法》第二十条的规定，会长、副会长、会董只能连任两次，则上海总商会采取的新方法实际上会长、副会长连任会董超过两次。表5-1列出公断处职员在商会的当选情况，有些会董连任第二、三、四届，但第二届选举时商会法还未颁布，所有不算违法。）其二，会长选举，因为宋汉章的资格问题发生争执。宋为前任会长，系上海中国银行入会代表。在此次总商会会董改选前，上海中国银行致函总商会，称宋因病后不堪繁剧，坚辞代表，故改推史久鳌为入会代表，解除宋之代表会员资格。会董选举结果，宋列名候补会董第一名，因当选之会董辞职，宋递补为会董。中国银行致函上海总商会，将前函撤回，复推宋汉章为入会代表。由于传闻宋将再被选为会长，引发宋资格问题的争议。这些争执使上海总商会的选举工作一直到1924年8月21日才选定，但选出的会长虞洽卿又坚辞不就，直到9月5日才允任职。具体过程见上海市工商业联合会、复旦大学历史系编《上海总商会组织史资料》（上册），上海古籍出版社2004年版，第404—447页。

后，1925年又因为"五卅"运动上海总商会表现不佳备受社会舆论指责，会长虞洽卿、副会长方椒伯又托故辞职，致使总商会会务混乱，商会无暇顾及公断处的选举，加之公断处章程又要修订，一直未公布，所以公断处的换届选举未能正常进行。

1926年的公断处选举也迟至11月才举行，按照会长傅筱庵的解释，"本会每届公断处选举，原定期间在新任会长接任之后，即须筹备。本届以修正章程，迟未公布，无从依据，未克依期举办"①。此次选举与以往不同，新的商事公断处章程第十二条规定，"评议员调查员之任期二年，第一次改选时用抽签法，得半数连任，以后改选，仅选业经连任之半数"，②按此规定，改选时先要在上届职员中抽签半数留任，其余公开选举，下届将留任的一半改选。这种选举方法的修改，是为了重视办案经验以利商人。③按照新的选举规定，总商会举定10月2日下午公开抽签，签定11位评议员、3名调查员留任。原定11月10日改选，可能因为到会人数不足，未能如期进行，于11月27日改选，公开选出评议员10人，调查员3人，候补评议员6人，候补调查员2人。④

上述历届选举过程表明，上海商事公断处从1914年1月组建至1926年11月，组织构建是正常的，商事公断处处于正常的运转和工作状态中。从历次选举过程看，选举公开，选举过程严谨，每次会员都将选举票投入指定的票箱，开箱和唱票时都由会长主持，会董监票。按照部颁章程和细则进行选举，每届选举的正式职员都是27人，候补人选9人，按照得票多少依次排列，得票多者依次当选。出现公断处职员空缺，也能及时递补。从这一过程同时也可以看出，在职员选举过程中，商会处于领导和组织的地位。

---

① 上海市工商业联合会编：《上海总商会议事录》（五），上海古籍出版社2006年版，第2383页。

② 上海市工商业联合会、复旦大学历史系编《上海总商会组织史资料》（上册），上海古籍出版社2004年版，第686页。

③ 李炘：《考核商事公断情形报告书》，《法律评论》1926年第172期，第17页。

④ 上海市工商业联合会、复旦大学历史系编：《上海总商会组织史资料》（上册），上海古籍出版社2004年版，第687页。

表 5-1　上海商事公断处第一至第六届职员任职情况统计（1914—1926）

编号	姓名	年龄	籍贯	行业	公断处当选情况	总商会当选情况
1	顾馨一	67	江苏上海	面粉	一二三四五六	二三四六
2	王一亭	52	浙江吴兴	汽船	三四五六	三四
3	朱吟江	42	江苏嘉定	木业	一二三五六	二三四六
4	谢蘅牕	41	江苏鄞县	煤炭	二三五六	三四六八
5	项如松	61	江苏嘉定	洋货	二三五六	三
6	沈仲礼	60	浙江鄞县	保险	一二三	二三四
7	丁钦斋	65	浙江定还	洋货	一二三	二三四
8	朱五楼	53	浙江吴兴	钱业	一二三	二三四
9	苏筠尚	45	江苏上海	洋货	一二三	二三四
10	祝兰舫	61	江苏无锡	面粉	一二三	二三四
11	杨信之	69	浙江吴兴	丝业	一二三	二三四六
12	叶鸿英	57	江苏上海	洋货	一二三	二三四
13	胡穉芗	49	浙江余姚	银行	一二三	二三四
14	傅筱庵	45	浙江镇海	保险	一二三；五补	二三四六，八届会长
15	张乐君	64	浙江鄞县	糖业	一二三	二三四六
16	唐露园	54	广东香山		一二，三补	一二三
17	张知笙	64	浙江鄞县	糖业	一，二三届处长	三四
18	劳敬修	53	广东鹤山	洋货	二三六	三四六
19	沈联芳	43	浙江乌程	丝茧	一五处长；四补	二，三四副会长
20	虞洽卿	52	浙江镇海	轮埠	三四五	三四六八
21	王鞠如	48	浙江余姚	钱业	五六，四补	六
22	荣宗敬	48	江苏无锡	纺织业	四五六	五六
23	楼恂如	35	浙江鄞县	钱业	四五六	五六
24	孙梅堂	37	浙江鄞县	商业	四五六	五八
25	郁屏翰	63	江苏上海	洋布	一二；三补	二三四
26	闻兰亭	47	江苏武进	纱业	二三，五补	二三四六
27	朱鉴堂	49	江苏吴县	丝业	二三；一补	二三四
28	钱达三	45	浙江定海	银行	二三；一补	二三四
29	宋汉章	45	浙江绍县	银行	三四；一补	二三四；六会长
30	李柏葆	51	江苏常熟	洋布	二三	三四
31	陈润夫	73	江西清江	钱业	一	二三四
32	田澍霖	41	浙江上虞	木业	二五；一三补	三四

续表

编号	姓名	年龄	籍贯	行业	公断处当选情况	总商会当选情况
33	钱贵三	49	江苏上海	米业	三四，五补	五
34	穆藕初	43	江苏上海	纱业	四五；三补	五
35	陆维镛	46	浙江慈溪	面粉	四五；三补	五
36	顾子槃	41	江苏吴县	洋布	四五；六补	五
37	薛文泰	47	浙江镇海	棉业	四五	五六八
38	盛筱珊	43	浙江慈溪	钱业	四五	六八
39	庄得之	51	江苏武进	银行	四五	五六
40	汤节之	40	广东高要	商报馆	四五	五六
41	叶惠钧	58	江苏上海	豆米业	四五	五
42	邵尔康	41	浙江镇海	火柴	四五	
43	吕葆元	57	浙江海宁	丝绸	四五	
44	钱新之	36	浙江吴兴	银行	四五	
45	袁履登	4141	浙江鄞县	航业	四五	五六，八副会长
46	方椒伯	36	浙江镇海	银行	第四届处长，六	五八，六副会长
47	朱葆三	71	浙江定海	银行	一，五补	二；三四会长
48	邵琹涛	49	江苏元和	洋布	一	
49	林莲荪	53	浙江鄞县	钱业	一二	
50	印锡璋	48	江苏嘉定	洋布	一	二
51	李云书	48	浙江镇海	银行	一	
52	沈缦云	45	江苏无锡	银行	一	
53	夏粹芳	44	江苏青浦	书报	一	
54	陈一斋	64	浙江上虞	钱业	一	二三
55	周舜卿	63	江苏无锡	五金	一	
56	叶明斋	50	江苏吴县	银行	一	二三
57	施善畦	54	江苏吴县	金业	一二三补	二三四
58	庞莱臣	51	浙江乌程	造纸	一二补	
59	王子展	58	浙江杭县	银行	一二补；	二
60	李征五	40	浙江镇海	书报	一补	
61	姚紫若	50	江苏上海	糖业	二，三补	三四六
62	余鲁卿	68	安徽歙县	典当	二；一补	二
63	陆费伯鸿	30	浙江桐乡	中华书局	二	三四
64	席立功	53	江苏吴县	银行	二三补	三四

续表

编号	姓名	年龄	籍贯	行业	公断处当选情况	总商会当选情况
65	黄搢臣	40	浙江吴兴	丝茧	二补	三四
66	邱渭卿	49	江苏江都	颜料	二补	
67	朱衡斋	49	浙江镇海	糖业	二补	
68	王亦梅		浙江吴兴	丝茧	二补	
69	周金箴	70	浙江慈溪	保险	三；二补	二三四
70	陈润甫			颜料	三	
71	谢纶辉	68	浙江余姚	银行	三	
72	盛丕华	39	浙江慈溪	证券交易	四	五
73	穆抒斋		江苏上海	丝业	四	
74	姚慕莲	44	浙江嘉兴	自来水	四	
75	朱子谦	52	浙江吴兴	商船号	四；五补	
76	乐振葆	52	浙江鄞县	洋货业	四；五补	五
77	赵晋卿	39	江苏上海	烟业	四；五补	五六
78	谢蘅甫	40	浙江余姚	钱庄	六	六八
79	田祈原	54	浙江上虞	钱业	四五补	
80	沈润挹	42	江苏太仓	棉业	四补	五
81	李志方	56	浙江鄞县	报关行	四补	
82	张延钟	52	浙江鄞县	造船	四补	八
83	吕耀庭	48	浙江鄞县	出口业	四补	五
84	袁近初	39	浙江上虞	信托	五	
85	聂云台	43	湖南衡山	纱业	五	五会长
86	孙衡甫	46	浙江镇海	银行	五；四补	五六八
87	徐乾麟	60	浙江余姚	实业	五补	六
88	秦润卿	43	浙江慈溪	钱业	六；三补	五副会长
89	吴麟书	41	江苏吴县	纺织	六；四补	
90	陈良玉	60	浙江镇海	卷烟	六	八
91	陈子壎	52	浙江鄞县	钱业	六	八
92	徐庆云	42	浙江慈溪	棉纱	六	六
93	谢仲笙	54	浙江慈溪	轮船招商局	六	八
94	穆恕再	53	江苏上海	丝业	六	
95	石芝坤	40	浙江鄞县	报关行	六	
96	戴耕莘	32	浙江镇海	五金	六	八

续表

编号	姓名	年龄	籍贯	行业	公断处当选情况	总商会当选情况
97	董杏生	40	浙江镇海	洋货	六	
98	王心贯	35	浙江镇海	银行	六	
99	徐冠南	57	浙江桐乡	房地产	六	七
100	洪雁宾	37	浙江镇海	银行	六补	八
101	林孟垂	50	浙江鄞县	煤矿	六补	八
102	胡笔江	45	江苏镇江	银行	六补	
103	厉树雄	35	浙江定海	华丰实业	六补	
104	谢光甫	49	浙江余姚	银行	六补	
105	徐坤久	49	浙江镇海	面粉	六补	
106	邬志豪	43	浙江奉化	制衣	六补	
107	徐春荣	44	浙江余姚	隆泉公记	六补	
108	高馥荪	39	浙江余姚	利泰篷行	六补	
109	朱焕文	36	浙江慈溪	轮船招商局	六补	

说明：1. 本表资料根据上海市工商业联合会、复旦大学历史系编《上海总商会组织史资料》（上下册）的相关内容整理而来。主要是上海总商会商事公断处第一届至第六届职员名录、上海总商会第一届至第八届职员简况、1912年至1926年历年上海总商会同人录，具体页码从略。

2. 表中第三列中的年龄为当选人首次当选的年龄，第六列中的中文数字是公断处职员当选届数，"补"字意为候选人，如第十四行第六列"一二三；五补"，即表示傅筱庵当选为第一、二、三届商事公断处正式职员，第五届候选人。第十九行"一五处长；四补"，表示沈联芳当选为第一届、第五届处长，第四届候选人。按照《商事公断处章程》和《商事公断处办事细则》的规定，每届公断处职员选举应当选出三分之一的候选人，用于正式职员空缺时递补。

3. 表中第七列是表示表中所列人员在总商会的任职情况，中文数字意思与第六列相同。总商会职员任期第二、三、四、五、六、八与公断处职员任期的第一、二、三、四、五、六时间基本吻合，从中可以看出总商会职员与公断处职员的重合程度。

通过表5-1中的数据显示，上海总商会商事公断处的职员都是当时上海的商界名流，从年龄上来看，首次当选者的平均年龄是49岁，首次当选的年龄最大的是陈润夫，1914当选时年龄为73周岁，首次当选年龄最小的是陆费伯鸿，1916年当选时的年龄是30岁。

从籍贯来看，109位历届人选中，浙江籍商人有69位，江苏籍商人33位，广东籍商人3人，湖南、安徽、江西籍各1人，可以看出，江浙商人占绝对优势，尤其是浙江商人，占所有人选的63%，民国时期上海的商业社会已经是江浙商人的天下。从行业看，商事公断处成员多来自银行业、钱业、洋布业、洋货、木业、丝茧、保险等行业，钱业、洋布业、洋货业、木业是上海原有的由江浙商人控制的大行业，富商云集，但是，随着现代银行业和保险业的发展，一些富有的江浙商人转向了银行业和保险业，同时也投资现代纺织业和缫丝业，从商事公断处成员的行业分布来看，上海地区的新兴行业也不少，证券业、信托投资、报关业、书报出版业等行业在上海也逐步有了一席之地。

历届选举中上海商事公断处选出的包括候选人在内的人员共 215 人，其中正式当选的职员 162 人，候选人 53 人，二次当选为正式职员的 46 人。与苏州商事公断处一样，职员连任很多，当选的正式职员中，连任 3 届以上的 18 人，顾馨一[①]连续 6 届当选，王一亭[②]连任 4 届，这些人能多次连任，说明其在商界始终有很高的地位。出现这种情况的原因和苏州商事公断处一样。

上海商事公断处的职员与上海商务总会职员也有相当高的重复比例。

[①] 顾馨一（1869—1937），本名履桂，江苏上海（今上海市）人。早年以经营杂粮行起家，曾任上海华商杂粮交易所经理，后投资立大、申大面粉厂，上海通商和商业储蓄银行、正大银行、中华商业储蓄银行、开明房产公司和利泰纺织公司等。1910 年上海议事会成立，被选为董事。后历任上海县商会会长、总商会会董。1927 年参与组织上海商业联合会，后又任上海市货物税局局长。见傅立民等主编《中国商业文化大辞典》，中国发展出版社 1994 年版，第 1499 页。

[②] 王一亭（1867—1938），浙江吴兴（今湖州）人，名震，别号白龙山人。早年在上海学习钱庄业，业余学外语。1906 年，参与创办上海信成储蓄银行，任董事；又被推为上海东区学堂总理。次年，任日清轮船公司买办。兼任日商大阪商务会社买办。从事多项投资，为上海内地电灯厂、日商上海纺织株式会社等董事，被选为上海城厢内外总工程局议事会议董。1904 年，被推为沪南商会分所议董、浙江铁路公司查账员。宣统元年（1909 年），被举为上海内地自来水公司总董、南洋劝业会上海出品所干事长、华比商会董事、上海城厢内外救火联合会会长。次年，被选为上海城自治公所议事会董事、上海商务总会议董，积极参与地方自治活动。约于是年参加中国同盟会，负责上海机关财务工作，资助创办《民立报》。武昌起义后，同陈其美、沈缦云等革命党人筹划响应，联络商团，参与领导上海起义。上海光复，任沪军都督府交通部长，旋为农工商务总长。1912 年，任上海商务总会协理、上海商团公会副会长、国民党上海分部部长。二次革命后，脱离革命。1918 年，任上海义赈会副会长。北伐战争后，为国民政府义赈委员、导淮委员等。能书善画。花果、人物、鸟兽、佛像均出色。与名画家吴昌硕为至交。画技纯熟，挥洒自如，尤为日本人所推崇。后参加上海艺术、慈善、佛教等各种团体。有《白龙山人画集》《王一亭选集》和《王一亭题画诗选集》。详见朱汉国等主编《中华民国史》（第 9 册传 4），四川人民出版社 2006 年版，第 1—3 页。

上海总商会1914年改选第二届职员，共选出30人，周金箴①、朱葆三②当选为总、协理，1915年周金箴升任沪海道尹，由朱葆三任总理，沈联芳③担任协理。1914年选出的30位职员中，有27人被选入商事公断处。④上海总商会第三届职员选举1916年10月进行，此时商会领导人改称为会长、副会长，朱葆山、沈联芳仍当选为正副会长，包括会长在内的35名

---

① 周金箴（1847—?），号晋镳，浙江慈溪人。通久源轧花厂、赣丰饼油公司等企业股东。清光绪十四年（1888年）与严信厚等创办华新纺织新局。光绪二十八年（1902年）当选上海商业会议公所副总理。光绪三十年（1904年）当选上海商务总会协理，光绪三十二年（1906年）当选上海商务总会议董。光绪三十三年（1907年）选为上海商务总会第四任总理。光绪三十四年（1908年）61岁时在电报总局任职，同年与李云书、虞洽卿、陈子琴集资创办四明银行。1909年、1910年连续选为上海商务总会第五、六任总理。民国元年（1912年）任上海总商会第一任总理，1914年连任。1915年升任沪海道尹，同年70岁时任职华洋保寿公司。1921年75岁时任职招商总局，1922年76岁时任职阜丰植棉公司。见《周金箴》，2015年4月，参考网址 http://book2.duxiu.com/EncyDetail.jsp?dxid=900008958344&d=F5D32EE53A7D34E75794839F98B7A01B。

② 朱葆三（1848—1926），浙江定海（今舟山）人，原籍浙江黄岩（今台州），原名佩珍。清咸丰八年（1858年），来上海协记五金店做学徒。后在沪上日商平和洋行当买办。光绪四年（1878年），开办新裕五金号，迅速成为上海五金业巨头。1902年，任中国通商银行总董。后陆续开设华安水火保险公司、华商电车公司、定海电气公司、舟山电灯公司与舟山轮船公司、永安轮船公司、上海内地自来水公司、上海华商水泥公司、立大与中兴面粉厂等企业。1905年，被选为上海城厢内外总工程局办事总董、上海商务总会协理。1906年，被选为上海华商公议会办事董事、《新闻报》董事。宣统元年（1909年），为上海城厢内外救火联合会会长。次年，与日资合办上海织丝公司。上海光复时，为上海商务总会协理，任沪军都督府财政长。1912年，被选为国民党上海分部副部长。1914年，任上海总商会协理。次年，代任上海总商会会长、任全国商会联合会副会长。1916年，为上海总商会正会长。1917年，与陆费逵在上海创办和兴钢铁厂。1918年，参与发起组织"上海中外联合拒绝指销存土会"，反对销售鸦片烟土。被选为上海中国义赈会副会长。五四运动时，以上海总商会会长名义通电支持段祺瑞政府，受舆论抨击，后在总商会改选中落选。详见何雷书《定海历史名人传录》，中国文化史出版社2008年版，第149—152页。

③ 沈联芳（1870—1947），字镛，浙江吴兴（今湖州）人，早年读过私塾，1900年创办缫丝厂起家后又投资房地产，在上海闸北地区有许多产业。1902年即为上海商务总会书记议董，时任上海总商会议董，1915年当选为上海总商会副会长，后因为1919年"佳电"事件，与会长朱葆三联名辞职。详细介绍见周鸿、朱汉国主编，郝瑞庭等分卷主编《中国二十世纪纪事本末》（附卷·人物），山东人民出版社2000年版，第350—351页。

④ 上海市工商业联合会、复旦大学历史系编：《上海总商会组织史资料》（上册），上海古籍出版社2004年版，第157—159页。

职员，有 30 位被选入同时期改选的第二届商事公断处职员中，重复率达到 83%，此后历届选举也都有相当高的重复比例。重复率高的原因也同与苏州商事公断处。

尽管总商会职员和公断处职员有很高的重复比例，但是同届商会正副职领导人没有公断处职员的被选举权。上海商事公断处成立之初，曾经就总商会总协理是否应该当选有过讨论。沈联芳最早提出这一问题，认为"总协理为全会主体，负筹备监督职责，且会中之事件，均须先呈总协理批阅、分派，故鄙意认为公断处职员处长选举，总协理不应与选，况上海万商云集，人才众多，另举处长固属不难。若内地商会办事人员虽照章规定，大多不甚到会，故欲与总协理外，另举职员处长恐难集事。现闻各商会纷纷致函本会询问办事细则，以资依据，是本会对于公断处选举规则不可不格外注意。俾可为各省之模型"①。后经过讨论，多数意见认为"总协理若再兼公断处处长，是使监督与执行归诸一人，职权愈重，更宜招扰是非……公断处选举职员处长，商会总协理应有选举权而免被选权"。"彼商务较小之商会或因事简而节费，举总协理暂为兼摄，犹可说也，我总商会中事务殷繁，有才识有经验者不乏其人"，最终形成公决意见："公断处选举职员、处长，商会总、协理，应有选举权，而免被选权"，商会的正副领导人有选举权而无被选举权成为一种惯例并被其他商会效仿，司法农商两部 1925 年修订《商事公断处章程》时才对此作了明确的规定。②

上海商事公断处职员中书记员的情况，没有相关史料分析。但是上海商事公断处的公断书上，尾部署名区内有书记员郑飞字样，至少说明上海商事公断处是有书记员的。③

三 上海商事公断处理案概况

上海总商会商事公断处成立于 1914 年 1 月 1 日。表 5-2 是上海总商

---

① 上海市工商业联合会编：《上海总商会议事录》（一），上海古籍出版社 2006 年版，第 76 页。

② 同上书，第 77 页。

③ 《商业月报》第一卷第十二号，"公牍"，第 6—7 页；郑飞编：《上海总商会商事公断处报告》，1922 年；上海市工商业联合会、复旦大学历史编：《上海总商会组织史资料》（下册），第 698—700 页。

会商事公断处从 1914 年 1 月 1 日至 1919 年 3 月受理的案件，共 95 件。上海总商会商事公断处受理的案件有四类，除了部章规定商事公断处受理"于未起诉先由两造商人同意自行声请者"和"于起诉后由法院委托调处者"两大类案件外，上海由于存在会审公廨制度，还受理了会审公廨移送的案件。尽管 1918 年 2 月，才有正式的行文规定，会审公廨受理的华人控告华人的案件全部委托上海商事公断处调处[1]，但从《上海总商会议事录》的记载来看，会审公廨 1913 年就将商事纠纷移交商会处理。另外，上海总商会还接受了其他商会移理的案件。

表 5-2　　上海商事公断处 1914—1919 年受理商事纠纷案件情况

编号	时间	案由	类型	结案情形	出处页码
1	1914.2	许星垣控诚德庄不理存款由	票据	遵从公断，理结	383
2	1914.2	鲍生泰缸瓮行与寿康酱园货款纠葛案	买卖	遵从公断，理结	383
3	1914.2	王庸盦诉合立一亨运煤公司被莫访梅丁夔生等吞没股款由廨移会查账复核由	合伙	两造推诿，移廨核夺移结	384
4	1914.4	为林合兴号林统之亏倒避匿各商纷争原货由	破产	待汕头商会查，未结	394
5	1914.4	廨移奚荣根诉周锦松合做棉纱生意取去田单现洋饰物，希将案内紧要问题调查并将账目核明见复由	合伙	待纱业公所复到核办，未结	395
6	1914.4	廨移陈福荣与股东沈杏村等账款纠葛案	合伙	案悬日久，无从理处移廨核夺，移结	395
7	1914.4 1914.5.13	廨移协安丝厂经理张少泉呈诉礼和华纯新两丝厂经理张锡生沈子康违章增价由	行规	事关同业违章，移送丝业公所核办，未结	396 421
8	1914.4	地方审判厅移请调处陈煜明诉陆福生图赖米款由	买卖	侯南会理明见复据情复厅，移结	400
9	1914.4	吴钟秀诉洪少图与故兄志和大通转运公司股单抵押纠葛由	抵押	他人调解，未结	401
10	1914.5.4	顾蓉塘略诉唐晋斋合股悔议由	合伙	遵从公断，已结	404 416

---

[1] 李炘：《考核商事公断处情形报告书》，《法律评论》1926 年第 173 期。

续表

编号	时间	案由	类型	结案情形	出处页码
11	1914.5.6	廨移叶美甫控徐采目等不付垫款由	买卖	理处三次不遵公断，十月一日移廨核夺，移结	405 453 458
12	1914.5.7	廨移丁夔生朱祖甫互控案	合伙	同乡调解，复廨销案移结	405
13	1914.5.7	廨移徐全贵诉汇通公司陈丽清等将伊经理辞歇请追薪水及损失洋元由	经理舞弊	一方不愿接受公断，移廨核夺，移结	406
14	1914.5.7	廨移进益洋行控顺兴昌前充买办经理丝茶账目不符移会同丝茶两业董查对账簿由	买办	案悬日久，无从理处移廨核夺，移结	406
15	1914.5.13	廨移王庸盦诉合立一亨运煤公司无故停业又不将账交查由	合伙	事难劝理，移廨核办移结	407
16	1914.5.14	廨移安记等十五户诉萃元糖行主陈立生倒闭卷逃查阅账户有欠户九家请照账追缴移会查复由	破产	查复情形复廨办理，移结	407
17	1914.5.25	王荫棠略诉徐子美虚付定洋百元由	买卖	自行和解，销案	415
18	1914.6.2	廨移倪宝田控胡子宗等不交清账吞银一案移会核算由	合伙	当事人屡传不到，复廨核夺	421 447
19	1914.6.15	南会移理元和米行诉吉兴碾米厂不付本票由	买卖	不愿遵理，销案	425
20	1914.6.18	马子彝诉分庄经理金锡五与蒋汉臣汇票纠葛由	合伙	一方诉至公断处，一方不愿公断，复结	426
21	1914.6.27	浏河商会移理吴钟秀与洪少圃为故兄志和大通转运公司股单抵押纠葛案	抵押	不遵公断	426
22	1914.7.20	成都商会查办李绍臣人货下落由	调查	询查，移结	448
23	1914.9.3	廨移沈惠昌控沈贸堂合包工程不理亏银并强搬木头由	承包	木业公所理明，复廨核夺，移结	448
24	1914.9.5	孙仰方等函称因向王景裕收款无着请为公断由	买卖	查明，复结	449
25	1914.9.7	董竟吾与裕丰永标金结价纠葛由	买卖	遵断，理结	453
26	1914.10.8	科学仪器馆与中华书局货款纠葛案	买卖	遵断，理结	463
27	1914.10.12	林合兴亏倒后各商纷争原货纠葛由	破产	破产案件，遵断，12.17已结	463 488 588

续表

编号	时间	案由	类型	结案情形	出处页码
28	1914.10.16	定海商会移理永康庄诉胡详源不理保银由	买卖	查明回复定海商会，11.13移结	464 468
29	1914.10.13	厅移陈履昌与韩荣源争牌缠讼准律师申请再行移会调处案	商标	审判厅已决案件，移会调处，公断处不愿调处	485
30	1914.10.20	新加坡商务总会为运进号倒闭林合兴亦系债户请转嘱合与证明账目由	破产	破产案件，复结	485 588
31	1914.12.2	为理案时薛宝润未将账簿笔据陈验情形再函公廨秉公复讯由	买卖	不服公断，另行起诉移结	487
32	12.16	为李怡昌等与协兴呢绒号订货纠葛由	买卖	案外调解未成 1915.1.21结案	487 571
33	1915.1.19	为森茂好主陈钧波由新加坡汇银于上海联发号同是债主应请公摊由	破产	他人调息，销案，已结	570
34	1915.1.20	王孝文诉蔡永椿舞弊吞款一案因蔡永椿不服罗店商会查账由宝山县移请复核由	合伙	重新查核，移结	571
35	1915.1.22	殷佩之诉黄子谦股开钱庄亏空银两廨移查账由	买卖	查账情词各异，未能证实，移结	572
36	1915.2.4	厅移协安丝厂经理张少泉诉礼和华纯新两厂违章增价由	行规	交丝茧公所调处成功，已结	578
37	1915.2.4	南会移送徽雅唐诉大庆永等同业违章议罚不遵由	行规	函至南会转知徽雅堂各平义气，已结	579
38	1915.2..5	元德庄诉久浮成结欠庄银延约不付由	买卖	遵断，已结	579
39	1915.3.7	吴荣根与周锦松互控在廨廨请调查见复由	合伙	吴不在沪，无从邀理移结	580
40	1915.3.24	廨移日商吉隆伊藤等行控来余号周启动姚明生定纱欠银移送泰亨源账簿四本请核查见复由	合伙	他人调解销案移廨核夺，移结	589
41	1915.4.1	镇江商会据朱泰永糖行诉恒顺裕大恒捺货不交移请公断由	买卖	他人调解销案，已结	589
42	1915.5.20	绍兴商会移理福昌铜锡庄诉广永盛订货不交由	买卖	同业调息销案，已结	604
43	1915.5.18	振华堂为源详协详等因泰和止付金朗记汇票请开公断由	票据纠葛	人不在沪，碍难开议未结	604

续表

编号	时间	案由	类型	结案情形	出处页码
44	1915.6.24	廨移浙江银行诉孙问清不理抵款请会清算实欠复廨由	抵押	遵断销案，移结	615
45	1915.6.26	元丰诉陆维记订货不出请评议解决由	买卖	双方和解，销案	614
46	1915.7.16	无锡县移吴梅鹤诉孙霖甫抵款不偿一案请理结见复核办由	买卖	未理，人不在沪复结	634
47	1915.7.22	高等厅移南商会转移理徐大焜诉朱子谦放弃责任朱子谦不服抗告转送公断由	合伙	两造不愿公断，移结	635
48	1915.9.2	孙寿记诉租户信昌隆私通街房以致保险加费请偿损失由	租赁	两造遵断，已结	635
49	1915.10.9	廨移陈太庚控李焕初不分盈余一案请算明账目见复核断由	合伙	账簿不齐，未结	648
50	1915.10.13	裘业公所函称裕成祥售货悔约理处无效由	买卖	两造未申请，复结	649
51	1915.10.17	廨移章秀山控荣杏苑合伙昧良不理亏欠一案请查明账目见复核断由	合伙	账已查明，查结	649
52	1915.10.26	南商会函移王孝文诉蔡永椿吞款不偿一案请定期会议由	买卖	复结南会已议，毋庸再议	658
53	1915.11.10	为控廨欠项已经折偿了结呈廨销案函查照由	买卖	友人调解，呈请销案已结	659
54	1915.11.13	沈云峰为薛宝润诉宋品三不理垫款案请查案抄示由	买卖	已查案，已结	659
55	1915.11.19	廨移陈太庚控李焕初不分盈余案请查账见复核断由	合伙	请公证理账员查账，已结	660
56	1915.12.23	韩幼亭诉晋丰庄私划银两于信通庄请求公断由	合伙	两造遵断，已结	671
57	1915.12.31	廨移吴春林诉黄少怀经理舞弊一案请查算见复由	经理舞弊	被告远避，无从理断移结	671
58	1916.1.22	金业公所诉裕顺详结欠协盛永等十八户出票不理由	破产案件	多位被告不同意公断，已将原案送还金业公所理处，移结	771
59	1916.1.26	厅移周问樵与张蓝溪账款涉讼一案移会查账由	买卖	账簿不齐，无从查账移结	772

续表

编号	时间	案由	类型	结案情形	出处页码
60	1916.1.27	廨移同益转运公司控杨永屯溺职清吞案移会查账由	经理舞弊	两造未送账簿，备函复廨，移结	772
61	1916.4.1	廨移姚毓蘅与毛诚哉股开裕丰米行账目纠葛请算账理处由	合伙	原告不愿缴纳查账费，复结	789
62	1916.4.1	锡厅移理吴梅鹤诉孙林甫不偿抵款由	买卖	未经评议，无从销案复结	790
63	1916.4.12	厅移查调唐金林破产偿债卷宗由	破产	复结，没有该卷宗	797
64	1916.4.14	曹倚清略诉汤汉记违背成单预期售货由	买卖	函劝曹邀人调处，无庸评议，复结	798
65	1916.4.24	廨移吴庆云诉王鹿萍不付厂租由	租赁	原告离沪，移结	798
66	1916.4.25	九江商会移理郭秀开略诉周式如等鲸吞股利诈骗贷款移请理处案	合伙	移潮州会馆调查	799
67	1916.5.8	廨移朱志成诉郭宪章不交订货由	买卖	友人调理，复厅销案已结	799 811
68	1916.5.8	廨移包其亨诉唐鹤卿不交订货由	买卖	被告不遵公断，移廨复核，移结	800 811
69	1916.6.17	同余等庄诉四明银行不还顶首请求公断由	抵押	未议，由友人调解已结	837
70	1916.8.31	为运洋被盗申请公断由	运输	和解销案，已结	838
71	1916.9.1	汉口商会为厚昌详与刘镜记存款纠葛案	票据	向法庭起诉，复结	841
72	1916.10.27	裕详庄略诉振新纱厂结欠往来期票等银请为公断由	买卖	和解结案，已结	848
73	1916.10.30	常熟商会移理程叔贤与汇昌订货纠葛由	买卖	复结，两造无消息	849
74	1916.11.6	吴颂清等为怡记存款与聚康庄债权纠葛由	票据	两造遵断，已结	854
75	1916.11.10	廨移怡记纸号欠款倒闭移会查账由	破产	被告病故，移结	855

续表

编号	时间	案由	类型	结案情形	出处页码
76	1916.11.29	蒋星阶与奚鹤衔售土纠葛由	买卖	毋庸评议，复结	861
77	1916.12.23	法廨移查姜炳生等应分红利账目见复核断由	合伙	纯粹查账，移结	865
78	1916.12.24	汉会移请查理泰顺合账务由	查账	纯粹查账，复结	866
79	1916.12.24	铜锡公会代递易楠桢节略开单请查易文波弊账由	经理舞弊	纯粹查账，复结	866
80	1917.1.5	陈文槐诉蔡修成不理保款请求公断由	买卖	一方邀理，另一方不同意，未理销案	973
81	1917.1.10	陈渭泉诉汉口分庄司账俞聘珍舞弊亏宕保人林联琛不理请查账公断由	经理舞弊	俞林二君未到会，先退账目	974
82	1917.3.19	汕会移理梁海闪盘受鲍作英鼎新协记书局纠葛案	买卖	他人理劝和解，销案，复结	991
83	1917.3.21	廨移余发海味行控陆槐庭揭欠货银移会查账案	买卖	纯粹查账，移结	991 999
84	1917.3.30	黄兆文即四福与王佐才互控欠款移会查账由	合伙	纯粹查账，移结	992
85	1917.4.12	廨移恒源等庄控南京润昌公司等不理欠款移会查账由	买卖	他人理劝和解，销案，已结	999
86	1917.4.18	陈宛溪与汪缦卿因嘉详丝厂股款纠葛经蜀商公益会送请公断由	合伙	他人理劝和解销案，已结	1005
87	1917.4.28	方友仁诉谦泰昌不付茶款由	买卖	两造尊断，已结	1005 1019
88	1917.6.1	廨移郭秀开与周子如等互控结欠本息银两由	合伙	两造不遵公断，复廨核办	1018
89	1917.6.19	田永祥诉乾元亨渝庄经理曹云浦等舞弊由	经理舞弊	案未成立，一方不愿缴纳查账费，注销	1026
90	1917.7.18	海盐等处商会移送包议盛等十一户诉广兴隆羊行欠款请求公摊由	破产	兴隆行东不在沪未结	1037
91	1917.11.22	厅移张涵霖与陆福全货款纠葛请为公断由	买卖	碍难理劝，复厅核办移结	1072
	1918年缺				
92	1919.2.18	裕成通与贾欲兴抛茧纠葛案	买卖	两造熟悉，托他人调处，复结	1270
93	1919.2.28	德合成与湧兴裕花旗洋钢纠葛案	买卖	湧兴裕起诉，不必公断，销案	1269

续表

编号	时间	案由	类型	结案情形	出处页码
94	1919.3.2	陈文槐诉李祖夔不理支票由	票据	一方不同意公断，销案	1269
95	1919.3.19	地方审判厅移理华昌公司与新昌公司票款纠葛案	票据	调解结案，复厅销案已结	1268

说明：1. 此表根据《上海总商会议事录》（上海市工商业联合会编，上海古籍出版社2006年版）整理而来。该议事录共5册，记载1912—1928年上海总商会的各项会议记录和办事报告。所有商会调处的案件，在每年的办事报告中有记载。但是1912年和1918年办事报告缺，1919年3月以后上海总商会办事报告格式修改，找不到相关记录。1913年的办事报告中也记载了商会理处的案件32件，因上海总商会商事公断处1914年1月1日成立，因此未录入。

2. 1914年5月4日以前商会处理的案件，都没有时间记载，表中的日期是根据办事报告中的记载推断而来。1914年5月4日以后始有详细的年月日时间记录。

3. 本表出处页码一栏所标注数字，皆为《上海总商会议事录》的页码。

表5-3显示了四类案件各自的比例，上海商事公断处接受两造商人于未起诉前自行声请的案件共33件，约占34.74%；起诉后由普通法院委托调处的案件12件，约占12.63%；其他商会或同业公会移理的案件18件，约占18.95%；会审公廨委托理处的案件32件，约占33.68%。由此可见，两造商人自愿声请的案件和会审公廨委托理处的案件占主要部分。

表5-3　上海商事公断处1914年1月1日—1919年3月19日案件受理情况分类统计

类 \ 量 \ 年		1914	1915	1916	1917	1919	合计		百分比（%）
受理	于未起诉先由商人自行声请者	11	7	6	6	3	33		34.74
	于起诉后由普通法院委托 调处	3	4	2	1	1	11	12	12.63
	查账			1			1		
	其他商会或同业公会移理 调处	5	5	4	2		16	18	18.95
	查账			2			2		
	会审公廨委托 调处	8	2	3	1		14	32	33.68
	查账	5	7	4	2		18		
	小计	32	25	22	12	4	95		100

说明：本表数据根据表5-2的内容统计，百分数保留两位小数，四舍五入。

表5-4把表5-2中的案件按照纠纷产生的原因归类，共有14种。其

中多数纠纷是因为买卖关系而产生的钱债纠葛以及合伙经营引起的合伙纠纷，分别占案件总数的 38.95% 和 23.15%，这些都是传统商业活动中引起纠纷的主要原因。但上海总商会商事公断处受理的案件中也有较多的是破产纠纷、票据纠纷、经理人舞弊的案件，说明近代上海随着市场经济的发展，竞争加剧导致破产案件较多，金融业发达使得金融票据纠葛也较多，近代上海受现代企业制度的影响，实行所有权和经营权分离的企业制度，因此，出现了一些经理人舞弊案件。

表 5-4　　　　　上海商事公断处受理案件案由统计

分类	买卖	合伙	破产	票据	经理	抵押	行规	租赁	买办	调查	承包	商标	运输	查账	合计
数量	37	22	9	6	6	4	3	2	1	1	1	1	1	1	95
百分比(%)	38.95	23.15	9.47	6.32	6.32	4.21	3.16	2.11	1.05	1.05	1.05	1.05	1.05	1.05	100

说明：1. 数据来源为表 5-2 中所列案件，分类统计。

2. 百分数保留两位小数，四舍五入。

表 5-5 是上海总商会商事公断处 1914 年 1 月 1 日—1919 年 3 月 19 日受理案件结案情况统计表，表中的数据显示，上海总商会商事公断处受理的案件大多数结案，95 个受理的案件中，90 个案件结案，占受理案件的 94.74%；未结案的 5 件，占受理案件的 5.26%。

表 5-5　　　上海商事公断处 1914 年 1 月 1 日—1919 年 3 月 19 日
　　　　　　受理案件结案情况统计

类	量＼年	1914	1915	1916	1917	1919	合计	百分比（%）	
已结	于未起诉先由商人自行声请者	9	7	6	6	3	31		32.63	94.74
	于起诉后由普通法院委托	2	4	3	1	1	11	90	11.58	
	其他商会移理	5	5	6	2	0	18		18.95	
	会审公廨委托	11	9	7	3	0	30		31.58	
未结	于未起诉先由商人自行声请者	2	0	0	0	0	2		2.10	5.26
	于起诉后由普通法院委托	1	0	0	0	0	1	5	1.05	
	其他商会移理	0	0	0	0	0	0		0	
	会审公廨委托	2	0	0	0	0	2		2.10	
合计		32	25	22	12	4	95		100	

说明：本表数据根据表 5-2 的内容统计，百分数保留两位小数，四舍五入。

表 5-6 列出了上海总商会商事公断处已结案件的结案理由。就表中所列的数据分析，商事公断处受理的案件两造遵断的不多，一共 12 件，占已结案件的 13.33%；商会受理案件后，自行和解或他人劝解销案的有 17 件，占已结案件的 18.88%；由于当事人不愿意接受公断、不尊公断、屡传不到、当事人不在沪等原因结束的有 36 件，占已结案件的 40%。公断处受理案件后，将案件转给其他个人或商会、同业公会调解的案件有 6 件，另外帮助查明事实、查账案件 21 件。

表 5-6　　上海商事公断处 1914 年 1 月 1 日—1919 年 3 月 19 日结案理由分析

类 \ 量 \ 年		1914	1915	1916	1917	1919	合计	百分比（%）
已结	两造遵断	6	4	1	1		12	13.33
	声请销案 自行和解	1					1	1.11
	声请销案 他人劝解	2	6	4	3	1	16	17.78
	公断处委托他人调解	1	2	2		1	6	6.67
	不愿公断	3	1	1	2	2	9	10.00
	不遵公断	4	1	2	2		9	10.00
	碍难公断	4	1	2	2		9	10.00
	当事人屡传不到	1					1	1.11
	人不在沪，无从邀理		4	3	1		8	8.89
	查明情况结案	5	2	1			8	8.89
	查账复结		4	6	1		11	12.22
合计		27	25	22	12	4	90	100

说明：数据来源为表 5-2 中所列案件分类统计，本表分析商事公断处已结案件的结案理由，商事公断处共受理 95 件案件，5 件未结案未列入其中。百分数保留两位小数，四舍五入。

四　上海商事公断处公断案件的具体运作

此处以上海商事公断处的公断书为例。上海商事公断处留存的公断书不多，目前见到的有两份，是方椒伯任内公断的两个案例，现摘录于后。

案例一　张士英等与施仲篪债务纠葛案公断书[①]

声请人德昶庄代表张士英
正利银行代表王宝伦
光裕庄代表钟新甫
元发庄代表陈裕生
益慎庄代表何兰生
润余庄代表汪志勋
信孚庄代表叶敬良
义生庄代表汪桂笙
被声请人永丰号代表施仲篪
右侧声请人因债款纠葛一案经本处评议公断如左：

公断要旨

本案债务应由永丰号于民国六年所立议据内之股东全体负责如数清偿。

公断费准本案债额征收百分之一由永丰号负担。

声请事实

缘永丰丝茧号于民国六年开业。设程签莱四股，施仲篪两股，沈子康一股，井田两股，日野原一股，每股资本银一千两。立有议据，系施仲篪经理。结至今年，亏损甚巨，共该德昶庄等往来银九万七千一百九十三两一钱七分四厘。又押款银七万九千一百七十二两三千六分五厘。据永丰经理称，该号于庚申年二月初三日已将议据批销，并载明归并施仲篪，独自继续，盈亏亦统归伊一人负担。惟当时因营业关系，对外不便表示等语。据各庄称，从前只知程施沈井日诸人合股，旧历今年施仲篪、程签莱二人曾称井田、日野原、沈子康各股均经拆出，伊等各加两股，计程签莱六股，施仲篪四股等语。兹届旧历年关，各庄号向该号催款，延宕不理，声请公断前来。

评议理由

本案永丰号所该德昶庄往来及押款银十七万六千余两，均经该号

[①] 《商业月报》第一卷第一号，"公牍"，第 6—7 页，郑飞编：《上海总商会商事公断处报告》，1922 年；上海市工商业联合会、复旦大学历史编：《上海总商会组织史资料》（下册），上海古籍出版社 2004 年版，第 698—700 页。

代表施仲麓承认,对于数目也未争执。自可毋庸议。惟查该号当时系程签莱等五人合股开设。对于本案债务亦应由程签莱五人共同清偿。虽其议据于庚申年二月间批销归并于施仲麓独自继续营业,然按诸惯例,商号股东之拆动或归并,须经过种种手续,而尤以薄据为唯一之证据。查核该号股本薄上,自开设至今,均列有程签莱等五人资本,迄未丝毫变更。据施仲麓称,除批销议单外,无其他证据足兹证明。是该号各股东,自始连续营业,并无归并于施仲麓情势,昭然若揭。况股份归并后,既未另加记号,也未登报声明,绝无对抗第三者之可言。本处详核案情,证诸通行习惯,对于该号批销依据之行为,认为不发生法律上之效果。本案债务应由该号全体股东负责。至德昶庄等所称,程签莱六股,施仲麓四股,请求该两人全部偿还等语,系口头之词,也无确实证明,不足为据。基上论结,特为公断如右。

中华民国十年二月二日
上海总商会商事公断处
处长　方积蕃
评议长薛焕章
评议员盛锺湖
顾家铭
盛丕华
钱永铭
书记员郑　飞

案例二　吴汉卿与田九香、杜竹生等因买卖花生及止付票款纠葛案公断书[①]

声请人元茂号经理吴汉卿
宝大号经理田九香
泰兴庄经理杜竹生
源丰行经理张吟棣

[①]《商业月报》第一卷第十二号,"公牍",第6—7页;郑飞编:《上海总商会商事公断处报告》,1922年;上海市工商业联合会·复旦大学历史系编:《上海总商会组织史资料》(下册),第700—702页。

右列声请人因买卖花生及止付票款纠葛，经本处评议公断如左：

公断要旨

泰兴钱庄所执宝大支鸿赉庄第三十三号票元，除扣除多付货款七十二两五钱五分六厘外，计实数二千三百五十两九钱三分八厘，应由宝大号收回原出支票，照数将银兑解与泰兴钱庄。

元茂号请求领回货款之声请，应凭所执源丰号本票向该号追偿。

公断费征收百分之一，计元二十三两五钱，由源丰行负担。泰兴钱庄交来支票与宝大号交来银票，均暂存本处。限于公断书送达日起二十日以内，如声请人无不服之表示，即依上列公断分别执行。

声请事实

案查元茂与宝大均系经营杂粮字号，于本年旧历九月二十二日，双方由源丰豆米行议盘转账成交花生一千一百七十七包，计重六百八十八担四十九斤四两，共价规元银二千四百二十三两四钱九分四厘。当由宝大付与源丰旧历十月初七日期支鸿赉庄第三十三号银票一纸，盖用宝大押脚图书，其票面银数与货价同。一面即由源丰备条通知元茂，将货出交宝大收受。惟源丰系牙行营业，例得收取佣金，故当时并不将宝大原票转交元茂，而以该行本票除扣除佣金外照数付与元茂收执，亦系十月初七日期。同时又将宝大支票付与泰兴庄，由该庄收源丰往来之账。不料票款到期，源丰司账潜逃，致本票不能应付。元茂得悉情形，即与源丰交涉，并嘱源丰先后书条关照宝大，向鸿赉庄将支票止兑，一面要求宝大将银送交该号。嗣宝大虽经向鸿赉庄止兑，然以曾出支票，于票未收回之前，其银不允照解。且又悉当时交货时多报二十担另六十一斤四两，约原价多付银七十二两五钱五分六厘，于是除将该多付银扣除外，并将应付银二千三百五十两另九钱三分八厘，备具声请书，如数送交本处，请求收回原出支票，以清手续。而元茂亦主张款送本处，声请公断，领回货款各等情。嗣又据泰兴钱庄以宝大止付票款，致不能向鸿赉庄收取银两，应问押脚图书之出票字号（即宝大）追取，参加声请追还票款前来，由本处并案处理。

评议理由

查此案纠葛计有二点：即一、元茂对于宝大请求收回货款，二、泰兴对于宝大请求支付票款。其第一点，据宝大经理田九香称：凡双方交易转行家者，货款上落均凭行家交涉。又称杂粮交易向转行家，但双方相信亦有直接交易等语。此为宝大于评议时所陈述，当时元茂经理吴汉卿亦无何等否认之表示，是则元茂与宝大成交货物既由源丰议盘转账，元茂之货款自应由源丰负责。虽事后源丰因有他种原因一时不能应付，该元茂号亦只得凭所执源丰本票向该行理追，决无向宝大请求支付之权利。其元茂所主张最力者，谓货系直接交付宝大，应向宝大取银。殊不知该号所自行提出之声请书，明明称由源丰号议盘转账宝大，声请书同称成（曾）进源丰牙行花生各等语，具在案牍，即元茂当时出货亦凭源丰来条，此尤显著之事实。故虽或直接交货，决非直接交易，界限明了，不能牵混。况当时元茂不收宝大支票而收源丰本票，又可知货款上落均凭行家之明证。故第一点，本处认为应由元茂凭所执源丰本票，另案向源丰理追，不得向宝大请求偿还。其第二点，查沪地票据习惯及钱业营业通行规则，支票到期不付，得向出票人或盖有押脚之字号追取，此为巩固票据信用，流通金融起见，久成惯例。现在泰兴庄所执宝大押脚支票，既经鸿赉庄止付，自应由宝大按照票面兑解。惟此案宝大业已将银送存本处，或应由元茂领回，或应由泰兴领回，听凭公断，本无成见。本处按照上开说明，认为泰兴庄得有领回之权利。又查该项支票，票面银原为二千四百二十三两四钱九分四厘，除宝大扣除多付银七十二两五钱五分六厘外，计实银二千三百五十两另九钱三分八厘，既据泰兴庄经理杜竹生称，愿照扣实银数计算，自可无庸置议。至此案发生，皆由于源丰不能应付本票及书条关照宝大止付支票所致，所有本案公断费应由源丰负担，以昭公允。又查本案各该声请人均经照章签字承认本处公断，其支票、银票亦经送交本处在案，现特斟酌情形，宽定期间，限于公断书送达之日起二十日以内，声请人无不服之表示，即照公断要旨分别执行。基上理由，公断如右。

中华民国十年十一月二十二日
上海总商会商事公断处
处　长　方积蕃
评议长宋汉章
评议员庄　篆
钱允利

薛焕章

盛钟瑚

钱永铭

书记员郑　飞

首先从格式上看，上海商事公断处的公断书，包括首部、正文、尾部三个部分，首部载明声请人被申请人状况，正文内容为公断要旨、声请事实，评议理由，尾部分列日期、裁决单位、公断处处长、评议长、评议员、书记员。公断文书格式与民国时期的审判书结构一样，而且内容有序明晰，显示当时文书制作相当规范。

从上海商事公断处的公断书内容看，公断处对声请人的主张还是经过认真调查、核实的，案例一中对永丰号股东的认定是断明债务人的关键，评议员根据商事习惯，以账簿为依据，最终确定了永丰号的股东。本案中未交代永丰号是否是有限责任公司或股份有限公司，如果是，案件中未见引用1914年《公司条例》中的相关内容。但是，公断书中的有些内容，却体现相当多的"法言法语"，"况股份归并后，既未另加记号，也未登报声明，绝无对抗第三者之可言"，这已经体现了权利转让过程中公示制度的效力。北洋政府时期，尽管法律不健全，但西方民商法律知识已经在国内生根发芽，上海商事公断处处长方积蕃曾经有过法学教育的经历[①]，因此在上海商事公断处的公断书中，出现这样的"法言法语"也不稀奇。

案例二即使在今天看来，也是一个非常复杂的案件，案件中涉及行纪交易中的货物买卖问题，又由于是运用的票据支付，使得案情非常复杂。案件中涉及行纪交易的三方、票据交易中的出票人和支付人的关系以及支票、本票等不同的交易规则等，由于涉及的利害关系较多，尽管本案公断书中将当事人统一称为声请人，如果用现代程序法对当事人的称呼，应当有申请人、被申请人和第三人，泰兴钱庄加入到公断程序中，即是以第三人的身份出现。本案中还涉及提存，宝大庄将款项预交公断处，就是将争

[①]　方积蕃（1885—1968），字椒伯，浙江镇海人，幼读私塾，17岁科举未中后开始经商。1912年入伍廷芳主办的上海民国法律学校攻读法律，后转学至梁启超主办的上海神州法政专门学校学习，1917年毕业后仍从事商业活动。1922年起，连任两届上海总商会副会长。详见熊月之主编《上海名人名事名物大观》，上海人民出版社2004年版，第29页。

议标的价款预先提存至公断处。案例二的公断是一个典型的依习惯为依据理处商事纠纷的案例。本案中之所以能够厘清争执的焦点之一元茂与宝大之间的货款交割问题，即是使用了当时行纪交易中的商业习惯。"凡双方交易转行家者，货款上落均凭行家交涉。又称杂粮交易向转行家，但双方相信亦有直接交易等语。"案件在理处过程中，公断处即是利用大量的事实判定双方的交易是符合此项交易惯例，最后作出公断结果。本案中涉及复杂的票据关系，宝大交易时使用的是鸿赉庄银票一纸，交与源丰，源丰又交与泰兴钱庄，这一过程实际上是鸿赉庄银票经过背书转让后到了泰兴钱庄手里，泰兴庄之所以最后能领取宝大提存的价款，即是公断处依据沪地票据习惯，"查沪地票据习惯及钱业营业通行规则，支票到期不付，得向出票人或盖有押脚之字号追取，此为巩固票据信用，流通金融起见，久成惯例"。公断实际上支持了持票人的追索权。从这个案例中也可以看出，民国初年，由于国家民商事法律制度的缺失，交易秩序的稳定主要依据大量的商业习惯。

从商事公断处的公断书可以看出，商事公断处处理案件做到了事实清楚、证据确实充分。公断处曾经被上海商事公断处处长张知笙喻为"招怨之府"[①]，可以想见，商事公断处的工作开展非常不易。商事纠纷走到公断这一步，两造多少有些积怨，对商事公断处来说，只有公断公允才可平息两造怨气。否则，两造皆为商会会员，都是会中熟悉之人，哪一方不满意，都会与商会或商事公断处有隔阂，因此，商事公断处对受理的案件，处理起来是很慎重的，也正因为如此，商事公断处遇到案件，先都是极力调解，调解不成，才予以公断。公断若要双方都能接受，公断处须付出更多的努力。商事公断处遇到的争议双方，也是富有从商经验的商人，他们对查账、商事习惯也熟悉，商事公断处与两造，是"行家对行家"，因此，在事实不清、证据不足的情况下，不会轻易下结论，否则很难服众。

下面从商事公断处的一些往来公函分析此案从声请到执行的一系列程序。

---

① 上海市工商业联合会编：《上海总商会议事录》（三），上海古籍出版社2006年版，第1154页。

表 5-7　　　　　　上海商事公断处理处案件往来公函录（一）

收发函日期	事由	内容
十年十一月十六日	元茂号声请一件	为该号与宝大号同买花生纠葛请求公断由
同上	宝大号声请一件	同前由
十年十一月十九日	致评议员宋、钱、汤、薛、盛、朱君函各一件	为前案请到处评议由
同上	致元茂、宝大、源丰、泰兴各庄号函各一件	为前案通知评议日期由
十年十一月二十一日	泰兴庄声请一件	为前案因宝大止付票款参加声请由
同上	上海县商会来函一件	为前案转送泰兴庄声请书及钱业营业规则以备参考由
十年十一月二十六日	元茂号来函一件	为前案曾经公断请将该货款代为保留由
十年十一月二十八日	元茂号声请一件	为前案请求救济由
同上	发茂、宝大、源丰、泰兴各庄号公断书一份	为买卖花生及止付票款纠葛由
十年十二月十二日	元茂号来函一件	为奉公断书难安缄默再缕晰陈明由
十年十二月十六日	评议员薛文泰来函一件	为元茂号来函援引旧案亦属错误请择日开会逐项驳复由
十年十二月二十四日	元茂号来函一件	为陈述理由请求复行集议由
同上	致元茂号函一件	为已经公断案件无复为评议明文如不愿遵案请照章起诉由
同上	元茂号来函一件	为原案不得复议请提大会公评如再不决提交全国商会联合会公议由
十年十二月二十八日	泰兴庄来函一件	为遵造公断请通知宝大将款备齐以便领取由
十一年一月二十一日	元茂号来函一件	为买卖花生案原货主应得原承是日到会代表公认请将存案原银如数发给由
十一年三月十五日	致源丰行函一件	为征收买卖花生案公断费银由

说明：表中内容为笔者整理。资料来源于郑飞编《上海总商会商事公断处报告》，1922 年，此报告一共 26 页，这些不同时间的公函不在同一页，此处未一一标明。

从表 5-7 中的内容可以看出，上海商事公断处受理案件是依据当事人的声请，本案元茂、宝大两号同日申请，三日内公断处通知评议员到场评议，并通知与案件有利害关系的源丰、泰兴号，泰兴号作为第三人主动出具声请书参与到案件中来，但是源丰号未出具书面声请书，也被列入声请人中。案经评议以后，元茂号不服公断声请再议，未获批准，建议其另行起诉，元茂号态度变得比较强硬，提出了"提交大会公评如再不决提交全国商会联合会公议"的要求，后元茂号称"买卖花生案原货主应得原款承是日到会代表公认"，不知道是召开的什么会议，笔者查阅了上海总商会该时间段的会议记录，未见有关记载。按照《商事公断处章程》第十八条至第二十一条的规定，"评议员之判断，必须两造同意，方发生效力"；"两造对于评议员之公断如不愿遵守，仍得起诉"；"评议员公断后两造均无异议，应为强制执行者，须呈请管辖法院为之宣告"，本案公断书中列明，"又查本案各该声请人均经照章签字承认本处公断，其支票、银票亦经送交本处在案，现特斟酌情形，宽定期间，限于公断书送达之日起二十日以内，声请人无不服之表示，即照公断要旨分别执行"。公断处 11 月 28 日发送公断书，元茂 12 月 12 日提出复议，表示对公断结果的不服，此案属于不遵公断之列，所以公断处对元茂号的复议要求予以拒绝，建议其另行起诉，此中也可以看出民初商事公断处公断很难有强制效力。本案有何结果不得而知，但从 3 月 15 日公断处催要公断费银看，可能最后还是按照公断书执行了，否则声请人不服公断，公断处也不好收费。

《商事公断处章程》规定，公断处受理的案件之一是"未起诉前两造商人同意自行声请者"，但是正如京师商事公断处指出的那样，"大抵情虚畏审本为人之常情，若债权呈诉债务，必待债务人之同意，则天下万无是理，其结果必至理屈者不肯同意，不肯到场，而理直者终莫得伸，公断处岂非等同虚设"。① 所以表 5-6 中统计出上海商事公断处五年多的时间里，有约 11% 的案件是当事人不愿公断的。公断处对于一方声请公断的案件，要通知相对人在一定期限内提出声请书，如不同意则撤销案件。下面仍然以公断处的往来公函说明。表 5-7 列出了上海公断处处理张世杓、汪单云诉宝源纸厂不履约定的案件受理过程，张汪二人诉至商事公断处，公断处即将声请事由通知被申请人，并通知其也备具书面申请，《上海总商会商事公断处》报告中未列出宝源纸厂刘柏森的答复函件，从商事公断处给张、汪二人的答复函件中"未能征得彼照同意无从公断"的表达

---

① 天津市档案馆等编：《天津商会档案汇编（1912—1928）》（1），天津人民出版社 1992 年版，第 334—335 页。

看，刘柏森可能还是有回复的，本案由于刘柏松不同意公断，所以公断处请申请人"自行依法办理"，案件撤销。

表 5-8　　　　上海商事公断处理处案件往来公函录（二）

收发函日期	事由	内容
十年十月二十七日	张世杓君声请一件	为宝源纸厂不履行购买竹箬契约请求公断由
十年十月二十八日	致刘柏森君函一件	为前案请将答辩理由各具声请书致处由
十年十月二十九日	汪单云君声请一件	为宝源纸厂不履行代办竹箬合同请求公断由
同上	致刘柏森君函一件	为前案请将答辩理由各具声请书到处由
十年十一月四日	致张世杓、汪单云君函各一件	为据声请一案未能征得彼照同意无从公断请自行依法办理由

说明：表中内容摘录自郑飞编《上海总商会商事公断处报告》，1922年。

有些案件申请到处以后，双方当事人都愿意提交公断，但屡传不到，公断处也销案。表5-9为公断处接受陈秉灿与包子振债务纠葛案的往来函件，此案公断处共收发函件19件，历时两个多月，案件中明确的声请人陈秉灿、被声请人包子振都有公断声请书，吴详麟与沈辅伦与案件什么关系未查到相关史料，但是与案件争执有些关系，其中沈辅伦也有公断申请书，递交了这些声请书表示双方当事人都愿意提交公断，但是公断处通知评议了三次，都没有成功，后来包子振以吴详麟君之母患病事未接洽请改期评议，未获批准，公断处通知声请人陈秉灿"彼照一味延宕无法理处只得终止请由遵处自行办理"，案件销案终结。

表 5-9　　　　上海商事公断处理处案件往来公函录（三）

编号	收发函日期	事由	内容
1	三月二日	豆业萃莠堂来函一件	为长丰行与纶美洋行买办包子振欠款纠葛转送声请书由
2	同上	长丰行声请书一件	同前由
3	三月四日	致包子振、沈辅伦、吴详麟君函各一件	为前案请于五日内将答辩理由具声请书致处由
4	三月七日	吴详麟君来函一件	为纶美行本系包子振主管已由包子振个人答复
5	三月八日	包子振君来函一件	为长丰与纶美交涉非个人之事乞转劝陈君勿为过甚如有法可想无不应命由

续表

编号	收发函日期	事由	内容
6	三月十六日	沈辅伦君声请书一件	为陈秉灿与纶美洋行货款纠葛案
7	三月二十日	致评议员钱新之、盛筱珊、顾子槃、陆维镛、王一亭、乐振葆、钱贵三君函各一件	为请评议陈秉灿与包子振等欠款纠葛由
8	同上	致张乐君、叶惠均函各一件	为前案请到敝处俾便奉询一切由
9	同上	致陈秉灿、包子振、沈辅伦、吴详麟君函各一件	为前案通知评议日期准时到处由
10	三月二十五日	包子振君声请书一件	为与长丰行陈秉灿欠款纠葛一案由
11	三月二十八日	致评议员钱新之、盛筱珊、顾子槃、陆维镛、王一亭、乐振葆、钱贵三君函各一件	为请评议长丰陈秉灿与纶美行买办包子振等欠款纠葛由
12	同上	致张乐君、叶惠均函各一件	为前案请一同莅处以备奉询由
13	同上	致陈秉灿、包子振、沈辅伦、吴详麟君函各一件	为前案通知评议日期准时到处由
14	四月二十五日	致评议员钱新之、盛筱珊、顾子槃、陆维镛、王一亭、乐振葆、钱贵三君函各一件	为陈秉灿与包子振等欠款纠葛一案请莅处继续评议由
15	同上	致张乐君、叶惠均函各一件	为前案请一同莅处奉询一切由
16	同上	致陈秉灿、包子振、沈辅伦、吴详麟君函各一件	为前案通知评议日期准时到处由
17	四月二十七日	包子振君来函一件	为前案因吴详麟君之母患病事未接洽请改期评议由
18	四月二十八日	致包子振君函一件	为前案已同时发函通知势难改期仍准时到处由
19	五月六日	致陈秉灿君函一件	为据声请一案彼照一味延宕无法理处只得终止请由遵处自行办理

说明：表中内容为笔者整理。资料来源于郑飞编《上海总商会商事公断处报告》，1922年，此报告一共26页，这些不同时间的公函不在同一页，此处未一一标明。表中时间均为1921年。

　　1922年出版的《上海总商会商事公断处报告》记载的是1920年6月至1922年6月方椒伯任处长期内商事公断处的工作状况，其中收录了"上海总商会商事公断处关于声请事件的通告"，这一通告规定了声请人声请公断必须依据统一的格式，并向商事公断处领用专门的声请书用纸，凡声请公断者，应预纳系争物价额百分之二或百分之一之公断费用，先给临时收据。俟断结后，何造负担及负担若干，再给正式收据。其毋庸缴纳或征定有余时，分别发还。凡请求公断者，须由其本业公会或公所董事备函，或由本埠殷实店铺盖章作为介绍。但系本会之会员，不在此限。① 公断处还制定了统一的申请书和调查表，以供使用。②《商事公断处章程》和办事细则都没预缴公断费的规定，上海总商会这样做，可能也是平时公断费难收，上述案例一"张士英等与施仲篪债务纠葛案"公断以后，公断处于六月十七日给德昶庄去函一封，"永丰丝织号应缴纳公断费请于该号还款项内提取百分之一送会核办"，但德昶庄请公断处向永丰丝织号征收③，德昶庄的拒绝不无理由，公断费应当由理屈者永丰丝号承担，案例二"吴汉卿与田九香、杜竹生等因买卖花生及止付票款纠葛案"公断完结，四个月后公断处还在催缴该案公断费。

从公断处的公文函件中已经看出这些通告在案件受理时的实际运用。表5-10中"鼎甡庄同盛西米店因代理保险及垫付货款纠葛请求公断"就是由米业行会万隆米行转致公断处，公断处给当时米业董事钱贵三致函，请督促声请人依照统一的式样具备申请书并预交公断费用。

表 5-10　　　　　　　公断处理处案件往来公函录（四）

收发函日期	事由	内容
1921年6月22日	万隆米行略节一件	为鼎甡庄同盛西米店因代理保险及垫付货款纠葛请求公断由
同上	致钱贵三君函	为前案请转致该行依式备具声请书预缴公断费以凭办理由

说明：表中内容摘录自郑飞编《上海总商会商事公断处报告》，1922年版。

从上述公断处理处案件的过程可以看出，公断处在当时开展工作非常不容易。"吴汉卿与田九香、杜竹生等因买卖花生及止付票款纠葛案"，不管案件最后的结果怎么样，元茂号经理吴汉卿对公断结果表示出的不满，也会牵涉到参与其中的评议员和公断处处长，张知笙喻公断处为"招怨之府"还是有一定的道理的。

---

① 《上海总商会商事公断处报告》中记载的"关于声请书的通告"是8条，而《上海总商会组织史资料汇编》中收录的"关于声请书的通告"是11条。见郑飞编《上海总商会商事公断处报告》，1922年，公函第25页；上海市工商业联合会等编《上海总商会组织史资料汇编》（下册），上海古籍出版社2004年版，第696页。

② 郑飞编：《上海总商会商事公断处报告》，1922年，"公函"，第24—25页。

③ 同上书，"公函"，第2—3页。

从公断处大量的往来公函看，公断处对每一个案件都按照法定或公断处自定的程序处理，有的案件屡次发函催促当事人及时到处公断，处理纠葛，公断处职员对于处理商事纠纷还是相当有责任心的。当时商事公断处除北京以外，都没有接受政府的资助，公断处处长、评议员、调查员都是名誉职，虽然公断处章程规定可以酌付酬金 30 两以下，这些人有没有领取不知道，估计不会领。商事公断处的职员，都是从商会会员中选举出来，一般都有相当的经济实力，估计不在乎 30 两银子，出于面子也不会领。上海总商会 1918 年 10 月 27 日召开的特别会议上，由傅筱庵提出："公断处处长向尽义务，未送夫马，屡经提议而未实行，应自本届定每月支送夫马银五十两"①，但遭到新当选的公断处长张知笙的多次拒绝。"公断处处长一职，既承诸公谬举只可暂为担任，将来商事诉讼必先由公断处调处，此举如果实行，事极繁重，万难负担，届时应请另选贤能，以免陨越。前次会议每月支送夫马五十两不敢收受。公断处为招怨之府，纯尽义务已难满人意，若再送夫马费，更多口实，应将前议取消。"② 公断处处长、评议员、调查员都是有着自己营业事业的商人，在自身商务繁重的情况下，在"招怨之府"的商事公断处义务工作，没有责任心是很难展开工作的。

五 会审公廨司法审判权的"攫取"与"让渡"——会审公廨移交上海总商会理处民商事纠纷的分析

会审公廨③是成立于 19 世纪中后期上海公共租界的法庭，民国时期

---

① 上海市工商业联合会编：《上海总商会议事录》（三），上海古籍出版社 2006 年版，第 1150 页。

② 同上书，第 1154、1162 页。

③ 为行文方便，本书会审公廨未有特别注明即是指上海公共租界会审公廨。上海会审公廨有两个，一是上海公共租界的"上海公共会审公廨"，一般简称上海会审公廨；二是上海法租界的"上海法租界会审公廨"，1867 年上海道台应宝提出的《会审公廨草案》与中外条约及法租界习惯不一致，法国拒绝参加，另设"法租界会审公廨"于法国领事署内。清末民初存在会审公廨者不止上海一地，厦门、汉口等租界，均设有会审公廨。此外，当时也有人称"会审公廨"为"会审公堂"。

国人即有不少研究成果①，但多非研究会审公廨的专论。1925年，曾任会审公廨检查员（书记官）的俄国人Anatol M. Kotenev撰写了《上海会审公廨与工部局》（Shanghai: Its Mixed Court and Council）一书，开启了会审公廨的专门研究。

会审公廨作为中国社会在半殖民地半封建时期的一种特殊司法现象，理应在中国法制史研究上占一席之地，但限于资料收集的困难，有关会审公廨的问题始终未能成为国内30年来法制史研究的一个热点。国内研究的成果中，学者马长林和张铨撰有两篇颇受称道的学术论文②。王立民教授的《上海法制史》作为一部专门研究上海地方法制史的专著，对会审公廨的历史沿革作了详细的介绍。在王立民教授的指导下，其博士生洪佳期以"上海公共租界会审公廨研究"为题撰写的博士论文，为国内30年来研究会审公廨问题较为详细的专论。2006年北京大学出版了台湾学者杨湘钧的专著《帝国之鞭与寡头之链——上海会审公廨权力关系变迁研究》，作者跳出传统殖民压迫的窠臼，从租界追求自治和治安秩序目标的角度，透视会审公廨幕后权利的变迁，全书角度新颖，史料运用独特，颇受学界好评。

但是，目前已有的对会审公廨司法审判权变迁之研究，带给受众的一般印象就是会审公廨在不同的时期，利用中国政局的动荡，无耻攫取了租界的司法审判权。尤其国内学者，在民族情结的影响下，结合国权、民族被欺压的悲愤情感，对列强攫取会审公廨司法权、侵犯中国主权的历史不惜笔墨。然而，上海古籍出版社2006年出版的《上海总商会议事录》，内有大量的史料涉及上海总商会与会审公廨的关系。仅在理处商事纠纷上，会审公廨将一些案件移交商会处理，遇有涉及商事习惯的案件，也向商会咨证，请商会议决。外人巧取豪夺的司法审判权何以会出现这种

---

① 民国时期比较有价值的研究著述有：徐公肃、邱瑾章《上海公共租界制度》（上海史资料丛刊：《上海公共租界史稿》，上海人民出版社1980年版）、孔昭炎《上海领事裁判与会审公廨》（京华印书局，1925年版），以及民国期刊《法律评论》《法律周刊》上刊登的若干论文。这些研究成果多半是研究租界制度与领事裁判权等问题时，辟专章论述或偶有提及。对民国时期会审公廨的研究详述，可见杨湘钧《帝国之鞭与寡头之链——上海会审公廨权利关系变迁研究》，北京大学出版社2006年版，第11页。

② 马长林：《晚清涉外法权的一个怪物——上海公共租界会审公廨剖析》，《档案与历史》1988年第4期，张铨：《上海公共租界会审公廨论要》，《史林》1989年第4期、1990年第1期。

"让渡"?如何对会审公廨司法权的"攫取"和"让渡"的冲突给出一个合理的历史解释?这种争与让的过程还是值得研究的。

(一)攫取与让渡的对立——攫取的过程与让渡的事实

会审公廨司法裁判权的演变,已有诸多论述,几乎研究上海租界制度及会审公廨制度的论著,都进行了相关论述。① 大致分为三个阶段:1864年设立的洋泾浜北首理事衙门,一般视为会审公廨的前身。1869 年依据《洋泾浜设官会审章程》的规定,改洋泾浜北首理事衙门为会审公廨,会审公廨制度化。根据现有学者的观点,这两个时期,会审公廨已通过各种手段获得了对无领事裁判权的外国人和一些华人案件的审判权。1912 年辛亥革命爆发之际,会审公廨正廨员宝颐弃职逃跑,租界趁局势混乱,全面接管了会审公廨,至此,在中国境内,不仅使享有领事裁判权的外人不受中国之司法管辖,租界内纯粹华人民刑案件领事也有权过问,出现"外人不受中国之刑章,而华人反就外国之裁判"②的怪现象。

但是,外人对纯粹华人民事案件裁判权的取得,则始于 1912 年外国领事团接管会审公廨以后。1864 年成立洋泾浜北首理事衙门以后,纯粹华人民刑事案件,仍然由华官审理。根据 1869 年《洋泾浜设官会审章程》的规定,对洋人雇用和聘请的华人诉讼,领事官或领事所派之员,得到堂听讼,即观审,外人方得染指华人案件。1912 年 1 月 2 日,比国总领事兼领袖领事 D. Libert 通告工部局,"领事团已议决公廨内华人民事案件亦由外领陪审,并任命出席华人民事案件之陪审官三人,并制定华人民事诉讼章程十款,……是年八月十六日,公廨检查处并通知公廨登记之各律师,于 1914 年 9 月 16 日起,该程序法适用于华人民事案件,自是公廨内一切纯粹华人案件,无论民刑,领事均有过问之权"③,原由中国谳员独审的华人民事案件,也变成了会审。

---

① 相关著述较多,不一一列举,比较易得的资料有:徐公肃、邱瑾璋:《上海公共租界制度》,载上海史资料丛刊《上海公共租界史稿》,上海人民出版社 1980 年版。今人论述以其叙述为蓝本的较多。王立民:《上海法制史》,上海人民出版社 1998 年版;杨湘钧:《帝国之鞭与寡头之链——上海会审公廨权力关系变迁研究》,北京大学出版社 2006 年版。
② 《清史稿》卷 144《刑法志三》。
③ 徐公肃等:《上海公共租界制度》,载上海史资料丛刊《上海公共租界史稿》,上海人民出版社 1980 年版,第 170—171 页。

第五章 上海商事公断处个案研究

从 1864 年洋泾浜北首理事衙门成立，至 1914 年外人完全获得华人民事案件的审理权限，历经了 50 年。但是，对华人民事案件的审理权限完全取得以后，会审公廨却将一些民事案件移交商会处理。

据笔者的统计，从 1913 年 1 月至 1917 年 12 月 31 日，上海总商会或公断处共受理商事纠纷 119 件，其中由会审公廨移交理处的案件 40 件，约占受理案件总数的 34%。具体案件见表 5—11。

表 5—11　1913—1917 年会审公廨移交上海总商会处理的案件统计

编号	时间	事由	处理结果
1	1913.1	廨移华利公司股东卫之山等账款涉讼由	移结
2	1913.3	廨移王子云控金静生图赖福裕公栈房盘价由	理结，复廨销案
3	1913.3	廨移恒丰裕股东浦祯祥股账纠葛案	移结
4	1913.4	廨移韩永源控陈履昌冒用宏茂昌牌记由	移结
5	1913.4	廨移天成靛庄梁梯生冯礼堂等账股纠葛由	移结
6	1913.6	廨移薛宝润与沈云峰互控欠款由	移结
7	1913.6	廨移席如云禀控严蟾香，追索正德德森两庄股本垫款等银由	未见有记载
8	1913.10	廨移歌舞台杨价人控账房舞弊由	移结
9	1913.10	廨移茂泰丝纱号股东马之骏金雨莲涉讼移理由	理结 销案
10	1913.11	廨移叶万康等控郭子炎管理鸣盛梨园账目不清由	理结
11	1913.11	廨移中华民报馆宣告破产以偿欠款由	已结
12	1913.12	廨移金福基控邹荣堂结欠同泰升货价洋三千零二元由	移结
13	1914.2	王庸盦诉合立一亨运煤公司被莫访梅丁夔生等吞没股款由廨移会查账复核由	移结
14	1914.4	廨移奚荣根诉周锦松合做棉纱生意取去田单现洋饰物，希将案内紧要问题调查并将账目核明见复由	未见记录
15	1914.4	廨移陈福荣与股东沈杏村等账款纠葛案	移结
16	1914.4	廨移协安丝厂经理张少泉呈诉礼和、华纯新两丝厂经理张锡生沈子康违章增价由	移结
17	1914.5.6	廨移叶美甫控徐采臣等不付垫款由	移结
18	1914.5.7	廨移丁夔生朱祖甫互控案	移结
19	1914.5.7	廨移徐全贵诉汇通公司陈丽清等将伊经理辞歇请追薪水及损失洋元由	移结
20	1914.5.7	廨移进益洋行控顺兴昌前充买办经购丝茶账目不符移会同丝茶两业董查对账簿由	移结

续表

编号	时间	事由	处理结果
21	1914.5.13	廨移王庸盦诉合立一亨运煤公司无故停业又不将账交查由	移结
22	1914.5.14	廨移安记等十五户诉萃元糖行主陈立生倒闭卷逃查阅账户有欠户九家请照账追缴移会查复由	移结
23	1914.6.2	廨移倪宝田控胡子宗等不交清账吞银一案移会核算由	移结
24	1914.9.3	廨移沈惠昌控沈贸堂合包工程不理亏银并强搬木头由	移结
25	1914.9.14	叶美甫控徐采臣等不付垫款由廨移会核理见复由	移结
26	1915.1.22	殷佩之诉黄子谦股开钱庄亏空银两廨移查账由	移结
27	1915.3.7	吴荣根与周锦松互控在廨廨请调查见复由	移结
28	1915.3.24	廨移日商吉隆伊藤等行控来余号周启动姚明生定纱欠银移送泰亨源账簿四本请核查见复由	移结
29	1915.6.24	廨移浙江银行诉孙问清不理抵款请会清算实欠复廨由	已结 销案
30	1915.10.9	廨移陈太庚控李焕初不分盈余一案请算明账目见复核断由	未结
31	1915.10.17	廨移张秀山控荣杏苑合伙昧良不理亏欠一案请查明账目见复核断由	查结
32	1915.11.19	廨移陈太庚控李焕初不分盈余案请查账见复核断由	已结
33	1915.12.31	廨移吴春林诉黄少怀经理舞弊一案请查算见复由	移结
34	1916.1.27	廨移同益转运公司控杨永屯溺职清吞案移会查账由	移结
35	1916.4.1	廨移姚毓蕍与毛诚哉股开裕丰米行账目纠葛请算账理处由	复结
36	1916.4.24	廨移吴庆云诉王鹿萍不付厂租由	移结
37	1916.5.8	廨移朱志成诉郭宪章不交订货由	理结
38	1916.5.8	廨移包其亨诉唐鹤卿不交订货由	与上一案有牵连
39	1916.11.10	廨移怡记纸号欠款倒闭移会查账由	移结
40	1917.3.2	廨移余发海味行控陆槐庭揭欠货银移会查账案	移结

说明：此表内容根据表5-2的内容整理而来。

在上诉列举的40个案件中，各种原因引起的钱债纠葛有21件，约占廨移案件的53%，请求查账的案件有17件，约占廨移案件的43%。另各有1件破产案件、商店牌号侵权案件。在这些案件中，会审公廨交与商会查账的案件，在性质上可以归为司法协助。但其他交与商会处理的案件，却是由商会自主理处，理处有效后，商会去函公廨予以销案，如表中所列"廨移王子云控金静生图赖福裕公栈房盘价由"、"廨移茂泰丝纱号股东马之骏金雨莲涉讼移理由"等案，原被双方接受商会理处后，商会即要求会审公廨销案。从这一过程看，会审公廨将这些案件移交商会处理，是将案件的裁判权完全交给了商会，因此，笔者以司法权"让渡"一词来为"廨移"的这些案件定性。

（二）攫取与让渡的统一——租界秩序的维护

从萌芽状态的北首理事衙门至 1927 年会审公廨被收回，60 多年的时间里，随着国人民族意识的增强，会审公廨备遭国人的谴责，在 1905 年黎王（黄）氏案和 1925 年"五卅"惨案等事件中，会审公廨更成为民族情结宣泄的舞台。会审公廨的存在是外国对中国司法主权的侵犯，国人在"落后就要挨打"的感叹中，承受着丧权辱国的沉重。但是，从会审公廨处理的大量案件来看，确实又维护了租界这一"国中之国"的秩序。会审公廨对租界司法权的巧取豪夺，始终是为这一国中之国的秩序稳定服务的。会审公廨让渡其华民案件的司法裁判权，也是通过对社会资源的利用而谋求租界内社会纠纷的有效解决，在维护租界秩序上，"攫取"和"让渡"实现了统一。

如果我们仔细分析会审公廨攫取司法裁判权的背景则不难发现，每次会审公廨司法裁判权的扩张，都与当时的社会动荡有关，而这些动荡则直接影响了租界的秩序稳定。1853 年小刀会起义后，大量华民的涌入，打破了租界"华洋分居"的格局，太平军进攻上海后，流入租界的华民人数更是迅速增加，1865 年，租界华人已达 90587 人[①]，人口的增加，使租界内的各种纠纷增加，"据英国外交公报记载，仅 1855 年，由英国领事署审处的华人案件就达 500 余起"[②]，如此多的纠纷，在租界"以治安（秩序）为最高指导原则的思维下"[③]，不断攫取司法裁判权，通过司法途径维护租界的秩序是必然的选择。

但是，1864 年的北首理事衙门和 1869 年的会审公廨成立时，为什么外人没有直接获得租界内完全的司法裁判权，而只对无约国人和少数洋人

[①] 上海市档案馆编：《上海租界志》，上海社会科学院出版社 2001 年版，第 116 页。
[②] 同上书，第 278 页。
[③] 杨湘钧：《帝国之鞭与寡头之链——上海会审公廨权力关系变迁研究》，北京大学出版社 2006 年版，第 206 页。

雇佣的华人案件的审判权采取会审的方式呢？这可能和英国政府对租界自治的态度有关。上海租界 1853 年成立工部局时，英国政府认为中英之间的任何条约都没有规定租界有自治的权利，反对这种自治组织的成立。"工部局虽成立，但英国政府欲严守条约之义务，致此'独立自治区'之情形为该政府所不悦。数月之后彼等已闻上海租界内之市政组织理应取消。一八五五年五月 Sir John Bowring 训令领事 Alcock，嘱转达中国政府谓英国并不赞助此种自动之组织。"① 1862 年，西人将上海改为"自由市"的新提议，也遭当时的英领 Medhurst 和英公使 Bruce 的反对②。因此，当 1864 年上海领事团会议中，有人提议组织"违警法庭"，欲使租界裁判华民案件合法化时，遭到英领巴夏礼的反对，其理由也是因为相关的条约没有这方面的规定。为了解决租界内的司法问题，巴夏礼提议设一由华官主持的司法机构，即洋泾浜北首理事衙门。

但是，租界的发展却没有按照英国政府恪守条约规定的原则发展，加之中国官员的无知和国力衰弱，租界最终发展成为一个"国中之国"的特殊政体，而主宰这一发展进程的是创造上海的人——那些"大班"③们，最初他们成立了以工部局董事会为核心的行政体制，以纳税人会议为主体的立法体制，在领事裁判权的依托下，建立了以领事法庭为主的乱中有序的司法体制，按照外人三权分立的模式，建立了自己的自治国。但面对租界内日渐增多的华人，不能获得对华人完全的司法裁判权，始终是其实现完全自治的缺憾，因此，辛亥革命时期上海的动乱，为其获得华人案件的司法裁判权提供了契机，毫不犹豫的攫取完全的司法裁判权终于为租界完全自治弥补了缺憾。

前文指出，租界以维护"治安"即租界的秩序为最高指导原则，司法裁判是维护治安的强有力保障，但是，会审公廨自身的办案能力却不能满足租界当局维护社会秩序的要求，尤其是会审公廨人员的缺乏，使其难以处理租界内庞杂的案件。会审公廨成立后，处理的案件包括治安事件在内的大量案件。美国律师钱皮·S·安德鲁在《1906 年的上海：会审公

---

① 徐公肃等：《上海公共租界制度》，载上海史资料丛刊《上海公共租界史稿》，上海人民出版社 1980 年版，第 26 页。
② 同上书，第 33 页。
③ "大班"这个名词，她的意义就是最高经理人，乃是外国商行经理在上海的一种头衔。参见 [美] 霍塞《出卖上海滩》，越裔译，上海书店 2000 年版，第 12 页。

廨》一文中,描述了其亲历会审公廨一天轮轴转式的审讯,法官一天审讯了十多个案件,涉案内容庞杂,敲诈勒索、拐卖妇女、越狱、叛逆、偷窃、卖妻为奴、绑架等刑事案件,调戏妇女、非法经营鸦片等治安案件,还有用开水烫死活鸭、佩剑入租界、持照人力车晚九时在芝罘路揽客等违反行政命令的案件。① 如此庞杂的案件,依靠几位中国廨员和一名外国会审官来审理,是有相当难度的。

按照《洋泾浜设官会审章程》有关会审公廨人事的规定,中方廨员由上海道"遴为同知一员专驻洋泾浜,管理各国租界内钱债、斗殴、盗窃、词讼各等案件"②。原在北首理事衙门就职的陈福勋续任第一任廨员,中方审判官一直为一人。不过根据《申报》记载,1895 年因"会审公廨事件繁冗,道宪刘康侯观察,深虑宋莘乐通判一人难于兼顾,特委洋务提调郑翰生大令兼办帮审事务"③。1905 年,"外国领事提议修改会审章程,包括在廨员之外增添一名副廨员,遭上海道台反对。但实际上因诉讼案日多,仍增加了一名副廨员"④,副廨员称为襄廨,1905 年后会审公廨的中方审判员为正副廨员各一人。

1911 年 11 月,外国领事团宣布接管会审公廨以后,立即着手组织变更。1911 年以后,会审公廨"初设正会审官一名,副会审官两人,后设副会审官四人。至 1923 年,正副中国会审官已达七人之多"⑤。虽然增加了几位会审官,但"1913—1926 年间,在公廨的中国诉讼保持在每月 1700 件,每年 32000 件"⑥,如果这个数字真实的话,每天平均也有 50 多件案子,数量仍是惊人的。

---

① [美] 钱皮·S·安德鲁:《1906 年的上海:会审公廨》,载邓曦原编、李方惠等译《帝国的回忆》,当代中国出版社 2007 年版,第 76—80 页。

② 徐公肃等:《上海公共租界制度》,载上海史资料丛刊《上海公共租界史稿》,上海人民出版社 1980 年版,第 168 页。

③ 《申报》1895 年 6 月 3 日。

④ 腾一龙等编:《上海审判志》,上海社会科学院出版社 2003 年版,第 280 页。

⑤ 张铨:《上海公共租界会审公廨论要》,《史林》1989 第 4 期。洪佳期认为 1911—1927 年会审公廨的中方会审员比较固定,一正六副。参见洪佳期《上海公共租界会审公廨研究》,博士学位论文,华东政法大学,2005 年。

⑥ Tahirih V. Lee, *Risky Business*: *Court*, *Culture and the marketplace*, University of Miami Law Review, May, 1993, p.1347. 转引自洪佳期《上海公共租界会审公廨研究》,博士学位论文,华东政法大学,2005 年,第 134 页。

会审公廨人力的限制严重影响了案件的审理效率,此时,会审公廨很自然地会寻找其他可供利用的司法资源,而上海总商会经历了清末理案处至民初商事公断处的发展后,理处商事纠纷的组织日益规范化和制度化,成为民间理处商事纠纷的优质社会资源。

(三) 商会理案——租界谋求纠纷解决机制社会化的途径

1904年商会成立之初,当时的上海商务总会即建立了理处商事纠纷的常设机构理案处,并制定了相应的办事规则,上海商会理处案件开始了规范化和制度化的发展。《商事公断处章程》和公断处办事细则的颁行后,上海总商会很快依法成立了公断处,与其他地区的公断处一样,上海公断处纳入了法制化发展的轨道。无论从组织构建还是公断程序来看,商会理案成为租界谋求纠纷解决机制社会化的途径之一。

从对上海商事公断处职员的分析可以看出,上海总商会商事公断处的组成人员,都是来自上海商界各行各业的头面人物。1904年成立的上海商务总会,"通过对会费数额的等差,把会员限制在一部分经济实力相对较强的大的行帮和大中型企业的代表,排斥了居更大多数的小行帮及小企业入会"①,从《上海总商会史》一书中对商会组成人员的分析可见,上海商务总会可以说是一个"贵族商会",1912年虽有一些改变,但"贵族商会"的性质并没有改变。② 在中国传统的"熟人社会"里,商事公断处成员在行业中的特殊地位,使他们在理处商事纠纷中,可以利用自己的威望,促成当事人之间纠纷的和解,像虞洽卿这样"不特商界中有势力,就是官场中也通声气"的人③,多年被选为公断处职员。因此,公断处成员中的"人力资源"优势不可忽视。

上海总商会商事公断处规范化与法制化发展,以及宏商巨贾在理处商事纠纷方面所具有的优势,使商会成为优质的民间司法资源,即使当时上海地方审判厅和江苏高等审判厅,也有案件移交商会处理。如1914年4

---

① 徐鼎新等:《上海总商会史》,上海社会科学院出版社1991年版,第62页。

② 关于上海商务总会与上海总商会人员构成的分析,见徐鼎新等《上海总商会史》,上海社会科学院出版社1991年版,第59—61、183—187页。

③ 孙福基:《虞洽卿的生平事实》,载《上海文史资料存稿汇编》第7期,上海古籍出版社1987年版,第233页。

月即有"地方审判厅移请调处陈煜明诉陆福生图赖米款由"①一案移交商会处理。有意思的是,"陈履昌与韩荣源争牌缠讼一案",在一审和上诉时,都在商会商事公断处调处过,可见,官方的司法组织对商会商事公断处的倚重。1913年4月,廨移"韩永源控陈履昌冒用宏茂昌牌记"一案,交商会处理。陈履昌与韩永源互争宏茂昌袜店牌号,前清宣统元年(1909年)九月十三日商会曾议结此案,两造各无异言,陈履昌继续使用宏茂昌袜店牌号。但民国元年,"韩氏昆仲率领无赖,抢去招牌,又在白玉楼纠众攒殴"陈履昌,使其受伤并气愤而眼目失明。②1913年4月韩永源忽又翻控,诉至公廨,公廨移送商会理处,商会感到"殊可骇异,兹准廨移,调阅原理议案,合将理结情形明晰移复,并将理案原簿一并移送查核"③,至1913年6月,"陈履昌函称,韩荣源在公堂意图翻案,无可藉口,乃以本会理案簿为假造等情,殊属谬妄,当即备函致廨,请查照本会理劝情行核断,并斥韩荣源健讼之咎",会审公廨依据商会的证明,维持商会的调处结果。后韩荣源不服公廨判决,1914年12月,又上诉至上海地方审判厅,而该厅又转请商会调处,商会拒绝调解,将该案移还审判厅核判:"此案辗转翻供,由廨而厅,是法律既穷于判决,岂评议所能收效果?"④一直到1916年,双方恩怨未了,韩永源指控陈履昌指使吴彩臣妄图挟弹杀害他,买凶杀人,公廨欲将陈某收押。如此纠葛数年、有着深仇大恨的案件,尽管商会拒绝调解,但这种"难案",会审公廨和上海地方审判厅的初始意向都愿意移交商会理处,对商事公断处理处案件还是相当看中的。

上文所举廨移商会处理的40个案件中,请求查账的案件有17件,约占廨移案件的43%。公断处对于会审公廨协助查账的要求,都认真办理。表5-12列出了商事公断处接受会审公廨的委托为中华商立保险公司查账的公函往来,从二月五日至五月十七日,公断处为协助该案查账共收发往

---

① 上海市工商业联合会编:《上海总商会议事录》(一),上海古籍出版社2006年版,第400页。
② 上海市工商业联合会编:《上海总商会议事录》(二),上海古籍出版社2006年版,第734页。
③ 上海市工商业联合会编:《上海总商会议事录》(一),上海古籍出版社2006年版,第212页。
④ 同上书,第485页。

来函件17份。公断处在接到会审公廨查账的委托以后不久,就发函给中华商立保险公司经理程鸿宾到处协助调查,并通知公断处的所有调查员到会查账,从3月5日会审公廨续送账簿32本来看,查账的工作量还是相当大的,既然是"续送",此次送的账簿至少是第二次,公断处查的账本最少也在32本。查明以后,即回复公廨处理。此后公廨对查账有异议,又进行复查。从这一过程可以看出公断处协助会审公廨查账是非常认真负责的。

表5-12　　　　　上海商事公断处理处案件往来公函录(五)

编号	收发函日期	事由	内容
1	二月五日	会审公廨来函一件	为据商立保险公司请求破产一案函请查账由
2	二月十四日	致中华商立保险公司函一件	为前案请嘱经理程鸿宾到会帮同查账由
3	同上	致全体调查员函一件	为前案请到处调查账目由
4	二月十五日	致穆安泰律师函一件	为中华商立保险公司已闭歇信件无从投递请为转交由
5	二月十八日	致会审公廨函一件	为前案请续行检送该公司簿据由
6	三月五日	会审公廨来函一件	为中华商立保险公司破产一案续送簿据三十二本请查核由
7	三月七日	致程鸿宾君函一件	为前案请到处帮同查账由
8	三月十二日	金泰峰君来函一件	为前案请加入债权以便摊还由
9	三月二十五日	致会审公廨函一件	为前案业经查明复请核办由
10	三月二十八日	致金泰峰君函一件	为前案应自行禀请公廨由
11	四月二十一日	会审公廨来函一件	为中华商立保险公司案据斐斯律师声称商会所查各账内有错误请复查由
12	四月二十二日	致会审公廨函一件	为前案请指明何项错误以便复查由
13	四月三十日	会审公廨来函一件	为所查中华商立保险公司各账已知照程鸿宾赴会接洽由
14	同上	致程鸿宾君君函一件	为准会审公廨来函请到会说明所查各账错误情形由
15	五月十三日	程鸿宾君来函一件	为中华商立保险公司允康流水簿未开幕前付账请为加入又汪凤记股款请即注销由
16	五月十七日	致会审公廨函一件	为复行查明会审公廨账请查核办理由

说明:表中内容为笔者整理。资料来源于郑飞编《上海总商会商事公断处报告》,1922年。此报告一共26页,这些不同时间的公函不在同一页,此处未一一标明。表中收发函日期均为1921年。

廨请商会查账,也是谋求司法协助。清末民初,中国没有施行统一的会计制度，各家店号记账各有格式，遇有纠纷，查清账目非常困难，"关于商事上之争议及商业债务纠葛，欲证明事实，辨别曲直，自以清查账目为最要之根据"①。商会中的会董都是商界高手，在理清账目方面有优势。"中西官厅以商会之查复视为一种最有力之证据，是非曲直由是而定。内地法院及英法两公堂凡关于账目纠葛而有疑义之案移交商会清查者日多"②，上海商会为应对日益增多的查账案件，时任公断处处长的张知笙便在1916年2月12日的总商会常会上，书面提议在商事公断处之下设立查账处，常会公决同意，不久即通过了由张知笙拟定的《上海总商会公断处查账处章程》，该章程共4章15条，内容包括总则、查账处之组织、查账员之选任、查账员之职务等。③随即总商会聘请专业人员为查账员，专事接受当事人及裁决机关的委托，办理有关账务复查，提供相关证明。1925年5月，总商会常会通过《理账规程》10条，并函告各业、银行公会以及地方审判厅和租界会审公廨参照实行。④商会为司法机关提供查账协助的工作成为一种专业规范的活动。

会审公廨是中国殖民地半殖民地社会特殊的司法现象，多年来国内学者的研究，多集中在特殊历史时期会审公廨对中国司法主权的掠夺，在传统的"压迫者—被压迫者"的对立史观语境之下，很难解释会审公廨在司法审判权上的"攫取"和"让渡"。会审公廨的存在是列强对中国司法权的掠夺，这一事实是不容怀疑的。更让人感叹的是，租界的发展，是一帮来上海淘金的商人在没有任何条约的保护下，蚕食中国主权逐步建立起来的自治领地，可见当时清政府的无能和官员的无知。

但是，会审公廨成立以后，处理了上百万的案件，在维护租界秩序上，还是起到相当大的作用的。如果我们从社会治理的角度分析，上海租界的创立者们，为了维护租界的秩序，调动了一切可资利用的社会资源，

---

① 上海市工商业联合会编：《上海总商会议事录》（二），上海古籍出版社2006年版，第676页。

② 上海市工商业联合会编：《上海总商会议事录》（一），上海古籍出版社2006年版，第67页。

③ 上海市工商业联合会编：《上海总商会议事录》（二），上海古籍出版社2006年版，第678—680页。

④ 上海市工商业联合会、复旦大学历史系编：《上海总商会组织史资料》（下册），上海古籍出版社2004年版，第697—698页。

在会审公廨人员缺乏而又亟待处理大量案件时,"让渡"民商事案件的司法裁判权,将一些案件移交商会处理,在租界内谋求社会化多元化的纠纷解决机制。会审公廨司法权的"攫取"与"让渡",在维护租界秩序上实现了价值目标的统一。

第六章

京师商事公断处个案研究

一 京师商事公断处的设立

京师商事公断处成立于1915年6月8日。1913年司法工商两部会同颁布《商事公断处章程》以后,京师总商会并没有设立商事公断处,作为清末民初的八大商会之一,京师商事公断处的成立与苏州、上海相比,显然是迟缓的。时人有言"吾国商事公断处之设置始于共和成立后之第四年,而京师实为之首倡,所以平纷息争解难而排纷者,其成效亦既彰彰矣"[1]。褒奖京师商事公断处为国内首倡,可以说是溢美之词。有意思的是,曾任上海总商会商事公断处处长的方椒伯在就职演说时,也曾经说过,"我国之有商事公断处为上海总商会首先呈请,由司法农商两部协定商事公断处章程公布施行,上海商事公断处也先各省而成立"[2],方椒伯不仅为上海商事公断处先予各省成立大加褒奖,"我国之有商事公断处为上海总商会首先呈请",连商事公断处之所以能够设立的功劳也记在了上海总商会的头上。上海总商会和京师总商会都是全国知名的大商会,都想捞一些空头名誉为商会贴金。

京师商事公断处是在特定的历史背景下成立的。民国壬子兵变[3]以后,京师市面亏损非常严重,债务关系纠缠不结者层出不穷,法庭判决强制执行封闭铺户时,周围邻里多来求情。1915年2月肃政厅肃政史

---

[1] 京师商事公断处编:《京师商事公断处公断书录》(第2集,上册),1919年,"序言",第1页。

[2] 郑飞编:《上海总商会商事公断处报告》,1922年,"序言",第1页。

[3] 袁世凯不愿南下就职,1912年2月29日,唆使曹锟的队伍制造兵变,士兵在北京、天津、保定大肆抢劫,商户被劫无数,损失惨重,史称"壬子兵变"。

周登皞等具呈袁世凯总统，陈述京师商民困苦情形，袁世凯上谕明示：京师商情困苦急宜加意保护，着内务司法农商三部会同妥筹办法，切实维持恤商艰而免拖累。当时，京师商务总会尚未附设商事公断处，3月20日农商、司法、内务三部会商，京师商民债务案件拟由法院委托商会先行处理。这一方案呈明总统后于4月8日获批，农商部奉此饬令京师商务总会遵照办理，并责成该会总理冯麟霈、协理赵玉田迅速筹设商事公断处，4月30日经京师商务总会众商董按照《商事公断处章程》投票选举职员，5月5日将选举的公断处职员呈送农商部复核，并请于诉讼费下酌予补助。农商部考虑到各省设立商事公断处向无补助之先例，同意京师商事公断处在章程第二十一条规定的费用之外，如有不敷，准许该处按照《各级审判厅试办章程》第八十七条所定等差拆收三分之一，其由法院委托调处者亦得向该案原被告酌取公费二元以至八元，于5月30日批令该会遵照办理。同时，京师商会又禀请内务部请于铺捐项下酌量补助，内务部与京都市政公所商洽，在公积项下按月拨给三百元以便早日成立。京师商事公断处遂于6月8日正式成立。京师商事公断处成为唯一由官厅补助的特例。①

京师商事公断处不仅享有官厅补助，而且受案权限也与其他商事公断处不同。壬子兵变以后，许多案件即使判决以后，案件的执行也是徒有虚名。执行过程中对于各项铺店房屋，名为查封，实际上只是禁止其自由处分，并不禁止该商人的营业，有些商人因欠债过多正好借查封躲避债务。尤其商人铺店多是租赁而来，房东与债务毫无关系，查封房屋很难执行。在这些案件中，完全是商人间的商事诉讼只有20%左右，其余案件有的一方或双方都不是商人。京师地区出现这些情况，使司法部认为"民事案件不难于判决，难于执行。与其厉行法令以保债权，何如试行和解以示矜慎"，司法部与内务部、农商部会商，拟通过商会调解解决，并扩大京师商事公断处的受案范围，凡被告为商人及业经判决应予执行的案件，认为情形必要，也可委托公断处调处，调处不成，仍可诉之法院。② 按部章规定，商事公断处只能接受两造皆为商人的案件与起诉后未判决而由法院

---

① 李炘：《考核商事公断处情形报告书》，《法律评论》1926年第173期，第20页。
② 《司法、农商、内务部呈京师商民债务案件拟由法院委托商会先行调处文并批令》，《司法公报》1915年第31期，"例规·民事"，第45—47页；李炘：《考核商事公断处情形报告书》，《法律评论》1926年第173期，第21—23页。

委托的案件，现在扩大到只要被告一方是商人的案件以及法院判决后应付执行的案件，扩大了商事公断处的受案范围。上海总商会商事公断处曾经在 1928 年 2 月呈请司法部，称上海为商业繁盛之地，华洋杂处，请求援照京师成案，嗣后上海商民债务案件请由司法官厅委托商会商事公断处先行调处，调处不成，再行呈诉法庭等。后司法部以上海地方债务案件两造均为商人者居多，与京师地方案件两造均为商人甚少不同，未能允许推广。因此，"京师商事公断处之范围不限两照均为商人并业经判决应付执行各项案件也得由法院先行委托承办而为各省之商事公断处之所绝无者"[①]。

二　京师商事公断处职员分析

京师商事公断处可查的资料比较少，对其职员分析只能查找一些零星的资料汇集分析。《京师商事公断处公断书录》第 2 集上册记载了三段序言，从这些序文中可以分析京师商事公断处成立之初的职员基本概况。

潞河人金源、桃城人萧鉴章写的序言中记载道：

> 前周肃政史登曤有鉴于此，于民国三年呈请大总统饬司法农商两部会订章程，令总商会组织商事公断处，依据商人之习惯仲裁商人之争议，诚盛举也。时则总商会会长冯君麟沛及赵君玉田先后代理处长，并由商会董事互选评议调查各员，协力开办，同时并约源、鉴章襄办案牍，兼办法律之咨询。旋以试办期满，照章更选孙君学仕为处长，励精益进，整理有方，诸评议员等复劳瘁不辞，勉尽公益，故关于公断处调处各案，无不适合习惯，遵依法理，成绩卓著，有口皆碑。[②]

---

①　《商事案件请由商会调处之部批》，载上海市工商业联合会等编《上海总商会组织史资料汇编》（下），上海古籍出版社 2004 年版，第 666 页；李炘：《考核商事公断处情形报告书》，《法律评论》1926 年第 173 期，第 22—23 页。

②　京师商事公断处编：《京师商事公断处公断书录》（第 2 集，上册），1919 年，"序言"，第 3 页。

从这段序言中可以看出京师商事公断处成立之初，有一个试办的过程，试办期间总商会会长冯麟沛及赵玉田先后代理处长，同时聘请了金源、萧鉴章为法律顾问，金源、萧鉴章①为京师的律师，"襄办案牍，兼办法律之咨询"，从后来商事公断处职员记载中可以看到，公断处也常年聘请法律顾问，这在下文将分析。从"由商会董事互选评议调查各员"的字面理解看，当时的评议员、调查员是从董事中互选出的，至于人数多少，不得而知。孙学仕是商事公断处正式成立以后的首任处长，而且连任两届，这从孙学仕自己写的序中也可以看出，"当其试办期间，学仕曾滥竽于评议之席，追随于同人之后，及至正式成立，两任处长又蒙谬举委充其职，学仕才庸，力辞不获，深以为京师商事公断处为全国商界之模型，裁决事件一有不良，适成商界前途之障碍。此学仕之所以兢兢自惕，深虞陨越者也。"②

《京师商事公断处公断书录》第2册上、下集和第4册上、下集分别记载了京师商事公断处从1917年6月至1919年6月以及1921年6月至1923年6月的商事公断书，公断书后列明了评议员姓名，见表6-4。从这些资料中可知当时商事公断处评议员的人选。

京师商事公断处1915年6月8日成立，按照《商事公断处章程》的规定，两年改选一次，因此1921年6月改选，从1917年6月至1919年6月是一任，处长是孙学仕，1921年6月至1923年6月又是一任，处长人选无考。表6-1列出了这两任期间的评议员名单。表中显示，从1917年6月至1919年6月，商事公断处的评议员一共是25人，按照部章规定，评议员是9—20人，京师商事公断处有25位评议员，可能京师商事公断处事务繁多，评议员也多。很难找到这些评议员的相关资料，表6-1中笔者零星收集了一些评议员的行业背景资料，他们来自米庄、金店、炉房、银号、酒行、染坊杂货行、钱庄、布店、当铺、鞋店、油酒醋酱行等诸多行业。

---

① 金源，别号文海，浙江人；萧鉴章，别号少山，直隶人。两人都为律师，是京师律师公会的会员。详见徐俊德主编《北京档案史料（一九九九·一）》，新华出版社1999年版，第26页。

② 京师商事公断处编：《京师商事公断处公断书录》（第2集，上册），1919年，"序言"，第5页。

表 6-1　　　1917 年 6 月至 1919 年 6 月、1921 年 6 月至
　　　　　　1923 年 6 月商事公断处评议员名单

1917 年 6 月至 1919 年 6 月商事公断处评议员名单			
姓名	商号名称	姓名	姓名
张保业	双和店米庄	王元贞	李堪
谢九河	德顺炉房	秦永禄	李樾
王绍常	震发合银号	王坤	孙鸿霱
高德隆	同兴当铺	赵信增	
韩成立	广聚隆油酒醋酱行	郭令怡	
聂元溥	庆祥永米庄	高德淦	
高金钊	泰河酒行	张敏	
吴廷森	天丰金店	贾桂森	
安迪生	宝华金店	刘福源	
侯呈祥	杂货行	张增怀	
王佩琳	染坊（开有四个染坊）	郭玉生	
孙鸿霱	临记洋行		
1921 年 6 月至 1923 年 6 月商事公断处评议员名单			
姓名	商号	姓名	姓名
侯呈祥	杂货行	关翼之	刘炳文
张崇午	大德通汇兑庄	宋淮	邹立清
高伦堂	天有信布店	齐荣光	宋化森
王洪明	东福盛米庄	王德海	何运昌
高德隆	同兴当铺	邓子安	张增怀
李丕显	长顺公油酒醋酱行	谢廷桐	孔继辙
傅同环	长福斋鞋店	王汝芹	
孙鸿霱	临记洋行	姚宽	

说明：1. 表中部分评议员商号出自 "1919 年京师总商会众号一览表"，载孙健主编《北京经济史资料》，北京燕山出版社 1990 年版，第 618—788 页。

2. 1917 年 6 月至 1919 年 6 月商事公断处评议员的名单为笔者整理，资料来源见京师商事公断处编《京师商事公断处公断书录》第 2 集（上下册），1919 年。

3. 1921 年 6 月至 1923 年 6 月商事公断处评议员的名单为笔者整理，资料来源见京师商事公断处编《京师商事公断处公断书录》第 4 集（上、下册合订本），1923 年。

1928 年南京国民政府建立以后，由于对商事公断处的存废问题有颇多争执，直到 1936 年商事公断处才重新获得合法的地位，这一过程在第三章中已经详述。但是北京商事公断处的组织构建可能受到的影响不大。从现有资料看，1934 年、1938 年，京师总商会虽然已经更名为北平市总

商会，商事公断处更名为北平市商事公断处，但其组织构建仍然十分完善。北平总商会在1934年、1938年编印了《北平市商会会员名录》，内载北平市商会职员表、北平市公断处职员表、北平市公断处事务处职员表，现摘录北平市公断处职员表、北平市公断处事务处职员表，见表6-2和表6-3。

表 6-2　　　　　　1934年、1938年北平市公断处职员表

1934年北平市公断处职员表							
职别	姓名	商号名称	商会职务	职别	姓名	商号名称	商会职务
处长	邹泉荪	公义局米庄	委员	候补评议员	宁夔杨	河北银钱局	
评议员	高伦堂	天有信布店		候补评议员	王益堂	恒裕银号	委员
评议员	赵序宸	西福盛米面店	委员	候补评议员	桌定谋	北平中国实业银行	
评议员	赵燕臣	大北照相馆	委员	候补评议员	赵袭武	万丰果店	委员
评议员	邱占江	万和成五金行	委员	候补评议员	齐华亭	大昌长途汽车行	
评议员	杨子润	天义和干果店		候补评议员	郑淮铭	庆顺恒皮货店	委员
评议员	王仲衡		顾问	调查员	赵袭武	万丰果店	
评议员	李寿山	大昌油坊	候补委员	调查员	王益堂	恒裕银号	
评议员	杨绍业			调查员	郑淮铭	庆顺恒皮货店	
评议员	白启兴	瑞记古玩铺	委员	调查员	宋淮	阜源号绸缎店	
评议员	朱堃		委员	调查员	宁夔杨	河北银钱局	
评议员	张寿岩	大东汽油行	委员	调查员	王爽峰	志成金店	
评议员	胜彤云			候补调查员	韩智斋		委员
评议员	任华甫	三义客店	委员	候补调查员	王东甫	致美楼饭庄	候补
评议员	张季恒	大华皮革厂		候补调查员	孙鸿鼒	临记洋行	候补委员
评议员	傅同环	长福斋鞋店	候补委员				
评议员	杜元	万年当					
评议员	韩智斋						
评议员	高鸿元	平记煤油庄					
评议员	侯福宸	正记工厂					
1938年北平市公断处职员表							
职别	姓名	商号名称	商会职务	职别	姓名	商号名称	商会职务
处长	宁赓韶	聚德银号	委员	评议员	崔仲文	山海关汽水公司	
评议员	魏子丹	庆隆茶庄	候补委员	评议员	郑淮铭	庆顺恒皮货店	
评议员	魏子容	民生工厂		评议员	王乾生	乾义栈	

续表

1938 年北平市公断处职员表

职别	姓名	商号名称	商会职务	职别	姓名	商号名称	商会职务
评议员	高子清	义和兴		评议员	金振明	义和汽车行	委员
评议员	雷震廷	雷万春		评议员	卓定谋	北平中国实业银行	
评议员	张君山	寿隆饭庄		评议员	张文斋	德源祥	
评议员	包价宸	东亚印书局	委员	评议员	贾子青	馀大亨	
评议员	孙吉堂	正明斋	委员	调查员	李奎仁		
评议员	崔耀庭	德兴斋		调查员	赵小峰	同兴德	
评议员	陈济川	来熏阁		调查员	胜彤云	裕长厚估衣店	委员
评议员	马少宸	万聚斋		调查员	王经同	天和成	
评议员	白宝鋑	东华贸易社			张季桓	大华皮革厂	
评议员	王者香	裕清烟行					
评议员	王耀曾	镒源粮栈					

说明：本表内容来源于北平总商会编《北平市商会会员录》，1934 年，第 4—6 页。北平总商会编《北平市商会会员录》，1938 年，第 4—6 页。

表 6-3　　1934 年、1938 年北平市公断处事务处职员表

职别	姓名	任职时间	
秘书兼办法律顾问	金问渠	1934 年	1938 年
	萧少山	1934 年	1938 年
文牍股主任	张在东	1934 年	1938 年
会计股主任	张仲卿	1934 年	1938 年
办事员	仇仲贤	1934 年	1938 年
	王菊庄	1934 年	1938 年

说明：本表内容来源于北平总商会编《北平市商会会员录》，1934 年，第 7 页。北平总商会编《北平市商会会员录》，1938 年，第 8 页。

从表 6-1 至表 6-3 的内容可以看出，自 1915 年商事公断处建立以后，商事公断处的组织构建还是比较稳定的。公断处职员有处长、评议员、调查员组成，处长一人，评议员人数在 20 人左右，调查员 6 人左右。北平商事公断处还成立了事务处，事务处由秘书兼法律顾问、会计股、文

牍股、办事员组成,可能 1915 年商事公断处成立之初即有这些组织,前文提及,1917 年时,金源、萧鉴章"襄办案牍,兼办法律之咨询",这两人可能当时就是秘书兼办法律事务,1934 年、1938 年萧少山,即萧鉴章仍为商事公断处的法律顾问,金问渠是否即是金源由于无资料可考,不好判断。京师商事公断处成立以后,办理了大量的法院委托调处的案件和当事人自愿声请公断的案件,如果没有事务处这样的组织构建,很难顺利完成案件的仲裁、文牍的处理,因此事务处的组建,为公断处履行职责提供了很好的组织基础。

因为没有详细的资料,无法分析京师商事公断处职员与总商会职员的重合比例,从表 6-2 所反映的公断处职员在总商会的任职情况看,重复的比例不高。1928 年以后,总商会下设各委员会,职员称为委员,公断处职员中任职商会的人不多。

与苏州、上海地区商事公断处职员的职业比较,京师商事公断处职员中虽然也有银行、汇兑、银号、钱庄业、典当业、绸缎业商人的身影,但行业特点明显。清时由于做官银汇兑业务,京师地区的票号、钱庄、银号、账局等旧的金融组织异常发达,鸦片战争以后,国内商人逐步模仿外国银行建立了盐业银行、交通银行等诸多近代银行,因此这些行业造就了清末民初一大批富有的商人。但同时也造就了特有的行业,比如,北京炉房业。清时币制,以银锭或铜钱作为通货,最大的银锭叫元宝,每锭以纹银五十三两铸成;小元宝也有十两多一锭。炉房的业务,一种是"化整为零",把整块的银子轧成大小不同的碎块银子;另一种是"集零为整",把碎块银子铸成一定分量的银锭或元宝,收取一定的工价,后来又转为存放现银为主要业务。① 1919 年北京商会的商号中,炉房商会作为京师总商会的合帮会员,有 64 家炉房商号入会。②

公断处有些职员来自旅店业、餐饮业、首饰行、玉器行、古玩以及利税较高的酒行,这与自明成祖朱棣永乐十九年(1421 年)迁都北京以后,北京始终是全国的政治文化中心有关。为了便利各地来京的官员、应试的学子和商贾往来的需要,北京餐饮、旅店等服务行业日益发达,尤其在清末京奉、京汉铁路通车以后更是如此,北京的餐

---

① 文安主编:《晚清述闻》,中国文史出版社 2004 年版,第 11 页。
② 孙健主编:《北京经济史资料》,北京燕山出版社 1990 年版,第 630—635 页。

饮、旅店业成为获利颇丰的服务行业。比如孙学仕，1917年6月至1919年6月任公断处处长，1923年、1925年孙学仕连任两届商会会长。孙学仕承袭祖业，经营正阳楼饭庄，其饭店因经营涮羊肉和大螃蟹而蜚声京城，正阳楼饭庄是北京著名的八大酒楼之一，袁世凯、黎元洪、段祺瑞等都是正阳楼的常客，有时甚至国宴也在此举行，孙学仕也借此广交达官贵人，成为清末民初北京商界的知名人士。① 明清两代，京城多贵胄之家，讲究古玩陈设和收藏，但"世事无常态，富贵非恒有"，一旦家有变故，须变卖珍品。加之圆明园被焚等战争变故，许多古玩流入市场，因此北京的古玩、玉器交易兴隆，成就了一批富有的人。商事公断处成员中还有果子行、米庄，这都显示出北京的地方特色，从商事公断处成员的背景资料分析，也可以从一个侧面反映当时京师商业特点。

三 京师商事公断处理案概况

　　京师商事公断处处理的案件较多，目前笔者查知的能够反映京师商事公断处理案概况的资料，一是1926年司法部官员李炘写的《考核商事公断处情形报告书》一文，文中单独列出一节，对京师商事公断处1915年6月至1925年6月的理案状况进行了统计；二是北京档案馆馆藏的《京师商事公断处公断书录》，由于破损严重，目前只能阅览第2集上、下册和第4集上、下册合订本。

　　表6-4摘录自李炘的《考核商事公断处情形报告》一文，该表显示京师商事公断处从1915年6月8日至1925年12月7日的十年多时间里，受理了商事纠纷776件，其中270件是未起诉先由两造商人同意自行声请者，占受案总数的34.79%，506件是于起诉后由法院委托调解者，占受理案件总数的65.21%，由此可见，京师商事公断处受理的案件多数为法院委托调解。京师公断处结案率很高，未结案件只有8件，占受理案件总数的1.03%，绝大多数案件已经结案。

---

　　① 刘一峰：《孙学仕与正阳楼和正明斋》，载全国政协文史资料委员会编《文史资料存稿选编22》[经济（下）]，中国文史出版社2002年版，第166页。

表 6-4　　　　　　　　　京师商事公断处办理案件情况

类 \ 量 \ 年	四年度	五年度	六年度	七年度	八年度	九年度	十年度	十一年度	十二年度	十三年度	十四年度	合计
受理 — 于未起诉先由两造商人同意自行声请者	一九	五六	三六	二八	三一	二二	二〇	二〇	一〇	一二	一六	二七〇
受理 — 于起诉后由法院委托调解者	三〇	一一八	三八	六二	七一	六〇	三六	一九	二八	一九	二五	五〇六
受理 — 小计	四九	一七四	七四	九〇	一〇二	八二	五六	三九	三八	三一	四一	七七六
未结 — 于未起诉先由两造商人同意自行声请者											4	8
未结 — 于起诉后由法院委托调解者											4	

说明：1. 本表部分抄录李炘《考核商事公断处情形报告书》一文（载《法律评论》1926 年第 174 期，第 18—22 页）。

2. 李炘对数据的解释："查京师总商会附设商事公断处，于民国四年六月八日成立，照章受理事件每届三个月应由处长造具清册分别报部一次，自四年六月八日至十二月七日列为四年度，自四年十二月八日至五年十二月七日，列为五年度，依此类推。每届十二月七日即系一个年度完结之期，至十四年十二月七日止，该处成立已有十年。核其各年度办理公断案件于未起诉先由两造商人同意自行申请者计二百七十起，于起诉后由法院委托调处者计五百零六起，总计七百七十六起。"

3. 李炘原图表还有分析京师公断处结案情况统计，但有些数据无法理解，比如 1920 年公断处一共受理的案件是 82 件，但表中显示两造遵断的案件就有 140 件，由于没有其他资料可以印证数据，所以原文图表未全抄录。

下文表 6-5 至表 6-8 是笔者根据《京师商事公断处公断书录》中的材料整理而来。京师商事公断处受理的案件分为两大类，一是法院委托调处的案件；另一类是两造自行声请公断的案件。表 6-5 列明的是 1917 年 6 月至 1919 年 6 月京师商事公断处接受法院委托调处案件制作的 107 份公断书，其中最多的一类为破产案件，共制作的公断书有 43 件，占总数的 40.19%，制作的破产公断书中有宣布某商号破产的破产公告，也有进行财产分配的公告，有的破产商号财产分配要经过 2 次或 3 次，每次公断处都制定公断书，并在京师的重要报刊上公告。第二类较多的案件是债务纠葛，共有 37 件，占总数的 34.58%。商人间因合伙发生的纠葛也不少，商事公断处共制作了 24 份公断书，占总数的 22.43%。另 1 件仓储纠纷、2 件租赁纠纷。

表 6-5　　　1917 年 6 月—1919 年 6 月京师商事公断处
接受法院委托理处案件制作公断书情况

编号/页码	内容	案由	评议长	评议员
179/P1—3	郭辅臣诉范大羊货物纠葛一案	仓储	张保业	王元贞 安迪生 谢九河 王绍常
180/P5—7	赵裕光诉吴兆桂铺务纠葛一案	合伙	安迪生	秦永禄 王坤 赵信增 郭令怡
181/P9—13	天和成义和成打账摊还债务案通告	破产		
182/P15—17	三益和欠债案分配通告	破产		
183/P19—22	沙范氏欠债案通告	破产		
184/P23—32	元聚等当欠债案通告	破产		
185/P33—35	王玉珍破产案通告	破产		
187/P37—38	同聚堂欠债案通告	破产		
188/P39—40	元聚堂等当欠债案分配通告	破产		
189/P41—42	纪桐庵诉王玉珍债务纠葛一案	债务	谢九河	张保业 王坤 赵信增
190/P43—48	沙范氏欠债案分配通告	破产		
191/P49—51	杨镜臣诉叶志芳等债务纠葛一案	债务	谢九河	高德隆 王佩琳 侯呈祥 张增怀
192/P53—55	徐炎午等诉高连峰等铺务纠葛一案	合伙	高德淦	谢九河 侯呈祥 张增怀
193/P57—58	开付天益泰票存通告	破产		
194/P59—61	单传道诉李申孙鸿瑞诉单传道债务纠葛案	债务	贾桂森	张保业 王坤 安迪生 吴廷森
195/P63—64	赵昆山诉刘瀛洲债务纠葛一案	债务	张保业	贾桂森 王坤 安迪生 吴廷森
196/P65—66	刘韵清诉张瑞堂等亏欠一案	债务	秦永禄	高金钊 李樾 聂元溥 赵信增
198/P67—71	裕盛馆破产摊还一案分配通告	破产		
199/P73—75	武相周诉花云鹏货款纠葛一案	债务	聂元溥	秦永禄 高金钊 李樾 赵信增
201/P76—80	承善堂欠案分配通告	破产		

续表

编号/页码	内容	案由	评议长	评议员
202/P81—84	锦江春欠债案分配通告	破产		
203/P85—86	萧殿臣诉华俊五铺产纠葛一案	合伙	张保业	贾桂森 王坤 安迪生 吴廷森
204/P87—88	信成银行债务案通告	破产		
207/P89—93	胜叔平等诉陈济川破产案通告	破产		
209/P95—97	萧恩普诉王瑞亭债务纠葛一案	债务	高金钊	秦永禄 聂元溥 李樾 赵信增假
211/P99—101	连荣之诉李子嘉铺务纠葛一案	合伙	李樾	高金钊 聂元溥 秦永禄 赵信增
212/P103—105	洪国俊等诉连荣之等债务纠葛一案	债务	李樾	高金钊 聂元溥 秦永禄 赵信增
213/P107—109	元和详聚和详变产偿债一案通告	破产		
215/P111—112	连荣之欠债一案分配通告	破产		
217/P113—115	元和详等变产偿债案分配通告	破产		
219/P117—124	万和益破产案通告	破产		
221/P125—126	天益泰欠债案二次分配通告	破产		
222/P127—130	宝善堂破产案二次分配通告	破产		
223/P131—133	丰盛堂破产案二次分配通告	破产		
226/P135—137	李占衡诉李寿田债务纠葛一案	债务	高德隆	谢九河 王佩琳 侯呈祥 张增怀
227/P139—140	雷起华诉郜海岫铺务纠葛一案	合伙	贾桂森	张保业 王坤 安迪生 吴廷森
228/P141—143	宋义侯诉刘棣桐等营业纠葛一案	合伙	张保业	贾桂森 王坤 安迪生 吴廷森
229/P145—146	刘长发诉刘秋立营业铺房纠葛一案	合伙	李堪	王元贞 刘福元 郭玉生
230/P147—149	王瑞康诉周仰之等铺务纠葛一案	合伙	王元贞	刘福元 李堪 郭玉生
233/P151—156	馨茂恒破产还债纠葛一案	破产		
236/P157—160	承善堂破产还债一案	破产		
237/P161—163	李俊生诉林松泉债务纠葛一案	债务	张增怀	高德隆 谢九河 王佩琳 侯呈祥

续表

编号/页码	内容	案由	评议长	评议员
240/P165—166	张要文诉蒋永霖债务纠葛一案	债务	王元贞	刘福源 李堪 郭玉生 孙鸿礐
241/P167—169	万丰林破产还债一案	破产		
243/P170—171	李寿亭诉朱蘭亭债务纠葛一案	债务	贾桂森	谢九河 吴廷森 张保业 韩成立
244/P173—174	李鹤亭诉侯忙仲债务纠葛一案	债务	贾桂森	谢九河 吴廷森 张保业 韩成立
245/P175—177	王勤斋打账摊还债务一案	破产		
248/P179—181	金玉亭诉张翰臣等工程纠葛一案	债务	贾桂森	谢九河 吴廷森 张保业 韩成立
249/P183—184	万丰堂破产偿债二次通告	破产		
250/P185—187	钟友蘭诉李小舟铺务纠葛一案	合伙	吴廷森	谢九河 贾桂森 张保业 韩成立
252/P189—196	万和益破产偿债一案	破产		
253/P197—199	王徐氏诉杨树秀铺务一案	合伙	谢九河	高德隆 王佩琳 侯呈祥 张增怀
256/P201—203	王化南诉袁寿山等债务纠葛一案	债务	谢九河	贾桂森 吴廷森 张保业 韩成立
257/P205—206	侯西园诉鲁志和铺务纠葛一案	合伙	谢九河	贾桂森 吴廷森 张保业 韩成立
258/P207—209	杨福鸿诉尚焕增等账目纠葛一案	合伙	张保业	侯呈祥 王佩琳 高德隆 张敏
259/P211—213	张鸿修诉董肇亨铺务纠葛一案	合伙	刘福源	王元贞 李堪 郭玉生假 孙鸿礐
260/P215—217	吴士杰诉吴士荣铺务纠葛一案	合伙	侯呈祥	张增怀 王佩琳 高德隆假
262/P219—220	穆树清诉荣耀亭债务纠葛一案	债务	高德隆假，代理评议长侯呈祥	张增怀 王佩琳 张敏
263/P221—222	殷廷尊诉东润方债务纠葛一案	债务	聂元溥	高金钊 秦永禄 李樾 赵信增假
265/P223—224	张立发诉孙九歧货款纠葛一案	债务	王元贞	刘福源 李堪 郭玉生假 孙鸿礐假
266/P225—226	李益亭诉王润池债务纠葛一案	债务	刘福源	王元贞 李堪 郭玉生假 孙鸿礐假
268/P227—229	曹庆钟诉陈寿彭铺务纠葛一案	合伙	秦永禄	高金钊 李樾假 聂元溥 赵信增假
269/P231—233	萧霁峰诉陈杰轩账目互讼一案	合伙	谢九河	贾桂森 吴廷森 张保业 韩成立

续表

编号/页码	内容	案由	评议长	评议员
270/P235—237	许子明诉许世儒等铺务纠葛一案	合伙	高金钊	秦永禄 李樾假 聂元溥 赵信增假
271/P239—241	乔广瑞诉武广仁铺产纠葛一案	合伙	高金钊	秦永禄 李樾 聂元溥 赵信增
273/P243—244	魏昭亭诉刘阔厅债务纠葛一案	债务	吴廷森假,代理评议长张保业	谢九河 贾桂森 韩成立假
274/P247—250	罗峰亭欠债案分配通告	破产		
275/P252—256	罗峰厅欠债案二次分配通告	破产		
277/P257—259	夏振明诉王文俊等租房纠葛一案	租赁	秦永禄	高金钊 聂元溥 赵信增 李樾假
281/P261—263	米道高欠债案通告	破产		
282/P265—268	孙文鸿诉刘润轩债务纠葛一案	债务	孙鸿翥	王元贞 李堪 郭玉生假 刘福源
283/P269—270	郭润甫诉马玉珍债务纠葛一案	债务	王佩琳	侯呈祥 高德隆 张敏 张增怀假
284/P271—272	张锡久诉季荣山工价纠葛一案	债务	张保业	谢九河 贾桂森 韩成立假
285/P273—275	张锡九诉刘鸿恩工价纠葛一案	债务	张保业	谢九河 贾桂森 韩成立假
286/P277—278	冯阶平等诉朱瑞堃等债务纠葛一案通告	破产		
287/P279—281	高永顺诉王德林铺务纠葛一案	合伙	刘福源	王元贞 李堪 郭玉生 孙鸿翥
289/P283—285	宝善堂破产案三次分配通告	破产		
290/P287—288	王允中欠债案三次分配通告	破产		
291/P291—296	和文德等诉常锡恩欠债案通告	破产		
295/P297—299	陈雨亭诉张子俊工程纠葛一案	债务	王元贞	刘福源 孙鸿翥 李堪 郭玉生
298/P301—302	马氏诉张六债务纠葛一案	债务	高金钊	秦永禄 赵信增 聂元溥假 李樾假
299/P303—304	李建侯诉高佐魁债务纠葛一案	债务	刘福源	王元贞 李堪 郭玉生 孙鸿翥
300/P305—306	孙瑞符诉孟继昌债务纠葛一案	债务	张保业	谢九河 贾桂森 韩成立

续表

编号/ 页码	内容	案由	评议长	评议员
302/P307—310	齐松樵等诉庐梁氏欠债案通告	破产		
303/P311—313	王本芝诉刘子余等债务纠葛一案	债务	高金钊	秦永禄 赵信增 聂元溥假 李樾假
305/P315—316	陈郭氏诉刘冠三货款纠葛一案	债务	秦永禄	高金钊 赵信增 聂元溥假 李樾假
306/P317—318	强简斋诉魏润田铺务纠葛一案	合伙	秦永禄	高金钊 赵信增 聂元溥假 李樾假
307/P319—320	段廷爵诉张洁修债务纠葛一案	债务	谢九河	贾桂森 韩成立 张保业假
308/P321—322	傅瑞轩诉文焕亭债务纠葛一案	债务	张敏	侯呈祥 高德隆 张增怀 王佩琳假
310/P323—326	德巨恒欠债案分配通告	破产		
311/P327—330	宝盛等当变产摊还一案分配公告	破产		
313/P331—337	和文德等诉常锡恩欠债案分配通告	破产		
314/P339—340	原逢洺诉满成玉债务纠葛一案	债务	谢九河	贾桂森 韩成立 张保业假
315/P343—345	李郁阶诉章汉功等铺务纠葛一案	合伙	刘福源	王元贞 郭玉生 孙鸿霱 李堪假
316/P347—349	田建禄诉章汉功等铺务纠葛一案	合伙	郭玉生	王元贞 刘福源 孙鸿霱 李堪假
319/P351—352	高明斋诉房筱楼货款纠葛一案	债务	贾桂森	谢九河 张保业 韩成立
320/P353—355	成锡铣诉王士魁租房纠葛一案	租赁	秦永禄	高金钊 赵信增 聂元溥 李樾假
321/P357—358	种芳文诉冯翰章等债务纠葛一案	债务	高德隆	侯呈祥 张增怀 张敏 王佩琳假
322/P359—362	于静安诉马景辅粪窝纠葛一案	债务	高德隆	侯呈祥 张增怀 张敏 王佩琳假
325/P363—365	继氏诉刘天枢铺务纠葛一案	合伙	高德隆	侯呈祥 张增怀 张敏 王佩琳假
328/P367—368	李恒山诉杨子亭债务纠葛一案	债务	谢九河	贾桂森 韩成立 张保业
329/P369—371	董治维等诉张珍卿欠债案通告	破产		

续表

编号/页码	内容	案由	评议长	评议员
330/P373—376	杨世五等诉刘德佩欠债案通告	破产		
331/P377—378	董治维等诉张珍卿欠债案分配通告	破产		
332/P379—381	常庆怀等诉张辰元铺务纠葛一案	合伙	郭玉生	王元贞 刘福源 孙鸿鬵 李堪
333/P383—393	合盛元欠债案通告	破产		
334/P395—396	杨世五等诉刘德佩欠债案分配通告	破产		

说明：本表数据根据《京师商事公断处公断书录》第2集上册的内容整理而来，《京师商事公断处公断书录》上册的案例都收录的是法院委托商事公断处调处的案件，下册收录的案例都是两造自行声请的案件。第1列的"编号/页码"，编号是商事公断处公断书的编号，页码为该书页码。京师商事公断处公断书的抬头都有"京师商事公断处公断书公字第×××号"，如表中第一行第一列"179/P1—3"，179即为京师商事公断处公断书公字第一百七十九号，P1—3即为该书第1—3页。《京师商事公断处公断书录》根据案件的来源不同分上、下两册收录，但是公断书编号按照公断时间顺序依次编号，两个连续的编号有可能因为案由不同分别编入上、下册，所以每册的编号并不完全连号。

表6-6是1917年6月至1919年6月京师商事公断处接受双方申请公断案件制作公断书的汇总，这两年时间段中，商事公断处接受当事人双方自愿声请公断，共制作公断书50件，其中绝大多数是为债务纠纷案件制作的公断书，共37件，占总数的74%，为合伙纠纷制作的公断书共5件，占总数的10%，为破产案件制作的公断书4件，占总数的8%，另外公断劳务纠纷案件和房屋租赁纠纷的公断书各2份，分别占总数的4%。

从笔者翻阅《京师商事公断处公断书录》获得的整体印象看，除了破产案件外，法院委托调处的案件一般标的金额比较大，案情比较复杂，而两造自愿声请商事公断处公断的案件相对而言标的金额不大，案件不太复杂。从法院委托和两造自愿声请的案件的不同构成分析，1917年6月至1919年6月，法院委托处理的案件中有相当一部分是破产案件，这和壬子兵变不少商铺被抢有关。在这一时间段内，除了破产案件外，京师商事公断处仲裁的案件多集中在合伙纠纷和债务纠纷，这两类案件是京师商人中的多发案件。

表 6-6　　1917 年 6 月—1919 年 6 月京师商事公断处
接受双方申请公断案件制作公断书情况

序号	编号/页码	内容	案由	评议长	评议员
1	186/P1—3	刘庆堂诉雷世炜债务纠葛一案	债务	高德隆	谢九河 王佩琳 侯呈祥 张增怀
2	190/P5—6	张寿轩诉雷世炜债务纠葛一案	债务	高德隆	谢九河 王佩琳 侯呈祥 张增怀
3	192/P7—8	李占元诉王惠成债务纠葛一案	债务	高德隆	谢九河 王佩琳 侯呈祥 张增怀
4	197/P9—12	李玉田诉赵寿山等铺务一案	合伙	张保业	贾桂森 王坤 安迪生 吴廷森
5	200/P13—14	贾春林诉赵修文铺务纠葛一案	合伙	王元贞	刘福元 李堪 郭玉生
6	205/P15—16	顾承庆诉宁守信债务纠葛一案	债务	贾桂森	张保业 王坤 安迪生 吴廷森
7	206/P17—19	石嵩山等诉姜其琚等债务纠葛一案	债务	高德隆	谢九河 王佩琳 侯呈祥 张增怀
8	210/P21—23	黄丽川诉夏品卿债务一案	债务	王坤	贾桂森 张保业 安迪生 吴廷森
9	214/P25—27	刘松泉等诉王勤斋债务一案	债务	侯呈祥	高德隆 谢九河 王佩琳
10	216/P28—30	簿星斋诉孙子渊债务一案	债务	王佩琳	高德隆 谢九河 侯呈祥 张增怀假
11	218/P31—32	王兴权诉雷端卿债务一案	债务	高德隆	谢九河 王佩琳 侯呈祥
12	220/P33—35	天昌粮店破产偿债一案	破产		
13	224/P37—39	簿星斋诉李鸿仪等债务一案	债务	刘福源	王元贞 郭玉生 李堪
14	225/P41—43	王绍芝诉雷世炜债务一案	债务	高德隆	谢九河 王佩琳 侯呈祥 张增怀
15	231/P45—46	郭德明等诉张振卿债务一案	债务	高金钊	秦永禄 李樾 聂元溥 赵信增假
16	232/P47—49	徐悦陶诉雷世炜债务一案	债务	高德隆	谢九河 王佩琳 侯呈祥 张增怀
17	234/P51—53	连春诉顾伯芳租房纠葛一案	租赁	张保业	贾桂森 王坤 张敏 吴廷森
18	235/P54—56	张祝三诉孙阶平债务一案	债务	贾桂森	张保业 王坤 安迪生 吴廷森
19	238/P57—58	马斌卿诉李谱亭债务一案	债务	郭玉生	王元贞 刘福源 李堪 孙鸿翥
20	239/59—61	贺秀峰诉宋全庆等债务一案	债务	侯呈祥	高德隆 谢九河 王佩琳 张增怀

续表

序号	编号/页码	内容	案由	评议长	评议员
21	242/P63—65	冀文廷诉胡国璜红利工资纠葛一案	劳务报酬	吴廷森	张保业 贾桂森 张敏
22	246/P67—68	嵩堃诉高廷桂债务一案	债务	吴廷森假，代理评议长谢九河	贾桂森 韩成立 张保业假
23	247/P69—70	韩帮达诉武世贵铺务纠葛一案	合伙	张增怀	侯呈祥 王佩琳 高德隆 张敏
24	251/P71—73	杨彤春诉张翰臣铺务纠葛一案	合伙	谢九河	吴廷森 贾桂森 张保业假 韩成立
25	255/P75—77	陈敬斋诉温绍余债务一案	债务	高金钊	秦永禄 聂元溥 李樾假 赵信增假
26	261/P79—81	李崇轩诉张禹臣债务一案	债务	谢九河	吴廷森 贾桂森 韩成立 张保业假
27	264/P83—84	王广魁诉李小舟工价纠葛一案	劳务报酬	刘福源	王元贞 郭玉生 孙鸿蠹假 李堪假
28	267/P85—86	黄子峰诉钟寿昌等债务一案	债务	谢九河	吴廷森 贾桂森 韩成立 张保业
29	272/P87—88	刘怀德诉石振铨债务一案	债务	张保业	谢九河 贾桂森 韩成立 吴廷森假
30	276/P89—90	胡俊舫诉王恩亭债务一案	债务	王元贞	刘福源 孙鸿蠹 李堪 郭玉生假
31	278/P91—94	三和公打账摊还债务一案	破产		
32	279/P95—96	段振声等诉吕吉兴货款纠葛一案	债务	刘福源	王元贞 李堪 孙鸿蠹 郭玉生假
33	280/P97—98	杨少田诉王振卿欠租纠葛一案	租赁	张保业	贾桂森 韩成立 吴廷森 谢九河假
34	288/P99—102	陈辅卿等诉金希曾欠款一案	破产		
35	290/P103—105	德昌兴破产偿债一案	破产		
36	292/P107—108	麟光诉刘少轩债务一案	债务	高金钊	秦永禄 聂元溥假 李樾 赵信增假
37	293/P109—110	李阴堂诉刘少轩债务一案	债务	高金钊	秦永禄 聂元溥假 李樾 赵信增假
38	294/P111—112	王云程诉刘少轩债务一案	债务	高金钊	秦永禄 聂元溥假 李樾 赵信增假
39	296/P113—114	徐彦臣诉姜佩卿债务一案	债务	张保业	贾桂森 韩成立 谢九河
40	297/P115—116	赵世荣诉张寅东债务一案	债务	赵信增	秦永禄 聂元溥 李樾假
41	301/P117—118	总商会诉冯福堂债务一案	债务	高德隆	王佩琳 侯呈祥 张敏 张增怀假

续表

序号	编号/页码	内容	案由	评议长	评议员
42	304/P119—120	柴紫珊诉何寿泉债务一案	债务	高金钊	秦永禄 赵信增 聂元溥假 李樾假
43	309/P121—123	赵禧臣诉王式周债务一案	债务	侯呈祥	高德隆 王佩琳假 张敏 张增怀
44	312/P125—126	张春亭等诉何寿泉债务一案	债务	郭玉生	王元贞 刘福源 孙鸿騫 李堪假
45	317/P129—131	王德敷等诉王德辉等铺务一案	合伙	韩成立	谢九河 张保业 贾桂森
46	318/P133—134	李秀廷等诉王式周债务一案	债务	侯呈祥	高德淦 王佩琳假 张敏 张增怀
47	323/P135—137	张绍才诉王式周债务一案	债务	侯呈祥	高德淦 王佩琳假 张敏 张增怀
48	324/P139—140	任律甫诉姜辅臣债务一案	债务	刘福源	王元贞 李堪 孙鸿騫 郭玉生
49	326/P141—143	总商会诉冯朗山债务一案	债务	高德隆	王佩琳 侯呈祥 张敏 张增怀
50	327/P145—146	刘廷弼诉程树春债务一案	债务	韩成立	谢九河 张保业 贾桂森

说明：本表数据根据《京师商事公断处公断书录》第2集下册的内容整理而来。其他说明同表6-5。

表6-7是1921年6月至1923年6月京师商事公断处接受法院委托理处案件制作的35份公断书的汇总表，其中理结合伙纠纷制作的公断书13份，占总数的37.14%，理结债务纠葛制作的公断书11份，占总数的31.43%，处理破产案件制作公断书7份，占总数的20%，其他分散在房屋租赁、提取佣金纠纷、房产纠纷、行业团体的会务纠纷，各1份，分别占总数的2.86%。与1917年6月至1919年6月京师商事公断处接受法院委托调处的案件相比，破产案件大为减少，说明壬子之变几年以后，京师商人中虽有破产，但已经没有壬子兵变导致的商人破产案件爆发性增长的现象。相比而言，债务和合伙纠纷无论在哪一个时间段，都是商人之间的多发性纠纷。

表6-7　　　1921年6月—1923年6月京师商事公断处
接受法院委托理处案件制作公断书情况

序号	编号/页码	内容	案由	评议长	评议员
1	472/P1—2	李紫绶诉魏立志货款纠葛一案	债务	侯呈祥	孔继辙 张崇午 高伦堂 高德隆

续表

序号	编号/页码	内容	案由	评议长	评议员
2	477/P3—5	魏绰臣诉张达甫欠租纠葛案	租赁	高伦堂	孙鸿鼒 谢廷桐 李丕显 何运昌
3	478/P7—8	刘林波诉张锡九赔偿纠葛一案	债务	张增怀	关翼之 宋淮 齐荣光 邓子安
4	481/P9—11	李岫峰诉陈金城等铺务纠葛一案	合伙	王德海	姚宽 刘炳文 傅同环 邹立清
5	482/P13—14	关月波诉英郭氏铺务纠葛一案	合伙	高伦堂	孙鸿鼒 谢廷桐 李丕显 何运昌
6	485/P15—17	金云溪诉张福廷铺务纠葛一案	合伙	侯呈祥	孔继辙 赵维屏 宋化森 王汝芹
7	488/P19—21	吕正一诉王贡三等账目纠葛一案	合伙	孙鸿鼒	高伦堂 谢廷桐 李丕显 何运昌
8	489/P23—29	王赞臣欠债案通告	破产		
9	490/P31—32	李步蟾诉张哲臣铺务纠葛一案	合伙	侯呈祥	孔继辙 赵维屏 宋化森 王汝芹
10	491/P33—37	西广聚永欠债案分配通告	破产	未注明	
11	493/39—41	宋步兴诉王殿元铺务纠葛一案	合伙	王汝芹	孔继辙 赵维屏 宋化森 侯呈祥
12	494/42—45	常桂泉诉王崇德工价纠葛一案	劳务	宋化森	孔继辙 赵维屏 侯呈祥 王汝芹
13	495/P47—48	张李氏诉王春圃铺务纠葛一案	合伙	姚宽	王德海 傅同环 刘炳文 邹立清
14	496/P49—51	同丰堂欠债案分配通告	破产		
15	497/P53—54	谢子佩诉王懋堂货款纠葛一案	债务	王德海	傅同环 刘炳文 邹立清 姚宽
16	500/P55—56	刘永富诉董廷智等东伙纠葛一案	合伙	孙鸿鼒	高伦堂 谢廷桐 李丕显 何运昌
17	501/P57—59	赵召臣等诉殷会文等会务纠葛一案	行业会务	张崇午	张增怀 齐荣光 关翼之
18	506/P61—64	张子厚欠债案分配通知	破产		
19	511/P65—67	李金龄诉徐树珍铺务纠葛一案	合伙	张崇午	张增怀 齐荣光 关翼之 宋淮
20	513/P69—71	张荣卿诉张丹甫等货款纠葛一案	债务	孙鸿鼒	高伦堂 谢廷桐 李丕显 何运昌

续表

序号	编号/页码	内容	案由	评议长	评议员
21	514/P73—75	王子元诉单昆圃欠债纠葛一案	债务	刘炳文	王德海 姚宽 傅同环
22	516/P77—79	舒穆鲁氏等诉傅松山欠债纠葛一案	债务	刘炳文	王德海 姚宽 傅同环
23	517/P81—83	李凤福诉崔根和等铺务纠葛一案	合伙	孙鸿礣	高伦堂 谢廷桐 李丕显 何运昌
24	518/P85—86	刘静波诉董芸生铺务纠葛一案	合伙	高伦堂	谢廷桐 孙鸿礣 李丕显 何运昌
25	523/P91—202	姜李氏欠债案分配通告	破产		
26	529/P103—106	金道植诉耿欣五债务纠葛一案	债务	张增怀	张崇午 齐荣光 关翼之 宋淮
27	530/P107—109	侯镇武等诉陈永利等牙用纠葛一案	佣金	刘炳文	王德海 姚宽 傅同环 王洪明
28	531/P111—113	崔志光诉马韩氏铺务纠葛一案	合伙	王德海	刘炳文 傅同环 王洪明 姚宽
29	534/P115—118	冯翠林欠债案分配通告	破产		
30	535/P119—121	李信泉诉郑慕斋债款纠葛一案	债务	张崇午	张增怀 齐荣光 关翼之 宋淮
31	536/P123—124	陈益斋诉周西山货款纠葛一案	债务	张崇午	张增怀 齐荣光 关翼之 宋淮
32	537/P125—127	顾玉堂诉顾张氏等债务纠葛一案	债务	王德海	刘炳文 傅同环 王洪明 姚宽
33	539/P129—130	王玉亭诉李松山账目纠葛一案	合伙	齐荣光	张增怀 张崇午 关翼之 宋淮
34	540/P131—133	王谦敬诉刘冠三房产纠葛一案	房产	刘炳文	王德海 姚宽 傅同环 王洪明
35	541/P135—136	李殿卿欠债案分配通告	破产		

说明：本表数据根据《京师商事公断处公断书录》第4集上册的内容整理而来。其他说明同表6-5。

表6-8为1921年6月至1923年6月京师商事公断处接受双方申请公断案件制作的34份公断书的汇总，其中公断的债务纠纷占绝大多数，共制作公断书29件，占总数的85.29%，为公断合伙纠纷制作公断书4件，占总数的13.79%，还有1例房屋租赁案件。

表 6-8　　1921 年 6 月—1923 年 6 月京师商事公断处接受双方申请公断案件制作公断书情况

序号	编号/页码	内容	案由	评议长	评议员
1	473/P137—138	王文光诉王儒铺务纠葛一案	合伙	刘炳文	王德海 李丕显
2	474/P139—140	世伯五诉刘受之货价纠葛一案	债务	何运昌	孙鸿鼎 谢廷桐 李丕显 高伦堂
3	475/P141—142	王策臣诉蔡增荣债务纠葛一案	债务	高伦堂	孙鸿鼎 谢廷桐 李丕显 何运昌
4	476/P143—144	鹿乐秦诉雷士炜债务纠葛一案	债务	侯呈祥	孔继辙 赵维屏 宋化森 王汝芹
5	479/P145—146	徐勋明等诉王赞臣债务纠葛一案	债务	孔继辙	侯呈祥 赵维屏 宋化森 王汝芹
6	480/P147—148	宋子喻等诉王赞臣债务纠葛一案	债务	孔继辙	侯呈祥 赵维屏 宋化森 王汝芹
7	483/P149—151	邓炎恭等诉刘际堂债务纠葛一案	债务	赵维屏	侯呈祥 孔继辙 宋化森 王汝芹
8	484/P153—154	郭会政诉智杨氏租房纠葛一案	租赁	张增怀	关翼之 宋淮 齐荣光
9	486/P155—156	蒋彬侯诉雷士炜债务纠葛一案	债务	侯呈祥	孔继辙 赵维屏 宋化森 王汝芹
10	487/P157—159	张明彦等诉王赞臣债务纠葛一案	债务	孔继辙	侯呈祥 赵维屏 宋化森 王汝芹
11	492/P161—162	田玉升诉赵铁卿债务纠葛一案	债务	王德海	傅同环 刘炳文 邹立清 姚宽
12	498/P163—165	杨树声诉田国梁股份纠葛一案	合伙	孔继辙	侯呈祥 赵维屏 宋化森
13	499/P167—168	刘熙亭等诉孙小亭债务纠葛一案	债务	高伦堂	孙鸿鼎 谢廷桐 李丕显 何运昌
14	502/P169—170	晏春亭诉果新甫债务纠葛一案	债务	姚宽	王德海 傅同环 刘炳文 邹立清
15	503/P171—172	李书侯诉果新甫债务纠葛一案	债务	姚宽	王德海 傅同环 刘炳文 邹立清
16	504/P173—174	刘汇权诉果新甫债务纠葛一案	债务	姚宽	王德海 傅同环 刘炳文 邹立清
17	505/P175—176	王荣章诉刘万宁债务纠葛一案	债务	孙鸿鼎	高伦堂 谢廷桐 李丕显 何运昌
18	507/P177—178	戴小舫诉王绍常债务纠葛一案	债务	谢群柱	侯呈祥 赵维屏 孔继辙 宋化森
19	508/P179—181	刘梦炎诉王绍常债务纠葛一案	债务	孔继辙	侯呈祥 赵维屏 宋化森 谢群柱
20	509/P183—184	范赞臣诉王绍常债务纠葛一案	债务	孔继辙	侯呈祥 赵维屏 宋化森 谢群柱

续表

序号	编号/页码	内容	案由	评议长	评议员
21	510/P185—187	冀学仁诉顾玉堂等债务纠葛一案	债务	王德海	傅同环 刘炳文 邹立清 姚宽
22	512/P189—190	于少林诉邹育才债务纠葛一案	债务	张增怀	张崇午 齐荣光 关翼之 宋淮
23	515/P191—193	张慎修诉王月卿等铺务纠葛一案	合伙	宋化森	侯呈祥 赵维屏 孔继辙 谢群柱
24	519/P195—196	王寿卿诉蒋十州债务纠葛一案	债务	张增怀	张崇午 齐荣光 关翼之 宋淮
25	521/P197—198	李子清诉张金茂货款纠葛一案	债务	谢廷桐	孙鸿焘 高伦堂 李丕显 何运昌
26	522/P199—201	绍殿臣等诉于灿然债务纠葛一案	债务	姚宽	王德海 傅同环 刘炳文 王洪明
27	524/P203—204	蕴山堂等诉黄瑞五债务纠葛一案	债务	宋化森	侯呈祥 赵维屏 孔继辙 谢群柱
28	525/P205—206	居仁堂诉黄瑞五债务纠葛一案	债务	宋化森	侯呈祥 赵维屏 孔继辙 谢群柱
29	526/P207—209	瀛记等诉黄瑞五债务纠葛一案	债务	宋化森	侯呈祥 赵维屏 孔继辙 谢群柱
30	527/P211—213	信义堂等诉黄瑞五债务纠葛一案	债务	宋化森	侯呈祥 赵维屏 孔继辙 谢群柱
31	528/P215—217	王馨园等诉孔香圃债务纠葛一案	债务	宋化森	侯呈祥 赵维屏 孔继辙 谢群柱
32	532/P219—220	程作明诉谢景斋货款纠葛一案	债务	刘炳文	王德海 姚宽 傅同环 王洪明
33	533/P221—223	李焕文诉赵成彬买卖纠葛一案	债务	宋化森	侯呈祥 赵维屏 孔继辙 谢群柱
34	538/P225226	黄益轩诉刘海峰铺房纠葛一案	合伙	孙鸿焘	高伦堂 谢廷桐 李丕显 何运昌

说明：本表数据根据《京师商事公断处公断书录》第4集下册的内容整理而来。《京师商事公断处公断书录》第4集上下两册内容合订为一本，而《京师商事公断处公断书录》第2集上下两册分为两本。其他说明同表6-5。

从表6-5至表6-8中的数据分析，总的说来，京师商事公断处接受法院委托调处的案件比两造自愿声请公断的案件多，4年时间中，京师商事公断处共制作公断书226件，其中接受法院委托的案件142件，占总数的62.83%，两造自愿声请公断处公断的案件84件，占总数的37.17%，结合李炘在表6-4统计的商事公断处10年受理的案件分析，10年中商事公断处接受法院委托的案件有506件，两造自愿声请的案件只有207件，前者是后者的2.4倍，说明虽然商会作为商人自身的结社团体，但在商人遇到商事纠纷时，法院仍然是商人选择司法救济的首选途径。造成这一现象的原因，可能是商人并不一定都加入商会，加入商会的商人知道商事公断处可以仲裁商事纠纷，未加入商会的人未必知道。

从表6-5至表6-8中的数据分析，还可以得出这样一个结论，京师商人之间的纠纷多以合伙纠纷和债务纠葛为主，兼有一些商业用房的租赁、加工承揽过程中的劳务、佣金纠纷。在4年的时间里，除了壬子兵变破产案件突发上升外，226件商事公断书中，公断债务纠葛案的公断书有116件，占总数的51.56%，公断合伙纠纷的公断书44件，占总数的19.50%。债务纠纷和合伙纠纷是京师商人的多发性纠纷。

以上数据表明，与苏州、上海的商事公断处相比，苏州商事公断处理处的案件数量多，结案率也高。从表6-9中可见，京师商事公断处结案率很高，在已结各案中，两造均愿意遵断者比例也非常高。两造遵断占当年受理案件的比例，最低的年份也有47%，最高的年份达94%，平均比例达80%。可见京师商事公断处公断发生实际效用的案件占多数。

表6-9　　　　京师商事公断处两造遵断案件的百分比统计

类	量＼年	1915	1916	1917	1918	1919	1921	1922	1923	1924	1925	合计
受理	于未起诉先由两造商人同意自行声请者	19	56	36	28	31	20	20	10	12	16	248
	于起诉后由法院委托调解者	30	118	38	62	71	36	19	28	19	25	446
	小计	49	174	74	90	102	56	39	38	31	41	694
已结	两造均愿意遵守公断者	23	126	54	69	82	39	32	23	29	30	507
	占当年度受理案件百分比（%）	47	72	73	77	80	70	82	61	94	73	80

说明：本表抄录李炘《考核商事公断处情形报告书》一文（载《法律评论》1926年第174期，第18—22页）。原文中1920年的数据有些疑问，所以未列入。

京师商事公断处之所以发挥的作用比苏州、上海等地的商事公断处大，正如上文所言，一是受理案件的范围扩大了，二是由于受到了政府的资助，相对"受宠"，公断处的积极性也非常高，1926年京师地审厅"认为京师商事公断处自成立以来，对于商民申请公断及由该厅委托调处各案件均公断理处，各得其平，成绩卓著"①，向司法部呈请奖励京师商事公断处出力人员，可见京师商事公断处作出的贡献不小。

四 京师商事公断处公断案件的具体运作

京师商事公断处理处案件，一是接受法院的委托，二是双方当事人自愿声请公断处公断。下文分别各举一例来分析京师商事公断处理处案件的具体运作过程。

京师商事公断处公字第二百零九号②

调　处

原告，萧恩普，通县人，年三十五岁，住廊坊头条增盛玉器房。

被告，王瑞亭，昌平县人，年四十一岁，住平则门内空门口芝兰芳香店。

右列当事人因债务纠葛经本处评议公断如左③：

主　文

王瑞亭所欠萧恩普本银五百元著还洋三百元（分三期交付，至民国七年五月截止）抵销全额。

公断费用二元归王瑞亭负担。

事　实

本案于1917年十二月十日经地方审判厅函托调处，当经本处通知双方当事人到处依法开议，据原告称王瑞亭以所开聚香斋名义于前清宣统元年闰二月间，借去商银五百元，于是年五月写立债券，并立息折，每月按一分行息，迄今除付过利息，计欠利息一百八十五元，共计本利银六百八十五元，屡索不偿，曾向地方审判厅具状诉追，今案移送贵处，仍请断令清偿，以免损失。质据被告答称，借款属实，无力完全履行。兹情愿筹现银三百元分期（今年腊月明春正月及五

---

① 《法律评论》1926年第27期。

② 京师商事公断处编：《京师商事公断处公断书录》（第2集，上册），1919年，第96—97页。该书收录公断书都没有标点，文中标点为笔者添加。

③ 因原文是竖排，行文从左到右，所以说"公断如左"，此处照录原文。下文亦同。

月）交付，抵偿债额，旋经原告允可，并无异议，双方各具切结，案经调处终结，应即公断。

理　由

债务人对于债权人之债权不能为完全办济，则其履行债务之程度，必须经债权人认可抵销方能解除责任。今王瑞亭具现洋三百元抵还萧恩普之债款，既为萧恩普之承认，切各具切结，是双方同一之意思表示即为公断之依据，调处费用例由理屈者负担。依此理由，故公断如主文。

中华民国六年十二月二十五日

京师商事公断处

评议长高金钊㊞

评议员秦永禄㊞

评议员李　樾㊞

评议员赵增信假

京师商事公断处公字第二百五十一号[①]

公　断

声请人王东圃，山东人，年三十岁，住朱家胡同，春义居铺伙。

声请人杨彤春，山东人，年三十岁，住同上。

声请人王瀛洲，山东人，年四十一岁，住同上。

声请人张翰臣，天津人，年五十岁，住前门外小椿树胡同，春义居铺东。

右列声请人因铺务纠葛一案经本处评议公断如左：

主　文

春义居新旧欠款应归张翰臣负责偿还，并应补助王东圃等工资等费钱四百吊，张翰臣与王东圃等东伙关系解除，公断费用应由双方平均负担。

事　实

本案经双方具书声称当即依法开议，据王东圃等声称于本年旧历三月初七与春义居东长张翰臣合伙营业，各有专责，十年为限，有合

[①] 京师商事公断处编：《京师商事公断处公断书录》（第2集，下册），1919年，第71—72页。

同为证,于三月初十日开市,至二十二日张翰臣起意歇业,并将家具账簿等物收回,营业工资红利亦不清算分给,请求公断赔偿损失等语。质之张翰臣则称春义居乃商产业,于王东圕合伙后伊即借用外债开办,十三日赔累七百余吊,故收回营业自行办理等语。案经评议,应即解除东伙关系,并令张翰臣补助王东圕等工资等费四百吊,双方均无异议,具结在案应即公断。

理　由

查合伙营业应同心合意,经理商业始有发达之希望,今东伙意见既不相合,自难继续营业,则东伙关系应即解除,张翰臣既系铺东,所有春义居内外欠账当由张翰臣负责偿还,而与王东圕无干。至王东圕等既解除东伙关系,应即行出号,惟营业之工资应酌为补助,故令张翰臣补助王东圕等工资等费以昭平允,双方情愿承认,应即和平了结以免争端,公断费用归双方平均负担,本此理由公断如主文。

中华民国七年五月二十五日

京师商事公断处

评议长谢九河㊞

评议员吴廷森㊞

评议员贾桂森㊞

评议员张保业㊞

评议员韩成立㊞

上述第一个案例是法院委托调处的案子,第二个案例是当事人自愿声请公断的例子。从上述两个案例反映的公断程序看,法院委托公断处调处的案件,一般有委托调处的专函,两造声请公断的案件要有双方当事人具书声请。案件到处以后,公断处即安排评议员评议,上述两个案例中,有5人组成的评议组,也有4人组成的评议组,其中1人为评议长,显然商事公断处理处案件实行的是合议制度。按照商事公断处章程和办事细则的规定,公断处受理案件以后,是处长通过抽签选定3人或5人成为一个评议组进行评议,然后推选一人为评议长。规定3人或5人单数作为一个评议组,便于评议员在对评判结果有不同意见时,容易形成多数意见。但从表6-5至表6-8中所列评议员组成看,有5个人一组,偶尔也有3个人或4个人一组的。不知道4个人一组,如果对评判结果有不同意见,按照少数服从多数的原则，怎么形成多数意见。评议员似乎是事先就分成组的，人员比较固定，如果是抽签确定，不可能有这么巧合，总是固定的几个人形成一组。

上述第一个案例的4个评议员中，其他人在署名后都标明印字，但"赵增信"署名后加了一个"假"字，说明评议时赵增信请假缺席了，不仅这一个案例有，其他多个案例中都有评议员缺席的情况，表6-5至表6-8中评议员署名后有"假"字的，都是评议员在评议时缺席的例子，有的时候5个评议员还缺了两个，如表6-5中列举的公字第二百九十二号"麟光诉刘少轩债务一案"，高金钊、秦永禄、聂元溥、李樾、赵信增5个评议员就有聂元溥、赵信增两人缺席。不仅评议员有缺席的，评议长也有缺席的，而产生了代理评议长，如表6-5中列举的公字第二百六十二号"穆树清诉荣耀亭债务纠葛一案"，评议长高德隆请假，由侯呈祥代理评议长一职。《商事公断处章程》规定，处长有事故不得到处，要以选举时名次在前的评议员代理，但并没有规定评议员、评议长因故出缺时的处理办法，所以评议员、评议员请假也不违法，这些评议员本身也有自己的营业，商务缠身，能担当评议员为商界服务已经做出了很多牺牲，有时候请假也情有可原，可能只要不影响案件的公正处理，当事人也不计较这些，当事人不计较，公断处也就更不在意了。但是评议长承担的责任比评议员重，所以评议长出缺时，要有代理人选。

无论是法院委托调处还是两造自愿声请公断的案子，理处过程中都要充分听取双方当事人的意见，所以上述两份公断书中都有"原告称……，质据被告答称……"或者"×××声称……，质之×××"的语句。案件经过评议以后，如果双方当事人能够达成和解协议，双方各具切结，评议组即以双方的和解内容作为公断依据，并制作公断书，上述第一个案例即是如此。如果双方当事人不能达成和解协议，评议组提出一个方案，双方均无异议，并具结在案，公断处也可依此公断，上述王东圃诉张翰臣铺务纠葛一案，即为评议组在调查案件事实的基础上，由评议组提出"解除东伙关系，并令张翰臣补助王东圃等工资等费四百吊"的建议，"双方均无异议，具结在案应即公断"。这种和解或调解结案，占公断处处理案件的多数，是公断处处理一般合伙纠纷和债务纠纷的主要方式。当然，如果双方不能达成和解协议，或评议组提出的建议双方不能接受，公断处也有强制公断的。

京师商事公断处公字第四百九十八号[1]

公　断

声请人杨书声，冀县人，年三十四岁，住半壁街万源昌。

　　田国樑，冀县人，年三十三岁，住崇外三条巷天宝祥。

　　耿魁兴，未到。

右列当事人因股分纠葛案件经本处评议如左：

主　文

永德祥应分得天宝成（民国九年份）红利一百五十元。

永德祥对于天宝成之东伙关系应于永德祥商号（民国九年二月间）歇业时认为解除。

杨书升其他之请求驳回，公断费用二元由双方平均分担。

事　实

据申请人杨书声声称，商系永德祥玉器局生理，民国七年阴历九月间有田国樑耿魁兴领东在奉天省安东县内开设天宝成玉石铺，委托商号在家为之销售货物，当时订明银力人力共十股，永德祥取得人力股一份，书立合同六张各执为据。每年九月间经并一项，民国八年九月间，永德祥按股分得五十元，至九年十年两项红利田国樑并不分给予商。藉口永德祥已然退股为辞，商无奈具书声请请求按照合同断令评等分给红利。质据田国樑答称，永德祥在天宝成号内得有人力股一份属实，惟说号于民国九年二月间歇业，人力股已为消减，且伊号中铺长杨洪善于九年正月间立给退字一纸。并声明合同遗失作废纸等语。经本处再三调停，田国樑尤给九年份红利一百五十元，惟杨书声坚称分取十年份红利，案经评议终结，应即公断。

理　由

按诸商业习惯同当有人力股，苟无其他特约之注明其股份，自应随其人之百元以为标准，兹永德祥号对于天宝成号内收享有人力股一份，然该号已于民国九年二月歇业，是其商号已无行动之能力焉，有人力之可言，则其人力股不能继续享有更属明显，至其退字是否有效更无研究之必要，今田国樑允许杨书声分取九年份之红利已属从优，

---

[1] 京师商事公断处编：《京师商事公断处公断书录》（第4集，下册），1923年，第163—165页。

乃杨书声坚持分取十年份之红利，其理由实不正当，自难认为成立，永德祥与天宝成之东伙当于永德祥歇业时认为解除，公断费用应由双方平均负担，依此理由故公断如主文。

中华民国十一年三月十七日
京师商事公断处
评议长孔继辙㊞
评议员侯呈祥㊞
评议员赵维屏㊞
评议员宋化森㊞

本案即是公断处在调解无效的情况下，依据商业习惯，强制公断。但是，当时《商事公断处章程》规定两造不服，可另行起诉，对此强制裁决当事人不愿执行的话，是无法交付法院强制执行的。

京师商事公断处公断案件时，如果认为原告之请求无理由，也有驳回起诉的。如下文所举之京师商事公断处公字第五百三十号"侯镇武等诉陈永利等牙用纠葛一案"，公断处经过调查以后，认为"侯镇武之请求自应认为无理由，自当驳回"即驳回原告请求。

京师商事公断处公字第五百三十号①

调　处

原告侯镇武，通县人，年三十七岁，住虎坊桥源顺炭行。

陈长泰，宛平县人，年四十三岁。

许振宗，宛平县人，年五十四岁。

被告陈永利，山东人，年四十二岁，住安定门内大街公和隆。

王丕显，仓县人，年六十七岁，住雍和官义顺号，未到。

右代理人刘振声，安新县人，年五十四岁，住德胜门源合公任三元，未到。

右代理人张士功，任丘县人，年三十九岁。

右列当事人因牙用纠葛一案本处评议公断如左：

---

① 京师商事公断处编：《京师商事公断处公断书录》（第4集，下册），1923年，第107—109页。

主文

原告请求认为无理由应予驳回，调处费用四元归原告负担。

事实

案经总商会据大兴县署函送调处，当经通知双方依法调查开会评议，据侯镇武声称本行向无自运自销习惯，历年系交纳行用始准入市买卖，请令陈永利等照章纳用并开有清单载明东西南三城八十余家均纳行用，请予调查。质之陈永利则称商等向在后门一带营业，各在北山自立炭窑，购买树木自烧成炭，谓之实炭，自光绪年间到今均系自运自售，并未纳过行用，侯镇武强欲收取，实属不合等语，案经调查庆合等号声称商等所卖之炭以泡炭为大，宗系由经纪手买定明市价，由经纪过秤交货，除货价外另交牙用，其实炭一项因销路不多即由公和隆等家手买，向不经牙纪手等语，案经评议终结，应即公断。

理由

本案争点在于黑炭是否分泡炭实炭，会否纳行用为解决之根据，本处调查结果黑炭中确有泡炭实炭之分别，关于泡炭向有纳牙用之事，惟系由于买炭时由炭行在炭价内扣除牙用，而实炭素无纳用之前例，则亦无收用之理，是侯镇武之请求自应认为无理由，自当驳回，调处费用应归侯镇武负担，本此理由，故公断如主文。

中华民国十一年十二月十五日
京师商事公断处
评议长 刘炳文㊞
评议员 王德海㊞
评议员 姚　宽㊞
评议员 傅同环㊞
评议员 王洪明㊞

商事公断处处理的案件已经涉及反诉等复杂的当事人关系，如下文所举京师商事公断处公字第二百二十六号"李占衡诉李寿田债务纠葛一案"，案件涉及反诉，在公断书原被告一览中列明反诉原被告，公断处对原诉之请求和反诉之请求一并审查后，作出公断。该案反诉原告李寿田之请求"既无正当之理由，应予驳回"。

京师商事公断处公字第二百二十六号[①]

调 处

原告（即反诉被告），李占衡，深县人，年六十三岁，住布巷子裕丰源。

右代理人高志钧，翼县人，年五十六岁，同上。

被告（即反诉原告），李寿田，饶阳人，年五十六岁，住安定门外外馆骆驼桥北边隆兴和。

右列当事人因债务纠葛地方厅委托调处，本处公断如左：

主 文

隆兴和李寿田应即偿还裕丰源本银一百一十九两四钱八分，利银免除，李寿田反诉之请求驳回。

调处费用归李寿田负担。

事 实

案经地方审判厅简易厅委托调处，当经本处通知双方依法开议，据李占衡声称隆兴和与商号往来交易，计欠银一百八十九两六钱八分，并由民国元年至今无一分计息，合欠利银一百十五两七钱连本者计银三百零五两三钱八分，请求公断如数偿还，并据李寿田称向与裕丰源交易之款匀按一分行息，后有加至一分四五者，实难承认，若按一分核算之欠债款抵销，裕丰源尚欠商号银二百六十六两七钱，请求公断偿还各等语，并经调阅双方账簿，案经评议终结，应即公断。

理 由

本案乃商人间因账目纠葛自当以双方账簿为解决本案事端之基础。查裕丰源与隆兴和交易来往欠款，利息姑舞论是否约定一分抑一分四五，该两号账簿结数均属相符，自应按照账簿核算。惟裕丰源所收隆兴和李寿田羌贴二千五百元，裕丰源按九六折收账，隆兴和李寿田则称彼时羌贴市价一百零二，双方颇有争执。本处评议应按羌贴原兑数目核算以昭平允，是隆兴和所欠裕丰源银一百八十九两六钱八分，除补羌贴洋一百元合银七十两零二钱外，下欠银一百十九两四钱八分拖欠既属确定，自应即时清偿，而裕丰源请求停业交易后至今利

[①] 京师商事公断处编：《京师商事公断处公断书录》（第2集，上册），1919年，第135—137页。

息既未结清，碍难成立应予免除。至李寿田之反诉自己结账数目既照一分或一分四五计算，当结账时既无否认之表示，今无申明异议之余地，则反诉既无正当之理由，应予驳回以清纠葛。调处费用照例归理曲者负担，本处以此理由公断如主文。

中华民国七年一月二十九日

京师商事公断处

评议长 高德隆㊞

评议员 谢九河㊞

评议员 侯呈祥㊞

评议员 张增怀㊞

他如京师商事公断处公字第二百二十八号"宋义侯诉刘棲桐等营业纠葛一案"[①]，京师商事公断处公字四百七十七号"魏绰臣诉张达甫欠租纠葛案"[②]，都是反诉的案件，皆为法院委托调处，对于反诉案件，公断处经过调查评议，无论原诉和反诉，有理由的支持，调处费用均摊，无理由的驳回，调处费用由理屈者承担。

京师商事公断处受理法院委托的案件，大多数都是业经判决，已经进入执行程序，但因执行困难，法院委托公断处调解，在公断书中都有"业经法院判决确定，曾经呈请执行"等语，有的案件已经三审，无法执行而交公断处调处，如下文"金玉亭诉张翰臣等工程纠葛一案"即是如此。

京师商事公断处公字第二百四十八号[③]

调 处

原告金玉亭，大兴县人，年三十四岁，住灯市街，盛远楼铺东。

被告周鉴亭，通县人，年三十七岁，住西四牌楼路北宝源祥木厂。

[①] 京师商事公断处编：《京师商事公断处公断书录》（第2集，上册），1919年，第141—143页。

[②] 京师商事公断处编：《京师商事公断处公断书录》（第4集，上册），1923年，第3—5页。

[③] 京师商事公断处编：《京师商事公断处公断书录》（第2集，上册），1919年，第179—181页。

被告张翰臣未到。

右列当事人因工程纠葛一案经本处评议调处如左：

主　文

盛远楼饭铺所欠宝源祥木厂工程洋五百三十六元四角五分，着金玉亭还洋四百元抵销全额。

调处费用四元差金玉亭周鉴亭平均分担。

事　实

本案于民国七年三月七日按奉地方审判厅公函委托调处，当经通知当事人到处依法开议。据金玉亭声称商开设盛远楼，由宝源祥木厂包修工程，系与该号经理张翰臣接洽，该厂所做工程与原估及续估单内所做工程多有不符，曾在法院涉讼，请求鉴定，当蒙法庭鉴定，原估未做齐工程价值现洋二百元，续估工程价值现洋二百五十四元四角，共计值洋二百五十四元四角。现该号铺东周鉴亭坚持索要原价五百三十六元四角五分，显示无理要求，今此案移送本处，请求持平办理，以免损失。被告周鉴亭答称，盛远楼所欠商厂工程洋五百三十六元余，曾由商赴法院诉追，现已三审确定，今法庭鉴定二百五十四元四角殊难承认等语，本处再三调处，断令原告偿还洋四百元抵销债款全额，双方均无异议，案经评议终结，应即公断。

理　由

周鉴亭所主张之工程欠款虽以三审判决确定为抗辩之理由，然经金玉亭在法院请求更审，并经法院鉴定两项估定工程不符之处价值洋二百五十四元余，是已有从证据之发现，周鉴亭自不得坚持己见，兹经本处调处断令金玉亭付给周鉴亭工程洋四百元，抵销全额，经双方情愿遵断，各具切结，应即和平解决，以免纠葛，调处费用归双方平均负担，依此理由公断如主文。

中华民国七年五月二十一日

京师商事公断处

评议长贾桂森㊞

评议员谢九河㊞

评议员吴廷森㊞

评议员张保业㊞

评议员韩成立㊞

此案经过了三审，而且对工程价值经过两次鉴定，"原估未做齐工程价值现洋二百元，续估工程价值现洋二百五十四元四角"，但是工程承包者认为法院认定的工程价值太低，拒绝执行法院判决。后该案转给公断处调处，案件得以解决。公断处调处的价格是400元，这一调解数额选择的非常精妙，对于原告来说，与法院判决的执行金额相差145元，对被告来说，与其所要的价款总额536元相差136元，无论案件的事实如何，对于原告和被告来说，各让一步两者作出的牺牲相差不多，反观法院的判决，被告要求支付536元工程款，法院却判决254.4元，两者相差一半多，数额相差巨大，难怪被告拒不执行。可能这个案件法院处理的也有些不公，工程承包人要想虚报高价，一般也不会虚报那么高，否则作了这一次可没下一回了。因此公断处在公断书中，虽然也认定被告有虚报的事实，但没有认可虚报的数额，而是再三调处，提出了400元的价格。从这一调解过程看，公断处的调解绝不是一般意义上的"和稀泥"，还是有相当高的调解技巧的，否则很难"双方情愿遵断，各具切结"，显示公断处很高的解决纠纷的水平。

本案还有一个特殊的现象，公断书中介绍被告情况时，"被告未到"，按照《公断处章程》的规定，"公断之开始必须两造到场，不得有缺席之判决"，公断处是不能缺席裁决的，但是本案确实缺席裁决。本案"再三调处"，方得解决，可能评议了多次，被告最后一次宣判裁决的时候未到，而且双方都"各具切结"，有愿意遵守公断的意思表示，所以也就缺席裁决了。公断处缺席裁决的还不止这一个案例，在京师商事公断处公字第二百零六号"石嵩山等诉姜其琚等债务纠葛一案"，是当事人自愿声请公断的案件，12个声请人中有4人未到[①]，京师商事公断处公字第四百九十八号"杨树声诉田国梁股份纠葛一案"，3个声请人中有1人未到，公断处都作出了裁决。[②]

京师商事公断处公断的案件大多数都是破产案件、债务纠葛和合伙纠纷。债务纠葛一般都是按照减成偿债和分期付款的方式和解或调解结案。减成偿债即是偿还部分债务抵销债务全额，分期偿还即是根据当事人的偿

---

① 京师商事公断处编：《京师商事公断处公断书录》（第2集，下册），1919年，第17—19页。
② 京师商事公断处编：《京师商事公断处公断书录》（第4集，下册），1923年，第163—165页。

债能力分期分批偿还，两种方法可以同时使用在一个案件中，如上述公字第二百零九号"萧恩普诉王瑞亭债务纠葛一案"，王瑞亭偿还债务既是减成还债，偿还 300 元同时抵销 500 元债务全额，并且分三期偿还完毕，即是分期偿还。减成偿债或分期偿还是一种商业惯例，充分考虑到债务人的偿债能力，只要双方当事人认可，往往能促使案件迅速结案。这也是京师商事公断处在民国初期备受褒奖的迅速理结债务纠纷的依据。对合伙纠纷，评议员认为合伙双方既然已经涉讼，合伙人之间已经意见不合，自难继续合伙经营，所以处理结果一般都会解除合伙关系，然后依据商业惯例分清合伙人的责任，最后作出处理结果。

有意思的是，京师商事公断处还公断了两个以京师总商会为声请人的案例：

京师商事公断处公字第三百二十六号①

公　断

声请人京师总商会。

右代理人胡俊舫，大兴县人，年二十九岁，住总商会。

声请人冯朗山，直隶人，年五十四岁，住珠宝市裕兴源。

右代理人李寿田，直隶人，年三十五岁，住同上。

右列当事人等因债务纠葛，案件经本处评议公断如左：

主　文

裕兴源烟房所欠京师总商会官款本银三万八千两利银二万零五百二十两，着冯朗山变卖裕兴源铺底及该号收进欠内之款如数偿还。

事　实

案经京师总商会代理人胡俊舫声称裕兴源烟房于辛亥年八月二十四日由总商会借用官款银三万八千两，每月六厘行息，立约为据，至本年阴历三月二十四日共九十三个月，除辛亥年十一月收过利银六百八十四两外，尚欠利银二万五百二十两，共计借欠本利银五万八千五百二十两，屡索不偿，请求传讯该号经理人冯朗山到案，断令如数清偿以重公款云云。质据冯朗山代理人李寿田答称借欠总商会官款本利

---

① 京师商事公断处编：《京师商事公断处公断书录》（第 2 集，上册），1919 年，第 141—143 页。

第六章 京师商事公断处个案研究

均属相符，惟本号因亏歇业，委无现款清偿，只有变卖裕兴源铺底及该号收进欠内之款，如数归还等语，旋具切结，案经本处评议终结应即公断。

理　由

裕兴源借欠京师总商会官款所有本利银数目经该号经理人冯朗山承认相符，则债权关系已为两造所不争之事实，债务人即应从速偿还以重公款，惟据称商号因亏歇业，一时无力清偿。自属实情，故称变卖该号铺底及催收该号欠内之款，如数偿还，自应从速进行，以免公款致受迟延之损失，公断费用例由理曲者负担，依此理由，故公断如主文。

中华民国八年五月一日

京师商事公断处

评议长　高德隆㊞

评议员　侯呈祥㊞

评议员　王佩琳㊞

评议员　张增怀㊞

评议员　张　敏㊞

此案欠款甚巨，公断处没有断令债务人分成偿债，而是如数偿还，"以重公款"，看来公断处在以习惯断案的时候还是有区别的，京师总商会的所谓"官款"是总商会积存的会费和募集的资金，来之不易，所以公断处断令债务人冯朗山"变卖裕兴源铺底及该号收进欠内之款如数偿还"，毫不含糊。同样在京师商事公断处公字第三百零一号"总商会诉冯福堂债务一案"中也是如此，债务人永盛号号主冯福堂欠商会官款银二千两，规定分期还本付息，但债务人不履行约定，总商会向公断处提出声请公断的要求，公断处也断令"永盛号所欠京师总商会官款著冯福堂照约履行"[①]。这两个案例，一方面反映总商会和公断处之间的相互独立性，也反映公断处公断结果的强制性，京师商事公断处两造具结均愿遵守的公断，义务人不履行的话，公断处会将之交付法院强制执行，京师商事公断

---

① 京师商事公断处编：《京师商事公断处公断书录》（第2集，上册），1919年，第117—118页。

处公字第二百二十号"天昌粮店破产偿债一案",债务人刘克温欠债不偿,债权人郭宝臣曾于1915年8月25日将案诉至京师商事公断处,公断处断令债务人分期偿还债务,但债务人仍然没有能够履行,郭宝臣向公断处提出强制执行的要求,此时公断处即将案件函请地方审判厅执行,后地方审判厅因债务人欠债甚多,无力履行,又将案件移交商事公断处调处,最后进入破产程序。① 此案中,1915年商事公断处先行作出的公断裁决,是强制执行的。

从上述几个案例也可以看出,京师公断处实行的是收费公断制度,公断费用原则上由理屈者负担,或者双方共同负担。一般债务纠纷由债务人承担,合伙(铺务)纠纷一般由双方当事人平均分摊。公断费用按照公断案件的标的多少提取,《商事公断处章程》规定公断费用不得超过争议物价的2%,但从实际征收看,有的超过,有的不足。如公字第一百七十九号"郭辅臣诉范大羊货物纠葛一案",争议标的额是50元,公断费用是2元②,这就高于2%的比例,上面列举的公字第二百零九号"萧恩普诉王瑞亭债务纠葛一案",最后认定的"王瑞亭所欠萧恩普本银五百元著还现洋三百元",按300元计算,公断费用也是2元,远远低于2%的标准,公字第二零六号"石嵩山等诉姜其琚等债务纠葛一案",是个比较复杂的案件,一共有12个声请人,争议标的达到25720元,收取的公断费用是33元,也不足2%的比例。③

评议员在评议案件时也有免收公断费的。京师商事公断处公字第五百三十九号"王玉亭诉李松山账目纠葛一案",此案公断处"调处费用酌给予免除",可能是因为最后标的额只有16元,数目不大,本案又是调解结案,所以免收公断费。

京师商事公断处公字第五百三十九号④

调 处

原告王玉亭,枣强县人,年三十四岁,住太平桥芸记酱园。

---

① 京师商事公断处编:《京师商事公断处公断书录》(第2集,下册),1919年,第33—35页。
② 同上书,第1—3页。
③ 同上书,第17—19页。
④ 京师商事公断处编:《京师商事公断处公断书录》(第2集,上册),1919年,第135—137页。

右代理人王良臣，枣强县人，年三十岁，住同上。

被告李松山，武清县人，年三十八岁，住王家大院泰山居饭馆。

右列当事人等因账目纠葛案经本处评议调处如左：

主　文

李松山所欠王玉亭货款应由李松山于夏历四月内偿还洋十六元作为抵销。

调处费用酌予免除。

事　实

缘王玉亭系芸记酱菜园生意，因泰山居饭馆拖欠货洋二十三元八角六分六厘，屡所未偿，曾与该铺经理李松山在法院涉讼，嗣经移送本处调处，劝令被告偿还洋十六元抵销债款及诉费，质询原告并无异议，双方各具切结，案经评议终结应即公断。

理　由

原告对于被告以十六元抵销之办法既承认具结，到本处调处已告终结，届时被告自应从速偿还，以免纠葛，调处费用酌予免除，本处以此理由公断如主文。

中华民国七年一月二十九日

京师商事公断处

评议长齐荣光㊞

评议员张崇午㊞

评议员宋　准㊞

评议员张增怀㊞

评议员关翼之㊞

但也有案例只收五角公断费的，如公字第二百九十七号"赵世荣诉张寅东债务一案"，涉案金额29元，公断费用只收五角。① 大概收取五角以下的就免收了。也许京师商事公断处有统一的公断收费标准，只是目前还没有发现相关史料，但从上述不同的公断收费标准看，评议员对收取多少公断费用有一定的自由裁量权。但是，法院委托调处的案件如果已经收

---

① 京师商事公断处编：《京师商事公断处公断书录》（第2集，下册），1919年，第115—116页。

取诉讼费用后，再转至公断处公断，法院的诉讼费用是否退还？京师商事公断处成立之时，农商部考虑到各省设立商事公断处向无补助之先例，同意京师商事公断处在章程第二十一条规定的费用之外，如有不敷，准许该处按照《各级审判厅试办章程》第八十七条所定等差拆收三分之一，其由法院委托调处者亦得向该案原被告酌取公费 2 元至 8 元[①]，照此规定，法院委托的案件，当事人要交双份的讼费，这无疑增加了当事人的诉讼成本。

从上述所举各例可以看出，京师商事公断处公断文书制作非常规范，所有公断文书格式统一。如果简化可以看到所有的文书都具有这样的内容：

  京师商事公断处公字第×××号
  调　处（公断）
  原告，×××，籍贯，年龄，住址，职业身份
  被告，×××，籍贯，年龄，住址，职业身份
  （声请人，×××，籍贯，年龄，住址，职业身份）
  右列当事人（声请人）因×××一案经本处评议公断如左：
  主　文
  公断结论……
  公断费用应由……负担。
  事　实
  本案于×年×月×日，接奉地方审判厅函托调处，当即通知各当事人到处依法开议。（本案经双方具书声称当即依法开议），原告×××声称（据×××声称）……质据被告答称（质之×××则称），……
  理　由
  ……
  本此理由公断如主文。
           中华民国×年×月×日
           京师商事公断处
           评议长×××印

---

① 李炘：《考核商事公断处情形报告书》，《法律评论》1926 年第 173 期，第 20 页。

评议员×××㊞

评议员×××㊞

评议员×××㊞

评议员×××㊞

京师商事公断处的公断书也分为首部、正文、尾部三部分，首部有公断处文书编号，另起一行表明案件来源，如果是法院委托调处的案件列明"调处"，两造声请公断的列明"公断"，接着是原被告或声请人姓名、年龄、住址、职业等身份内容。正文部分在说明案由后按照"主文—事实—理由"的三段论式的结构展开，主文阐明案件处理结果和公断费用的承担方式，事实部分阐明案件来源、双方当事人诉辩争议的事实，理由部分是公断处，对当事人的争议事实和主文的裁决理由以习惯或法理为依据进行的分析，并对诉讼费用的承担理由予以说明。从公断书的上下文来看，条例清晰，事实清楚，评议依据的商业习惯和法理适用准确合理，显示出很高的司法水平。

五 京师商事公断处对破产案件的处理

（一）破产程序中商事公断处的主导作用

商事公断处理处破产案件，从破产程序的启动看，主要由以下两种情况：第一，债权人诉之法院，法院委托公断处调处，在调处的过程中，债务人声请破产而启动破产程序，第二是当事人向公断处声请破产，这类案件很少，在《京师商事公断处公断书录》第 2 集（上下册）和第 4 集列明的案件中，公断处共处理了 54 个破产案件，只有 4 个是向公断处声请的，而且全部是债权人声请启动破产程序，没有债务人自己声请破产的。但上述无论哪一种情况，一旦进入破产程序以后，公断处在债权认定、财产分配方面就处于主导地位。

下面仍以公断处理处破产案件的实例来分析。

京师商事公断处公字第一百八十五号①

京师商事公断处通告

为通告事本案由地方审判厅委托调处王玉珍、韩立山、庄子方等所开元聚、庆元、富源三当欠债备案并王玉珍等申请破产摊还各债，案件经评议终结，合将对于元聚、庆元、富源各当起诉及声请债权分别罗列如左：

计开

起诉债权（元聚当）

乔振海洋三千三百四十八元八角五分

……

（共四家，略）②

声请债权（元聚当）

李慧五银二千两

……

（共八十一家，略）

起诉债权（庆元当）

薛文玉银一千三百七十六两

王吉开银九百八十九两八钱

声请债权（庆元当）

睿川源银一千两

……

（共三十七家，略）

起诉债权（富源当）

李宅（会五）银四千两

钟梦九（三畏堂）银一千两

声请债权（富源当）

---

① 京师商事公断处编：《京师商事公断处公断书录》（第2集，上册），1919年，第23—32页。

② 下文破产案件的例子中，为了压缩篇幅，都不列出所有债权人名单，"（共××家，略）"，包括已经列出的和省略的债权人总数，不限于未列出省略的部分。如此处（共四家，略），包括已经列出的乔振海。

天佑齐银二千两

……

(共三十二家，略)

右列三当共计欠外债总额二十六万三千一百十八两六钱，又洋六千六百四十八元八角五分。债务人等所有财产如下：

(一) 王玉珍住房拍卖洋四千五百元，除另案拨还抵押债权洋一千三百元，余洋三千二百元

(二) 王玉珍动产鉴定洋四十元二角

(三) 韩立山动产鉴定洋四十二元五角

(四) 庄子方住房拍卖洋七千余元，除另案拨还抵押债权五千八百六十三元八角八分，余洋一千一百三十六元一角二分

(五) 庄子方动产拍卖洋一百四十一元

(六) 元聚堂动产

(七) 太和堂铺底

(八) 宝善楼铺底

分配之办法如左：

元聚、庆元、富源三当所欠各债应以王玉珍等变产之款分配偿还，起诉债权之讼费应由变产款内如数提还。王玉珍动产鉴定洋四十二元五角，因款无多，尚未卖出，应给予王玉珍家属作为生活费用，并由变产款内提洋五十元作为庄子方生活费用，调处费、鉴定费、登报费、执行车费等如数扣除外，余洋按照债权总额均匀分配。

本案于民国五年七月二十九日接奉地方审判厅公函委托调处到处，范五等诉王玉珍等欠债各案到处，并经债务人王玉珍、韩立山、庄子方先后申请破产摊还各债，王玉珍具书称，欠债难偿请求破产分配，因王玉珍与韩立山伙开元聚堂，与庄子方伙开富源当，又自开庆元当，均于壬子兵变被抢一空，共计欠外债款二十余万两，无力清偿。现王玉珍住房一所及动产，立山有动产，情愿变卖得价分配抵还各债，请求贵处登报通知债权，以便了解。庄子方具书称，前与王玉珍伙开富源当被抢无力偿还债务，现有拍卖住房余价及动产情愿变卖抵还债务，请求贵处登报通知债权，以免未起诉各债权无着等情，当经本处分别通知各债权人及债务人到处，各债权人声称，王玉珍所开元聚等当债款请求公断等语，债务人王玉珍已故，伊子王琴轩声称先

父玉珍负债过多，无力清偿，声请请求拍卖产业抵还债款，惟先父遗产仅有住房及动产皆归破产财产，现王琴轩生活无资，请求恤念贫苦，酌提破产之款作为生活费用。庄子方声称所有住房及动产业经拍卖，现无资迁徙，又无生活费用，请求酌提迁徙生活费用以免流离失所等语。本处调查元聚等当既被兵抢，损失歇业，无力清偿，尚非故意抗债，但王玉珍等现状已有破产情形，虽前清之破产律早经命令废止，未便引用，但债务人已濒破产，程序只有按照本处历办先例及商界习惯打账手续酌核理结。兹将债务人之现有财产变卖得价，平均分配各债以昭平允。查起诉各债同属确定之债权，应即偿还。而申请债权既属债权之一，自当并案调处，庶免分歧。现登报挂号期限既已终止，并将王玉珍等财产变卖，所有起诉债权有预交讼费之损失与声请债权平均分配似欠平允，应将起诉债权有预缴讼费，如数提还。至庄子方、王琴轩所有住房及动产既已拍卖，已属家产罄尽，揆情度理不无可悯，自应酌给生活之资，以便维持现状。至调处费用照章债务人无履行之资力，应由拍卖价内扣除。除另案拨还抵押债权及调处、生活、登报等费外，余款自应按元聚等三当欠外债权总额均匀分配。倘各债权人发现债务人确有隐匿财产，仍可照地方审判厅拟定章程声请拍卖抵偿债款，以清纠葛而昭公允。合亟通告。

中华民国六年六月

　　本案是京师商事公断处处理的众多破产案件之一，从破产程序的启动看，是债务人声请宣告破产。"本案于民国五年七月二十九日接奉地方审判厅公函委托调处到处，范五等诉王玉珍等欠债各案到处，并经债务人王玉珍、韩立山、庄子方先后申请破产摊还各债。"从这一段话看，地方审判厅将案件移交商会时，只是委托商会调处范五等人诉王玉珍欠款的债务纠葛，当时还没有进入破产程序。债务人王玉珍等人因无力偿债，所以声请宣告破产，商会接受债务人的声请，进入破产程序。从这一点可以看出，商会是当时有权接受破产声请的机关。早在清末1906年《破产律》颁行时，第一条规定"商人因贸易亏折或遇意外之事不得已自愿破产者应赴地方官及商会呈报，俟查明属实然后将该商破产宣告于众"，第四条规定"宣告破产后除该商必须之衣服家具外所有财产货物由地方官先行查封交由商会代管"①。《破产律》的这些规定，虽然实行的是地方官府为主商会为辅的体制，但是商会实际上成为破产管理人和清算人，由于晚清商会有完善的组织结构，又有商事纠纷的裁判权，地方官事务繁忙，实际上破产案件多数由商会处理。民国初年也不例外，只是民初商会成立公断处以后，破产案件即由公断处负责。

公断处接受破产声请以后，案件即进入破产程序。进入破产程序以后，公断处处于破产程序的主导地位。对债务人财产的审核、资产的鉴定、拍卖、破产财产的最终分配等都由公断处居于主导地位。首先，商会要核查债务人提出破产声请是否属于借破产名义诈伪倒骗，是否真的是资不抵债而必须破产。所以王玉珍等人声请破产时"本处调查元聚等当即被兵抢，损失歇业，无力清偿，尚非故意抗债，但王玉珍等现状已有破产情形，"做了上述调查以后，公断处才决定正式进入破产程序，"按照本处历办先例及商界习惯打账手续酌核理结"。然后登报通知债权人申报债权，债权人数多的要成立债权团，即现代破产法之债权人会议。在公断书中还看不出民初破产程序中债权人会议有哪些作用，我国现行破产法债务人会议有三个职能：审查有关债权的证明材料，确认债权的性质和数额；讨论并通过和解协议草案；讨论并通过破产财产的处理和分配方案。从公断处处理破产案件的过程看，债权人会议的这些功能都被公断处代替了，商事公断处在破产程序中占有绝对的主动地位。上述王玉珍破产案中，言语之间显示出破产财产的分配方案是由商事公断处作出的。如果部分债权人对公断处的债权分配方案不满，商事公断处也以少数服从多数为原则按照既定分配方案办理。如"天和成议和成打账摊还债务案"即是如此，具体内容如下：

> 本案系奉地审庭函托办理，旋经债权人张乙山等五十一家到处声请，义和成天和成布店欠债不偿，请求破产分配等语，质询被告人王春舫、王锦山、蒙星五等答称，欠债属实，惟无力清偿，只有将现有财产变价抵偿。复据曹昆岗等五家声称，对于两号平均偿还坚不承认。本处查两号所欠各债起诉债权共五十六家，皆系普通债权，债额

---

① 1906年破产律的内容见商务印书馆编译所编《大清光绪新法令》第16册，商务印书馆1910年版，"第十类·实业"。

共计已达一万两千余两之多，所有两号货物约值二千余元，两号铺底家具一千余元，比较债额数目，不敷甚多，势不能不按打账办法以清纠葛，且经各债权人多数承认，自不能因少数之异议阻碍进行。

本案中曹昆岗等五家债权人不同意平均分摊，公断处认分摊办法"各债权人多数承认，自不能因少数之异议阻碍进行"，遵从即是少数服从多数原则。

（二）"以昭平允"原则下的均分破产财产制与抵押权优先有限受偿制

京师商事公断处破产案件的通告文书中，一般都会有"兹将债务人之现有财产变卖得价，平均分配各债以昭平允"这句话，"以照平允"是破产案件处理的根本原则。

在"以照平允"原则下，公断处对普通债权实行债权人地位一律平等的均分破产财产制。破产财产在提取必要的费用以后，所有普通债权人享有均分财产的权利。上述王玉珍破产案中，即是如此。变卖之产"调处费、鉴定费、登报费、执行车费等如数扣除外，余洋按照债权总额均匀分配"[①]。

非常值得关注的是，为了实现公平，照顾大多债权人的利益，抵押债权虽然也可以获得优先受偿，但只能是有限受偿，这一点与当今我国的破产程序有很大不同。我国现行破产法规定，已作为银行贷款等债权的抵押物或其他担保物的财产，银行和其他债权人享有就该抵押物优先受偿的权利，这一优先权应当是完全优先权，京师商事公断处在处理破产案件时，虽然承认抵押权享有优先受偿的权利，但抵押债权只能优先有限受偿。

王玉珍破产案即是如此。王玉珍曾将房产和经营合同抵押给债权人纪桐庵，纪桐庵要求优先受偿时，公断处即裁决优先受偿部分债权。

京师商事公断处公字第一百八十九号[②]

调 处

原告纪桐庵，大兴县人，年四十八岁，住东四牌楼四条胡同。

---

① 京师商事公断处编：《京师商事公断处公断书录》（第2集，上册），1919年，第93页。
② 同上书，第41—42页。

被告王玉珍，已故。

王琴轩，大兴县人，年二十七岁，住小径厂，王玉珍之子。

右列当事人因抵押债权纠葛，地方审判厅委托调出一案，现经评议终结，公断如左：

主　文

王玉珍所欠纪桐庵本利银二千五百八十七两二钱，应酌还洋一千三百元抵销债款全额。

事　实

缘王玉珍清光绪三十四年二月初一以房契及庆元合同做抵押，借到纪桐庵银二千两，言明每月一分行息，立约为证。迄今计欠利银五百八十七两二钱，屡索本利未还。诉经地方审判厅判决着王玉珍偿还本利，并作抵押房产有优先受偿之权利，案经判决正执行间，函送调处到处，本处酌还洋一千三百元，双方同意，应即公断。

理　由

本案债权及抵押物既经法院判决确定，债权关系自属确实，债权人主张优先满足受偿，按法虽无不合，然王玉珍所开当铺被抢欠债过多，无力清偿，已达破产程度，若纪桐庵封押物卖得金优先受偿，其他普通债权定有无着之虞，本处查核双方和解方法，酌还洋一千三百元抵销债款全额，以清纠葛，调处费用照章归理屈人负担。本此理由特公断如主文。

中华民国六年

京师商事公断处

评议长谢九河㊞

评议员张保业㊞

评议员王　坤㊞

评议员赵增信㊞

本案王玉珍以房契及庆元合同作抵押，借到纪桐庵银二千两，纪桐庵的债权是抵押债权，公断处也承认"债权人主张优先满足受偿，按法虽无不合"，但同时也认为"王玉珍所开当铺被抢欠债过多，无力清偿，已达破产程度，若纪桐庵封押物卖得金优先受偿，其他普通债权定有无着之虞，本处查核双方和解方法，酌还洋一千三百元抵销债款全额"，通过调解的方法使原本可以完全受偿的优先抵押债权变成了有限受偿。

下文商事公断处处理的"沙范氏欠债案"中的抵押债权也是有限受偿。"果寿康对于铺底有抵押权,即有优先受偿之权利,然债务人既已破产,又无别产可抵,作为破产之财产,若抵押权主张优先受偿,则其余债权概属无着,殊欠平允。"所以果寿康最后银一千元的抵押债权受偿洋八百。

京师商事公断处公字第一百八十三号①

京师商事公断处通告

为通告本案由地方审判厅委托调处沙范氏开馨茂恒桂茂涌欠债各案,业经许可终结,兹奖对于馨茂恒桂茂涌起诉债权及申请债权分列如左:

起诉债权:

果寿康银一千两

朴景绶房租银一千二百三十四两四钱

吴晋氏房租银二百七十二两

王子臣银四百两

……

(共十四家,具体名称和数量略)

声请债权:

赵德普印二百两

官房租银四百二十五两

德宅房钱六百八十吊

……

(起诉债权共三十五家,其他三十一家具体名称和数量略)

右列起诉及声请各债权,共计债额银一万一千六百七十九两四钱八分,洋四十八元六百八十吊。债务人沙范氏财产如左:

一、馨茂恒家具铺底

二、桂茂涌家具铺底

---

① 京师商事公断处编:《京师商事公断处公断书录》(第2集,上册),1919年,第19—21页。

应将馨茂恒桂茂涌家具铺底拍卖，得价先偿还抵押债权果寿康洋八百元，起诉债权之讼费如数提还，其房租债权朴景绶、吴晋氏、官房库、德宅租金应照普通债权加倍分配，外余款按照债款均匀分配。

本案于民国六年四月十九日接地方审判厅函称，本厅执行果寿康等诉沙范氏沙松锦等债务各案，认为有调处之必要，相应将原卷开明，案由送贵处查核办理等同到处，当即通知债权人及债务人开会评议，据债权人张云楣等声请沙范氏所开馨茂恒桂茂涌干果铺，拖欠欠款，延宕不还，请求公断追款等语，质之债务人沙范氏则称，所开馨茂恒桂茂涌干果铺拖欠外债，无力清偿，现摊还各债等语，本处评议沙范氏负债过巨，无法偿还，变产摊还各债尚属正当清理办法，现既无别产可偿，自当拍卖馨茂恒桂茂涌铺地家具得价分配。惟起诉债权果寿康对于铺底有抵押权，即有优先受偿之权利，然债务人既已破产，又无别产可抵，作为破产之财产，若抵押权主张优先受偿，则其余债权概属无着，殊欠平允。故果寿康债权酌由拍卖铺底价内提还洋八百元，以昭公允，又房租照章应由拍卖价内酌提偿还，自应比普通债权从优，按照普通债权加倍分配。至起诉债权既有预交讼费之损失，应由拍卖铺底价内如数提还。余款按照债权额均匀分配，以清纠葛，倘各债权人发现债务人确有隐匿财产，自可照章申请拍卖，得价低偿债款，庶免流弊而昭公允，合及通告。

中华民国六年六月

上述两个案例中有限受偿的比例各不相同，"纪桐庵本利银二千五百八十七两二钱，应酌还洋一千三百元抵销债款全额"，受偿率为36.1%[1]，而果寿康得受偿率有57.6%。在京师商事公断处公字第四百八十九号"王赞臣欠债案"中，抵押债权人英王氏的债额洋九百二十五元，受偿洋九百元[2]，受偿率高达97.3%，这种受偿比例的确定，大概是根据普通债权受偿率作为依据的。王玉珍破产案中，首次分配通告中普通债权的受偿

---

[1] 此比例是笔者计算出来的，清时流通货币有银两、铜钱，到民国时期又有银元（洋），三者之间要换算。笔者根据王玉珍破产案中，"洋六千六百四十八元八角五分七厘二，合银四千七百八十七两一钱七分"，计算出银元和银两的换算比例，1两银子值银洋1.39元，据此换算受偿率。下文中所有受偿比例都是笔者计算。

[2] 京师商事公断处编：《京师商事公断处公断书录》（第4集，上册），1923年，第28页。

率大概为 1.2%①，沙范氏破产案中，普通债权的受偿率为 5.8%②，王赞臣欠债案普通债权受偿律大概为 30%③。所以抵押债权虽然优先有限受偿，但根据普通债权的受偿率考虑优先债权的受偿率高低，当然，可能同时也要征得抵押债权人同意。

（三）均分财产前提下的酌提讼费与个别民事程序中止

京师公断处处理破产案件，在普通债权人平均分配债权的前提下，对起诉债权讼费实行的是优先如数提还或酌量提取。公断处将债权分为起诉债权和声请债权两大类，在进入破产程序之前，有些债权人已经按一般诉讼程序到法院提起债务诉讼，预交了一些诉讼费，而法院将这些已经起诉的案件移交商会理处时，债务人声请破产，然后商会发出公告，要求债务人限期申报债权，可能在公断处看来，这些后来申报债权的声请债权人，是"搭了便车"，比起诉债权人少交了诉讼费，因此觉得"所有起诉债权有预交讼费之损失与声请债权平均分配似欠平允，应将起诉债权有预缴讼费，如数提还"。上述王玉珍破产案即是如数提还，他如京师商事公断处公字第一百八十三号"沙范氏欠债案破产案"④、京师商事公断处公字第二百一十九号"万和益破产案"⑤ 等都是如此。有的案件讼费按成酌提，如"胜叔平等诉陈济川破产案"，即是 "酌提起诉各家二成讼费"，但不管通过什么方式，起诉债权人的诉讼费用都被补偿一部分，以现公平。现在法院处理破产案件时也将诉讼债权人的诉讼费用列与破产费用中优先偿还。

进入破产程序以后，京师商事公断处对于与破产程序相冲突的个别民事执行程序中止执行。在上述"公字第一百八十九号纪桐庵诉王玉珍债务纠葛案"的债务处理过程中，该案已经"诉经地方审判厅判决着王玉珍偿还本利，并作抵押房产有优先受偿之权利，案经判决正执行间"。可见，案件业经判决已经进入执行程序，但是"函送调处到处，本处酌还洋一千三百元，双方同意，应即公断"。因为当时王玉珍的财产已经进入

---

① 京师商事公断处编：《京师商事公断处公断书录》（第 2 集，上册），1919 年，第 39—40 页。
② 同上书，第 47 页。
③ 京师商事公断处编：《京师商事公断处公断书录》（第 4 集，上册），1923 年，第 28 页。
④ 京师商事公断处编：《京师商事公断处公断书录》（第 2 集，上册），1919 年，第 20 页。
⑤ 同上书，第 30 页。

破产程序，所以法院并没有执行原法院的判决。这与我国当代的破产程序也是一致的，我国目前的破产案件在法院受理后，债务人与个别债权人或债务人与其他人的民事纠纷，如果已经审结进入执行程序，因破产案件的受理，债务人的身份发生了变化，成为破产债务人，所有破产财产或破产债权要由清算组清算、估价和处理以后，按照一定的比例分配给全体破产债权人，而个案的民事执行，或者清偿个别债权人的债权，势必在财产分配上对债权人造成不平等的现象，所以法院受理破产案件后中止了个案的民事执行程序。民国初年，商事公断处没有破产法可以依据，但也停止了个案的民事执行程序，其实质是为了债权人能公平受偿。

（四）"抵销债款全额"的破产免责制度

京师商事公断处处理破产案件，遵循严格的破产免责制度。京师商事公断处公字第一百八十一号"天和成议和成打账摊还债务案通告"中言明，债务人"不敷甚多，势不能不按打账办法以清纠葛"①，沙范氏破产案，则所得余款"按照债权额均匀分配，以清纠葛"②，王玉珍破产案中，"王玉珍所欠纪桐麾本利银二千五百八十七两二钱，应酌还洋一千三百元抵销债款全额"③，……京师商事公断处所有的破产通告中，在财产分配完后，都有"以清纠葛""抵销债款全额"的告示，体现了破产免责的破产清债理念。

破产免责的清债理念还可以从通知未起诉也未声请的债权人加入债权团这一行为分析。现代破产程序对在规定的程序内未起诉也未声请的债权视作放弃，这一规定体现了现代破产制度对程序效率的追求。但京师商事公断处对一些既没有起诉也未声请的债权人，却主动加入债权团分摊财产。京师商事公断处公字第二百零七号"胜叔平等诉陈济川破产案通告"中，有松云斋等十一家债权人未起诉亦未声请债权，"按照债务人呈交原单数目共同参与分配"④，这样对于债务人来说可以真正实现破产即可清债，如果遗漏了债权人，以后还会有纠纷发生。债务人也

---

① 京师商事公断处编：《京师商事公断处公断书录》（第2集，上册），1919年，第7页。
② 同上书，第20页。
③ 同上书，第41页。
④ 同上书，第89—94页。

希望能够实现破产免责,王玉珍破产案中,同为破产债务人的庄子方具书称,"前与王玉珍伙开富源当被抢无力偿还债务,现有拍卖住房余价及动产情愿变卖抵还债务,请求贵处登报通知债权,以免未起诉各债权无着等情"①,庄子方"以免未起诉各债权无着",也是希望所有债权人都参加进来以后,他可以实现"破产清债",虽然一贫如洗,还请求酌提生活费,但过清贫的日子,总比天天被人逼债好。苏州商事公断处处理王辛生破产案,因为未让王玉记的王玉林加入债权团参与分配,"王玉记又频向家母处及堂叔旭生处吵闹拼命",王辛生一家不得安宁,请求公断处处长"劝告各债权,仅此两户请宽量大度,一律公摊。俾辛生早日清累,以谋自新"②。因此,通知所有债权人参加诉讼,可以使债务人早日清累,以谋自新。

(五)习惯与法理成为破产案件的理案依据

王玉珍破产案的公告书中言明:"前清之破产律早经命令废止,未便引用,但债务人已濒破产,程序只有按照本处历办先例及商界习惯打账手续酌核理结。"③ 可见在民国初年破产法缺失的法律环境下,遵从惯例是公断处理处破产案件的依据。

上述王玉珍破产案中将铺底权纳入破产债权,除此案以外,《京师商事公断处公断书录》中的破产案例都是如此。将铺底权纳入破产债权遵从的是北京的商业习惯。铺底权是支付租金,永久使用他人铺房的物权。1995年丁世华撰写《旧北京的房屋铺底权》一文,认为"在铺房所有权上设定铺底权,从全国范围来说,为北京独有"④,但后来有一些学者发现广东的广州、江西的南昌等地均有此种习惯。⑤ 尽管铺底权不是丁世华

---

① 京师商事公断处编:《京师商事公断处公断书录》(第2集,上册),1919年,第32页。
② 华中师范大学历史研究所等编:《苏州商会档案丛编》(第三辑,上册),华中师范大学出版社2009年版,第684—685页。
③ 京师商事公断处编:《京师商事公断处公断书录》(第2集,上册),1919年,第31页。
④ 丁世华:《旧北京的铺底权》,《北京房地产杂志》1995年第10期。
⑤ 胡长清:《铺底权之研究》,《法律评论》第6卷第52号(总第312期),第5—10页;林启宣:《旧广州的铺底权》,载李齐念主编《广州文史资料存稿选编 第9辑 社会类》,中国文史出版社2008年版,第418—419页。

所言之北京所独有，但至少是北京旧有的商业习惯之一。丁世华在《旧北京的房屋铺底权》一文中介绍：据说铺底权产生于乾隆年间，及至民国，铺底权已经遍布京城城厢，而且有倒价铺底、家具铺底、建筑铺底等12种。铺底权之所以产生，是工商业繁荣时期，一些铺店因经营的需要，铺东极愿取得铺房永久租赁和自由改建的权利，而在社会经济较为稳定的情况下，房主既能取得较高的租金，又不负修房的责任。但商号因各种原因营业停歇，铺东所租铺房曾自行改建，若直接退租，则损失颇大，所以采用转倒方式以弥补所费，而房主因没有出资修理房屋或因无力退还押租，对铺东转倒铺房的行为置之不理，这样，甲倒于乙，乙倒于丙，辗转租倒，铺底权也就应运而生。铺底权有四个特点：一是永久存续。铺底权的存续没有时间的限制，即使铺房塌陷、焚毁、拆除或商号歇业，铺底权依然存在。而且铺底权一经成立后，不能由铺房所有权人任意否认。二是直接支配。铺底权人可以出租铺底，也可以转租铺房，还可以将铺底权作抵押，提供担保。三是自由翻建。铺底权人因经营需要，可投资翻修、改建铺房，按京师习惯，铺底权人添盖房屋，房东无异议，即发生铺底权，但所建房屋的所有权归房主所有，铺东仅有使用权，且不能以此抵租。四是租金基本固定。租赁契约签订后，房主不能任意增租，即使因社会经济状况的变动而使租金与实际不符，或者铺底权人添盖房屋后增加了房屋的使用面积，原定租金也较难调整。民国时期还有相关立法承认铺底权。[①]正因为铺底权有这样的特点，才使铺底权产生一定的价值，尤其是营业过程中，铺底权人添盖房屋、装潢店面等都使铺房有了相当的增值空间。王玉珍破产案中铺底拍卖了多少钱，在《京师商事公断处公断书录》第2册中没有记载，但上述沙范氏破产案中，破产财产以铺底家具为主，"馨茂恒铺底家具卖得价洋二千一百二十元"[②]，京师商事公断处公字第二百一十九号"万和益破产案"，振泰和家具铺底拍卖票洋二千元[③]，铺底家具还是很值钱的。

上述公字第一百八十三号"沙范氏破产案"中有一个有趣的现象，房租债权与其他普通债权不一样，"房租照章应由拍卖价内酌提偿还，自应比普通债权从优，按照普通债权加倍分配。"本案中朴景绶房租银一千

[①] 丁世华：《旧北京的铺底权》，《北京房地产杂志》1995年第10期，第61页。
[②] 京师商事公断处编：《京师商事公断处公断书录》（第2集，上册），1919年，第43页。
[③] 同上书，第123页。

二百三十四两四钱，吴晋氏房租银二百七十二两，官房租银四百二十五两，德宅房钱六百八十吊，都按照普通债权加倍分配。京师商事公断处公字第二百四十一号"万丰林破产还债一案"，万丰林经营的万事当共欠定宅房租银一千八百两，破产财产分配时，"所欠定宅房租应以该当退让费银一千两抵销房租千两，余欠房租银八百两加入普通债权，受平均之分配，"定宅房租和普通债权相比，也是从优偿还①，京师商事公断处公字第二百八十八号"陈辅卿等诉金希曾欠款一案"，债权人志虞五主张"房租着按各债权人平均分配之二数加倍分受"的要求也获得认可。②

　　至少从我们现在的法学理论看，房租与普通债权一样，在破产案件中是均等受偿，而民国初期的破产案中，房租为何优于普通债权要加成分配，笔者没有找到相关的法律依据，公断书中所言"照章"不知道是什么规章。笔者推断，这种加成分配应当是源于惯例。因为北京地区有铺底权的惯例，由于铺底权人对铺房享有很大的权利，对铺房所有权人的所有权行使限制很大，而且房租历年不调整，房租收入对房屋产权人而言是其享受房屋产权的最主要的内容，因此破产案件中，铺底权拍卖以后，加成偿还租金显得合理公平些。

　　公断处处理破产案件，除了上述惯例以外，还有一个依据是法理。破产制度起源于古代罗马法的一些规定，其后逐步发展成为当债务人在经济上发生困难，从而无法以其清偿能力对全部债权人债权进行清偿的情形下，通过法律途径强制将债务人的全部财产通过一定法律程序变价及公平分配，以使全部债权人满足其债权为目的制度。③我国古代传统的法律体系当中，虽然有一些关于偿还债务的规定，但并没有破产一词，也没有破产法律制度。如唐律中规定，"诸负债违契不偿，一匹布以上，违二十日笞二十，二十日加一等，罪止杖六十，三十匹，加二等，百匹，又加三等，各令倍偿"④，1906年破产法虽然没有实施多久，却带来了全新的破产规则，破产案件的基本处理程序、建立在破产债权人地位平等之上的均等分配、抵押优先权、破产免债等理念，逐步渗透到社会层面。因此在京师商事公断处公断书中，关于破产案件的通告，通读下来，似乎并没有感

---

① 京师商事公断处编：《京师商事公断处公断书录》（第2集，上册），1919年，第167页。
② 同上书，第101页。
③ 官欣荣主编：《新编商法原理》，中国检察出版社2009年版，第316—317页。
④ 刘俊文点校：《唐律疏议》，中华书局1983年版，第485页。

觉法律的缺失，行文中多为法言法语，对破产财产的分配与现代破产制度有许多相似之处。

当然，公断处处理破产案件也是有理有情，在王玉珍破产案中，给王玉珍之子王琴轩及庄子方酌情给予生活费的分配方法，也体现了公断处处理破产纠纷中的人情观念。1906年《破产律》第48条规定："倒闭之商若将财产偿还各债后实系净绝无余，并无寄顿藏匿情弊，应由董事向各债主声明，准于未摊分以前在财产项下酌提该商赡家之费，约敷两年用度以示体恤。"对于此条，当时有商人认为此条过于照顾体恤倒闭之商，债权人不仅于破产时"同受其亏，今变产项下不论其成数之多寡又复抽提赡家之费"，使其"更受亏难言矣"。因而认为体恤倒闭之商，"可以有此办法，不可有此条例，更岂能限以约敷二年之期哉"[①]。由此可见，商人对一定限度内给破产债务人酌量提取生活费用还是支持的。京师公断处理处破产案件，也体现了酌量提取的态度，不是每个破产案件都给债务人提取生活费，特别困难的才酌量给予。京师商事公断处公字第二百二十号"天昌粮店破产偿债一案"，刘克温所开天昌粮店破产，破产事务由铺伙周天润代理，可能周天润为协助破产处理，花去了不少路费，在破产财产分配时，公断处因为"债务人之代理人周天润贫困异常，自应酌为补助，以示体恤"，补助周天润路费二十元[②]，显得有情有理。

与京师商事公断处处理的商事纠纷相比，苏州商事公断处处理的破产案件更是相形见绌，由此也可以看出，法制近代化过程中，现代法律理念的引入要被完全接受还需要一个相当漫长艰难的过程，即使同为商人，北京和苏州两地的商人仅在破产债权的分配理念上就有很大的差异，苏州商人仍然受传统的"父债子还""人死债不死"的观点的影响，还没有接受破产清债的现代债务清偿理念，而京师商人已经逐步接受，当然这一接受的过程可能也有法院或公断处裁决的强制力强迫灌输的作用，京师商事公断处处理的大量的破产案件所作出的裁决，作为先例不仅成为其理案的依据，对其他商人也有行为导向作用，使现代破产原则逐步渗入到商人的偿债理念中。

由商会主持处理破产案件的做法，清末破产律有此规定，曾任民国政

[①] 《商业驳破产律议》，《申报》1906年6月23日。

[②] 京师商事公断处编：《京师商事公断处公断书录》（第2集，下册），1919年，第35页。

府法律顾问的爱斯嘉拉对此大家褒奖,认为商会参与其中是破产法遵从中国习惯的最好例证。① 京师商事公断处在民国壬子之变破产案件激增的情况下,不负众望,处理了大量的破产案件,为京城商业秩序的稳定作出了很大的贡献,1926年京师地审厅"认为京师商事公断处自成立以来,对于商民申请公断及由该厅委托调处各案件均公断理处,各得其平,成绩卓著"②,向司法部呈请奖励京师商事公断处出力人员,这是对京师商事公断处公断成绩的肯定。京师商事公断处的成功运作和破产案件的公平、合理的处理方式,也为当代破产案件的处理提供了很多可供借鉴的历史价值。

---

① 谢振民编著:《中华民国立法史》(下),中国政法大学出版社1999年版,第839页。
② 《法律评论》1926年第27期,第20页。

第七章

结论与现代启示

自1904年《商会简明章程》颁行以后，清政府在谕令各地商会设立的同时，由于赋予商会商事纠纷理处权，近代商事纠纷的解决方式又增加了一个新的社会化途径，通过前文对清末商会理案权的形成与特点分析以及民国商事公断处法制化发展的轨迹，尤其是对苏州、上海、京师商事公断处的个案分析，可以总结清末民初商会理处案件的规律，对清末民初商会理案作一客观的评价，并寻求中国法制近代化过程中商事纠纷解决机制社会化过程中的价值内涵，发现当代商事纠纷解决机制多元化发展的现代价值启示。

一 从理案处到公断处：近代司法体制的两次社会化变革及质的飞跃

司法体制社会化就是使司法体制具有社会性，充分利用社会资源形成多元化的司法体系就是司法体制的社会化过程。近代清末商会理案权的取得与民初商事公断处的设立，都是清末民初国家对社会司法资源的有效利用，是近代司法体制的两次社会化变革，但是从清末理案处到公断处，近代司法体制的社会化变革实现了质的飞跃。

1904年《商会简明章程》赋予了商会理处商事纠纷的理案权，商会理案权的获得，对清政府而言虽然只是出于保商振商的目的，客观上却对中国近代司法体系产生了重大影响，使中国近代司法裁判体系呈现出与中国传统司法体制不同的特点，促进近代司法体制的社会化变革。晚清商会成立以前，清朝已经形成了官方和民间多元化的商事纠纷解决机制，既有以州县官衙为主的国家审判机构，也有乡邻、族长、商人团体参与的民间调解机制。乡邻、族长、商人团体参与的民间调解机制是中国传统司法体制中的社会资源，但是这些调解没有专门的组织和调解规则来约束，更多的是有事论事，临时组织几个人从中劝说，调解纠纷，化解矛盾，是一种自发的不规范的调解，甚至在传统行业纠纷处理过程中，出现过苏州金箔作咬死董司的个案，用极端血腥的方式处理行业纠纷，令人不寒而栗。晚清商会理案权的取得是我国近代司法体系社会化的第一次变革。

在第一次变革过程中，商会理案权作为国家授权的专属商事纠纷裁决权，与以往的民间调解和官府断案相比，有着质的不同。正如笔者在第二章中所述，清末商会理案已经呈现出规范化、民主化和专业化的特点。但是，清末由于国家没有制定专门的商会理案程序法，各地商会通过制定本商会适用的理案章程、理案规则，以此为商事纠纷的解决提供必要的程序引导，商会理案权的运作是一个自我规范的过程。

民初《商事公断处章程》和《商事公断处办事细则》颁行以后，一些地区的商会陆续设立了公断处。《商事公断处章程》和《商事公断处办事细则》是中国近代唯一颁行的单行仲裁法规，中国古代并没有仲裁法律制度，因此，公断处章程和办事细则的颁行完善了近代中国司法体系中的程序规则，以立法的形式授予民间团体仲裁权。商事公断处的设立，是近代中国司法体制社会化的第二次变革，此次变革与第一次变革相比，近代司法体制的社会化变革实现了自我发展到国家法规范的质的飞跃。

这种质的飞跃首先表现在近代司法体制出现了介于法院判决和民间调解之间的又一新的"准司法"的纠纷处理机制。仲裁权不同于国家审判权，国家审判权由国家司法机关行使，仲裁权由仲裁机构行使。仲裁也不同于调解，调解在各种纠纷解决途径中都有运用，是一种运用相当广泛的纠纷处理方式，但是从理论上来讲，仲裁中的调解运用属于仲裁程序的范畴之内，诉讼中的调解属于审判程序的范畴之内，民间调解属于完全依据当事人意愿、没有国家强制效力的纠纷处理方式。仲裁权与审判权一样，需要国家立法的承认和确立，仲裁结果才具有强制执行的效力，由于仲裁权、审判权、调解权之间存在这些异同点，因此仲裁被认为具有"准司法"性质。我国历史上并没有仲裁法，西方仲裁制度的完整立法始于1697年英国议会制定的仲裁法案，这一仲裁法案正式承认仲裁制度，确认了仲裁的法律地位和作用，此后法德日等国在《民事诉讼法》中专章规定了仲裁程序，1889年以后英国制定了《仲裁法》，仲裁法开始以国家制定单行法的形式出现，1925 年美国制定《美利坚合众国统一仲裁法案》，1929 年瑞典通过《瑞典仲裁法》。[①] 从这一过程看，1913 年 1 月北洋政府颁布的《商事公断处章程》，在世界范围内看，也是属于颁布较早的单行国家仲裁立法。《商事公断处章程》颁行以后，近代司法体制中出现了以商会附设商事公断处行使仲裁权的裁决体系，尤其近代商事公断制度，仅以解决商事纠纷为主要职责，实际上形成了近代单独的商事仲裁体系，丰富了近代司法体系多元化的内涵。

其次，民初商事公断处被纳入了国家司法体系的法制化发展轨道，与清末商会理案相比，商事公断呈现出国家法规制下的规范和统一。

1913 年上海总商会在讨论设立商事公断处事宜时，会董丁庆斋对公断处与前清商会理案的异同有一段评论："商会前有理事一门，今商事公断处与前无所分别，不过以前理案，议董由总理推定，今为票选；前无理事长，今有处长；章程前为商会所定，今为部定，理事之范围初无较前为大也。"[②] 虽然丁氏的言语直白，却也道出了民国商事公断处与前清理案表象上的异同。

从表象来看，清末商会理案与民初的商事公断确实有许多相同之处。从人员来源看，无论清末商会的理案机构还是民初的商事公断处，其职员都来自商会。清末商会理案员从议董中选举或推选出来，如清末苏州理案处职员从议董中选举产生，而上海商务总会的理案人员则是由总理从议董中指定，但议董也是从会员中层层选举出来的。民初商事公断处则依照章程从会员中直接投票选举，虽然后者比前者选举范围广，但从苏州、上海公断处职员的选举过程看，总商会议董兼任公断处职员的还是很多。

从商会处理案件的宗旨而言，清末理案机构与民初商事公断处都是以息讼和解为宗旨，处理案件的依据也多依靠商业习惯。通过本书分析苏州、上海、京师商事公断处的具体运作可以看到，民初商事公断处公断案件仍然以商业习惯为主要的理案依据。由于政局多变，北洋政府时期仍然存在着法律缺失的状况，对于商事公断处而言，所能借助的成文法律规范不多，因此商事习惯成为处理案件的主要依据。

但是《商事公断处章程》和《商事公断处办事细则》颁布以后，各

[①] 李正主编：《仲裁法学》，中国政法大学出版社 2009 年版，第 23 页。
[②] 上海市工商业联合会编：《上海总商会议事录》（一），上海古籍出版社 2006 年版，第 77—78 页。

地商事公断处的发展进入了法制化的规范发展过程。虽然清末商会理案与传统的民间调解相比，呈现规范化的特点，但这种规范化发展是一个自我规范的过程，而民国时期商事公断处的组建和发展，却是基于法制化下的规范发展，显示出两者的质的区别。以名称、组织机构而言，章程颁行后，改变了清末理案机构名称混乱、组织机构人员配备不一的情况。《公断处办事细则》第二条规定，"公断处附设于其所在地各商会，即以所在地名冠首以为名称"，这一规定使商会仲裁机构的名称统一命名为公断处。由于公断处章程和细则对公断处的组织构建和公断处职员的选任、任期都有明确的规定，因此民初商事公断处的组织构建有章可循，有法可依。通过前几章对苏州、上海商事公断处的职员分析也证明了，民初商事公断处的组织构建基本符合章程的规定。虽然在职员连任问题上，苏州、上海商事公断处都有连任超过两届的现象，与部章不符，但总体来说，商事公断处的组织构建是依法进行的，而且组织运作正常。

有了部章和办事细则的规定，即使有一些违规之处也可以及时纠正。1918年3月12日，苏州商事公断处处长庞式鋆因病出缺，公断处所有评议员集议，公推宋度（友裴）为代理处长，但宋度就此提出了公推方式合法性的问题。"查公断处办事细则第十二条载：处长因故出缺时，应即改选；又载补缺各员之任期，以补足前任未满之期为度。照条文解释，庞处长因病出缺，即应由现任评议、调查员投票改选，其任期以补足前任任期为度。……今舍大部章程而用公推之法，殊无依据。且商会为法定团体，所有事件亟应遵法而行，始免责难。而公断处之设立尤为司法部特许，商人有例外仲裁之权利，何能先自破坏，容有不合法之人厕于其间。度为此言，所以爱商会、爱公断处，并自爱羽毛也。务乞即日遵照部章改选处长，俾重职守，而免旷废。"[①] 后改选宋度为公断处处长，宋度一番话，颇为感人，显示其很高的守法意识。

民国时期商事公断处的理案程序也在章程和办事细则中有详细规定，与清末各地制定的繁简不同的办公专条和理案章程相比，更加统一规范。《商事公断处章程》中按照现代仲裁原理设计了一些原则和制度，如公断合意性、自愿性原则、公断处职员回避制度、合议制度、法院对公断裁决

---

① 华中师范大学历史研究所等编：《苏州商会档案丛编》（第二辑），华中师范大学出版社2004年版，第102—103页。

的强制执行权，等等，都符合现代仲裁制度原理。章程和细则中统一规定了公断处的权限，对公断处可以受理的案件和不予受理的案件以列举的方式明确规定，对公断的立案程序、调查程序等内容也作了详细的规定。商事公断处章程和办事细则对公断的基本原则程序等内容的规定，已经显示出公断制度具有现代诉讼制度的特征，与清末商会理案自我规范相比，实是一个质的飞跃。通过对各公断处具体运作过程的分析也以事实证明了公断处公断案件的程序也是依法进行，这些都使民国初期的公断制度呈现出与清末商会理案的质的不同。

二 商事公断处：近代司法体制社会化变革中的优质司法资源

通过对苏州、上海、京师商事公断处的个案研究不难发现，中国近代司法体制经过两次社会化变革以后，民初商事公断处已经成为中国近代司法体制中的优质社会资源。

从机构设置上看，各地都建立了以公断处处长负责之下的以评议员、调查员、书记员为职员的完善的组织机构，由于商事公断处附设于商会，公断处的日常活动经费除了收取的公断费用外，有会员缴纳的会费作为经济支撑，商事公断处能够正常开展公断事务。民初北洋政府时期，尽管中央政权更迭频繁，国家司法体制改革举步维艰甚至倒退到传统的县知事兼理司法的政审合一的状态，但是商事公断处的组织构建一直处于良好的运作状态，在商会的主持下，商事公断处的换届选举一直依法、规范、有序进行，可以说，商事公断处是北洋政府时期一直没有中断过的社会司法体系。另外，民初的商会还形成了遍布城乡的网络结构体系，商事公断处作为附设于商会的机构，也随着商会的设立形成有效的覆盖面。民初上报司法部备案的商事公断处大概占商会总额的10%，不仅商务繁富之地的大商会设立商事公断处，一些县城也设立了商事公断处。江苏六合县商会商事公断处处长王志瀛任怨任劳，克勤履职，江苏省长咨请商部，要按部章奖励规定，发给三等奖章。① 安徽正阳关总商会，前身为正阳关商务总

---

① 《农商总长田文烈呈大总统汇核江苏等省请给商会商事公断处职员王志瀛等奖章文》，《政府公报》1918年10月31日，"公文"，第9页。

会，成立于 1908 年，"辖皖北 21 州、县商务，入民国，改组为正阳关总商会，系地区性独立机构"①，从 1912 年至 1915 年 3 年中，"所断商案，几有数百宗，大者数百金，少或数十金，无不和平解决"，对处理的案件，"一言移县，则两造皆谈虎色变"②，这些州县的商事公断处也发挥了应有的作用。

从商事公断处的人员构成看，公断处的组成人员，都是来自当地各行各业商界的头面人物。由于职员由商会会员公开选举产生，商人比较信任他们，在中国传统的"熟人社会"里，商事公断处成员在行业中的特殊地位，使他们在理处商事纠纷中，可以利用自己的威望，促成当事人之间纠纷的和解，像虞洽卿这样"不特商界中有势力，就是官场中也通声气"③的人，多年被选为公断处职员。因此，公断处成员中的"人力资源"优势不可忽视。尤为难能可贵的是，尽管商事公断处的职员在当时都是商界大腕，但他们能热心公益事业，义务为商事公断处服务，这种精神非常可贵。公断处职员的敬业尽职精神，也是当代司法工作人员学习的榜样。以京师商事公断处为例，公断处的处长、评议员、调查员都是京城商界的成功人士，在公断处供职不取报酬，纯粹是义务为商人服务，但是在 1916 年一年的时间里，公断处职员就办理了 174 件案子，从 1917 年 6 月到 1919 年 6 月，仅办理的破产案件就 47 件，有的案件异常复杂，王玉珍破产案，破产债额达到"二十六万三千一百十八两六钱，又洋六千六百四十八元八角五分"，涉及三家当铺同时破产，债权人 154 人，从 1916 年 7 月 29 日接奉地方审判厅公函委托调处到处，到 1917 年 6 月通告分配方案④，历时近一年，而最后费用是"公断费洋二十四元，报费洋三十九元，鉴定费洋一元七角二分"⑤，如果这个案件到现在的法院处理，至少可以提一个问题，要花去多少破产费用？历史是当代的镜子，照一照，我

---

① 寿县地方志编纂委员会编：《寿县志》，黄山书社 1996 年版，第 474 页。
② 《正阳关总商会代表李光辰债务诉讼意见书》，《中华全国商会联合会会报》第 3 年第 2 期，"金载·专件"，第 30 页。
③ 孙福基：《虞洽卿的生平事实》，载《上海文史资料存稿汇编》第 7 期，上海古籍出版社 1987 年版，第 233 页。
④ 京师商事公断处编：《京师商事公断处公断书录》（第 2 集，下册），1919 年，第 23—32 页。
⑤ 同上书，第 39 页。

们会有更多的感叹和思考！上海商事公断处在处理大有机器榨油公司的破产案件中，为了债权人的利益，创造性地设想出资产重组和债权转股权的破产财产处理方式，值得大为称道。

从公断程序看，商事公断处的公断程序在部颁章程和细则的规范下，依法有序开展。案件受理过程中从当事人声请、通知当事人提出答辩、通知评议员到场评议、进行与公断案件有关的调查等都能做到及时有效。案件理处过程中也遵循合议制度，有多个评议员共同参与，保证公断过程的公正、民主，上海、京师地区的商事公断文书制作非常规范，案件事实清楚，公断结果合理公正。在案件处理过程中，苏州、上海、京师地区的商事公断处理处案件都以"和解息讼"为宗旨，以和解劝导为主要的理案方式，理案依据以商事习惯和法理相结合，实现理案过程中"以昭平允"的目标，解决了许多商事纠纷，商事公断处这种普遍存在着的理案宗旨、方式、理案依据以及理案目标，在近代国家法缺失的情况下显得尤为重要。《商事公断处办事细则》第五条也规定"公断处评议事件得依据各该地方商习惯及条理行之，但不得与现行各法令中之强制规定相抵触"，因而在实践中，各地的商事公断处在公断商事纠纷中很大程度上依据商事习惯，但并不排斥法理和现行法律。在京师、上海商事公断处处理的大量案件中可以发现，公断处公断案件的依据不仅有减成还债、让利还本、铺底权等大量的商事习惯，还以法理为依据，在大量的公断书中，"优先受偿权""留置权""平均分配破产债权"等现代法律术语充斥其间，在阅读这些公断书同时，读者常常感到西法东渐之风拂面而来，在中国法制近代化过程中，现代法学理论和司法理念已经渗入到社会层面之中。

通过对商事公断处实际运作的研究，我们既看到了西法东渐的过程中，西方法律制度对中国商人的影响，也感受到了以公平合理原则为指导的本土习惯法的优势，一些破产案例的处理过程即使对今天破产案件的处理仍然具有很深刻的指导意义。

商事公断处的这种组织优势、人员优势以及理处案件过程中表现的专业化、法制化、现代化的特点，使公断处成为优质的民间司法资源，即使当时各地地方审判厅和高等审判厅以及上海租界的会审公廨也将一些案件移交商会处理。审判机关委托商会调处案件外，还在商事纠纷中函请商事公断处查账，这种查账协助，在性质上可以归为司法协助，但仍不失为对商会中有效社会资源的利用。清末民初，中国没有施行统一的会计制度，各家店号记账各有格式,遇有纠纷,查清账目非常困难,"关于商事上之争议及商业债务纠葛,欲证明事实,辨别曲直,自以清查账目为最要之根据"①。商会中的会董都是商界高手,在理清账目方面有优势。"中西官厅以商会之查复视为一种最有力之证据,是非曲直由是而定。内地法院及英法两公堂凡关于账目纠葛而有疑义之案移交商会清查者日多"②,多地商事公断处都设有查账处,制定了查账规则,除了第五章论述上海商事公断处制定了查账规程外,内地的云南商事公断处也制定了《公断处查算账目规则》③,商会为司法机关提供查账协助的工作成为一种专业规范的活动。

当然,任何事物都有其相反的一面,民初商事公断处的运作过程中,也出现像苏州商事公断处裁决破产案件不公的个案,在劳资纠纷、行业纠纷等问题的处理方面,商会也可能更偏向会员,但是与民初商事公断处运作的总体状况相比,积极影响大于消极影响。即使我们当代的国家审判机构中,也会出现"吃了原告吃被告的现象",佘祥林杀妻案等冤案也偶有出现,法院腐败的窝案事件也常常出现在各种媒体的报道之中,但并没有因此否认整个法院系统的积极作用,所以,民初商事公断处基本处于良性运作过程中,成为近代社会化的优质司法资源。

三 司法体制社会化变革中的制度设计缺陷影响了商事公断处作用的有效发挥

既然民初商事公断处是近代司法体制社会化变革中的优质司法资源,但是通过对苏州、上海、京师等地商事公断处的个案研究又得出了这样一个总体印象,三地都是地处商务繁富地区的总商会,但受理案件却多寡不等,京师商事公断处受理的案件多,从1915年6月8日至1925年12月7日的十年多时间里,受理了商事纠纷776件,其中506件是当事人于起诉

---

① 上海市工商业联合会编:《上海总商会议事录》(二),上海古籍出版社2006年版,第676页。

② 上海市工商业联合会编:《上海总商会议事录》(一),上海古籍出版社2006年版,第67页。

③ 云南省地方志编纂委员会总纂:《云南省志卷九·工商行政管理志》,云南人民出版社1998年版,第197页。

后由法院委托调解者，占受理案件的 65.21%，京师公断处结案率很高，未结案件只有 8 件，占受理案件的 1.03%，绝大多数案件已经结案，两造遵断的比例也很高，达到 80%以上。而苏州商事公断处从 1914 年 8 月 18 日至 1926 年 2 月 3 日共受理 60 件案件。① 苏州商事公断处成立后，受理的案件不多，与清末苏州商会理案的情形相比，受案数据相去甚远。清末苏州商会成立以后，从 1905 年 3 月至 1911 年 8 月受理的案件达 384 件。② 上海总商会商事公断处从 1914 年 1 月 1 日至 1919 年 3 月受理的案件共 95 件，这些案件中有 33 件是商人自行声请商事公断处公断的，有 12 件是普通法院委托调处或查账的，有 32 件是会审公廨委托调处或查账的。而且通过对苏州、上海两地商事公断处受理的案件进行进一步的数理统计分析，发现大量的案件并没有进入实质的公断评议程序，商事公断处实际发挥公断作用的案件比例并不高。

是什么原因造成了商事公断处这种优质的司法资源未能发挥有效的作用呢？主要是商事公断的制度设计缺陷影响了公断处作用的发挥。

首先，商事公断制度限制了商会受理案件的范围。《商事公断处章程》第二条规定，"公断处对于商人间商事之争议，立于仲裁地位"，这一规定表明，申请公断的当事人双方必须都是商人，这样的规定限制了一方是商人的案件请求公断的可能性。北京商事公断处之所以受理的案件多，就是因为受案权限与其他商事公断处不同。上海总商会商事公断处曾经在 1918 年 2 月呈请司法部，称上海为商业繁盛之地，华洋杂处，请求援照京师成案，嗣后上海商民债务案件请由司法官厅委托商会商事公断处先行调处，调处不成，再行呈诉法庭等等。③ 后司法部以上海地方债务案件两造均为商人者居多，与京师地方案件两造均为商人甚少不同，未能允许推广。

其次，公断效力机制与收费公断制度，使民初商事公断失去了清末商会理案的一些优势。按照《商事公断处章程》18 条、19 条的规定："评

---

① 付海晏：《民初苏州商事公断处研究》，载章开沅主编《近代史学刊》（第 1 辑），华东师范大学出版社 2001 年版，第 82 页。

② 华中师范大学历史研究所等编：《苏州商会档案丛编》（第一辑），华中师范大学出版社 1991 年版，第 530—560 页。

③ 上海市工商业联合会、复旦大学历史系编：《上海总商会组织史资料》（下册），上海古籍出版社 2004 年版，第 666 页。

议员之判断，必须两造同意，方发生效力。""两造对于评议员之公断如不愿遵守，仍得起诉。"这实际上规定了公断制度的又裁又审制度，大大降低了公断效力。公断处忙了半天，实际上公断结果对当事人而言可能不发生任何强制效力，公断处职员都是商界的精英，自身商业事务缠身，百忙之中抽出时间来义务解决商事纠纷，一点强制效力也没有，因此也就失去应有的积极性。《商事公断处章程》这种又裁又审的制度设计，司法部实际上把公断处变成了一个调解机构，但同时又规定了收费公断制度，对当事人来说是花钱请公断处调解，但最后得到的公断结果只要一方不同意，就没有强制效力，对当事人来说既费钱又费时，尤其是法院委托的案件，当事人同意接受商事公断处公断的更少。法院判决有强制性，而公断裁决必须两造同意方能发生效力，法院将案件委托公断处公断，实际上改变了案件的强制效力，因此，有些当事人是不愿意接受公断的。

  清末商会理案是免费为商人解决商事纠纷，商会是商人低廉的司法救济途径。但民国时期商事公断处已经实行公断收费制度。按章程第21条的规定，可在争议物价2%的范围内酌征费用。这个费用征收标准与民国初年的诉讼费用相比差不了多少。民国时期诉讼费用按照1913年10月2日颁行的《高等以下各级审判厅试办章程》的规定征收，该章程第87条规定："凡民事因财产而诉讼者从起诉时诉讼物之价值按左列之等差征收诉讼费用：十两以下三钱；二十两以下六钱；五十两以下一两五钱；七十五两以下二两二钱；百两以下三两；二百五十两以下六两五钱；五百两以下十两；七百五十两以下十三两；千两以下十五两；二千五百两以下二十两；五千两以下二十五两；五千两以上每千两加二两。"1921年2月24日司法部还修正了收费标准，大幅度削减了诉讼费用。"二十两以下三钱，五十两以下五钱，百两以下八钱，两百五十两以下一两五钱，五百两以下二两，千两以下三两，千两以上每千两加一两。"① 经过修改后诉讼费用比公断费用还低。虽然《商事公断处办事细则》第20条规定，对当事人曾在商会注册，负担常年会费之义务者，得照部章规定最高率减半征收，但收费公断制度使商会失去了一定的优势。从京师、苏州、上海商事公断处的公断书中，都可以看出公断收费制度在实施，收费确实不低。

  民国初年，商会在解决纠纷时的查账服务，也开始收费，上海总商会

---

  ① 萧丁山：《现行法令全书》（上册），中华书局1922年版，第23—24页。

拟定的《上海总商会公断处查账处章程》第六条规定"查账费内酌提经费之额数如左：（一）三十元以上者应提一成，（二）五十元以上者应提二成，（三）百元以上者应提三成"[①]，这样的收费标准已经是非常高的了，因此在"廨移姚毓蕃与毛诚哉股开裕丰米行账目纠葛请算账理处由"一案中，原告不愿意缴纳查账费，商会就不予公断。[②] 上海总商会一些年度的公断收入分别是：1916年5月至1917年4月为28450银两；1917年5月至1918年4月为8894银两；1919年7月至1920年6月为10800银两；1922年7月至1923年6月为262000银两；1923年7月至1924年6月为61000银两。[③] 而第五章中的统计数据显示，1916年5月至1917年4月，商会一共受理的案件是21件，但商会公断的收入达到28，450两，这些收入或许有公断处专门查账的收入，也有可能《上海总商会议事录》中收入的案件不全，但一年时间里能有这么多的收入，无论来源于查账或公断，当时的收费都不低廉。

　　同样收费，法院审理裁决的强制性与公断处却相差很大。法院的裁决具有绝对的强制效力，当事人不遵裁决，法院可强制执行。而商事公断处的公断裁决，按公断处章程第十八、十九、二十条的规定，必须两造同意，方发生效力，两造均无异议，方可呈请管辖法院强制执行。不服公断处裁决的，仍得起诉法院。这些规定，使商事公断的强制性大打折扣，因此，同样的收费体制下，商人可能更愿意选择法院判决。

　　商事公断制度的这些制度设计缺陷，民国初期的一些商会提出了修改建议。贵州总商会代表提议，"凡遇地方债务重大案件发生，必先经商会据理公断"，然后由商会将公断理由报告交给法庭，法庭判决时"将商会公断原案加入讨论"，这样做"非商会欲侵法庭之权，而酌准情实足以为法庭之辅助"，商会也不至于"有名无实视同赘疣"。[④] 陕西联合会主张，法庭应将债务案件先交由商会调查评议，"法庭认为确当即采择所议判

[①] 上海市工商业联合会编：《上海总商会议事录》（二），上海古籍出版社2006年版，第678—680页。

[②] 同上书，第789页。

[③] 《上海地方志办公室网站——上海工商社团志》，2016年4月，参考网址 http://www.shtong.gov.cn/node2/node2245/node4538/node56987/node56992/node56995/userobject1ai45365.html。

[④] 《条陈公断债务事件案（贵州总商会）》，《中华全国商会联合会会报》第3年第11、12合期。

决"。可以形成"官倚商为调处而事实习惯昭然若揭,商以官为主持而判断执行凛不可干,亦结案迅速之一道也"①。吉林扶余商会提出,"凡关商事诉讼一经起诉,司法衙门即知会本地商会令其先行调查秉公声复,该衙门即认商会之复函为诉讼之资料。"②

在扩大商事公断处权限方面:江苏海门商会指出,"商民诉讼,宜交商会公断也","民间诉讼,以债务为多,债务以商家为甚,商会之设,首重保护商人权利,维持商业现状。则仲裁事件,为当然天职。遇有债务发生,若概由商会处理公断,既能洞悉商情,复又熟谙习惯,固无不在准情酌理之中,更不致逾越法律之外,……官厅既省却许多手续,人民亦少受一番讼累,必于债务有裨,易于结案",并要求明定审限,根据债务诉讼标的大小,规定期限,由部颁条例,一律遵守。③河南总商会特别会董李朝栋提议,"凡关于商事债务诉讼准其商人自便呈诉,但起诉程序照审判厅试办章程办理"。在执行时,如商事公断处认为"当事人有逃匿之虞",有权将其移送法院"暂为拘押候审"。当事人对公断处的公断不服时可向法院起诉,逾期,公断处可向法院申请依法执行。④

有的商会提出通过修改公断处章程,扩充公断处权利。山东商会联合会代表张豁提出,修改章程,规定公断处享有"调查实权",即调查证据权和调查财产权。南京总商会提出了四条修改公断处章程、扩充公断处权利的建议:第一,在章程第十四条规定公断处受理两类案件之后加入"三、于起诉后未经法院判决由两造商人或一造自行申请撤回审理者";第二,在第十五条内加入"已经起诉之案未经法院判决,两造中如有一造自行声请在公断处理结,公断处认为可以受理者,得向法院调取卷宗核断,并得具通知书于两造,令其到场接受公断";第三,第十七条加入"评议员之判断,两造中虽有一造不愿遵守,然所主张之理由既已充足,

---

① 《条陈债务诉讼结案案(陕西商会联合会事务所)》,《中华全国商会联合会会报》第3年第11、12合期。

② 《请速结债务诉讼案(吉林抚余商会)》,《中华全国商会联合会会报》第3年第11、12合期。

③ 《江苏海门商会提出之债务诉讼结案意见四条》,《中华全国商会联合会会报》第3年第2期。

④ 《条陈债务诉讼结案办法案(河南总商会特别议董李朝栋提议)》,《中华全国商会联合会会报》第3年第11、12合期。

应将所判决该案之情详誊判本送请该管法院查核，经该法院认为平允而又别无办法者，得据原判决强制执行"；第四，第二十六条后加入"公断处开场时两造中有一不到场，事前并未声明故障及声明之不合乎情理者，得依照法院缺席判决之程序于最后之缺席时判决之"，以严惩无故缺席借以回避判决者。①

这些建议，是民初为解决京师商事诉讼久延不决、商民困苦不堪的困境，由袁世凯饬令各地商会详加研究商事诉讼结案办法的情况下提出的，袁世凯死后，司法部以"若仅就债务诉讼厘定一结案办法，于论理既不甚合，也究非目前切要之图，所请应暂缓议"②，将商会提出的若干意见束之高阁。此后，各地商会对扩充商事公断处权限的建议已少有提及。

司法部之所以拒绝接受商会扩大公断处权限的建议，与司法部苛求建立完善的现代司法体制有关。民国建立以后，确立了三权分立体制下的司法独立理念，在这一理念指导下，司法改革更是致力于建立民刑分庭、四级三审为主要构架的司法审判制度，实现审判体制的近代化。由于这一套构想仍然是延续清末变法以来的框架，司法体制的建立明显受日本司法体制的影响，"是故，东瀛无商事裁判所，而我国亦然，东瀛于普通法院无商事庭而我国亦然"③。商事诉讼归并于民事诉讼的范畴之中，在普通法院之外不设商事法院。但司法部却设想能够仿效德日，在法院体系之外设立商事仲裁制度，以利解决商事纠纷。因此，司法部对商事纠纷处理机制的构架很明确地包括以下两个方面：第一，在国家审判机制上建立四级三审制的普通法院体系，普通法院之外不设商事法院；第二，利用各地商会，建立商事仲裁体系。这种构想在民国初期应当是比较完善的，既符合司法独立的理念，又能充分运用商会这一良好的司法资源。尤其现代国家的权利体系中，裁判权作为司法权的重要内容，只有国家才有权行使。而国家通过法律的授权，赋予民间机构行使只有审判机关才能行使的某些裁决职能，司法部在民国初年就以国家法的形式确立了商事仲裁制度，在近代多元化司法体制的构建上，应当是迈出了司法民主化、社会化的重要一步。

---

① 《江苏南京总商会提出之研究债务诉讼结案办法意见书》，《中华全国商会联合会会报》第 3 年第 2 期。

② 李炘：《考核商事公断处情形报告书》，《法律评论》1926 年第 172 期。

③ 李炘：《考核商事公断处情形报告书》，《法律评论》1926 年第 174 期。

但是,司法部的这一构想并未能够实现。

首先,北洋政府时期,四级三审制的法院体系并没有能够建立起来。由于受人力财力的影响,1928年南京国民政府建立时,"普通法院为数甚少,计大理院一所,高等庭二十三所(新疆未设)、高等庭分庭二十六所,地方庭八十九所。凡未设普通法院之县,其民刑案件暂由县知事兼理,称兼理司法法院"①。近代化的法院体系没有建立起来,县级地方实行知事兼理,北洋政府时期的司法体制呈现新旧杂糅的局面。其次,司法部移植的商事仲裁制度改变了仲裁应有的效力机制和优势。从司法部制定商事公断处章程的初衷来说,是希望利用商会这样优质的司法资源有效解决商事纠纷,因此引进了当时非常先进仲裁制度,但在引进先进仲裁制度的同时,又限制仲裁的效力,不能实行一裁终结制度,把仲裁又变成了实质上的调解制度,同时又收取昂贵的费用,使民初的商事公断制度,既失去了仲裁制度一裁终结的快捷优势,又失去了调解不收费的优势。由于当时国家财力有限,除了北京商事公断处外,国家对公断处没有任何扶持,为了解决公断处的费用问题,政府规定了收费较高的公断收费制度。而恰恰仲裁与收费之间就不能有这样的冲突,收费公断就必须赋予仲裁裁决与法院判决同样的效力,又裁又审的制度加上收费公断,增加了当事人的时间成本和诉讼成本,公断裁决效力低就不收费,比如调解就是如此,调解没有强制效力,但调解有免费的优势,如果调解收费,调解这一纠纷解决机制根本无法生存。因此,民初的仲裁制度设计的缺陷,使植入的商事仲裁制度在实际运作过程中没有发挥应有的作用。

虽然,民初商事公断处有运作非常成功的,如京师商事公断处,但其成功运作有一些其他原因,一方面商事公断处受案范围扩大,另一方面其公断的强制力与其他地区不同。当时京师地区地方审判厅关于商事纠纷的案件只要一方当事人是商人,案件有调处可能的,即使业经判决难以执行的案件,仍交给公断处公断,这不仅扩大了公断处的案件受理范围,实际上公断处的裁决效力也高于法院的判决效力。对当事人来说,公断处成为争议解决的最终解决途径。当事人的商事纠纷诉至法院,愿意执行判决的就按照法院判决执行,有一方不同意法院判决或是业经判决进入执行程序发生执行困难的,即使经过三审,法院仍可能交给公断处处理,对当事人

---

① 张国福:《中华民国法制简史》,北京大学出版社1986年版,第179页。

来说，公断处的裁决，可能服也得服，不服也得服。当然，从商事公断处的公断书看，公断处很少采取强制公断，一般是多方劝导，和解结案，使争议双方能公平解决商事纠纷。

值得一提的是，除了京师商事公断处外，远在内地的云南商事公断处在民初理处了大量的商事纠纷，也是民初商事公断处成功运作的典型实例。

云南总商会商事公断处成立于1913年5月，表7-1记载了其从1913年至1931年受理案件的概况。从表中数据分析，云南总商会受理的案件较多，在19年的时间里受理3012件，平均每年有158件，已决案件有1737件，占受案总数的57.67%，和解案件646件，占受案总数的21.45%，未决案件637件，占受案总数的21.15%。

表7-1　　1913—1931年云南总商会商事公断处公断案件情况

年份	解决案件数	和解案件数	未决件数	合计
1913	88	30	31	149
1914	108	35	38	181
1915	53	31	33	117
1916	20	33	32	85
1917	32	32	35	97
1918	30	32	35	97
1919	53	39	37	129
1920	34	37	36	107
1921	47	34	30	111
1922	78	35	32	145
1923	166	33	31	230
1924	97	33	32	162
1925	82	32	32	136
1926	116	31	34	181
1927	167	34	38	239
1928	97	31	37	165
1929	132	37	30	199

续表

年份	解决案件数	和解案件数	未决件数	合计
1930	198	39	34	271
1931	139	32	32	203
总计	1737	646	637	3012

说明：本表抄录自云南省地方志编纂委员会总纂《云南省志卷九·工商行政管理志》，云南人民出版社1998年版，第199—200页。

其时云南总商会虽然以省冠名，但其活动范围只在昆明市内，1942年云南才成立云南省商会联合会。因此，当时云南总商会受理的案件应当只是昆明范围内的商事纠纷。从商业发展状况而言，昆明肯定不如上海、苏州，但昆明商事公断处受理的案件却比苏州、上海两地多得多，云南总商会受理案件、查账也收费，还制定了《公断处查算账目规则》，何以受理案件比上海、苏州商事公断处多得多，由于史料有限，只能猜测个中缘由。

从审判机构的设置来看，"前清宣统二年十二月一日，云南各级法院成立，遂设立昆明地方审、检两厅。辛亥民军举义，各厅同时废止。民国元年，部令规复，乃于八月改设云南府地方审检厅。民国五年，本省自主，二月一日奉军府令裁撤，是年十月十六日，仍旧规复。十六年十月，奉省政府令，改造司法制度将昆明地方审检厅改为昆明县法院，设院内行政委员会，行委员制。十二月奉国民政府司法行政部令，取消委员制，行院长制，成立昆明地方法院"[1]。可见，昆明地方审判组织虽然有中断，但中断的时间不长，或许这种时断时续的不稳定状况会影响商人对法院审判的信任而选择商事公断处。表7-2记载了昆明地方法院1927年12月—1932年受理的案件，其中债权案件为2111件，与表7-1云南总商会商事公断处公断案件一览表比较，取相同的时间段1928—1931年，这段时间云南总商会商事公断处受理的案件为838件，昆明地方法院受理的债权案件1561件，法院受理的债权案件只有一部分可能是商人之间的因经营活动产生的债权纠纷，与商事公断处只能受理商事纠纷而办理了838件的数据相比，云南总商会商事公断处受理的债权纠纷还是比较多的。

---

[1] 龙云修、周钟岳等纂，云南省志编纂委员会据原稿整理：《续云南通志长编》（下册），1986年，第7页。

表 7-2　　　　　　　云南昆明地方法院民事统计

类 年	物权	债权	婚姻	继承	其他	合计
1927	58	29	12		5	104
1928	734	342	198	6	70	1305
1929	640	373	178	6	63	1260
1930	702	417	215	5	83	1422
1931	727	429	247	8	90	1501
1932	857	521	261	7	103	1767
总　计	3736	2111	1111	32	414	7404

说明：1. 本表抄录龙云修、周钟岳等纂，云南省志编纂委员会据原稿整理《续云南通志长编》（下册），1986年，第28页。

2. 本表所列年度，系自1927年12月1日改组法院日起，至1932年12月底止。

3. 本表所列件数，系以各年度收受之件数计。

　　云南总商会商事公断处受理案件较多的重要原因之一，是商事公断处自行扩大了受案范围，根据昆明档案馆馆藏的商会档案材料统计，云南商事公断处办理的123件案件中，虽然按照部章规定须是两造皆为商人自愿申请时，公断处才能受理。但具体执行时，只要产生纠纷的一造是工商业者，为了维护商人的合法权益，公断处也予以受理。云南总商会商事公断处之所以能够擅自扩大范围，可能与云南动荡的政局有关。护国运动兴起以后，云南独立，此后中国政局一直处于南北分裂的状态，直至南京国民政府成立，全国统一。因此，北洋政府统治时期，云南总商会商事公断处应当是自主发展，云南总商会擅自扩大商事公断权，没有受到司法部的干预，而昆明地方审判机构也没有提出异议。南北统一以后，商事公断处公断案件在商人中多形成习惯，在受案范围上也没有受到限制。商事公断处受理的案件较多，因此还统一印制了《诉讼书》，建立了投诉公牍房和公断处评议场。评议场开场公断时，一般采取公开形式。凡是工商业者要求参观的，经公断处许可，发给入场券入场。[①] 可见，当时云南商事公断处公断案件还是有一定规模的。

　　京师、云南两地商事公断处的成功运作表明，扩大商事公断处的受案

[①] 云南省地方志编纂委员会总纂：《云南省志卷九·工商行政管理志》，云南人民出版社1998年版，第197—198页。

范围、增加公断处的强制效力，是实现公断处良性运作的有效途径。当然，如果国家能和对京师商事公断处一样，适当给予经费支持，可以想象，民国时期的商事公断处一定会发挥更大的作用。可是由于司法部拘泥于既定的司法体系的制度设计，一直不愿意扩大商会的商事仲裁权限，片面追求西方化的法制形式和司法体系，与当时社会的司法需求相脱节，使得近代具有民主化、社会化特征的商事公断制度未能发挥应有的作用。

当然民国时期苏州、上海等地商事公断处没有受理很多案件也可能与民国时期司法体制改革的推进有关。民国时期各地成立的现代法院，对当事人来说，已经不似清时衙门匍匐公堂备受凌辱，而且由于律师制度的推行，当事人的诉讼权利也更有保障。从民国时期的司法体制看，各地建立的审判机构，为商人解决商事纠纷提供了具有现代性的救济途径。北洋政府时期，虽然政局的动荡以及资金、人员方面存在一定的困难，使得四级三审制的审判体系未能在全国范围内建立，但是中央设立了大理院，在大多数省份的省会设立了高等审判厅，在一些重要的商埠城市设立了67所地方审判厅。对于商务繁华之地的商人来说，有了更多的救济途径可供选择。由于不同审级的设立，商人不服判决后上诉权的确立，律师制度的推行，为商人争取公平公正的解决纠纷提供了更多的可能。以上海为例，上海清宣统三年（1911年）9月设立上海司法署，1912年1月9日，上海司法署改组为江苏上海地方审判厅，配置检察厅，1912年10月设有南市等8个初级审判厅，1914年6月，成立上海地方审判厅闸北分庭，这些附属机构几经组合裁并后，1917年7月，仍建有地方审判厅及检察厅。[①] 表7-3是1914—1923年上海地方审判厅及分庭民事一审案件情况表，该表的数据显示，在上海地方审判厅及分庭受理的案件中，金钱案件占有绝对多数的比例，从1914年至1923年受理的18095件案件中，金钱诉讼就有14524件，占整个受理案件的80.27%。这些案件虽然不全是商事纠纷，但应当有很大一部分。这与上海总商会受理的公断案件相比，数量相差很大。而且，当时上海会审公廨还审理大量的民事案件，其中也有一部分是商事纠纷。因此，各地建立的审判机构，审理了大量的商事纠纷。

[①] 上海地方志办公室网站：《上海审判志》，2016年4月，参考网址http://www.shtong.gov.cn/node2/node2245/node81324/node81332/index.html。

表 7-3　　1914—1923 年上海地方审判厅及分庭民事一审案件情况表

年 \ 类	审判机构	收案（件）	诉讼种类							
^	^	^	人事	建筑物	船舶	土地	金钱 数量	金钱 占总案百分比(%)	粮食	物品	证件	杂件
1914	上海地方审判厅	816	59	85	2	144	517	63.36	13	21		43
1915	上海地方审判厅	1415	54	49		197	1040	73.50		42	11	29
1915	上海地方审判厅分庭	227		1		8	220	96.92		1	1	
1916	上海地方审判厅	2028	52	24	5	136	1762	86.88	3	25	17	11
1917	上海地方审判厅	2463	58	15		55	2173	88.23	3	25	17	11
1918	上海地方审判厅	2455	71	25	5	109	2154	87.74	8	13	22	49
1919	上海地方审判厅	1232	61	39	2	67	1036	84.09	1	11	11	17
1920	上海地方审判厅	1465	65	25		66	1282	87.51	1	15	5	11
1921	上海地方审判厅	1573	83	92	1	97	1145	72.79		87	42	14
1922	上海地方审判厅	2064	102	175	4	226	1444	69.96		29	32	16
1923	上海地方审判厅	2357	122	160	6	144	1751	74.29	12	44	38	38
合计		18095					14524	80.27				

说明：1. 本表数据来源于上海地方志网站：《上海审判志·第四编民事审判》，参考网址 http://www.shtong.gov.cn/node2/node2245/node81324/node81332/index.html 访问日期，2016-10-5。

2. 表中百分比值系笔者为便于分析所加。

四　现代启示之一：国家对社会力量的扶植和培育可以为法治近代化提供必要的社会基础

中国近代商会的出现，是商人团体由传统向近代的转变，这一转变的过程直接缘于国家法的颁布和实施。不仅商会的发展如此，近代中国教育会①的发展也是依托国家法的颁布和实施实现有序的规模化发展。1906 年 7 月学部奏定《各省教育会章程》，对教育会设立的宗旨、职能、教育会

---

① 中国教育在近代转型过程中，存在着两个互不隶属的教育系统——教会教育系统和中国人自办的教育系统，也同时存在两种不同的"教育会"组织。基督教在华教会教育的代表组织也称为"中国教育会"，中国教育界自己的各省、县、城镇乡教育会，以及全国教育联合会，有时也称中国教育会。见孙广勇《社会变迁中的中国近代教育会研究》，博士学位论文，华中师范大学，2006 年。本书此处指后者。此外，中国当时的教育团体还有中华职业教育社等名称各不相同的教育类社团。

的组织等都详细规定,并倡导各地成立地方教育会组织。1912年9月民国政府教育部重新修订颁布《教育会规程》,1919年11月又进行了修订,规范和促进教育会的发展。1914年直隶省教育会向教育部呈请设立全国教育联合会,获得批准,1915年全国教育联合会成立,并通过了全国教育联合会章程,实现各省教育会的联合。① 在法律的规范指导和政府的推动下,教育会发展迅速,《各省教育会章程》颁布后3年间,全国共设教育会723个,会员人数达48432人。② 教育会成为中国近代知识分子最大的社团。

农会的发展也不例外。1907年底,农工商部正式奏准颁布《农会简明章程》23条,详细阐明了农会的宗旨、职能、组织、会员条件等。③ 1912年9月,农林部又颁布了《农会暂行规程》36条和《农会规程施行细则》9条,规范民国时期农会的发展。与商会不同的是,全国商会联合会的成立是商界多年努力的结果,而全国农会联合会则是在农林部直接指导下成立的,农林部1912年11月颁布了《全国农会联合会章程》,指导全国农会联合会的成立。④ 虽然农会组织规模较小,有的农会只有几个会员,但是截至1916年全国设立的农会已有1443个⑤,数量也颇为可观。"从一定意义上说,清末农会是一个与农业利害相关的士绅组织,农会的会董、会员,要么拥有科举的功名,要么拥有封建职衔。"⑥ 清末民初的农村士绅通过农会组织起来。"一直到北洋政府时期,农会都是一个研究农学、讲究农务的新式职业团体。第一次国共合作时期,国共一起致力于农民运动,共同组织农民协会。国共分裂后,国民党及南京国民政府也在农民政策上发生了大的转向。在完全推倒过去农民协会的基础上,在新的

---

① 《各省教育会章程》《教育会规程》的内容,见朱有瓛等编《中国近代教育史资料·教育行政机构及教育团体》,上海教育出版社2007年版,第255—264、204—207页。

② 清学部总务司编:《宣统元年分第三次教育统计表》,单印本。转引自孙广勇《社会变迁中的中国近代教育会研究》,博士学位论文,华中师范大学,2006年。

③ 《农工商部筹办农会酌拟简明章程》,《东方杂志》第5卷第5号。

④ 《农会暂行规程》《农会规程施行细则》《全国农会联合会章程》的详细内容见阮湘编著《第一回中国年鉴》,商务印书馆1924年版,第1187—1190页。

⑤ 阮忠仁:《清末民初农工商机构的设立》,台湾师范大学历史研究所专刊,1988年,第219页。

⑥ 荆世杰:《民国时期农会的历史考察》,《辽宁大学学报》(哲学社会科学版)2008年第1期。

农民政策下重新建立了自己的农会系统，其农会工作的目标与路向被确立为通过组织农民对农民进行控制，并在政府及党部的指导下发挥一定现代社会组织的作用，维护既有的社会秩序。这与中国共产党始终把农民协会当成是一种革命政权组织的发展模式迥然不同的。"[1] 尽管不同政党对农会的发展模式不同，但近代农会的发展则是源于政府的推动。

近代商会、教育会、农会是全国三大社团，他们有着共同的特点，都是政府先颁布单行社团组织法以规范其组织构建，然后在政府的推动下迅速发展；都建立了完善的纵横交织的网络组织结构，纵向形成省、县、乡总分会，横向由全国性的联合会将省际组织链接起来，形成纵横交错的有机组织结构。各社团定期召开的省联合会大会和全国联合会大会成为谋求各自利益的场所。这种组织发展的规模和各自组织功能的实现应当归功于国家先立法后发展的模式，商会、教育会、农会成立之初，都有各行政主管部门颁布简明章程，这些简明章程内容作为单行的社团组织法，对社团的宗旨、职能、组织构建、会员的权利和义务等都明确规定，使这些社团能够有序发展并充分发挥应有的职业职能，同时在简明章程中都要求各社团制定社团章程并经行政主管部门核准后用于社团内部自律，这些章程规定的内容对社团内部的会员入会条件、组织构建、议事规则、会员的权利义务等都明确界定，社团内部管理决策一般都采取民主方式，具有一定的民主性。

除了上述三大社团外，戊戌运动前后及清廷预备立宪以后，国内还出现了许多政治性社团。中国古代出现过各种社团[2]，但是总体来说政治性结社的风险比较高。朋党作为中国古代比较典型的政治结社，往往没有好的下场，大明律定有"奸党"专条，"若在朝官员，交结朋党，紊乱朝政者，皆斩。妻子为奴，财产入官"。[3] "奸党"罪名往往成为封建君主消灭异己的藉口，明太祖在位时期的胡惟庸党案和蓝玉党案，因奸党罪被株连

---

[1] 荆世杰：《民国时期农会的历史考察》，《辽宁大学学报》（哲学社会科学版）2008年第1期。

[2] 以《中国社团史》中的分类，大致有经济社团、军事社团、学术社团、秘密宗教会社、以朋党为主的政治结社、以佛教结社为代表的宗教社团和其他一些民间社团，先秦两汉时期兴起，魏晋南北朝经隋唐到宋元时期逐步发展成熟，至明清时期是中国古代社团的繁荣并开始衰退的时期。见王世刚主编，欧阳跃峰等《中国社团史》，安徽人民出版社1994年版。

[3] 怀效峰点校：《大明律》，法律出版社1999年版，第34页。

而死者达数万人。虽然大明律的规定没有能够遏制明中期以后更加激烈的朋党之争,却为清时制定更严密的党禁规定提供了前车之鉴。不仅《大清律例》中仍然定有"奸党"规定,交接近侍官员、上言大臣德政等罪名也比大明律规定的详细①,雍正二年雍正帝颁发了御制《朋党论》,对交结朋党提出了警告②,政府还在各地府州县学设立卧牌,严禁朋党③,这些严厉的措施遏制了清朝朋党势力的发展。明时文人结社曾经"百花齐放",入清以后,由于惧怕这种结社素有"清议之风"而易成为朋党基础,清朝对文人结社采取严加禁断的政策,文人结社活动几乎禁绝。④

尽管梁启超的强学会被取缔后曾经感言"集会结社,向为国禁"⑤。但从事实看,清末的结社风气已经大为改观。随着西学东渐,国内政治风气与以往不同,即使戊戌前后对政治结社的控制也不似明清法律规定的那么严格。1895 年 8 月,戊戌时期第一个政治社团北京强学会成立,后改为强学书局,34 个成员多任职翰林院、都察院及各部衙门,这在清前中期完全符合"奸党"罪名,后来虽被查封可并没有处治官员,还在诸位朝中大臣的争取下,将强学书局收为官书局。康有为等人在上海建立的强学会分会,仍然以官绅居多,安然无恙地继续发展,并以时务报为鼓吹机关。在此影响下,各地以学会为名的社团达到 78 个。这些学会地方上以南学会最具规模,京师以保国会最能继强学会之续。⑥ 即使戊戌变法失败,杀了六君子,但没过多久许多革职官员很快免除了处罚,甚至官复原职。⑦ 总体来说,戊戌变法时期虽然政府压制政治结社,但已经没有株连九族牵连数万人的残暴镇压。光绪和慈禧死后,党禁渐开,清廷宣布预备立宪以后,政治类社团就有 85 个,其中多数提倡立宪和地方自治。⑧

20 世纪初期,非政治类社团也是风起云涌。学者桑兵通过当时报刊

---

① 张荣铮等点校:《大清律例》,天津古籍出版社 1993 年版,第 173—174 页。
② 冯尔康主编:《清朝通史》(雍正朝分卷),紫禁城出版社 2003 年版,第 110—116 页。
③ 乔志强主编:《中国近代社会史》,人民出版社 1992 年版,第 427 页。
④ 王世刚主编,欧阳跃峰等著:《中国社团史》,安徽人民出版社 1994 年版,第 141、148 页。
⑤ 中国史学会主编:《中国近代史丛刊·戊戌变法》(一),神州国光社 1953 年版,第 245 页。
⑥ 张玉法:《清季的立宪团体》,"中央研究院"近代史研究所,1975 年,第 174—206 页。
⑦ 同上书,第 152—154 页。
⑧ 同上书,第 190—198 页。

所载内容，粗略统计了 1901—1904 江苏等 17 个省和地区设立的新式社团，共有 271 个。从分布区域看，其中 127 个设于各大都市，州县以下 62 个，其余设在中小城市，从功能上区分，其中教育会 21 个，不缠足会 34 个，演说会 25 个，体育会 17 个，学生会 26 个，爱国团体 17 个，科学研究会 18 个，文学、戏曲、写真等艺术团体 16 个，妇女团体 16 个，实业团体 17 个，卫生及风俗改良组织 8 个，师范研究会 5 个，宗教性社会团体 1 个，其余为混合型，几乎涉及各个领域。这一时期的社团有两个明显特征：一是民间性质，很少官方色彩；二是其成员以新知识界为主体，士多绅少，而且绅也主要是与文教新闻事业相关之人，与官商关系密切的绅较少介入。[①]

1908 年 2 月，清政府颁布了《结社集会律》35 条，从制定的缘起看，是为了通过立法限制"绅商士庶干政"[②]，但是"恶因"并不一定无善果，《结社集会律》的颁行，虽然对政治性结社、集会管理甚严，却使国民的结社集会权利终于有了法律的保障，在中国法制近代化的进程中，中国国民终于有了宪政意义上的结社、集会权利，传统专制统治下的国民终于可以享有政治权利和自由，这是中国法制近代化进程中不可忽视的一个闪光点。[③] 清末颁布的《结社集会律》也成为中国近代颁行的唯一一部专门的结社集会单行法规。1908 年 8 月《钦定宪法大纲》，在"臣民的权利义务"中规定，"臣民于法律范围以内，所有言论、著作、出版及集会、结社等事，均准其自由"。民国初建，《中华民国临时约法》第六条就明确了"人民有言论、著作、刊行及集会、结社之自由"[④]，此后民国时期的宪法、宪法草案、宪法性文件大都遵循此例，文字表达也几乎没有变动。由于结社法律制度的变迁，清末民初是近代社团发展的辉煌时期，

---

① 桑兵：《清末新知识界的社团概论》，生活·读书·新知三联书店 1995 年版，第 273—276、288 页。

② 张玉法：《清季的立宪团体》，"中央研究院"近代史研究所，1975 年，第 159—160 页。

③ 《结社集会律》仿自日本，颁行后舆论贬多褒少，虽然规定的内容对政事结社较严格，但是实践中无论是官方还是民间都未严格按照法律的内容实施，民间非政事结社受到限制更少，结社集会环境相对宽松。见申晓勇《结社集会律与晚清社会》，硕士学位论文，华中师范大学，2002 年。结社集会律的内容见《东方杂志》第 5 卷第 4 号，"内务"，第 228—234 页。

④ 《钦定宪法大纲》《中华民国临时约法》的内容，见夏新华等主编《近代中国宪政历程：史料荟萃》，中国政法大学出版社 2004 年版，第 127—128、156—160 页。

"社团之多，真如过江之鲫"①，社团是政党的基础，"集会结社，犹如疯狂，而政党之名，如春草怒生"②。中国近代的民主态势蔚为壮观。1928年南京国民政府成立以后，对社团的管理趋于规范和严格，1929年中国国民党第三次中央执行委员会第二次全体会议通过了《民众团体组织方案》十条③，对民众团体的设立实行许可制度，加强对民众结社的引导和规范，同时严格控制政治结社。

中国近代社团的发展，随着中国法制近代化进程的不断深入而发展壮大，两者之间的发展进程颇为一致。近代国民的结社权由政府鼓励特定职业团体结社而颁布单行法规，转向宪法规定公民普遍享有结社权，政府立法的目的也由功利性向保护国民政治权利转化，体现了中国法制由传统向近代转型的渐进过程，也是国家对社会力量扶持和培植的过程，近代社团成为推动中国法制近代化进程的重要力量。

正因为国家对社会力量的扶持和培育，为中国法制近代化进程的推进培植了社会基础。商会作为近代众多社团中的一分子，对中国法制近代化的推动只是一个个案研究，我们还可以从一个更普遍的意义上加以总结。

中国近代社团的发展有一个显著特征，就是各种结社中，以知识分子作为成员的团体居多。以一些政治性社团为例，维新时期，北京强学会成立后，43名成员中，除3人无考、5名外国人（两人为驻华公使、3人为外国传教士）外，其余35人中，16人为进士、6人为举人，31人为朝廷官员，多在翰林院、都察院等部门任职。④ 后期成立的上海强学会与此相同。学者闵杰考证戊戌时期的72个学会，多数由传统士绅发起。⑤ 预备立宪公会为立宪运动时期最大的立宪团体。发起人郑孝胥、张謇、汤寿潜都是具有传统功名之人。成员中虽然有商人70多人，占30%以上⑥，但

---

① 陆丹林：《革命史谭》，载荣孟源、章伯峰主编《近代稗海》，四川人民出版社1985年版，第619页。

② 丁世铎：《民国一年来之政党》，《国是》杂志第1期，1913年5月。

③ 中国第二历史档案馆编：《国民党政府政治制度档案史料选编》（上），安徽省教育出版社1994年版，第674—676页。

④ 张玉法：《清季的立宪团体》，"中央研究院"近代史研究所，1975年，第179—184页。

⑤ 闵杰：《戊戌学会考》，《近代史研究》1995年第3期，第39—76页。

⑥ 《预备立宪公会题名表》，见浙江省辛亥革命史研究会、浙江省图书馆编《辛亥革命浙江史料选辑》，浙江人民出版社1981年版，第210—222页。

实际起作用仍然是士绅阶层，其中有多人为留学生。当时成立的众多立宪团体中的主要人物，都进入了咨议局，张朋园对百名咨议局议员功名进行过分析，89.31%皆有传统功名，其中进士4.35%，举人21.27%，贡生28.73%，生员34.78%。议员中不乏受过新式教育甚至留学日本者。在查知的1643人中，167人（10.16%）接受过新式教育，其中本国学堂毕业者62人（3.77%），日本留学者105人（6.37%）。① 与立宪运动同时兴起的革命党，亦多由知识分子组成。"以同盟会为例，该会成立时（1905）基本会员七十人，一年之后发展为六千余人，辛亥年已超过二万人。其中的领导人物大多数为留日学生，具有传统功名者比例甚微。有传可考之革命党人三百二十八人，其中有传统功名者，进士二人，举人六人，贡生二人，生员三十三人。"②

五四运动时期的社团数不胜数，可惜没有找到相关的统计数据。张允侯等编著的《五四时期的社团》四卷本，列举了"五四"时期的重要社团，主要有新民学会、互助社、利群书社、少年中国学会、国民杂志社、新潮社、北京大学平民教育讲演团、觉悟社、工读互助团、工学会、平民教育会、曙光教育杂志社、少年学会、青年学会、觉社、浙江新潮社、永嘉新学会、批评社、新人设、改造社、共进社、还有众多的合作主义小团体和无政府主义团体③，这些团体的成员中都是以国内受过新式教育的知识分子和留学欧美的知识分子为主。"五四"时期的社团表现出强烈的民主、科学救国的政治愿望和历史使命感，以民主、科学为己任，积极投身于近代的爱国民主运动之中。

这些社团或是追求政治变革和革命，或是移风易俗、或是传播现代社会科学和自然科学知识，中国法制近代化的社会基础也正在发生着近代化意义上的转型。不同的时期，虽然知识分子的结构不同④，但是社团成为

---

① 张朋园：《立宪派与辛亥革命》，吉林出版社集团有限公司2007年版，第23—26页。

② 张朋园：《清末民初的知识分子》，载氏著《知识分子与近代中国的现代化》，百花洲文艺出版社2002年版，第6页。

③ 张允侯等编：《五四时期的社团》（全四册），生活·读书·新知三联书店1979年版。

④ 张朋园指出，中国近代戊戌变法、立宪运动、辛亥革命、"五四"运动可以说是知识分子的运动，推进这四件大事的知识分子，结构是有区别的，"最早的是传统的士绅，接着是士绅掺和着留日学生，最后加入了留美法学生，士绅退到了不重要的地位"。张先生遗漏了国内接受新式教育的知识分子，他们也参与其中。见张朋园《清末民初的知识分子》，载氏著《知识分子与近代中国的现代化》，百花洲文艺出版社2002年版，第8页。

他们向政府表达民主政治诉求和团体利益的载体。

这些知识分子成为中国近代城市社会中的精英。"假定以二分法区别社会为传统与现代,知识分子是进步的,是促进现代化的精英分子,他们将传统带到现代化。不过,在传统到现代化的进程的初期,商业阶层尚未兴起,是与西方社会现代化基础不同的现象。"[①] 因为中国近代社会中的精英以知识分子为主,知识分子为主的社团的建立也成为推动法制近代化的主要动力。

从商会参与法制近代化的过程来看,知识分子社团发动作用明显。清末国会请愿即为立宪派发起,立宪派组织了国会请愿同志会为组织机构,视"商会为中坚"而邀请商会参与,清末1907年、1909年的民间商法编撰活动,由预备立宪公会发起,商会虽然也有立法需求,但主动性不强,在整个立法过程中也是发挥了造势作用。

众多社团对中国法制近代化的作用不仅仅表现在某些个案上,更在于为法制近代化提供良好的社会基础。法治的实现固然要依靠国家的推动,但社会力量对法治的实现具有更加持久的推动力。吕震乾曾在其博士论文中从民间组织对公民文化的养成和公民参与法治的促进作用、民间组织对国家公权利的制约,以及民间组织有利于保障人权三个方面,从法理层面上对民间组织的法治功能进行研究。[②] 文章纯粹学理论证,提出了民间组织对实现法治的"应然状态",如果用近代社团对法制近代化的促进佐证,则显示出民间组织对实现法治的"实然状态"。近代社团的发展,为公民参与法制近代化提供了重要的载体,提升了公民的参与能力,有利于保证公民参与的有序和实效。以商会为例,商人在民主政治中有所表现,都不是以商人个体的身份出现的,而是以商会的组织形态出现,商会作为商人群体利益的代表,成为商人参与法制近代化的载体。商会会员大会、省商会联合会会员大会、全国商会联合会会员大会成为商人集中表达法治诉求的场所,商会在近代发出的商会立法、商事立法、扩大商事公断处权限的诉求,都是在全国商会联合会会员大会上通过提出议案讨论、表决通过后,由全国商会联合会向政府表达愿望,这种形式也保证了商人参与法制近代化的有序和实效,并且不断提

---

① 张朋园:《清末民初的知识分子》,载氏著《知识分子与近代中国的现代化》,百花洲文艺出版社2002年版,第3页。

② 吕震乾:《民间组织的法治功能研究》,博士学位论文,中共中央党校,2010年。

升商人参与法治的能力。

吕震乾认为：制约权力是法治的关键和重要内容。自由、平等是法制的重要核心价值取向，而权力的本性在于扩张和滥用，这就可能成为侵犯他人权益的工具，这就需要形成合理的权利制约机制。民间组织可以改变以往权力制约机制的主体构成，通过组织优势将分散的公众力量联合起来，在一定程度上改变了国家和社会力量的对比，为社会监督提供坚实的力量；有利于改变公众对权力制约的冷漠心理，由于公共权力与公民切身利益关联度不大，公民往往不能从参与权力制约的过程中得到实际的利益，加之市民社会发展不充分而形成的社会公共力量的薄弱和分散，往往会形成公民对权利制约的冷淡。民间组织可以改变这一现状；民间组织也有利于实现权力制约主体的多元化。① 这种权利制约的作用在近代社团中表现明显。国家的税收政策是与商会关系最为密切的公共政策，商会成为商人向政府呼吁减轻捐税重负的机关，上海总商会民国初期"为商民请命"②，天津商会清末民初领导抵制苛捐杂税③，全国商会联合会历次召开大会，税制问题始终是大会讨论的重点。④ 北洋军阀时期，军阀拥兵自重，割据地盘，争夺中央领导权，使得国内战乱频繁，在知识分子的呼吁和倡导下，20世纪20年代初遂有废督、裁兵、制宪、理财运动，教育会、商会等组织积极参与，还成立国民裁兵促进会等团体，他们要求削减军费开支，裁撤冗兵，制定宪法约束中央权力实行地方自治等。⑤ 各社团联合起来发出制约权力的呼声。

十八届四中全会以后，法治国家建设走上了快车道，但是法治的实现，不仅要有国家层面的推动，更要有积极配合的社会层面的支持，形成国家和社会在法治进程中的良性互动，才更有利于法治的实现。我国目前社团的发展由于缺少国家法的扶持，民间社团发展组织规模较小，很少有社团能形成全国性的联合，民间社团在国家政治社会生活中处于边缘地

---

① 吕震乾：《民间组织的法治功能研究》，博士学位论文，中共中央党校，2010年。

② 徐鼎新、钱小明：《上海总商会史》，上海社会科学院出版社1991年版，第201—210页。

③ 宋美云：《近代天津商会》，天津社会科学院出版社2002年版，第266—287页。

④ 虞和平：《商会与中国早期现代化》，上海人民出版社1993年版，第115—116页。

⑤ 李达嘉：《一九二〇年代初期上海商人的民治运动——对军阀时期商人政治力量的重新评估》，载《"中央研究院"近代史研究所集刊》1999年第32期。

位。社团发展缺乏必要的经费支持。许多社团为了生存,要拉赞助,而这往往是社团异化的根源。如何从国家立法层面上实现对民间社团的扶持,今后仍然是一个值得法学界深入研究的问题。

五 现代启示之二:当代须建立以商会为主体的商事纠纷仲裁与调解体系

民国时期商事公断制度的建立,是近代司法体制社会化变革的结果,通过这一社会化变革的过程,民国商事公断处已经成为优质的社会司法资源。尽管当时公断制度的设计缺陷使得一些地区的商事公断未能有效发挥应有的作用,但是近代司法体制社会化变革为当代司法体制的社会化发展提供了不可忽视的价值内涵,充分利用社会资源解决纠纷的司法理念尤可为当代借鉴。

随着我国市场经济体制改革的不断深化和经贸关系国际化程度的日益提高,经济发展的同时,法院也出现了"诉讼爆炸"的现象,与诉讼爆炸不相协调的是我国诉讼机制利用率的不平衡。我国的诉讼机制基本利用的是以法院审判为主的诉讼机制,而以调解和仲裁为主的非诉讼纠纷解决机制还未受到应有的重视。尽管2002年最高人民法院出台了《关于人民法院调解工作若干问题的规定》,但是我国人民调解机制的作用仍然未能充分实现。造成这种诉讼机制利用率不平衡的原因,既有历史的因素,也与行政机关及地方政府的消极态度、社会意识的导向等因素有关。① 诉讼机制利用率不平衡,尤其以法院诉讼为主的纠纷解决机制与经济和社会发展形成的多元化利益主体对纠纷解决的多元化需求之间的矛盾,在诉讼爆炸时代显得尤为突出,影响了社会稳定与和谐社会的建立。

就商事纠纷解决机制而言,目前我国商事纠纷解决机制主要的构成部分是法院诉讼、仲裁组织及人民调解,商事纠纷解决也存在着以诉讼机制为主的不平衡利用状态,另外还存在着与商人关系不密切的弊端。商事纠纷主要发生在城镇,我国城镇人民调解机构主要是附设于司法行政管理机关的司法调解中心,商事仲裁主要是建立在地级市以上的仲裁

---

① 范愉:《当代中国非诉讼纠纷解决机制的完善与发展》,《学海》2003年第1期。

机构，这些调解中心和仲裁机构主要是一种行政机关为主导的非诉讼机制模式，而以商人自己的组织组建的调解中心和仲裁机构很少，目前以商会为主体建立的仲裁机构以及调解中心，如中国国际贸易促进委员会下设的中国国际经济贸易仲裁委员会和中国海事仲裁委员会以及中国商会调解中心，在实际运作过程中主要处理涉外案件或者有较大影响的、标的额较大的案件，并且没有形成有效的覆盖面，对国内大量的商事纠纷解决没有实际的效用，而且机构中人员的组成并非商人本身，多为专家学者，与近代商会设立商事公断处时由商人自己选举的商界代表作为仲裁机构的职员相比，区别明显。2010年8月31日，长沙市总商会仲裁调解中心成立[①]，为我国建立以商会为主体的仲裁调解体系开辟了新的途径，但长沙市总商会即是长沙市工商联，工商联在我国属于人民团体，非一般意义上的社团，工商联建立的商会仲裁调解中心仍具有很强的行政性。

　　清末民初商会是在法律的规定下，按照自定章程、自己组建、自主活动的原则设立的民间社团组织，独立性、自主性非常强，以此为依托形成的商事纠纷仲裁机制没有过多的行政干预。民国时期商事公断处除了设立时对人员的组成上报司法、农商部门核准外，行政部门对案件的理处不予干涉，国家通过《商事公断处章程》和《商事公断处办事细则》规范商事仲裁活动，保证了民国时期商事仲裁制度公正有序进行。商事公断处只有形成了有效的覆盖才能发挥实际作用。

　　民国时期商事公断处采取的是附设于商会的商事仲裁机构，实际上是以商会为主体形成的仲裁体系，商会对商事公断处人员的选举起主导作用，并提供经济支持，但同时商事公断处又是依据《商事公断处章程》设立的仲裁机构，一旦组织建立以后，形成公断处处长负责的公断机制，在公断案件时具有相对的独立性，商会与公断处的这种既相互依存又相互独立的关系，也是公断处能良好运作的前提。民国时期的商会是商人自主结社的团体，商事公断处成员由会员公开民主选举产生，实际上形成了商人仲裁商人纠纷的机制，与商人关系密切，这也是公断处组织构建的一大优势。

---

① 《长沙市总商会仲裁调解中心成立》，2016年9月，参考网址 http://www.chinadaily.com.cn/dfpd/hunan/2010-09-01/content_ 799907.html。

民初没有组建商事公断处的商会，也处理一些案件，但这时是民间调解性质。有的商会即使有公断处组织，商会仍然接受会员的声请调解纠纷。因此，民初有的商会实际上既具有仲裁功能，也具有调解功能，但调解不收费，公断收费，调解的组织机构不完善，公断的组织机构完善些，各有利弊。

民初商会在解决商事纠纷时的这种组织构建，在当代诉讼爆炸的时代非常值得借鉴。2016 年法院受理的案件中，经济纠纷占到一半以上，这些经济纠纷多发生于商事主体之间，因此建立社会化的商事纠纷体系在当今商事诉讼持续增长的背景下，已经是迫在眉睫的事情。民初商会的商事公断以及商事调解体系的建立，为当代商事纠纷解决机制的变革提供了可贵的历史价值。应当借鉴民初商事纠纷解决机制的组织构建方式，建立我国当代以商会为主体的仲裁体系和调解体系。

在构建以商会为主体的仲裁体系和调解体系时，也应当借鉴民初立法先行、机构后设的模式，将这一体系纳入法制化轨道。我国可以单独制定《商会商事仲裁法》作为《仲裁法》的特别法，来规范商会商事仲裁的组织构建、仲裁程序、仲裁效力等问题。之所以是特别法，是因为商会商事仲裁与普通仲裁有许多不同之处，如组织构建与一般仲裁的组织构建不同，我国现代仲裁法规定："仲裁委员会的主任、副主任和委员由法律、经济贸易专家和有实际工作经验的人员担任。仲裁委员会的组成人员中，法律、经济贸易专家不得少于三分之二。"但是商会商事仲裁机构主要确立商会指导下的商会会员选举制，以商会会员为主要组成人员，另外可以聘请法律专家或律师作为顾问。对商事调解中心可以借鉴我国人民调解制度的经验，单独制定《商会商事纠纷调解法》规范商事调解，尤其要增强商事调解的效力，使商事调解成为商事纠纷主体节约时间和成本的纠纷解决途径。商事仲裁实行收费制度，商事调解实行免费制度，仲裁具有与判决同等的效力，调解具有合同效力，选择仲裁还是调解由商事纠纷主体自由选择，对商事纠纷主体而言，不同诉讼成本投入换来不同的纠纷解决效力，这也是非常公平的。

从实践看，我国目前一些自主结社的民间商会已经开始进行会员内部的商事纠纷调解工作。近几年来出现了异地商会热，异地商会是客籍商人组成的以地缘关系为纽带的经济社团。1995 年温州商人在昆明设立了第一家温州异地商会——温州昆明商会，此后据不完全统计，全国各地设立的温州商会超过 300 家，泉州商会也近 150 家。在浙江、福建、广东等发达地区异地商会的示范作用下，以湖南这样的中部省份而言，2009 年底，全国湖南异地商会数量已有 92 家。以福州异地商会为例，截至 2009 年底，福州市商人在异地成立的商会，有 22 个，其中 18 个设在省会城市，4 个设在地市级城市①，这些福州异地商会商人经商经验丰富，在长期的经商实践中培养了很强的法律意识，许多商会都设立维权部作为商会重要的职能部门，并且专门聘请商会的法律顾问，为会员排忧解难，维护会员的合法权益成为商会的重要职能，也是增强商会凝聚力的有力措施。以合肥福州商会为例，合肥福州商会成立以来，成立维权部调解劳动纠纷 32 起，调解工商事故 9 起，代理仲裁和诉讼 26 起②，每个福州异地商会每年都要为会员调解经济纠纷，少则几件，多则上百件，涉案金额有的达上千万元，商会成为会员合法权益的保护者。但是由于我国目前商会仲裁和调解纠纷的职能没有法律规定，商会作为调解商事纠纷的社会资源并没有能够被很好地利用。

建立以商会为主体的商事仲裁体系和商事调解体系在当前已经迫在眉睫，但是比此更为迫切的是我国目前由于国家还未颁布《商会法》，各地商会的建立还处于无序的状态，尽快颁布商会法，鼓励商人结社并设立全国性的商会网络结构，是借鉴历史，利用商会这一社会司法途径的关键，不建立商会，以商会为主体的商事仲裁体系和调解体系的建立即成为无本之木，无水之源，我国商事纠纷体制的社会化变革也将成为一纸空谈。从 2001 年起，尽快启动商会立法的建议时时见诸于全国人大或政协的议案中，像青海温州商会会长温端稿这样来自民间要求制定《商会法》的呼声更是常留耳际，但是商会立法正如民间俗语所言，"只听楼板响，不见人下楼"，2009 年有媒体报道，国务院法制办正在起草《行业协会商会法》，并且已经列入全国人大的立法规划③，果然如此，虽然将行业协会

---

① 福州市工商联：《打响榕商品牌——福州市异地商会工作的现状与发展思路》，《中国商人》2009 年第 10 期。
② 芮建新：《雄关漫道真如铁，而今迈步从头越——记合肥市福州商会成立三周年》，《中国商人》2009 年第 12 期。
③ 中国新闻网：《国务院起草行业协会商会法，"二政府"帽子或被摘》，2016 年 1 月，参考网址 http://www.chinanews.com/gn/news/2009/12-06/2002294.shtml。

和商会两个性质、体系不同的社会团体合并在一部单行法中有许多不足①,但有总比没有好,作为研究商会的学者,我和众多的商界人士一样,期待着商会法的颁行。

---

① 行业协会是以行业这一业缘关系为纽带形成的商人结社,而商会是以同一地区的地缘关系为纽带形成的结社。民国时期行业协会称为同业公会,有专门的《同业公会法》,商会和同业公会分别立法加以规范。行业协会成立以后,选出行业代表进入商会,这样的立法模式和组织结构,可以横向将一地的商人以同业公会为基本单位纳入商会的组织机构中,便于商人结社发挥更大的组织功能。民国时期单独立法可以单独形成约束机制,我国目前将行业协会和商会合并立法,不知道如何处理两者之间的关系。

附：京师商事公断处公断书录（选录）[①]

京师商事公断处公断书录序言[②]

  吾国商事公断处之设置始于共和成立后之第四年，而京师实为之首倡，所以平纷息争解难而排纷者，其成效亦既彰彰矣。原公断之名虽倡于今而公断之制度实源于古成周之朝，保民惠商之政纤悉具备，其置调人一官，厥为公断之嚆矢。而司市之执掌以质剂结信而止讼民，有违约失信而兴讼者，则以券书结信而止其讼。夫以书面之约束而可以阻止其争讼，此其质剂之效力绝非仅如民间互定之契约而已必有秉公之判断与证明，且必有一定之方式以拘束双方之意思。然则质剂之书其殆，今兹公断书之权兴矣。升培从事警察职务十五年于兹矣。自辛亥壬子之间，朝移事变，廛肆荡然，于时承乏。警厅秉承长官与商界领袖诸君共同筹设市政维持会，约集官商日夕谋议，爬梳厘剔，订立救济市面办法数十种，于是京师商肆数万家之相互纠纷赖以解决而市面得以渐复旧观。论者谓京师商事公断处之基础已立于斯时矣。迨司法农商两部会定章程颁行全国，而京师总商会会

  [①]《京师商事公断处公断书录》，是京师商事公断处将其1915年至1925年的公断书汇编以供会员和其他地区公断处交流的内部资料，该公断书共有六集，每集都有上下册，上册内容为京师商事公断处接受法院委托调解案件的公断书，下册为两造自行在公断处声请公断案件的公断书。《京师商事公断处公断书录》北京市档案馆藏有全六册，非常可惜的是因为破损严重，2010年笔者去查阅时，只能阅览第2集上下册和第4集上册。第2集上下册是分为上下两册分别装订，第4集上下册合订一本，但是2013年以后，这两集也不能借阅。除了北京市档案馆有藏外，中国社科院法学研究所古籍馆也有收藏，曾经在中科院读博士的张松老师介绍过法学研究所古籍馆藏有第2册上下集、第3册、第5册，但笔者去法学所古籍馆查阅时，被告知古籍馆资料都在整理，不对外开放，所以中科院法学所图书馆的藏书笔者没有见到。据了解，目前这些书目仍然未开放。原文没有标点，所有标点都为笔者所加。为了节省篇幅，下文注释只写书名、册目、页码。该书当时为全国商会内部交流资料，第2集1919年刊行，第4集1923年刊行。特此说明。

  [②]《京师商事公断处公断书录》（第2集，上册），"序言"，第1—2页。

长、会董诸君,以兹事为急,议先设立以为各省率,期间草创规模、拟定章程筹划经费,升培亦厕斯役而襄其劳,盖犹是维持市政之初心也迺者。公断成立以来,四载于斯,其前二年之公断书录业已裒刊成书分布各界。兹界第二次刊印之期,处长孙晋卿评议诸君子以升培之悉其梗概也,属序于升培,升培于四载之公断书固十九会共商榷者焉,既喜同处诸君之苦心孤诣,得藉兹录以彰显宣复,足以征京师商界程度之日进,果能重质剂而结信行也,爰乐得而为之序。

吴兴李升培

京师商事公断处公断书录序言①

  吾国有史以来,关于商法之命令及具有商事公法之性质者,间露于简编。至关于商事私法之规定则夐夐乎未之前闻。窃惟各国商法法典规定完备,全律不下千条,然考其根据类多。依照本国商习惯以为裁决之基础,所以商人奉行称便,绝无隔阂之弊。现在我国家虽订有商法草案,惟此项草案多仿日本等国商法而来,与我国之风俗习惯未能尽同,故商法草案所规定者恒有与习惯背驰之感,似非依据习惯加以改正难望实行。然则关于商事之争议,法院既鲜所依据,而商人习惯法官又多所隔阂,此商事诉讼之所以日益纠纷也。前周肃政史登暐有鉴于此,于民国三年呈请大总统饬司法农商两部会订章程,令总商会组织商事公断处,依据商人之习惯仲裁商人之争议,诚盛举也。时则总商会会长冯君麟沛及赵君玉田先后代理处长,并由商会董事互选评议调查各员,协力开办,同时并约源、鉴章襄办案牍,兼办法律之咨询。旋以试办期满,照章更选孙君学仕为处长,励精益进,整理有方,诸评议员等复劳瘁不辞,勉尽公益,故关于公断处调处各案,无不适合习惯,遵依法理,成绩卓著,有口皆碑。兹值续印公断书录之期,孙君学仕嘱记其缘起,源、鉴章以为公断书之内容类多依据习惯以为基础,付印分布于各商,利益良多,尤可为各界之参考。惟源、鉴章知识浅薄,虽时有所贡献,诚恐纰缪滋多,幸大雅君子有以正之。

潞河金源
桃城萧鉴章

---

  ① 《京师商事公断处公断书录》(第2集,上册),"序言",第3—4页。

京师商事公断处公断书录序言[①]

　　裁判社会上之争议以解决民事为难，而以解决商事为尤甚，盖商事偏重习惯情形，繁殊非得洞悉商情兼融通法学者膺其职，则商人往往不得国家保护之实。因此先进各国所以有商事裁判所之设置，诚以商事为国家经济命脉、财政枢纽，不得不特别慎重也。吾邦在民国以前之时代，国家既无完善之公法，而商法一门更属阙如，故商界每有争议，辄以诉讼为畏途。虽间有明察之法吏，实缺乏完备之法规，以致商务阻碍，实业不兴，不能与欧美各国驰骋于商战之场。职斯故耳。前袁大总统有鉴于此，以兴商须先保商故，采纳前周肃政史登晫之条陈，并由司法农商两部制定章程，饬由总商会自行组织商事公断处以谋商事裁判之公允。当其试办期间，学仕曾滥竽于评议之席，追随于同人之后，及至正式成立，两任处长又蒙谬举委充其职，学仕才庸，力辞不获，深以为京师商事公断处为全国商界之模型，裁决事件一有不良，适成商界前途之障碍。此学仕之所以兢兢自惕，深虞陨越者也。前岁曾将公断事件汇集成编，分献于商界同仁以为参考之资。今界第二期满，同人嘱继续付刊，并嘱为序，以志其事。学仕窃念公断处成立迄今，办理案件不下数百起，公断之主旨不外依据法律、采纳习惯之二端，成绩虽有可观，皆赖评议调查诸君苦心孤诣之所致。学仕何其敢矜其劳？惟有殚心竭力勉策进行，俾商事公断处得为异日商事裁判之基础，以无负国家保商之本。情斯为幸耳。谨志为序。

掖县孙学仕
民国八年六月

1. 京师商事公断处公字第一百七十九号[②]

郭辅臣诉范大羊货物纠葛一案

调　处

原告：郭辅臣，大兴人，年六十一岁，住东安门内骑河楼妞妞房。

---

① 《京师商事公断处公断书录》（第2集，上册），"序言"，第5—6页。
② 《京师商事公断处公断书录》（第2集，上册），第1—3页。

右①代理人郭绍福，大兴人，住同上。

被告：范大羊，大兴人，住地安门外高桥南路西，天元帘子铺。

主 文

天元帘子铺所存郭辅臣雨搭二架，朝帘五架，红条绿线帘子十六架，著范大羊赔偿洋五十元作为抵销。

公断费用二元归范大羊负担。

事 实

本案于民国六年五月十七日，接奉地方审判厅函托调处，当即通知各当事人到处依法开议。原告郭辅臣声称，天元帘子铺所存民雨搭二架，朝帘五架，红条绿线帘子十六架，延不交付，业经法院判决确定，曾经呈请执行，今被告不能返还原物，请求按照原物货价饬令赔偿。质据被告答称，所存原告帘子等物属实，惟原物不能返还，只有赔偿物价，讵原告主张物价诸多不符，碍难办理各等语，案经评议终结，应即公断。

理 由

原告主张之原物实际上被告已不能返还，自当照原物之价设法赔偿以清纠葛。惟原物之物价及尺寸双方各有争执。原告提出之账簿又系新造，不能为切实之证明，则原物代价事实上殊难鉴定。兹查本案于执行中被告曾交出帘子十架系以一元之代价向他处买同。原告以非原物不肯认领。本处折中酌定被告所存原告之帘子共二十一架，每架价值二元，雨搭二架，每架价值四元，共计五十元。著被告迅即交付，以赔偿原告之损失。公断费用由理屈者负担。依此理由故公断如主文。

中华民国六年六月六日

京师商事公断处

评议长张保益㊞

评议员王元贞㊞

评议员安迪生㊞

评议员谢九河㊞

评议员王绍常㊞

---

① 原书竖行排列，因此行文中有"右……"。

2. 京师商事公断处公字第一百八十号[①]

赵裕光诉吴兆桂铺务纠葛一案

调　处

原告赵裕光，正黄旗人，年四十岁，住西直门内九间楼。

被告吴兆桂，宛平县人，年四十二岁，住西直门小街丁家井。

王秉仁，房山县人，年四十三岁，住德胜门外马甸。

金聚城，肃亭县人，年四十五岁，住址同上。

右列当事人因铺务纠葛一案，地方审判厅委托调处，本处评议公断如左：

主　文

吴兆桂、王秉仁、金聚城所欠赵裕光股本等款，应由吴兆桂等迅催欠内债，款分三节交付赵裕广银洋三百作为抵销。

赵裕光与吴兆桂等东伙关系解除，所有协通羊店内外欠账均归吴兆桂等自行清理。

调处费用归吴兆桂等负担。

事　实

案经地方审判厅委托调处，当即依法开议，据赵裕广声称与吴兆桂等合伙开设协通羊店，合同写明股本二千两，实交银一千五百两，算过大账一次，讵料吴兆桂等同谋伙骗，请追还东本二千两，断绝关系。诉经法院判决执行，今经调处请求公断，质之吴兆桂等则称商等与赵裕光伙开羊店，合同写明赵裕广股本二千两，实交银一千五百两，商股本二千两，当时暂借同兴当款作为股本，体力未几，即行偿还，所有各账经赵裕光同意。所写无法清算，商等赤贫如洗，无力缴还赵裕光股本等语。案经评议终结，应即公断。

理　由

查本案争点赵裕光合同写明股本二千两，实交一千五百两，吴兆桂等股本二千两，曾借后已偿还，自己分文未交股本，此事为两造所承认。则

[①]《京师商事公断处公断书录》（第2集，上册），第4—5页。

协通羊店股本已有不实之情形,且与该号红单账簿显属不符。吴兆桂等所称账簿无法清算,尚属实情,吴兆桂等又属无力赔偿股本。本处为和平调处起见,公同评议协通羊店既有内外欠账,应由经理吴兆桂等负责自行清理,追索欠内债款,分节偿还赵裕光银洋三百两作为抵销赵裕光股本。协通羊店既已歇业,东伙意见不和又起讼争,以后东伙关系自应解除以免纠葛,调处费用照章归理屈人负担。本此理由特公断如主文。

中华民国六年六月八日
京师商事公断处
评议长安迪生㊞
评议员秦永禄㊞
评议员赵信增㊞
评议员王　坤㊞
评议员郭今怡㊞

3. 京师商事公断处公字第一百八十一号[①]

天和成议和成打账摊还债务案通告

京师商事公断处通告

　　为通告事本处办理天和成义和成布店铺东王春舫等欠债甚多,申请打账偿债一案,业已评议终结,兹将各债权债额两号之财产目录分配各债之办法列于左:

起诉各债权:

曹昆岗,洋三百八十五元。

刘昶林,洋三百五十四元一角五分。

段芃斋,洋八百元。

王者堂,洋一百九十五元。

贺备初,洋一百四十元八角。

以上五家共债额洋一千八百七十四元九角五分。

声请各债权:

---

① 《京师商事公断处公断书录》(第2集,上册),第5—7页。

张乙山，银二百八十一两一钱九分。

郝金香，洋一百八十四元一角六分，银一千一百六十七两五钱。

……

（共五十一家，略）①

以上五十一家共债额九千七百八十四两九钱九分五厘，又洋一千八百八十二元八角三分，连起诉债权共洋三千七百五十七元七角八分。

两号之财产及分配办法列后：

（一）六和成布店之货物共计值洋一千四百四十二元；

（二）义和成布店之货物值洋一千二百十六两四钱六分，合洋一千六百八十九元五角三分；

（三）六和成布店之铺底鉴定价值额大洋四百两，家具鉴定值四十四元；

（四）义和成布店铺底鉴定价值大洋九百五十元，家具鉴定值大洋三十六元六角；

应先以该两号现存货物分别分配壬子年以前各债款（以下称陈账）按一成六厘分配，壬子年以后各债款（以下称新账）按二成一厘分配。

铺底拍卖后除提起诉各债权预交诉讼费外，其新账各债着加百分之三十（按照债权每百元加三十元计算），与陈账各债权分别分配。起诉各债权（均系新账），除得讼费外，与新账各债权受同一之分配。

本案系奉地审庭函托办理，旋经债权人张乙山等五十一家到处声请，义和成天和成布店欠债不偿，请求破产分配等语，质询被告人王春舫、王锦山、蒙星五等答称，欠债属实，惟无力清偿，只有将现有财产变价抵偿。复据曹昆岗等五家声称，对于两号平均偿还坚不承认。本处查两号所欠各债起诉债权共五十六家，皆系普通债权，债额共计已达一万两千余两之多，所有两号货物约值二千余元，两号铺底家具一千余元，比较债额数目，不敷甚多，势不能不按打账办法以清纠葛，且经各债权人多数承认，自不能因少数之异议阻碍进行。倘各债权人发现该债务人等有隐匿财产时，可随时向法院请求执行。

中华民国六年六月

---

① 此处共51家包括已经抄录的张乙山、郝金香两债权人，原文对每一位债权人和债权数额都详细列明，笔者为节省篇幅未摘录所有债权人和债权数额，只统计了有多少债权人。下文同。

4. 京师商事公断处公字第一百八十二号①

沙范氏欠债案通告

京师商事公断处通告

为通告本案查地方审判厅委托调处沙范氏开馨茂恒桂、茂涌欠债各案，业经许可终结，兹将对于馨茂恒、桂茂涌起诉债权及申请债权分列如左：

起诉债权：

果寿康银一千两

朴景绥房租银一千二百三十四两四钱

吴晋氏房租银二百七十二两

王子臣银四百两

……

（共十四家）

声请债权：

赵德普　银二百两

官房租　银四百二十五两

德宅房　钱六百八十吊

……

（共三十五家，略）

右列起诉及声请各债权，共计债额银一万一千六百七十九两四钱八分，洋四十八元六百八十吊。债务人沙范氏财产如左：

一、馨茂恒家具铺底

二、桂茂涌家具铺底

应将馨茂恒、桂茂涌家具铺底拍卖，得价先偿还抵押债权果寿康洋八百元，起诉债权之讼费如数提还，其房租债权朴景绥、吴晋氏、官房库、德宅租金应照普通债权加倍分配，外余款按照债款均匀分配。

本案于民国六年四月十九日接地方审判厅函称，本厅执行果寿康等诉

---

① 《京师商事公断处公断书录》（第2集，上册），第19—21页。

沙范氏沙松锦等债务各案，认为有调处之必要，相应将原卷开明，案由送贵处查核办理等同到处，当即通知债权人及债务人开会评议，据债权人张云楣等声请沙范氏所开馨茂恒、桂茂涌干果铺，拖欠欠款，延宕不还，请求公断追款等语，质之债务人沙范氏则称，所开馨茂恒、桂茂涌干果铺拖欠外债，无力清偿，现摊还各债等语，本处评议沙范氏负债过巨，无法偿还，变产摊还各债尚属正当清理办法，现既无别产可偿，自当拍卖馨茂恒、桂茂涌铺底家具得价分配。惟起诉债权果寿康对于铺底有抵押权，即有优先受偿之权利。然债务人既已破产，又无别产可抵，作为破产之财产，若抵押权主张优先受偿，则其余债权概属无着，殊欠平允。故果寿康债权酌由拍卖铺底价内提还洋八百元，以昭公允，又房租照章应由拍卖价内酌提偿还，自应比较普通债权从优，按照普通债权加倍分配。至起诉债权既有预交讼费之损失，应由拍卖铺底价内如数提还。余款按照债权额均匀分配，以清纠葛，倘各债权人发现债务人确有隐匿财产，自可照章申请拍卖，得价抵偿债款，庶免流弊而昭公允，合亟通告。

中华民国六年六月

5. 京师商事公断处公字第一百八十三号[①]

京师商事公断处通告

为通告事本案本地方审判厅委托调处王玉珍、韩立山、庄子方等所开元聚、庆元、富源三家欠债备案并王玉珍等申请破产摊还各债，案件经评议终结，合将对于元聚、庆元、富源各当起诉及声请债权分别罗列如左：

计开：

起诉债权（元聚当）

乔振海　洋三千三百四十八元八角五分

……

（共四家，略）

声请债权（元聚当）

李慧五　银二千两

---

① 《京师商事公断处公断书录》（第2集，上册），第23—32页。

……

（共八十一家，略）

起诉债权（庆元当）

薛文玉　银一千三百七十六两

王吉开　银九百八十九两八钱

声请债权（庆元当）

睿川源　银一千两

……

（共三十七家，略）

起诉债权（富源当）

李宅（会五）　银四千两

钟梦九（三畏堂）　银一千两

声请债权（富源当）

天佑齐　银二千两

……

（共三二七家，略）

右列三当共计欠外债总额二十六万三千一百十八两六钱，又洋六千六百四十八元八角五分。债务人等所有财产如下：

（一）王玉珍住房拍卖洋四千五百元，除另案拨还抵押债权洋一千三百元，余洋三千二百元

（二）王玉珍动产鉴定洋四十元二角

（三）韩立山动产鉴定洋四十二元五角

（四）庄子方住房拍卖洋七千余元，除另案拨还抵押债权五千八百六十三元八角八分，余洋一千一百三十六元一角二分

（五）庄子方动产拍卖洋一百四十一元

（六）元聚堂动产

（七）太和堂铺底

（八）宝善楼铺底

分配之办法如左：

元聚、庆元、富源三当所欠各债应以王玉珍等变产之款分配偿还，起诉债权之讼费应由变产款内如数提还。王玉珍动产鉴定洋四十二元五角，因款无多，尚未卖出，应给予王玉珍家属作为生活费用，并由变产款内提

洋五十元作为庄子方生活费用，调处费、鉴定费、登报费执行车费等如数扣除外，余洋按照债权总额均匀分配。

本案于民国五年七月二十九日接奉地方审判厅公函委托调处到处，范五等诉王玉珍等欠债各案到处，并经债务人王玉珍、韩立山、庄子方先后申请破产摊还各债，王玉珍具书称，欠债难偿请求破产分配，因王玉珍与韩立山伙开元聚堂，与庄子方伙开富源当，又自开庆元当，均于壬子兵变被抢一空，共计欠外债款二十余万两，无力清偿。现王玉珍住房一所及动产，立山有动产，情愿变卖得价分配抵还各债，请求贵处登报通知债权，以便了解。庄子方具书称，前与王玉珍伙开富源当被抢无力偿还债务，现有拍卖住房余价及动产情愿变卖抵还债务，请求贵处登报通知债权，以免未起诉各债权无着等情，当经本处分别通知各债权人及债务人到处，各债权人声称，王玉珍所开元聚等当债款请求公断等语，债务人王玉珍已故，伊子王琴轩声称先父玉珍负债过多，无力清偿，声请请求拍卖产业抵还债款，惟先父遗产仅有住房及动产皆归破产财产，现王琴轩生活无资，请求恤念贫苦，酌提破产之款作为生活费用。庄子方声称所有住房及动产业经拍卖，现无资迁徙，又无生活费用，请求酌提迁徙生活费用以免流离失所等语。本处调查元聚等当既被兵抢，损失歇业，无力清偿，尚非故意抗债，但王玉珍等现状已有破产情形，虽前清之破产律早经命令废止，未便引用，但债务人已濒破产，程序只有按照本处历办先例及商界习惯打账手续酌核理结。兹将债务人之现有财产变卖得价，平均分配各债以昭平允。查起诉各债同属确定之债权，应即偿还。而申请债权既属债权之一，自当并案调处，庶免分歧。现登报挂号期限既已终止，并将王玉珍等财产变卖，所有起诉债权有预交讼费之损失与声请债权平均分配似欠平允，应将起诉债权有预缴讼费，如数提还。至庄子方、王琴轩所有住房及动产既已拍卖，已属家产罄尽，揆情度理不无可悯，自应酌给生活之资，以便维持现状。至调处费用照章债务人无履行之资力，应由拍卖价内扣除。除另案拨还抵押债权及调处、生活、登报等费外，余款自应按元聚等三当欠外债权总额均匀分配。倘各债权人发现债务人确有隐匿财产，仍可照地方审判厅拟定章程声请拍卖抵偿债款，以清纠葛而昭公允。合亟通告。

中华民国六年六月

6. 京师商事公断处公字第一百八十八号[①]

元聚堂等当欠债案分配通告

京师商事公断处通告

为通告事案查本处办理元聚、庆元、富源各当欠债案件，业经终结，兹将所有债务人财产分别变价，应即分配所有财产如下：

（1）王玉珍住房余洋三千二百元（中票）；

（2）王玉珍动产洋四十二元五角（未卖）；

（3）韩立山动产洋三百四十五元二角（交票）；

以上共计洋四千八百六十九元七角七分。

除公断费洋二十四元（中交各半）、报费洋三十九元（交票）、起诉债权六家讼费洋一百七十九元零一分（中交各半）、鉴定费洋一元七角二分（中票）、庄子方生活费五十元（交票）、王琴轩生活费洋四十二元五角（动产）扣除外，实余中交票四千五百三十三元五角四分。

所有元聚、庆元、富源三当欠外债款计银二十六万三千一百十八两六钱，又洋六千六百四十八元八角五分七二，合银四千七百八十七两一钱七分，共计总额银二十六万七千九百零五两七钱七分，均匀分配每百两分洋一元六角九分二厘（计应分中票一元二角八分五，应分交票洋四角零七厘）。

……

（具体债权人分配数额略）

共分洋四千五百三十三元五角四分。

其元聚当动产、太和堂药铺铺底、善保楼铺底，候卖出后作为第二次分配。

中华民国六年八月二日

[①]《京师商事公断处公断书录》（第2集，上册），第39—40页。

7. 京师商事公断处公字第一百八十九号①

纪桐庵诉王玉珍债务纠葛一案

调 处

原告纪桐庵，大兴县人，年四十八岁，住东四牌楼四条胡同。

被告王玉珍，已故。

王琴轩，大兴县人，年二十七岁，住小径厂，王玉珍之子。

右列当事人因抵押债权纠葛，地方审判厅委托调处一案。

主 文

王玉珍所欠纪桐庵本利银二千五百八十七两二钱，应酌还洋一千三百元抵销债款全额。

事 实

缘王玉珍清光绪三十四年二月初一以房契及庆元合同作抵押，借到纪桐庵银二千两，言明每月一分行息，立约为证。迄今计欠利银五百八十七两二钱，屡索本利未还。诉经地方审判厅判决着王玉珍偿还本利，并作抵押房产有优先受偿之权利，案经判决正执行间，函送调处到处，本处酌还洋一千三百元，双方同意，应即公断。

理 由

本案债权及抵押物既经法院判决确定，债权关系自属确实，债权人主张优先满足受偿，按法虽无不合，然王玉珍所开当铺被抢欠债过多，无力清偿，已达破产程度，若纪桐庵封押物卖得金优先受偿，其他普通债权定有无着之虞，本处查核双方和解方法，酌还洋一千三百元抵销债款全额，以清纠葛，调处费用照章归理屈人负担。本此理由特公断如主文。

中华民国六年
京师商事公断处
评议长谢九河㊞
评议员张保业㊞
评议员王　坤㊞

---

① 《京师商事公断处公断书录》（第2集，上册），第41—42页。

评议员赵增信㊖

8. 京师商事公断处公字第一百九十号①

沙范氏欠债案分配通告

京师商事公断处通告

为通告事案查沙范氏欠债各案，兹将馨茂恒卖得价洋二千一百二十元，除执行车费及拍卖费洋九元三角五分，公断费洋八元，果寿康抵押债权洋八百又讼费洋二十五元，起诉各债权讼费洋二百四十三元六角八分扣除外，实余洋一千零三十三元九角七分，分别分配。其房租债权应照普通债权加倍分配外，其余按照债权总额均匀分配。其桂茂涌铺底卖出时，再做第二次分配。

（一）房租债权

名称	债　额	应分中交各半钞票
朴景绥	一千二百三十四两四钱	二百零七角八分
吴晋氏	二百七十二两	四十四元二角四分
官房租	四百二十五两	六十九元一角三分
德宅	钱六百八十吊合银三十四两	

以上房租共银一千九百六十五两四钱，每百两应分洋十六元二角六分六（中交各半）。

（二）起诉债权

名称	债　额	应分中交各半钞票
王子臣	四百两	三十二元五角三分

……（共十二家，略）

（三）声请债权

名称	债　额	应分中交各半钞票
赵德谱	二百两	十六元两角六分

……

（共三十三家，略）

---

① 《京师商事公断处公断书录》（第2集，上册），第43—48页。

以上起诉声请各债权共计债额银八千七百八十二两六钱三分，每百两应分洋八元一角三分三厘。

房租、起诉、声请三项共分中交钞票洋一千零三十三元九角七分。

起诉债权应领讼费列后：

朴景绶洋三十五元八角三分

王瑞廷洋十六元六角七分

……

（共十三家，略）

以上共应领讼费洋二百四十三元六角八分（中交各半）。

中华民国六年八月

9. 京师商事公断处公字第一百九十二号[①]

徐炎午等诉高连峰等铺务纠葛一案

调 处

原告 徐炎午，高河县人，年五十五岁，住豆腐巷，聚升斋鞋铺经理

李鸣珂 枣强县人，年四十一岁，住同上，聚升斋铺东

樊立汉 顺义县人，年十六岁，住同上

右代理人樊聘三，顺文县人，年三十九岁，同上

被告 高连峰，深县人，年三十八岁，住同上，聚升斋铺东

被告 高连会，未到

右列当事人因铺务纠葛，地方审判厅委托调处一案本处评议公断如左：

主 文

聚升斋房屋货物家具铺底作价一万零五十两，按照合同股本额数分配，高连峰应分银五千六百两，李鸣珂应分银一千七百四十一两，樊立汉应分银一千八百四十四两，徐昌年应分银八百六十五两，各以产业债券抵销应分之款。聚升斋调处费用归高连峰、李鸣珂、樊立汉负担。

---

① 《京师商事公断处公断书录》（第2集，上册），第53—55页。

事　实

本案经地方审判厅函托调处，当经本处依法评议据原告徐炎午等声称，聚升斋鞋庚子被焚，移在豆腐巷营业后，以获利作为股本外，各出资本写立合同。高本智连应分余利共入本银一千两，李廷杰共入本银一百二十五两，樊静田入本银二百五十两，每二百五十两为一股，共计银股五个半。李廷杰、樊静田、徐炎午为经理。议定李廷杰人力一股三，樊静田人力一股二，徐炎午一股，后樊静田、李廷杰去世，每年余利按股均分，历年公积甚聚。今高本智之孙高连峰等把持铺务，诉诸法庭清算铺账分伙，判交公积金，解除股东关系，今案经贵处评议，应请公断等语。质之被告，高连峰等则称徐炎午系浮股，铺伙与已故经理樊静田等舞弊，查有账目不实数点。俟结清后，当按账按股分配，请求法庭依法议断。今经评议，请求公断。案经本处屡次开议再四，开导双方具结遵断，应即公断。

理　由

本案为股东内部之纠葛，双方各执异词，本处以为当免枝叶之争端而为根本之解决。高连峰、李鸣珂、樊立汉、徐炎午既生意见，不宜合伙，自应解除合资关系。合资股东关系既已解除，所有财产自应按照现状分别划清。聚升斋鞋铺房屋铺底货物作价归高连峰完全管业，以后盈亏与樊、徐无干。聚永升及永聚斋欠款应归樊立汉收偿，则聚升永就永聚斋往来纠葛既已结清应与聚升斋永断葛藤。徐炎午应分银八百六十四两，除拨义升斋款外，应分银六十五两，惟聚升、聚隆堆房五房原向系租赁关系，则聚升堆房应归樊立汉接租，聚隆堆房应归高连峰接租，以免纠葛。所有双方对让利办法，均无异议，情愿遵断，业将货物债务等分配划清，应即和平了结，以免讼累而安商业，调处费用应照章负担，依此理由故公断如左文。

中华民国六年九月六日

京师商事公断处

评议长高德淦㊞

评议员谢九河㊞

评议员侯呈祥㊞

评议员张增怀㊞

10. 京师商事公断处公字第一百九十四号[①]

单传道诉李申孙鸿瑞诉单传道债务纠葛案

调 处

原告单传道，山东人，年六十四岁，住珠宝市德丰炉房，铺长。

被告李申，大兴县人，年四十一岁，住安定门外外馆永祥号。

原号孙鸿瑞，奉天人，年四十三岁，住珠宝市德丰炉房。

被告单传道，详上。

右代理人单继林，山东人年二十七岁，住珠宝市德丰炉房。

右列当事人单传道诉李申及孙鸿瑞诉单传道债务纠葛，两案地方审判厅委托调处，本处合并调处如左：

主 文

李申所在经丰炉房债款及德丰行与李申所开永祥号之债款，按前断八成互相抵销外，李申实欠经丰银一千四百三十八两二钱四分，应偿洋一千九百九十七元五角六分。除前还洋一千六百元，应再交洋三百九十七元五角六分，抵销债款全额。

德丰炉房所在孙鸿瑞本利银四千五百六十三两三钱七分，除已还洋一千五百元，下欠之款著单传道还洋二千三百元（除李申应还单传道洋一千九百九十七元五角六分外，再由单传道补还洋三百零二元四角四分），抵销债款全部外，孙鸿瑞须交德丰洋四十二元应由单传道如数偿还。

事 实

本案于民国六年六月十五日经法院委托调处，当即通知双方依法评议，据单传道诉李申所欠德丰债款二千五百两及德丰所欠李申所开永祥号之债款，均按八折互相抵销，难以甘服，现经调处，请以互欠之款如数抵销以明平允。质之李申则称，所欠德丰债款及德丰所欠商款数目相符，今经调处，请明前断按八折抵销债款全额。复询孙鸿瑞诉称，德丰炉房所欠债款，曾经判决如数偿还。除在法庭该号还过洋一千五百元，下欠之款当经具结，愿还银二千五百两作为完结。迄今余数尚未清还，请求断令照数

[①]《京师商事公断处公断书录》（第 2 集，上册），第 59—61 页。

清偿。质之单传道，则称欠款属实，因买卖歇业，无力偿还，并现所收欠内之款（李申应还），又不足二千五百两之数，请求公断等语。案经评议终结。两案双方各具甘结承认，应即公断。

理 由

两案债权既经法庭判决执行及经本处前次公断，是对于债权并无争议。惟各方对于清偿方法各执异词，单传道与李申案既经公断，互欠债款仍应照前断按八成抵销，当经双方承认评议之办法，应即完结，以免纠葛。孙鸿瑞与单传道案，孙鸿瑞主张如数偿还，按理虽无不合，然现债务人所称营业萧条无力清偿尚非虚言，但德丰既有收入欠内（李应还）之债款，自应将债款如数拨还以昭公允。本处评议以二千三百元抵销孙鸿瑞之债款全额。当今双方承认，应即公断，以免讼累，调处费用照章归理屈人负担。依此理由，故公断如主文。

中华民国六年八月二十五日
京师商事公断处
评议长贾桂森㊞
评议员张保业㊞
评议员安迪生㊞
评议员王　坤㊞
评议员吴廷森㊞

11. 京师商事公断处公字第一百九十九号[①]

武相周诉花云鹏货款纠葛一案

调 处

原告武相同，文水县人，年四十四岁，住齐化门外六里屯。

被告花云鹏，旗藉人，年三十六岁，住齐化门内竹杆巷。

右列当事人因货款纠葛一案经本处评议公断如左。

主 文

---

① 《京师商事公断处公断书录》（第2集，上册），第73—75页。

花云鹏应于公断书送达后偿还武相同银八十五两九钱，公断费用银二元归花云鹏负担。

事　实

本案于六年五月七日按本地方审训厅公断委托调处，当经通知双方当事人到处依法开议。据原告申称，商为隆陞砖瓦窑生理，前清宣统三年春花云鹏因盖房用去厂号砖石等材料，除已付过款，偿欠银二百七十一两有余，有账可凭。屡索未偿，曾向法院诉追，今案移贵处，仍请制饬令偿还。质据被告花云鹏答称，使用砖石属实，惟业已将货价付清，均有收据为凭，并不拖欠。复质据证人李福山声称，花姓拖欠原告货价属实，原告每节均向被告开单催示，且被告曾以十几两金元宝交巴德海移交原告勾账作为清偿，原告并未承认各等语，本处当委调查员到花姓住房切实调查并有报号清单，案经评议终结，应即公断。

理　由

原告货价之请求以账薄为凭，经本处调查其不符之点仅有宣德二年共码多结二两之数，又经调查员报告，被告修房应用砖瓦材料与原告账簿上所载之数并无出入情形，且据证人李福山之证言，则被告并不拖欠之言已不足信，虽借口当时有破碎砖瓦与批价不符之措辞，就此为曾用材料实无疑议，本处后依被告之陈述，按照当时货价一千四百五十一两零四分扣除十分之一，应减去一百四十五两一钱，又除去已付过（收入折据并未入账）三十八两，并除多结之二两，共应减去银一百八十五两一钱，尚应付原告价银八十五两九钱之谱。计算至今已拖延数载之久，实开情理未合，自应依照公断迅速履行公断。费用例由理屈者负担，依此理由，故公断如主文。

中华民国六年九月十五日
京师商事公断处
评议长聂元溥㊞
评议员秦永禄㊞
评议员高金钊㊞
评议员李　樾㊞
评议员赵信增㊞

12. 京师商事公断处公字第二百零二号①

锦江春欠债案分配通告

京师商事公断处通告

为通告事。本处办理刘熙泉、杜玉珊等所开锦江春饭馆欠债变产摊还一案，现已终结，合将在诉债权及债数姓名、债额开列于左：

计开：

在诉债权

名称	债金额	应分
李浚川	洋七十五元六角六分八厘	11元六两

……

（共九家，略）

声请债权

名称	债金额	应分
季仁亭	洋二十三元四角六分	二元六角七分

………

（共三家，略）

以上应付债权额一千零七十元一角五分三厘，锦江春家具拍卖得价洋一百五十元零七角八分，扣除拍卖费洋一元三角，公断费二元，在诉债权费洋二十元八角，实余现洋一百二十一元六角八分，每百元应分洋十二元九角一分共分现洋一百二十一元六角八分。

本案于本年七月二十四日按奉地方审判厅第二分庭公断，内称本庭执行李浚川诉刘熙泉等欠债，又地方厅令交警察厅函送杜玉珊等债务，现杜桂卿诉杜玉珊欠债各一案，均系商人间商事纠葛，理应函送核办等同到处，并陆续复准函送牛贵亭、王勉能、屈御涛、邢德志、胡玉辛、梁益齐、耆彬等诉杜玉珊等欠债务案前来，当即分别通知各债权人及债务人到处开会评议，据债权人李浚川等声称，锦江春拖欠债款不还，请求追债等语。质之债务人杜玉珊称，欠款属实，惟铺东业已远飏，商又无资力，只

---

① 《京师商事公断处公断书录》（第2集，上册），第81—84页。

有变卖家具摊还各债之法。本处评议，应即拍卖锦江春家具，得价后除将已诉债权费扣除外平均摊还各债。当今再三开导，各债权人均具结承认，惟在诉债权王勉能坚执不允，复经劝导，除分得之款外，下欠之款正味斋既负担保一百二十元责任，着杜玉珊及正味斋铺长李云三保证偿还银洋一百二十元。旋经王勉能、杜玉珊、李云三具结承认。又债权人耆彬不认公断办法，迭经开导终无效果。本处只有就杜玉珊所称欠租一百三十五元之数即照普通债权分配候领。查锦江春欠债过巨，铺东远飏又无别产，可抵仅有家具存在，自就先将家具变卖得价摊还各债。调处办法既经各债权人多数承认，未便任耆彬一人独异议，致此等久悬不决，兹将锦江春家具拍卖完后应即分配抵还各债权人之债款，如各债权发现债务人确有隐匿财产仍可遵照地方审判厅拟定章程，随时申请拍卖抵还，以昭平允，合亟通告。

中华民国六年十月二十二日

13. 京师商事公断处公字第二百零九号[①]

萧恩普诉王瑞亭债务纠葛一案

调 处

原告萧恩普，通县人，年三十五岁，住廊房头条增盛玉器店。

被告王瑞亭，昌平县人，年四十一岁，住平则门内，苓兰芳香店。

右列当事人因债务纠葛案经本处评议公断如左：

主 文

王瑞亭所欠萧恩普本银五百元著还现洋三百元（分三期交付至民国七年五月节）抵销全额。

公断费用二元归王瑞亭负担。

事 实

本案于民国六年十二月十日经地方审判厅函托调处，当经本处通知双方当事人到处依法开议，据原告称王瑞亭以所开聚香斋名义于前清宣统元年闰二月间借去商银五百元，于是年五月写立借券，并立息折，每月按一

---

① 《京师商事公断处公断书录》（第2集，上册），第95—97页。

分行息,迄今除付过利息,计欠利息一百八十五元,共计本利银六百八十五元,屡索不偿,曾向地方审判厅具状诉告,今案移送贵处仍请断令清偿,以免损失。依据被告答称,借款属实,无力完全履行,兹情愿筹现银三百元分期(今年腊月明春正月及五月)交付抵销债款,旋经原告允可,并无异议,双方各具切结,业经调处终结,应即公断。

理　由

债务人对于债权人之债数不能为完全办消,则其所履行债务之程度必须经债权人认可抵销方能解除责任。今王瑞亭具现洋三百元抵还萧恩普之债款,既为萧恩普所承认,且各具切结,是双方同一之意思表示即为公断之根据。调处费用则由理屈者负担,依此理由,故公断如主文。

中华民国六年十二月二十五日
京师商事公断处
评议长高金钊㊞
评议员秦永禄㊞
评议员聂元溥㊞
评议员李　樾㊞
评议员赵信增假

14. 京师商事公断处公字第二百一十九号[①]

万和益破产案通告

为通告事案查本处办理高秋平等所开万和益、振泰和等号破产一案,业已评议终结,兹将债权人姓名债额及债务人财产与分配办法分别列左:

计开:

优先债权

徐养吾(益恒号),洋五千三百元,曾以高秋平通县住房及南街铺房万和益及文昌阁地作押。

崔有信(兴盛叙),洋一千七百元,曾以振泰和家具铺底作押。

普通起诉债权

---

① 《京师商事公断处公断书录》(第2集,上册),第117—124页。

康洛川，洋一千六百六十三元四角九分。

……

（共十五家，略）

普通声请债权

刘酉山，洋五百元。

……

（共六十家，略）

以上北京除抵押债权外，其余各债权共计总额银一万四千零五十八元零七分。

通县债权

裕兴号等共债额银一万零二百三十八元二角九分。

债务人财产

甲、万和益机器家俱

乙、振泰和家俱铺底拍卖票洋二千元

丙、通县未卖财产

（一）商秋平住房二所

（二）文昌阁地六十余亩

（三）万益煤厂铺房

（四）万德店铺房

（五）洋井股本

（六）豆腐铺铺房

（七）小药成衣铺铺房

（八）陈饭铺铺房

（九）宛家店铺房

（十）小钱铺铺房

（十一）居菜局铺房

（十二）復兴酒铺铺房

（十三）商恩小铺铺房

（十四）义昌永铺房

（十五）天聚兴麻铺铺房

（十六）永和茶店股本

（十七）进宝斋铺房

（十八）葛小铺铺房

（十九）轿子铺铺房

（二十）万福德铺房

丁、已拍卖通县各财产

（一）通县万和益家俱洋二百元

（二）万寿宫铺房四所洋二百九十三元

（三）振兴斗局房一所，洋二百零一元

（四）红粮酱醋洋三百零一元四角七分

（五）骡子洋九百一十元

以上合洋一千九百零五元四角七分。

分配办法

抵押债权徐养吾应以（丙）种内（一、二、三）三项财产估洋四千六百元抵销债额全部。崔有信应从（乙）种振泰和铺底拍卖得价内酌还洋一千零二十元抵销全部债额。

通县债权应以（丙）种内（十五至二十）主项财产估评二千二百二十元及（丁）种内提洋一千四百七十二元五角三分抵还欠款。

北京除起诉债权所有讼费、公断费登报费等如数提还外，其申请债权之债额与起诉债权之债额，应以（甲）种机器家俱（乙）种余洋九百八十元（丁）种余洋四百三十二元九角四分平均分配报偿欠款。

本案于民国五年九月十六日接准地方审判厅第一分庭函开，本分庭执行文润峰等诉高秋平等债务十二案，现据原被两造均请称送京师商会公断处办理，相应准原卷十二宗又结状一宗一并函送贵处查核办理。再益和金店一案因系万和益油房机器抵押，曾经本分庭将该机器宣示、扣押合并声明等同到处，正核办间，复奉地方审判厅函开本厅受理李登洲诉古且清及康济川等诉高秋平等二案一并函送调处等同前来。迭经开会评议，经各债权人指明，债务人高秋平所有一切财产经地方厅及通县查封正鉴定拍卖间，抵押债权人徐养吾声明异议，经法庭判决徐养吾对于抵押一事有状告权利，嗣经说合以抵押坐落通县莲花寺住房二所作价洋二千六百元，文昌阁租籽地六十余亩、房五间作价洋一千六百元，又南街煤厂铺房二所作价洋四百元，合洋四千六百元抵销所欠徐养吾债款五千三百元全额。又抵押债权人崔有信对于振泰和铺底有优先权，经中说合，振泰和铺底作价洋二千元，所允崔有信债款洋一千七百元按六成以一千零二十元抵还全额。并据高秋平声称尚欠通县各债权债款甚巨，仅有被封财产别无他产偿还，请将通县债权加入分配，所分财产提归通县商会自行分配等语。当经通知债权人康济川等到处，均无异议，具结承认。复准通县商会函称，通县商会偿权裕兴号等均愿认亏了结。经本处详加评议，抵押债权徐养吾等应有优先受偿之权利自应比照债权优先酌还，以示区别。今高秋平所有一切财产应归京通各债权平均分配，故将丙种内（十五至二十）六项财产及丁种内提洋一千四百七十二元五角三分拨给通县各债权自行分配抵销债额。余存之甲种万和益机器拍卖价款及乙种振泰和铺店洋九百八十元，丙种内（四至十四）十一项财产估洋二千六百元，丁种余洋四百三十二元九角四分，除起诉债权人外康济川等有预交讼费之损失，应将讼费如数提还外，余洋自应按照北京起诉及申请各债权之总额银一万四千零五十八元零七分均匀分配抵还债款，倘日后发现债务人确有隐匿财产仍可遵照地方审判厅拟定章程，随时申请拍卖抵还以昭平允，合亟通告。

中华民国七年一月十四日

15. 京师商事公断处公字第二百二十六号[①]

李占衡诉李寿田债务纠葛一案

调　处

原告（即反诉被告）李占衡，深县人，年六十三岁，住布巷子裕丰源。

右代理人高志钧，翼县人，年五十六岁，同上。

被告（即反诉商号）李寿田，饶阳人，年五十六岁，住安定门外外馆骆驼桥北边隆兴和。

右列当事人因债务纠葛地方厅委托调处，本处公断如左：

主　文

隆兴和李寿田应即偿还裕丰源本银一百一十九两四钱八分，利银免除，李寿田反诉之请求驳回。

调处费用归李寿田负担。

[①]《京师商事公断处公断书录》（第2集，上册），第135—137页。

事　实

案经地方审判厅简易厅委托调处，当经本处通知双方依法开议，据李占衡声称隆兴和与商号往来交易，计欠银一百八十九两六钱八分，并由民国元年至今无一分计息，合欠利银一百十五两七钱，连本者计银三百零五两三钱八分，请求公断如数偿还。并据李寿田称向与裕丰源交易之款匀按一分行息，后有加至一分四五者，实难承认，若按一分核算之欠债款抵销，裕丰源尚欠商号银二百六十六两七钱，请求公断偿还等语。并经调阅双方账簿，案经评议终结，应即公断。

理　由

本案乃商人间因账目纠葛自当以双方账簿为解决本案事端之基础。查裕丰源与隆兴和交易来往欠款，利息姑舞论是否约定一分抑一分四五，该两号账簿结数均属相符，自应按照账簿核算。惟裕丰源所收隆兴和李寿田羌贴二千五百元，裕丰源按九六折收账，隆兴和李寿田则称彼时羌贴市价一百零二，双方颇有争执。本处评议应按羌贴原兑数目核算以昭平允，是隆兴和所欠裕丰源银一百八十九两六钱八分，除补羌贴洋一百元合银七十两零二钱外，下欠银一百十九两四钱八分。拖欠既属确定，自应即时清偿。而裕丰源请求停业交易后至今利息，既未结清，碍难成立，应予免除。至李寿田之反诉自己结账数目，已照一分或一分四五计算，当结账时既无否认之表示，今无申明异议之余地，则反诉既无正当之理由，应予驳回以清纠葛。调处费用照例归理曲者负担，本处以此理由公断如主文。

中华民国七年一月二十九日

京师商事公断处

评议长　高德隆㊞

评议员　谢九河㊞

评议员　王佩琳㊞

评议员　侯呈祥㊞

评议员　张增怀㊞

16. 京师商事公断处公字第二百二十八号 ①

宋义侯诉刘楼桐等营业纠葛一案

调处

原告（即反诉被告）宋义侯，直隶人，年三十二岁，住打磨厂福寿旅馆。

被告（即反诉原告）周书琴，直隶人，年三十三岁，住中帽胡同锦公泰。

被告刘楼相，直隶人，年二十九岁，住中帽胡同元隆帽庄。

右列当事人因营业纠葛地方审判厅委托调处，本处公断如左：

主文

宋义侯应即偿还周书琴应摊赔款银六百元。刘楼相应即偿还周书琴应摊赔款银洋四百元，调处费用归宋义侯、刘楼相分担。

事实

案经地方审判厅委托调处，当经本处通知双方依法开议。侯声称于民国二年二月间，义侯出资一百五十两，周书琴出资三百五十两，刘楼相出资一百两，共银六百两合伙开设元隆帽铺，以刘楼相为铺长。嗣周书琴在巾帽胡同开设锦生泰绸庄，元隆帽店迁移锦生泰院内。周书琴胞弟周德荣复往山西包头镇开设元隆西字号，义侯概不知情。讵料周德荣捏称赔累，迫义侯按股摊赔，刘楼相与周书琴显有勾串情形，请求返还资本等语。质之周书琴则称，元隆帽庄系刘楼相、周书琴、宋义侯合股营业，元隆西号系元隆之分号，有宋义侯书信为证，并议允后始往山西开设。两号亏赔，又有刘楼相今春并账，因申案全开有清单，摊赔若干。宋义侯在场并无异议，足证所称不实。刘楼相则称今春并未并账，不认伙开两号，请求公断等语，案经评议终结，应即公断。

理由

本案解决主要点在于元隆西号是否元隆之分号及开设元隆西号宋义侯是否知情同意为先决之问题。证明方法列左：

---

① 《京师商事公断处公断书录》（第 2 集，上册），第 141—143 页。

（一）元隆及元隆西号欠内欠外系属一本账簿并无其他账本，可认西号与京号连带营商。

（二）刘楼相上岁春间服同宋义侯及中人亲笔开有清单，笔迹核对相符，中人又已到处承认，且账簿曾在本处清算，与前结算清单相符，均无异议。宋义侯在京催促西号经理人售货汇款有函证明其知情同意，不问可知，据上说项证明元隆帽店与其西号确有连带关系，宋义侯、刘楼相既系股东应具有办理还债之责。惟因西号经理周德荣与周书琴系属弟兄，且元隆帽店尚有货物家具并内外欠款无人承管，故依和解办法，将应摊还之款额酌为减少，令宋义侯、刘楼相迅速交出，脱离关系，归周书琴清理该号内外账目，以结纠葛，调处费用归理曲人负担，依此理由，故公断如主文。

中华民国七年二月一日
京师商事公断处
评议长张保业㊞
评议员贾桂森㊞
评议员安迪生㊞
评议员王　坤㊞
评议员吴廷森㊞

17. 京师商事公断处公字第二百二十九号[①]

刘长发诉刘秋立营业铺房纠葛一案

调　处

原告刘长发，枣强人，年三十八岁，住南深沟长聚祥切面铺。

被告刘秋立，枣强人，年四十六岁，住南深沟天兴馆切面铺。

右列当事人因铺房纠葛一案，本处评议公断如左：

主　文

刘长发所开长聚祥、刘秋立所开天兴馆各营各业，彼此不同干涉。刘长发所租刘秋立所有铺房，应照原租更换新折。

[①]《京师商事公断处公断书录》（第2集，上册），第145—146页。

调处费用银洋二元由刘长发、刘秋立平均负担。

事 实

案经地方审判厅第一分庭函托调处，当经本处通知双方依法开议，据刘长发称商住之房现经刘秋立买留，故意增加租金，并在商隔壁开设天兴馆，显与切面工会所定行规内载自民国四年起以后，新开切面铺不许在旧切面铺之范围内开设，总在二百步以外地方准许开设之规定有违。应请公断等语。质之刘秋立则称，刘长发现住秋立房屋尚未更换租折，切面公会行规既未呈报官厅，应属无效，且秋立所开天兴馆铺而与切面铺房不同，应请公断等语。案经评议终结，应即公断。

理 由

查北京商业习惯并无禁止在同一区域开设同一营业之前例，切面公会虽有行规既未呈报官厅，又未加入商会，当然认为无效。自应各营各业，互相不得干涉。至刘长发所租刘秋立房屋，既无增租原因，自应照原租文换折。双方对于评议办法既无异议，并已具结承认，应即和平解决，以免纠葛，调处费用归两造负担。本处以此理由，故公断如主文。

中华民国七年二月六日

京师商事公断处

评议长李　堪㊞

评议员王元贞㊞

评议员刘福源㊞

评议员郭玉生㊞

18. 京师商事公断处公字第二百三十号[①]

王瑞康诉周仰之等铺务纠葛一案

调 处

原告王瑞康，浙江人，年四十二岁，住崇文门内鲜鱼巷。

被告周仰之，浙江人，年四十一岁，住东华菜场内兴隆鱼鲞咸货铺。

---

① 《京师商事公断处公断书录》（第2集，上册），第147—149页。

金志锐，浙江人，年三十三岁，住宣武门内益铭饭店。

陈顺业，浙江人，年三十二岁，住东华菜场内兴隆鱼鲞咸货铺。

潘福宝，广东人，年五十四岁，住崇文门华东饭店。

右列当事人因铺务纠葛案经本处评议调处如左：

主　文

王瑞康在兴隆鱼鲞咸货铺账内亏洋一百四十一元五角六分并长支洋三十元七角六分四厘，着王瑞康以所入股本洋二百元摊销。

着周仰之等补助王瑞康洋二十元。

王瑞康与周仰之等合伙关系应即解除。

公断费用二元归双方负担。

事　实

本案于民国六年十二月三十日接奉地方审判厅函托调处，据原告王瑞康声称与金志锐每人出资本洋二百元，开设鱼鲞咸货铺，因生意亏累，周仰之等除将商股本洋二百元扣去外尚逼令商独认损失，请求公断。复据周仰之等同称，原告既是兴隆号内合伙股东，又兼管账目账簿，内亏欠洋二百三十元五角六分，又差洋十一元，并原告长支洋三十元有零，但有账目可凭，请求还款、调查、责令弥补等语。经本处再三调处，王瑞康情愿以自入股本洋二百元抵销在铺内亏欠并长支等，主张解除合伙关系。旋经周仰之等公同承认并允补助王姓洋二十元，双方和解各具切结，即应公断。

理　由

凡商号内司账人对于账簿内注载数目确有不符情事，又不能切实说明，即不能不负赔补之责任。此商业上一般之习惯也。王瑞康在兴隆鱼鲞咸货铺内充当司账，对于账内亏欠等项既已承认抵补，其抵补之额数又经合伙共同承认，是本案之争端已然解决，两告之合伙关系从此解除，纠葛既清，永无争执，至被告补助原告洋二十元是为保持友谊起见，自属为道德问题，公断费用应归双方负担，依此理由，故公断如主文。

中华民国七年一月二十六日

京师商事公断处

评议长王元贞㊞

评议员刘福源㊞

评议员安迪生㊞

评议员李　堪㊞

评议员郭玉生㊞

19. 京师商事公断处公字第二百四十号①

张要文诉蒋永霖债务纠葛一案

调 处

原告张要文，江苏人，年四十二岁，住总布胡同贡院西夹道。

被告蒋永霖，江苏人，年二十五岁，住楼凤楼门十八号。

右列当事人等因债务纠葛案经本处评议公断如左：

主 文

张要文与蒋永霖之债务纠葛著张要文赠送蒋永霖现洋八十元作为完结。

公断费用二元由双方负担。

事 实

此案据张要文声称于民国元年阴历二月包修清华学校工程，要用蒋永霖为司账，言明每月工洋十八元。数届年终检账，竟称每月薪水三十元，监工十八元，因账内诸载诸多不实，如捏写买菜洋六十六元四毛八分，杂用洋一百一十元四毛七分，小工洋一百七十四元七毛十一分等项，数期目录，请求查账，断令弥补损失。后据蒋永霖答称，张要文要霖为司账，原定薪水三十元，账内诸载并无不敷之点，张要文实系狡猾希图换账等语，旋经本处调停，原告情愿赠送被告现洋八十元和解息事，双方合意，各具切结，案经评议终结，应即公断。

理 由

凡债务纠葛双方对于调处之办法情愿签字，是已达和解之目的。本处对于两造诉案之内容自毋庸再行干预。兹张要文情愿赠送蒋永霖现洋八十元以为完结本案之办法，蒋永霖亦表示承认，则双方这争端可息，本处应即依据以为公断之标准，公断费用应由双方共同负担，依此理由，故公断为主文。

中华民国七年四月十一日

---

① 《京师商事公断处公断书录》（第2集，上册），第165—166页。

京师商事公断处
评议长王元贞㊞
评议员刘福源㊞
评议员李　堪㊞
评议员郭玉生㊞
评议员孙鸿翥㊞

20. 京师商事公断处公字第二百四十一号[①]

万丰林破产还债一案

京师商事公断处通告

复查兹处办理法院委托调处麟光诉高翰章债务纠葛一案业已终结，兹将欠外债数姓名及其债额与分配抵偿办法分别列左：

计开

高翰章所开万事当欠外债权：

（一）起诉债权

麟光　银一千两

（二）申请债权

东恒肇　银四千三百两

潜川源　银一千两

承宅　银三百两

定宅房租　银一千八百两

（三）分配抵还办法

万事当所欠定宅房租应以该当退让费银一千两抵销房租千两，余欠房租银八百两加入普通债权，受平均之分配，万事当所欠麟光等债款，应俟该当家具拍卖得价，按照债权总额七千四百两平均分配抵还债额。本案于本年三月二十一日接奉地方审判厅公函，内开年执行麟光诉高翰章债务一案曾将高翰章所开之万事当家具等项查封备抵，兹据高翰章状称，万事当欠外债尚有东恒肇银号银四千三百两，潜川源银号银一千两，承宅银三百

――――――――――――――

[①] 《京师商事公断处公断书录》（第 2 集，上册），第 167—169 页。

两及积欠定宅房租等项，请求将该案移交商事公断处以及合并办理等语，本厅查该债务人所陈各节确系实情，该案认为有委托调处之必要，相应将原卷一宗，函送查收核办等因到处。当即依法评议，并分别通知债权濬川源、东恒肇、承宅、房东定宅到处参加。调查债额证据与债务人所称相符，自应并案调处。惟该当所欠房租甚巨，本处评议该当照章应有退让费，既欠房租，即当以退让费抵还房租。余欠房租即加入普通债权分配以昭平允，该房当归房东收回完全管业。详查该当被抢损失歇业，无力清偿，现在既无其他财产可查，自应按照现有财产调处所有该当欠外债款。应俟该当家具拍卖得价按照债额平均分配抵偿债款，以清纠葛。以上办法经各债权人具结承认，应即分别了结以清轇轕，合亟通告。

中华民国七年四月

21. 京师商事公断处公字第二百四十八号[①]

金玉亭诉张翰臣等工程纠葛一案

调 处

原告金玉亭，大兴县人，年三十四岁，住灯市街，盛远楼铺东。

被告周鉴亭，通县人，年三十七岁，住西四牌楼路北宝源祥木厂。

被告张翰臣未到。

右列当事人因工程纠葛一案经本处评议调处如左：

主 文

盛远楼饭铺所欠宝源祥木厂工程洋五百三十六元四角五分，着金玉亭还洋四百元抵销全额。

调处费用四元差金玉亭、周鉴亭平均分担。

事 实

本案于民国七年三月七日按奉地方审判厅公函委托调处，当经通知当事人到处依法开议。据金玉亭声称商开设盛远楼，由宝源祥木厂包修工程，系与该号经理张翰臣接洽，该厂所做工程与原估及续估单内所做工程多有不符，曾在法院涉讼，请求鉴定。当蒙法庭鉴定，原估未做齐工程价

---

① 《京师商事公断处公断书录》（第2集，上册），第179—181页。

值现洋二百元，续估工程价值现洋二百五十四元四角，共计值洋四百五十四元四角。现该号铺东周鑑亭坚持索要原价五百三十六元四角五分，显示无理要求，今此案移送本处，请求持平办理，以免损失。被告周鉴亭答称，盛远楼所欠商厂工程洋五百三十六元余，曾由商赴法院诉追，现已三审确定，今法庭鉴定四百五十四元四角殊难承认等语。本处再三调处，断令原告偿还洋四百元抵销债款全额，双方均无异议，案经评议终结，应即公断。

理 由

周鉴亭所主张之工程欠款虽以三审判决确定为抗辩之理由，然经金玉亭在法院请求更审并经法院鉴定，两项估定工程不符之处价值洋四百五十四元余，是已有从证据之发现，周鉴亭自不得坚持己见，兹经本处调处断令金玉亭付给周鉴亭工程洋四百元，抵销全额，经双方情愿遵断，各具切结，应即和平解决，以免纠葛，调处费用归双方平均负担，依此理由公断如主文。

中华民国七年五月二十一日

京师商事公断处

评议长贾桂森㊞

评议员谢九河㊞

评议员吴廷森㊞

评议员张保业㊞

评议员韩成立㊞

22. 京师商事公断处公字第二百五十六号[①]

王化南诉袁寿山等债务纠葛一案

调 处

原告王化南，山西人，年四十三岁，住瓜市大街永隆酒店。

右代理人李育蕚，山西人，年三十七岁，住玉皇庙。

被告丁润亭（即云亭），保府人，年二十八岁，住琉璃厂肄业堂书局。

---

① 《京师商事公断处公断书录》（第2集，上册），第201—203页。

袁寿山，山东人，年四十四岁，住鲜鱼口天盛馆。

杨宴增，冀县人，年三十六岁，全聚楼经理。

右列当事人因债务纠葛一案本处评议调处如左：

主 文

全聚楼账簿、水印、走折应交出作废，杨宴增经手借欠丁云亭银洋三百元应归杨宴增负责清理，与全聚楼王化南无干，调处费归杨宴增负担。

事 实

案经地方审判厅第二分庭委托调处，当经依法开议。据王化南声称，全聚楼于民国六年歇业，商负铺保责任，故请债权人讨论按商业习惯打账办法减成偿还，业经众债权人承认了结，张惠彩亦债权人之一，并已承认，惟丁云亭按约向商索款。查该号账簿并无借欠，丁云亭借款之注载即与商习惯不合，商自无负代偿责任之理。所有全聚楼债务既经商清理完结，账簿、水印即应作废，故请公断，丁云亭债商不负偿还之责，该号水印、账簿缴厅作废存案，以免纠葛。质之丁云亭则称，杨晏增凭约借到丁云亭账款属实，虽未入账，但在水牌上注明每月付息，注明账簿为证各等语，案经评议终结，应即公断。

理 由

查商业习惯商号收入借款应注明账簿为普遍不易之实例，而商号水牌仅资记载浮借浮存之零款，断无息借数百元借款并不入账记在水牌之理。今杨宴增借欠丁云亭债款三百元，既未登入全聚楼账簿，即与商业习惯不符。惟此款既系杨宴增经手所借，杨宴增又系铺东，自应由杨宴增负责清理，而全聚楼王化南自无负责偿还之理由。至张惠彩债权，既据王化南称已了解，应即毋庸置议。惟铺楼债权既经王化南清理终结，所有全聚楼账簿水印应即作废，以免再生纠葛。调处费用应由理曲人负担，因此理由故公断如主文。

中华民国七年五月三十日

京师商事公断处

评议长谢九河㊞

评议员贾桂森㊞

评议员吴廷森㊞

评议员张保业㊞

评议员韩成立㊞

23. 京师商事公断处公字第二百五十九号①

张鸿修诉董肇亨铺务纠葛一案

调 处

原告张鸿修，山东人，年六十一岁，住崇文门外花市四条，文茂号广茂亭绦带庄铺东。

被告董肇亨，山东人，年二十七岁，住花市大街，广茂盛衰绦带铺长。

主 文

广茂亭绦带铺欠内货账九十余元，着董肇京向张鸿修对明，如不能对明应负赔偿之责。

广茂亭伙友工资（皇甫煜三十八元九角一分，王广庆十元零三角九分）着张鸿修速为给付。

董肇亭长支三十元零二角六分著即如数补还。

张鸿修与董肇亭之合伙关系应即解除。

调处费用四元归双方平均负担。

事 实

案经地方审判厅第一分庭委托调处，当经开议。据张鸿修声称，民国六年伙友作主，出资开设广茂亭绦带铺，共同贷银七百三十三元。不料经理董肇亭私生异心，赔银一百余元，诉请收回营业，业将家具现存货物交回，惟收尚欠货银一百余元未交，请求贵处公断迅即交清等语。质之董肇亭则称，张鸿修本人与商合议开设广茂亭号，原定资本两千元，同伙未将款措足，籍词收回营业，已将货物交回，下欠货银百余元，系国外商号所欠，可以对清。惟拖欠伙友工资应清著令张鸿修如数偿还，案经评议终结，即行公断。

理 由

查商业习惯铺东与经理人解除东伙关系时，经理人应将一切欠内欠外账目向铺东还款对明，盖以防经理人之隐弊而保商业之信用也。兹张鸿修与董肇亭解除东伙关系，欠内货款九十余元，董肇亭不日藉口拖延，致铺

---

① 《京师商事公断处公断书录》（第 2 集，上册），第 211—213 页。

东实际上永无收回货款之一日，若不能详为交对，事实上则显有弊端，经理人于欠内款项不能同实对明时，应向股东负赔偿之责。至于其他伙友工资一节，亦不能有轩轾情形。每月既有所及，工资自应按经账算合；即不能更有就支名目，应支与工资本系一种账法，不得分为两项，藉口主张长支一层。今广茂亨实系亏累，经理人自当将长支补还，以免铺东多受损失。张鸿修与董肇亨之东伙关系应即解除，调处费用兹归双方平均负担，依此理由故公断如主文。

中华民国七年六月二十九日
京师商事公断处
评议长刘福源㊞
评议员王元贞㊞
评议员李　堪㊞
评议员郭玉生假
评议员孙鸿㑳㊞

24. 京师商事公断处公字第二百六十八号[①]

曹庆钟诉陈寿彭铺务纠葛一案

调　处

原告曹庆钟，河南人，年四十六岁，住琉璃厂东门外，保全堂铺东
被告陈寿彭，宛平县人，年五十二岁，住同上，保全堂铺长
右列当事人因铺方纠葛本处评议公断如左：

主　文

保全堂药铺应归曹庆钟管业，陈寿彭应负清理之责并将经手账目清理完结不得出号脱解其责

调处费用银一两由双方平均负担

事　实

案经地方厅第二分庭委托调处，当即通知双方依法开议。据曹庆钟声称，先父置有保全堂药铺，于光绪五十年交与陈寿彭承作，立有合同为凭，嗣至光绪二十六年先父回籍以后音信不通，今特来京调查。陈寿彭全

[①] 《京师商事公断处公断书录》（第2集，上册），第227—229页。

家皆在铺内，所有账目多内不实，请求清算等语。质之陈寿彭则称，由光绪十五年与曹小溪共立合同，订明三年一大账，十年一总结，到期清算。至光绪二十六年变乱，联军进城，曹小溪逃回河南。嗣因买卖赔本，铺东又不在京，无法交还。故不得已暂将妻子搬进铺内一同看守至今，计算亏累数千元之巨，情愿将保全堂交还，惟商经手账目应令曹庆钟设法了解，并请将商多年工钱支给等语，案经调阅账簿，评议结清，应即公断。

理　由

本案乃同铺方纠葛，自以双方所立合同及其账簿为解决之标准。查合同载明三年大账，十年总结。曹庆钟虽远居河南，近今交通便利，由河南至北京数日之间即可往返，何不于大账总结之期来京请求清算，今竟延至三十年之久？自己显有放弃应有权利之嫌。且对于陈寿彭交出账目总单又不能确切指明某款不实不尽。况因年久，逐年账簿业已残缺不全，自属无从清算。惟按商业习惯，营业既已赔累，铺东视同自觉不合，凡保全堂正当之出入，由保全堂负责偿还之责任，而经理人对铺内一切账目当负清偿之责。是以保全堂铺内账目清理，陈寿彭自不能脱卸其责任。调处费用双方平均负担，依此理由特公断如主文。

中华民国七年七月二十日

京师商事公断处

评议长秦永禄㊞

评议员高金钊㊞

评议员李　樾假

评议员郭玉生假

评议员聂元溥㊞

25. 京师商事公断处公字第二百七十号[①]

许子明诉许世儒等铺务纠葛一案

调　处

原告许子明，昌平县人，年四十四岁，住安定门外馆广义号。

---

① 《京师商事公断处公断书录》（第2集，上册），第235—237页。

被告许世儒，昌平县人，年三十八岁，住安定门外馆广义号。

参加人李许氏未到。

李祥云，大兴县人，年二十二岁，住安定门外。

沈李淑兰，未到。

右代理人吴兰杰，大兴县人，年六十四岁，住安定门外馆万庆号。

右列当事人因铺务纠葛一案，经昌平县委托调处，本处评议公断如左：

主　文

许世儒应筹给许子明纹银二百两。

调处费用归许子明、许世儒共同负担。

事　实

案经昌平县公署函托调处，当即通知双方依法开议。据许子明称，堂侄许世儒同李殿忠领李泽章成本在京外馆开设广义号，宣统二年正月因营业不振、吞款等情，李泽章欲收回成本，当经许世儒央求转为求缓，并约充该号总管，嗣经李泽章允许，伊将原立合同交出。至宣统三年，李泽章立给合同，许世儒、李殿忠情愿将本身一股撤去六厘归身名下，并每月车马费铜元五十吊，延至民国二年算账。李殿忠之六厘身股已如数按股给付许世儒，许世儒应撤之六厘身股并未给付，旋送银百两未收。民国四年许世儒出外，即嘱京柜停业、支付车马费用，又不将账清并，并积欠车马费。年终曾在昌平起诉，案移呈贵处，请求公断等语。质之许世儒则称，前因广义号亏累，东伙不合，当经许子明从中说合，并无约请许子明为总管之事，惟李殿忠提出六厘身股，当结账时应分银六百两，交付东家等语。质之李泽章之子李祥云及其女李淑兰、代理人吴兰杰皆称，所开广义号系李殿忠、许世儒二人经理，有合同万金账为凭，惟并未委托许子明为总管等语。案经评议终结，应即公断。

理　由

查商号股东、经理及总管，皆当将股份、权限载明合同及万金账，以资信守。化为商业之习惯不易之定则。兹查广义号合同、万金账并无总管许子明之注载，而许子明所交合同又系有瑕疵。如果系后加入之总管，即应立便更立合同，万金账乃为确证。况商号总管既有股份而广义号前账分红何以并无按账分给许子明之注载，据此以观，许子明主张为广义号之总管系无根据。故关于许子明按股分红之请求，既无理由，即当驳回。惟因广义号赔累,许子明曾经从中为力调停以至复兴,李殿忠与许世儒同为经理,李殿忠既撤去六厘身股给付之事实,则许世儒即应酌量酬报,况有给付两百两之事,自当酌为筹给以昭公允而清纠葛,本此理由特公断如右。

中华民国七年八月七日

京师商事公断处

评议长高金钊㊞

评议员秦永禄㊞

评议员李　樾假

评议员聂元溥㊞

评议员赵信增假

26. 京师商事公断处公字第二百七十四号①

罗峰亭欠债案分配通告

京师商事公断处通告

案奉京师地方审判厅委托调处罗峰亭在菜场胡同所开泉盛当积欠多债难偿、经债务人声请破产一案,兹将对于泉盛当起诉及在本处挂号各债权详列于后。

计开:

潘川源,银四千两。

金周氏,银五百六十七两八钱二分。

嘉和号,银十千两。

花沙纳,银三千两。

俞涛,银四千七百零三两四钱一分。

所有财产如左:

(一) 罗峰亭玉石井地方住房

(二) 南聚美斋铺店

(三) 丰盛当应分配之款

本案于民国四年十一月十九日接奉地方审判厅函开,本厅执行俞涛、

---

① 《京师商事公断处公断书录》(第 2 集,上册),第 247—250 页。

金周氏、花沙纳、萧焕臣等诉罗峰亭债务各案，查罗峰亭系商人，本厅认为有调处之必要，相应将各案卷宗函送贵处调处等同到处。当经本处依法开议，据债务人罗峰亭声称，负债过多，难以履行。当经调查所陈均系实情，曾经据情陈请地方审判厅核办。去后旋奉函开，查该债务罗峰亭欠债甚多，现有财产不足抵偿，各债既据贵处详查属实，并称罗峰亭并无隐匿他项财产情事，则除以债务人现在所有财产摊还各债外，似无别项最当办法，即请贵处查照公断分配等同前来。案经迭次评议，罗峰亭既无别产，自应变卖现有之产按照债额平均分配。惟罗峰亭住房二所，前奉判归花沙纳有优先权利，惟债务人已达破产程度，则优先权难认完全有效，况花沙纳之留置权既非根本设定之优先权，更难认为充分之优先权利，但花沙纳之债权如与其他普通债权同一分配似无平允，自应将罗峰亭住房拍卖以得价一半抵花沙纳之款全额，其余一半归入破产财团所有，各债权平均分配以照公允，余债额应俟政府抚恤金颁发后再行清偿，合极通告。（另附分配清单）

中华民国五年三月

27. 京师商事公断处公字第二百七十五号[①]

罗峰亭欠债案二次分配通告

京师商事公断处通告

为通告事，案查本处办理泉盛当罗峰亭声请破产一案，业经调处终结在案。现将债务人原有财产拍卖完后，应即分配。兹将拍卖财产数目及各债权应分之款列后。再刘致洋一案系在本处公断后，经地方厅函送并案分配。因前次通告且经印就故列入此次分配通告内合并申明。

计开财产：

（一）玉石井住房拍卖洋二千九百元（除酌提洋一千四百五十元偿还花沙纳留置权全额外），余洋一千四百五十元。

[①] 《京师商事公断处公断书录》（第2集，上册），第251—255页。

(二) 南聚美斋铺底拍卖洋七百元（除扣执行费洋八角五分，又酌提给房东郑、杨二姓房租洋二十三元零五分），余洋六百七十六元一角。

(三) 丰盛当破产案分得洋一千零四十六元三角九分。

以上共京钞洋三千一百七十二元四角九分，扣除公断费洋三十一元四角，实余洋三千一百四十一元零九分，按债权总额银七万三千五百九十元零二角一分均匀分配，每百两应分京钞洋四元二角六分八厘四毫。

债权姓名	应分中交余钞数目
潴川源	一百七十元零七角四分
…………	

（共五家，略）

以上共分洋三千一百四十一元零九分。

中华民国七年九月十五日

28. 京师商事公断处公字第一百八十六号①

刘庆堂诉雷世炜债务纠葛一案

公　断

声请人刘庆堂，东光县人，年七十二岁，住东华门北池子路西。

右代理人刘文彬，年三十九岁，住同上。

声请人雷世炜，山西人，年四十岁，住草厂九条，蔚盛长经理。

右列当事人因债务纠葛，案件经本处评议公断如左：

主　文

蔚盛长所欠刘庆堂银二百三十二两六钱四分，着雷士炜以蔚盛长所有怡生隆股票二百五十两迅即偿还抵销全额。

公断费用二两归雷士炜负担。

事　实

据声请人刘庆堂及代理人刘文彬声称，蔚盛长票庄存放商银二百三十二两六钱四分，屡次催索，延不支付，请求传讯该号经理雷士炜到处断令偿还，以免损失。质询债务人雷士炜答称，商人为蔚盛长经理，欠款属

---

① 《京师商事公断处公断书录》（第 2 集，下册），第 1—3 页。

实，惟实在无力偿还。情愿以敝号所有怡生隆股票二百五十两，移交刘庆堂作为抵还等语。质之刘庆堂亦无异议，双方各具切结，案经评议终结应即公断。

理　由

债务人对于债权人之主张既无异议，则债权关系实际上已属确实，债务人自当设法清偿以免争执。兹蔚盛长情愿以股票二百五十两抵销刘庆堂二百三十二两六钱四分之债款，虽偿还额数超过债权人之债额，但股票既不能与现金并论，且时有价值涨落之情形，且经双方结认各无异言，本处自应依照当事人同意之意思以为公断之基础。公断费用例由理曲者负担，依此理由故公断如主文。

中华民国六年六月十六日
京师商事公断处
评议长高德隆㊞
评议员谢九河㊞
评议员王佩琳㊞
评议员侯呈祥㊞
评议员张增怀㊞

29. 京师商事公断处公字第一百九十七号[①]

李玉田诉赵寿山等铺务一案

公　断

声请人李玉田（店大），兴县人，年六十三岁，住地安门外烟袋斜街义聚隆粮店。

赵开曜，山西人，住同上。

赵寿春，山西人，住同上。

张书忠，山西人，住同上。

声请人赵寿山，山西人，年四十六岁，住同上。

[①] 《京师商事公断处公断书录》（第2集，下册），第9—11页。

右列当事人因铺务纠葛案件本处评议公断如左：

主文

义聚隆粮店铺长赵寿山应即出号，赵寿山所欠义聚隆长支浮借银三百七十两，俟出号后陆续偿还。公断费用银三两五钱归赵寿山负担。

事实

案经双方具书声请公断，当即通知双方依法开议。据李玉田声称：赵寿山叔父赵贞，于清光绪二十八年与李玉田等合伙开设义聚隆粮店，嗣因赵贞病重，由赵贞保荐其族姪赵寿山经理铺务。今年余利无多，现有人不敷出之状，并有舞弊吞款及有拉住间人等情，请求公断迅著赵寿山出号并著偿还长支浮借等款。质之赵寿山则称：于清光绪三十年由义聚隆众东约商经理铺务。当时该铺亏累，由商设法经营，于宣统三年始将亏累款项填补。股东李玉田串通张东，负义无故辞退，商认可出号清理经手事件，所有义聚隆欠外债款应即清偿，并有应分家具、添盖房屋等款请求公断等语。当经通知义聚隆债权人张荣等到处，据称义聚隆所欠之款对于义聚隆字号主张，与赵寿山无关等语。复经调查账簿，赵寿山长支银三百四十两，除照铺规应给赵寿山一年薪金银五十两外，尚欠长支银二百九十两，并有浮欠洋一百十元属实。案经询明应即公断。

理由

查商号经理乃营业中最重要地位，非经股东委任即难共处。倘股东与经理意见不合而经理人显有措置失当之处，则各股东自有辞退经理人之权力。兹赵寿山经理义聚隆铺业，众股东既不信任，且赵寿山实有容住伊子、伊戚，及有长支亦应陆续偿还。义聚隆所欠外债，各债权人既称对于赵寿山无关，应归义聚隆自行清理。至赵寿山主张应分家具、添盖房屋等款，查添置家具、修盖房屋乃营业支出之款，作正开支并非存款，何能分配赵寿山？请求显无理由，自难照准。公断费用归理曲人负担。依此理由故公断如主文。

中华民国六年九月二十一日
京师商事公断处
评议长张保业㊞
评议员贾桂森㊞
评议员王　坤㊞
评议员吴廷森㊞

评议员安迪生㊞

30. 京师商事公断处公字第二百零六号①

石嵩山等诉姜其琚等债务纠葛一案

公 断

声请人石嵩山，直隶冀州人，年三十岁，住前门布巷子实泰祥。

声请人刘荩臣，山东章邱人，年三十三岁，住前门布巷子合记。

声请人孙文锦，直隶天津人，年四十一岁，住前门布巷子永信敦庆隆。

声请人李瑞五，山东惠民人，年三十四岁，住前门小蒋家胡同合源成。

声请人王福堂，山东临邑县人，年四十八岁，住西单牌楼乾元福，铺长。

声请人孙异亭，山东临邑县人，年二十九岁，住西单牌楼乾元福，铺长。

声请人王连五，山东临邑县人，年二十八岁，住西单牌楼乾元福，经理。

声请人姜其琚，山东人，年四十七岁，住西单牌楼乾元福，铺东。

声请人姜其瑯，同上，未到案。

声请人姜其泮，同上，未到案。

声请人姜其滦，同上，未到案。

声请人姜其湘，同上，未到案。

右列当事人等因债务纠葛案经本处评议公断如左：

主 文

乾元福布店所欠石嵩山、刘荩臣、孙文锦、李瑞五等洋二万五千七百二十元，著姜其琚、姜其瑯、姜其泮、姜其滦、姜其湘等以该号铺底变卖摊还。

公断费用洋三十三元归姜其琚等负担。

事 实

据声请人石嵩山等同称，乾元福拖欠鄙号等债款，除以货物相抵外尚

---

① 《京师商事公断处公断书录》（第 2 集，下册），第 17—19 页。

欠二万五千七百二十元,屡索不还,请求传讯该号铺东姜其琚等、经理人王福堂等断令迅速清偿,以免损失云云。资据姜其琚等同答称,欠款属实,惟无现款偿还。今讨限一月赴吉林省自开功成德等号提款偿债务。逾期不能偿还,情愿将该号铺底拍卖摊还各债等语,旋经债权人同意,双方各具切结。今已限满姜其琚等仍未履行,案经评议终结,应即公断。

理 由

债务人对于债权人之债款既已均愿依限偿还乃竟逾限不偿借以为拖延之手段其不肯履行之行为已灼然可见且双方并有拍卖铺底偿还各债之切结自应设法如数偿还以免久延而清纠葛公断费用例由理曲者负担依此理由故公断如主文。

中华民国六年十一月十七日
京师商事公断处
评议长高德隆㊞
评议员谢九河㊞
评议员王佩琳㊞
评议员侯呈祥㊞
评议员张增怀㊞

31. 京师商事公断处公字第二百一十号[①]

黄丽川诉夏品卿债务一案

公 断

声请人黄丽川,束鹿人,年三十三岁,住珠宝市顺德烟房。
声请人夏品卿,绍兴人,年四十二岁,住东长安街东安饭店。
右列当事人因债务纠葛案件本处评议公断如左:

主 文

夏品卿欠顺德烟房现洋六百三十元,应于本月起每月带还现洋九十元,立折取款,九个月还清。

公断费用洋四元五角归夏品卿负担。

[①] 《京师商事公断处公断书录》(第2集,下册),第21—23页。

事 实

本案经双方具书声请公断，当即通知依法评议。据债权人顺德烟房黄丽川声称：夏品卿所开东安饭店，于民国五年七月凭约借去现洋一千零五十元。言明是年八月节归还，立有借约为证。东安饭店为铺保，该店股东夏品卿为担保人。嗣东安饭店转倒于夏品卿，此债当时三面对明归夏品卿偿还。初夏品卿陆续偿还钞票四百五十元，按时债折合现洋。下欠诸款屡索未还，请求公断即时如数清偿。质之债务人夏品卿则称，东安饭店所欠之款属实，业已偿还钞票四百五十元。现因市面萧条无法清偿各等语。案经评议双方签结应即公断。

理 由

本案债权关系既经债务人具结承认自属确定。惟关于清偿期限及钞票折合现洋互有争议，本处公同评议，钞票四百五十元折合现洋四百二十元，其下欠现洋六百三十元。值此时难，筹款自属匪易，应按月平均归还。双方既属情愿遵断，复具切结存卷，自当和平了结以免讼累而清纠葛。公断费用照章归理曲人负担。本此理由，特公断如主文。

中华民国六年十二月十九日

京师商事公断处

评议长 王　坤 ㊞

评议员 贾桂森 ㊞

评议员 张保业 ㊞

评议员 安迪生 ㊞

评议员 吴廷森 ㊞

32. 京师商事公断处公字第二百二十号[①]

天昌粮店破产偿债一案

京师商事公断处通告

为通告事。本处办理刘克温所开天昌粮店破产分配偿债一案，业经评议终结，合将债权人之姓名债额及债务人之财产并分配办法开列于后：

---

① 《京师商事公断处公断书录》（第2集，下册），第33—35页。

姓名	债额	应分中票
康幼儒	银一千九百八十一两一钱零六厘	三百七十元零一角七分
崇双氏	银七百六十两	一百四十二元
曹瑞亭	银一千七百四十六两六钱七分	三百二十六元三角六分
郭宝臣	银一千零三十八两三钱	一百九十四元零一分
郝丕杰	银七百六十三两	一百四十二元五角六分
杨斗南	银五百八十八两二钱	一百零九元九角

以上债权共计总额银六千八百七十七两二钱七分六厘。

债务人之财产：

天昌粮店铺底家具变卖中票洋一千三百二十元，除拍卖等费七元，公断费八元，并补助周天润路费二十元外，实余洋一千二百八十五元。

分配办法

郭宝臣等六家之债权对于刘克温之财产平均分配，每百两应分中票洋十八元六角八分五厘。

本案于民国四年八月二十五日接到声请人郭宝臣等声请刘克温欠债不偿，旋经本处公断刘克温所欠郭宝臣拖欠债款分年按月带还在案，本年五月十五日复据郭宝臣等声称，刘克温所欠之款支付至五年十一月止，自此之后延不履行，请求照章执行等语。当经本处函请地方审判厅执行，去后兹奉地方审判厅公函内开，郝丕杰、郭宝臣、杨斗南诉刘克温债务执行一案暨本厅执行康幼儒、崇双氏、曹瑞亭等诉刘克温等债务各案，业于十一月十二日将刘克温等所有天昌粮店铺底及动产拍定得债中国银行钞票一千三百二十元，内除提扣拍卖费用及执行车费共钞票七元外，尚余银一千三百一十三元，相应连同原卷派员函送贵处查收分配。至此外有无应行分配之案，并请向债务人询名办理等因到处。当经通知各债权人来处，据郭宝臣等及康幼儒等同称该粮店铺底既经拍卖，即请分配等语。本处通知债务人刘克温，据该号铺伙周天润来处声称，刘克温现因事回籍，所有欠外之款伊均知悉，除郭宝臣、康幼儒等六家之外，并无债权，愿具切结并具保结存卷。本处评议天昌粮店既据周天润结称，除郭宝臣等六家之外并无债权。自应将天昌粮店铺底拍卖得债之款与各债权人平均分配，以清纠葛。惟债务人之代理人周天润贫困异常，自应酌为补助，以示体恤。以后债权人倘发见债务人有隐匿财产情形，仍可随时向法院请求执行以昭公允。合亟通告。

中华民国七年一月

33. 京师商事公断处公字第二百二十五号①

王绍芝诉雷世炜债务一案

公 断

声请人王绍芝，京兆人，年二十九岁，住东四六条槐荫堂。
声请人雷士炜，山西人，年四十岁，住草厂九条蔚盛长。
右列当事人等因债务纠葛案件经本处评议公断如左：

主 文

蔚盛长所欠王绍芝市平银五千五百二十九两，著雷士炜以蔚盛长所有对于丰成庄之债权估平银五千一百八十四两零二钱移转偿还，如丰成庄债款不足三成时，雷士炜应负补足三成之责。

公断费用十三两归雷士炜负担。

事 实

缘蔚盛长于前清宣统年间借用槐荫堂王姓（即王绍芝）市平银九千两，除陆续付过三千四百七十一两外，尚欠五千五百二十九两拖欠不付，王绍芝具状来处请求追偿。质据蔚盛长经理雷士炜、代理人魏子静承认债权无异，惟因无力清偿，只有将蔚盛长对于丰成庄店所有债权五千一百余两移转于王绍芝作为抵还，如丰成庄将来偿还不足三成时，蔚盛长仍负补足三成责任。旋经王绍芝认可，双方各具切结。案经评议终结应即公断。

理 由

债权既属确实，债务人自应迅速清偿以免债权人久受损失。但偿还办法既经债权人同意，本处自应据此为公断之根据。本案中蔚盛长移转于王绍芝之债权，债务人实际偿还如不足原额十分之三时蔚盛长即负补足之责。是蔚盛长之债务能否完全消减，当以丰成庄债款能否至三成为附加之条件也。公断费用例由理曲人负担，依此理由故公断如主文。

中华民国七年一月十一日
京师商事公断处
评议长高德隆㊞

---

① 《京师商事公断处公断书录》（第2集，下册），第41—43页。

评议员王佩琳㊞
评议员张增怀㊞
评议员侯呈祥㊞
评议员谢九河㊞

34. 京师商事公断处公字第二百三十一号[①]

郭德明等诉张振卿债务一案

公 断

声请人郭德明等。

声请人张振卿，宛平人，年四十三岁，住地安门外什刹海南河沿门牌三号，泉涌兴古玩铺。

右列当事人因债务纠葛一案本处评议公断如左：

主 文

张振卿所欠古玩商会银九百七十两七钱，应于一月内变产如数清偿。公断费用归张振卿负担。

事 实

缘于清宣统三年，张振卿充当古玩商会董事，所有会存公款银九百七十两七钱，交卸董事职务时未将该款交清于会。民国四年一月二日，张振卿当众董事言明，拖欠会款情愿担负偿还，分三节带销，立有亲笔字据为证。追索未偿，屡以售货为拖延之计。现已数年之久，今分文未还。近因会款奇绌，经由会董郭德明等具书，声请公断追款。质据张振卿声称，所欠古玩商会之款数目相符，惟无现款。存有磁人铜钟及座落廊房三巷铺房一所，可即变卖抵还欠款。案经本处评议终结，应即公断。

理 由

本案债权关系及债款数目，既有字据为证，复经债务人张振卿具结承认，则债权关系自属确定。至于清偿方法，张振卿既愿变卖清偿，亦属正当之办法。惟该债既系会中公款，自应酌定期限变产偿还，避免久延而清纠葛。公断费用照章归理曲人负担。本此理由故公断如主文。

[①] 《京师商事公断处公断书录》（第2集，下册），第45—46页。

中华民国七年一月二十八日
京师商事公断处
评议长高金钊㊞
评议员秦永禄㊞
评议员聂元溥㊞
评议员李　樾㊞
评议员赵信增假

35. 京师商事公断处公字第二百三十九号[①]

贺秀峰诉宋全庆等债务一案

公　断

声请人贺秀峰，津县人，年四十八岁，住西珠市口义顺成。

声请人宋全庆，宛平县人，年四十二岁，住西珠市口，前公兴号铺伙。

声请人姚增，良邑本城人，年十八岁，前公兴煤铺姚维三之子。

右列当事人因债务纠葛，案件经本处评议公断如左：

主　文

前公兴煤铺东姚维三所欠贺秀峰债款洋六十六元二角四分，应于三日内先还洋十五元，下欠之款俟十年后再为设法清偿，公断费用归姚增负担。

事　实

缘于民国四年十二月二十二日，公兴煤铺姚维三先后借欠商人银一百五十元，除陆续收还外下欠洋六十六元二角四分，屡次催索未还。现姚维三于去岁病故，公兴煤铺经理人宋全庆支吾不偿，为此具书声请公断迅令清偿。质之宋全庆则称，贺秀峰与姚维三借贷或有其事，惟商人虽在公兴煤铺，惟因去岁姚维三病故，无力营业，恳商人作中将该铺倒与何玉振营业，有倒字为凭。贺秀峰债款应由姚维三之妻子担负责任，与新业主无干。复质之姚维三之子姚增则称，所欠贺秀峰之款属实，惟煤铺业已出

[①] 《京师商事公断处公断书录》（第2集，下册），第59—60页。

倒，无力清偿各等语。案经公同评议，着先偿还洋十五元，下欠之款俟十年后再行设法清偿，双方承认，具结应即公断。

　　理　由

　　本案债权业经债务人承认，自无争议之余地，惟关于清偿方法各执异词，嗣经本处调处，双方对于公断办法皆无异词，自应依据双方意旨为公断之基础，俾可和平解决免生纠葛，公断费用照章归理曲者负担，依此理由，故公断如主文。

中华民国七年四月七日
京师商事公断处
评议长侯呈祥㊞
评议员高德隆㊞
评议员谢九河㊞
评议员王佩琳㊞
评议员张增怀㊞

36. 京师商事公断处公字第二百五十一号[①]

杨彤春诉张翰臣铺务纠葛一案

　　公　断

　　声请人王东圃，山东人，年三十岁，住朱家胡同，春义居铺伙。

　　声请人杨彤春，山东人，年三十岁，住同上。

　　声请人王瀛洲，山东人，年四十一岁，住同上。

　　声请人张翰臣，天津人，年五十岁，住前门外小椿树胡同，春义居铺东。

　　右列声请人因铺务纠葛一案经本处评议公断如左：

　　主　文

　　春义居新旧欠款应归张翰臣负责偿还，并应补助王东圃等工资、费钱四百吊，张翰臣与王东圃等东伙关系解除，公断费用应由双方平均负担。

　　事　实

[①]《京师商事公断处公断书录》（第2集，下册），第71—72页。

本案经双方具书声请，当即开议。据王东圃声称，于本年旧历三月初七与春义居东长张翰臣合伙营业，各有专责，十年为限，有合同为证，于三月初十日开市，至二十二日张翰臣起意歇业，并将家具、账簿等物收回，营业工资、红利亦不清算分给，请求公断赔偿损失等语。质之张翰臣则称春义居乃商产业，于王东圃合伙后伊即借用外债开办，十三日赔累七百余吊，故收回营业自行办理等语。案经评议，应即解除东伙关系，并令张翰臣补助王东圃等工资等费四百吊，双方均无异议，具结在案应即公断。

理 由

查合伙营业应同心合意经理商业始有发达之希望，今东伙意见既不相合，自难继续营业，则东伙关系应即解除。张翰臣既系铺东，所有春义居内外欠账当由张翰臣负责偿还，而与王东圃无干。至王东圃等既解除东伙关系，应即出号，惟营业之工资应酌为补助，故令张翰臣补助王东圃等工资等费以昭平允，双方情愿承认，应即和平了结以免争端。公断费用归双方平均负担，本此理由公断如主文。

中华民国七年五月二十五日

京师商事公断处

评议长谢九河㊞

评议员吴廷森㊞

评议员贾桂森㊞

评议员张保业㊞

评议员韩成立㊞

37. 京师商事公断处公字第二百六十一号[①]

李崇轩诉张禹臣债务一案

公 断

声请人李崇轩，京兆宛平县人，年四十二岁，住顺治门西城根顺泰

---

① 《京师商事公断处公断书录》（第2集，下册），第79—80页。

煤栈。

声请人张禹臣，山西人，年五十七岁，住香厂兴记煤厂。

右列当事人等因债务纠葛，案件经本处评议公断如左：

主　文

著张禹臣于公断书送达后迅为偿还李崇轩货银现洋一百八十四元，公断费用归张禹臣负担。

事　实

据李崇轩状称，商开设顺泰煤厂与六河满兴记煤铺交易，由丁巳年正月以后结算，除收过洋六元外，尚欠货洋二百零二元，言明现洋有交易折据为凭，屡索不偿，请求传讯该号铺掌张禹臣，断令偿还货款以免损失。质据张禹臣答称，商号收用顺泰煤栈货计十火车，言明每车货债系中国银行纸币七十二元，每车应有回扣洋三元六角，除付过洋六百十元及钱五吊外，尚欠七十三元六角，云云。复据李崇轩坚称，货债系属现洋，并否认回扣事实，经本处评议终结应即公断。

理　由

本案双方之争执当以货债系属现洋或系纸币为先决问题，查两造当时所定交易折据，原注明货款具系现洋，纸币按市值折算。据此而言，债务人主张货款系用中票之言当然不能成立，其已付之货款既系中票自不能不按市值折核。债权人主张二百零二元之欠款自属正当。至回扣一节，债务人仅以空言主张，并无证据之提出，本处以调停起见，姑令每车按一元八角计核，以冀和平了结，公断费用例由理曲者负担，据依此理，故公断如主文。

中华民国七年七月一日
京师商事公断处
评议长谢九河㊞
评议员吴廷森㊞
评议员贾桂森㊞
评议员韩成立㊞
评议员张保业假

38. 京师商事公断处公字第二百八十八号[1]

陈辅卿等诉金希曾欠款一案

京师商事公断处通告

为通告事。案查本处受理陈辅卿等声请金希曾欠债一案，业经评议终结，兹将各债权之姓名、债款数目及债务人之财产并分配办法列于左：

计开：

万荣祥　　银两千六百九十三两二钱八分

……

（共计二十八家，略）

以上债权总额银二万五千九百九十一两四钱四分。

债务人之财产：德昌信铺底倒债票洋二千五百元。

分配办法：德昌信铺底倒债由各债权人平均分受，志虞五主张房租着按各债权人平均分配之二数加倍分受。

此案据陈辅卿等声称，德昌信绸缎店拖欠债款积久不偿，今由商为代表请求断令该号经理金希曾迅将德昌信铺底倒出分配各债等语。质之金希曾对于所欠各债及变卖德昌信铺底偿还各债各节均无异议，惟志虞五主张房租请求从优偿还。本处为调处起见，应令志虞五按声请分配各债之额数加倍分受，陈辅卿等并无异词，各具切结，本处应即依照两造承认办法秉公分配该铺底所得之债。以清纠葛而免讼累。合亟通告。

中华民国七年十一月二十七日

---

[1] 《京师商事公断处公断书录》（第2集，下册），第99—102页。

39. 京师商事公断处公字第三百零一号[①]

总商会诉冯福堂债务一案

公 断

声请人京师总商会。

声请人冯福堂，山西人，年五十一岁，住闹市口永盛号。

右列当事人因债务纠葛，案件经本处评议公断如左：

主 文

永盛号所欠京师总商会官款著冯福堂照约履行，公断费用银十两归永盛号负担。

事 实

缘永盛号于前清辛亥年九月十一日，向京师总商会借用官款京足银一千两，十三日又借京足银一千两，订明每年六厘行息，至民国六年双方合意止利归本，分十五年带销，前五年每年还银一百两，五年后每年还银一百五十两，并分三节交款还清为止。由民国七年五月节气背约不偿，总商会具书来处声请公断。永盛号经理人冯福堂答称，因生意萧条未能履行。经本处再三开导，始认照约履行，具结存案。案经评议终结应即公断。

理 由

永盛号对于借用京师总商会官款及分年带销办法均无异言，自应照约履行以昭信守。今该号经理人冯福堂到处具结，情愿按约偿还，决不再有违约情事，届时当如约交付，勿得再有迟滞之行为，致官款受损失之害。公断费用例由理曲者负担，依此理由，故公断如主文。

中华民国七年十二月十三日

京师商事公断处

评议长 高德隆[印]

评议员 王佩琳[印]

评议员 侯呈祥[印]

评议员 张　敏[印]

[①] 《京师商事公断处公断书录》（第2集，下册），第117—118页。

评议员张增怀㊞

40. 京师商事公断处公字第三百一十七号[①]

王德敷等诉王德辉等铺务一案

公 断

声请人王德敷，山东人，年五十岁，住前门大街同兴店。

声请人王德裕，山东人，年三十八岁，住同上。

声请人王德嘉，山东人，年三十二岁，住同上。

声请人王德昌，山东人，年二十五岁，住同上。

声请人王德辉，山东人，年四十三岁，住蒜市口路南大兴店。

声请人王德耀，山东人，年三十九岁，住珠市口宝兴馆。

右列当事人等因铺务纠葛，案件经本处评议公断如左：

主 文

宝兴馆、同兴店、大兴店三号生理应由王德敷清理之，公断费用六元由双方负担。

事 实

据王德敷等声称商等有祖遗宝兴馆、同兴店、大兴店，三家生理均由族弟王德辉王德耀经营，讵料伊等借口经营大兴店生意借用外债洋一千三百元，尽行私用，且账簿内容不符之点实多，请求贵处传讯王德辉等到案清算账目，以免混淆。质据王德辉答称，宝兴馆三家生意，自商接允经理时已系亏累不堪，借用外债等款均由各东同意并有账簿可查各等语，嗣经中人杨竹波等说合，宝兴馆等三号由王德敷清理变卖，三号铺产应尽先偿还外债，余款再为各东分别分配，但出卖产业时须经王德辉等同意，惟同意期间定以三日，双方均无异词，各具切结，案经本处评议终结应即公断。

理 由

本案双方之争执经中人说合，各具切结，则切结内所有之注明即为双方所应受之拘束，不得更行借口故起纷争，本处公断之要旨亦应依据双方

[①] 《京师商事公断处公断书录》（第2集，下册），129—130页。

当事人共同之意思表示以为基础，公断费用例应双方负担，依此理由，故公断如主文。

中华民国八年四月十日
京师商事公断处
评议长韩成立㊞
评议员谢九河㊞
评议员张保业㊞
评议员贾桂森㊞

41. 京师商事公断处公字第三百一十八号①

李秀廷等诉王式周债务一案

公 断

声请人李秀廷，深县人，年五十三岁，住打磨厂聚泰店。

声请人尚镜浦，天津人，年四十二岁，住东珠市口天源成。

声请人王式周，安徽人，年五十岁，住菜市口万茂茶店。

右列当事人等因债务纠葛，案件经本处评议公断如左：

主 文

王式周所欠裕丰源银一千六百零八两六钱、天源成洋二百六十八元八角二分，俟万茂茶店变产得款时与其他债权平均分配，公断费用归王式周负担。

事 实

据李秀廷称，商为聚泰店经理，万茂茶店借欠商店联号裕丰源银一千两，有约为证，又来往折欠银六百零八两六钱，今该号因他债务案件业经查封，请求加入债团以便分配。尚镜浦声称，万茂茶店拖欠商号天源成货洋二百六十八元八角二分，有账为凭，请求断令该号经理王式周迅予履行。质据王式周答称，拖欠各债属实，惟有变卖铺产清偿欠款各等语。案经评议终结应即公断。

理 由

---

① 《京师商事公断处公断书录》（第2集，下册），第133—134页。

李秀廷、尚镜浦主张之债权或以借券为凭或以账簿为据, 又经债务人承认, 是债权之确实, 自不待言。惟王式周因欠他项债务, 所有万茂茶店铺底业经法院查封, 李秀廷等自应迅予加入以与其普通债权冀得平均之待遇。公断费用例由理曲者负担, 依此理由, 故公断如主文。

中华民国八年四月八日

京师商事公断处

评议长侯呈祥㊞

评议员高德隆㊞

评议员张　敏㊞

评议员张增怀㊞

评议员王佩琳㊞

42. 京师商事公断处公字第三百二十六号[①]

总商会诉冯朗山债务一案

公　断

声请人, 京师总商会。

右代理人, 胡俊舫, 大兴县人, 年二十九岁, 住总商会。

声请人, 冯朗山, 直隶人, 年五十四岁, 住珠宝市裕兴源。

右代理人, 李寿田, 直隶人, 年三十五岁, 住同上。

右列当事人等因债务纠葛, 案件经本处评议公断如左:

主　文

裕兴源烟房所欠京师总商会官款本银三万八千两利银二万零五百二十两, 着冯朗山变卖裕兴源铺底及该号收进欠内之款如数偿还。

事　实

案经京师总商会代理人胡俊舫声称, 裕兴源烟房于辛亥八年二十四日由总商会借用官款银三万八千两, 每月六厘行息, 立约为据, 至本年阴历三月二十四日共九十三个月, 除辛亥十一年收过利银六百八十四两外, 尚欠利银二万五百二十两, 共计借欠本利银五万八千五百二十两, 屡索不

[①] 《京师商事公断处公断书录》(第2集, 下册), 第141—143页。

偿，请求传讯该号经理人冯朗山到案，断令如数清偿以重公款云云。质据冯朗山代理人李寿田答称，借欠总商会官款本利均属相符，惟本号因亏歇业，委无现款清偿，只有变卖裕兴源铺底及该号收进欠内之款，如数归还等语，旋具切结，案经本处评议终结应即公断。

理　由

裕兴源借欠京师总商会官款所有本利银数目，经该号经理人冯朗山承认相符，则债权关系已为两造所不争之事实，债务人即应从速偿还以重公款。惟据称商号因亏歇业，一时无力清偿，自属实情，故称变卖该号铺底及催收该号欠内之款，如数偿还，自应从速进行，以免公款致受迟延之损失。公断费用例由理曲者负担，依此理由，故公断如主文。

中华民国八年五月一日
京师商事公断处
评议长高德隆㊞
评议员侯呈祥㊞
评议员王佩琳㊞
评议员张增怀㊞
评议员张　敏㊞

43. 京师商事公断处公字第四百七十七号[①]

魏绰臣诉张达甫欠租纠葛案

调　处

原告（反诉被告）魏绰臣，枣强县人，年四十一岁，住木厂胡同瑞锦生。

被告（反诉原告）张达甫，枣强县人，年四十一岁，住崇门外豆腐巷裕隆泰。

右列当事人因租房纠葛一案本处评议公断如左：

主　文

张达甫应偿还魏绰臣欠款洋八十元，又房租洋二百三十三元五角，魏

---

① 《京师商事公断处公断书录》（第4集，上册），第3—5页。

绰臣应代王文言偿还张达甫租洋一百零八元。调处费用归双方平均负担。

事　实

案经地方审判厅第一分庭委托调处，当即通知双方依法开议。据魏绰臣声称于民国三年五月间租到徐宅住房一所，曾将西面房七间分租与张达甫，月租洋六元。因其迭次房租至本年五月共欠租洋二百七十七元，并浮借洋九十五元，久不还清，请求偿还租界款。质之张达甫则称于民国三年与魏绰臣伙租徐宅住房，月租十元，各半担负，并曾垫付修理费洋三十七元七角三分，虽浮借魏绰臣款，只有八十元，也无九十五元之多，且曾付房租，并无积欠二百七十七元之事，反有魏绰臣所开瑞锦生担保王文言月租三元，拖欠租至六年之久，合洋两百余元，应由魏绰臣负责偿还各等语。案经调查评议终结，应即公断。

理　由

本案本诉及反诉各执异词，兹分别论断如左：

（一）魏绰臣所诉张达甫欠款谓为九十五元，张达甫答辩则称为八十元，所差十五元，业经魏绰臣具结承认，按八十元偿还。应依当事人双方一致之意见为公断之基础，应着张达甫偿还魏绰臣洋八十元。

（二）魏绰臣诉称月租六元至本年阴历五月止共欠租银洋二百七十七元，张达甫则称月租五元，并不欠二百七十七元，当由本处查核双方账簿。张达甫账载所付月租为六元至十二月，足见月租六元并无疑意，至收付数目双方账簿所记皆与其自己主张相符，所差八十七元并无佐证，足资证明。故劝导双方让步，折中分担，各无异词，应令张达甫偿还魏绰臣欠租洋二百三十三元五角以清纠葛。

（三）张达甫所称租房当时曾出修理费洋三十余元，既无确据，且经居住数年之久，自己业已享受利益，也无要求返还之理，应毋庸议。

（四）张达甫所请追魏绰臣所开瑞锦生担保王文言六年余之欠租，魏绰臣则称早已交房。嗣经本处调查，王文言所开文和成牌子及家具尚在该房，足证尚未交房。惟张达甫容任王文言欠租至六年之久，已有魏绰臣所开瑞锦生负责，既不追问铺保共同商议办法，似非善意，故酌令魏绰臣负担半部，即王文言三年之欠租合洋一百零八元。讵双方各持己见，坚执不允，本处唯有依照向章据理公断。

右列理由双方各有曲直，公断费用照章应由双方平均负担，本此理由，故公断如主文。

中华民国十年八月
京师商事公断处
评议长高伦堂㊞
评议员孙鸿焘㊞
评议员谢廷桐㊞
评议员李丕显㊞
评议员何达昌㊞

44. 京师商事公断处公字第四百七十八号①

刘林波诉张锡九赔偿纠葛一案

调 处

原告刘林波，宛平县人，年二十五岁，住侯门大街兴泰。

被告张锡九，山西人，年三十八岁，住新街口德义染坊。

右列当事人因赔偿一案本处评议公断如左：

主 文

本案应予和解销案，调处费用免收。

事 实

案经地方审判厅简易庭委托调处，当即通知依法评议。据刘林波声称，己未六月初十日在德义染坊染得绿衣二十四件，当持有标样于是年九月间持票取物，因染成之色不堪使用，要求复染，未允搁置，延至庚申年九月十八日取物。讵德义染坊竟将染票涂销，声称已挂失票将物取去等语。喊诉警署对质，并无挂失情事，故特诉请赔偿。质之张锡九则称，兴泰改染衣服系易姓后，由兴利阎姓声明染票遗失，故对于兴利铺保将物取出难认赔偿等语。案经予限说合，旋具原书和解，应即公断。

理 由

本案纠葛既经中人任寿山等说和合，由刘林坡承认担负损失责任，情愿和解。本处询据双方亦复相符。取具甘结存卷，应即根据双方一致之意思，以为公断之基础。调处费用应予免收，依此理由特公断如主文。

---

① 《京师商事公断处公断书录》（第4集，上册），第7—8页。

中华民国十年八月二十九日
京师商事公断处
评议长张增怀㊞
评议员关翼之㊞
评议员宋　淮㊞
评议员齐荣光㊞
评议员邓子安㊞

45. 京师商事公断处公字第四百八十一号 [①]

李岫峰诉陈金城等铺务纠葛一案

调　处

原告李岫峰，大兴县人，年三十八岁，住北新桥二条门牌九号。

被告陈金城，深县人，年五十岁，住打磨厂。

陈翰亭，大兴县人，年五十八岁，住安定门外大关花园。

右列当事人因铺务纠葛一案经本处详议调处如左：

主　文

永祥西记所有在外蒙存货款及账目应俟交通便利时着陈金城、陈翰亭迅为前往清理。调处费用四元归双方负担。

事　实

案经地方审判厅民事执行庭委托调处，当即通知依法开议。据原告声称，陈金城、陈翰亭同领民资本在西外蒙地方开设永祥西记，至民国元年因外蒙独立，将所有货物账簿均存在蒙旗该号，遂即歇业。民国三年，经陈翰亭前往清理，迄今数年，竟不清算账目，显系坑东没产。民曾赴法院涉讼，案经大理院判决，断令陈金城应付清理铺务之责，民旋即照判请求执行。今此案移送贵处，仍请断令被告等迅为清理，以免损失。质据被告等答称，所有永祥西记于元年被抢后，商等全行回京。复于民国三年前往清理，中途缺乏路费并奉传回京。现今外蒙因变乱交通不便，货账是否存在尚不得知，故无法进行各等语。案经调查评议终结，应即公断。

[①] 《京师商事公断处公断书录》（第4集，上册），第9—11页。

理 由

原告之请求执行系根据大理院之判决，惟实际上障碍发生，有不能进行之情形，亦非人力所能强为，被告等均称北蒙近因战事未完，交通不便，以致不能前往等语。其所称尚非虚伪，账簿又不完全，无从清算。则原告只有俟外蒙交通便利时再为督促被告前往，尽其清理之责。调处费用归双方担负。依此理由特公断如主文。

中华民国十年九月八日
京师商事公断处
评议长王德海㊞
评议员姚　宽㊞
评议员刘炳文㊞
评议员傅同环㊞
评议员邹立清印

46. 京师商事公断处公字第四百八十五号[①]

金云溪诉张福廷铺务纠葛一案

调 处

原告金云溪，衡水县人，年三十一岁，住鲜鱼口小桥日新售品所。

被告张福廷，已故。

张长堃，枣强县人，年十九岁，住安定门内和顺成布铺，张福廷之子。

右列当事人应铺务纠葛，本处评议公断如左：

主 文

金云溪之请求驳回，调处费用归金云溪负担。

事 实

案经地方审判厅函送调处，当经本处通知双方开会评议。据金云溪声称，张福廷与民父金栋亭合伙开设和顺成布铺，由民父经理，立有公约。俟以营业发达后与人合伙开设万和益聚源，万和益各布铺旋以营业不利次

[①] 《京师商事公断处公断书录》（第4集，上册），第15—17页。

第将资本收回，民父于民国九年阴历正月初四日在籍病故，临终时遗言北京和顺成柜存银八百两仅支用一百元，万和益资本八百两，收回三千五百六十元，按股应得红利九百余元等语。民父故后函催张福廷信汇给六十元，民来京讨要，伊又给四十元，当云余欠俟至账期再办。不料食言失信，故诉请返还存款六百五十六两及万和益应得红利九百七十九元五角五分。质之张福廷之子张长堃则称，民故父与金云溪之父金栋亭合伙开设和顺成号属实，惟入民国以来营业萧条，加以金栋亭年高多病，经理铺务诸多失算，以致尤见赔损。乃于民国八年三月经中算账，金栋亭情愿出号，立有结字载明金栋亭与和顺成存欠两清。出号未久病故，伊子金云溪素不安分，于今夏同其母来铺强扰，区署有案，本年四月藉口铺款未清以致妄诉，关于和顺成账及金栋亭出号之结字呈厅作证，民父因气愤自尽，今蒙公断应请传证，根究实情，驳回金云溪无理之请求各等语。案经评议终结应即公断。

理　由

本案争点在于和顺成号铺长金栋亭生前是否结账，有无余利及其存欠已否合意抵销。经断查金栋亭经手于民国七年结账注明，实亏银四千六百十九两八钱二分，民国八年连余利及万和益股本余利合算尚亏银二千零六十三两二钱七分，足见和顺成并无余利，万和益又系和顺成之分号，按照习惯分号虽有余利，应入本号填补亏累，不得不问本号之亏累而迳分分号之余利，则金云溪所请分配万和益红利自难认为正当。至关于金栋亭之存款，查阅和顺成支使账计，金栋亭存银四百五十四两五钱四分，伊所立结字已付银三百四十二两九钱一分，余一百十余两，因金栋亭办理铺事不善，每年不计亏累只分配余利，故经中说合，存欠相抵，业由原中苏润之证明结字，真实并有账为佐证。复经通知结字所注债权人刘智安等结供，金栋亭欠款与民国九年三月对明，归和顺成张福亭代还，可见结字并无虚伪，则金云溪请追已经抛弃之款于法自属不合，金云溪之请求应予驳回，调处费用应归金云溪负担。本此理由，特公断如主文。

中华民国十年九月二十九日

京师商事公断处

评议长　侯呈祥㊞

评议员　孔继辙㊞

评议员　赵维屏㊞

评议员　宋化霖㊞

评议员王汝芹㊞

47. 京师商事公断处公字第四百八十九号①

王赞臣欠债案通告

京师商事公断处通告

为通告事。案查本处接准京师地方审判厅函送调处王赞臣所开西广聚永摊还各债一案，业经本处评议终结，合将各债权人姓名、债额、债务人财产并分配办法暨其理由详列于后：

债权人姓名　　　　　债额

优先债权

英王氏　　　洋九百二十五元

普通起诉债权

王昇甫　　　银八百六十九两八钱七分，合洋一千二百四十二元六角七分

……

（共四十五家，略）

普通声请债权

王熙廷　　　　　　洋十九元六角

……

（共七家，略）

以上共计普通债权银二万四千零九十七元二角八分。

债务人财产

（一）西广、聚永铺底鉴定洋三千元；

（二）西广、聚永动产鉴定洋三百一十三元；

（三）西广、聚永及分售处广义架货，鉴定洋六千七百五十八元。

分配办法

西广、聚永架货按照普通债权总额均匀先行分配，俟将铺底拍卖得款后，除提还英王氏优先债权洋九百元，酌提王羿甫二三审诉讼费洋四十元余，俟再按照普通债权总额均匀分配。

---

① 《京师商事公断处公断书录》（第4集，上册），第23—29页。

分配理由

本案经地方审判厅函送调处，于本年十月六日接准函开，本厅执行王羿甫等诉王赞臣欠债各案，合将阜成门内大街王赞臣所有广聚永铺底家具查封出示拍卖在案，兹据各债权人公举代表傅印九等声请，将各案函送京师商事公断处调处前来，应即照准，相应将各该案卷宗函送贵处查照办理，等因到处。当即分别通知各债权人开会评议。据抵押债权人英王氏声称，广聚永借欠债款洋九百二十五元，原以其铺底字据作押，依法当有优先受偿权力，请求于拍卖该号铺底债款内如数提还。普通债权人王羿甫称，广聚永欠款并未抵押物，惟因涉讼案，经三审所耗讼费堪巨，请求摊还债款，并提还讼费以示公允。柴文轩等称广聚永欠款均无抵物，惟请公平分配。声请普通债权人王熙廷等称，广聚永拖欠债款未还，声请加入并请与各债权人分配。质之王赞臣则称，所欠抵押、普通、起诉与声请各债权人之债额均属确实，惟无力清偿，仅有货物铺底存在、变卖摊还之法各等语。当经本处评议，广聚永及其分售处架货若拍卖得款恐其损失，故由债权人柴文轩等将货运交到处，当经函约布行商会鉴定，先与普通各债权按照债额均匀分配，业得众债权人全体同意。其英王氏系铺底抵押债权，原额九百二十五元，当经开导允让二十五元，具结存卷，应俟将该铺底拍卖得款后先行提还洋九百元。至各起诉债权人讼费及声请债权人之声请费，业由各债权认可抛弃。惟王羿甫坚以案经三审损失较巨请求提还，当得款提还。所有拍卖铺底债款，除英王氏及王羿甫均表示应俟铺底拍卖平均作为第二次之分配。倘债权人如发见债务人确有匿产，仍可依照定章声请拍卖。本此理由酌定分配办法，以昭公允，合亟通告。

中华民国十年十一月五日

48. 京师商事公断处公字第四百九十号[①]

李步蟾诉张哲臣铺务纠葛一案

调　处

原告李步蟾，安徽人，年四十九岁，住樱桃斜街。

[①]《京师商事公断处公断书录》（第4集，上册），第31—32页。

李世恩，安徽人，年二十一岁，住观音寺惠丰堂。

被告张哲臣，山东人，年五十九岁，住观音寺惠丰堂。

右列当事人因账目纠葛，案件经本处评议调处如左：

主　文

原告之请求准予撤销。

调处费用归双方平均负担。

事　实

案经地方审判厅委托调处，当经通知双方当事人到处依法开议。据李步蟾声称，民家与张哲臣合伙开设惠丰堂饭庄，生理由张哲臣充当经理，立有合同为证，历年以来并未开给清单，且伊支用银一万余两，账目内容不符之处甚多，民会赴法院涉讼，今此案移送贵处，请求断令被告交出账簿以便清查而免损失。旋李步蟾因病逝世，由伊侄李世恩继续诉讼，本处详予调停，双方笃念旧谊，原告情愿将诉讼撤销，仍归旧好，并各具切结，案经评议终结，应即公断。

理　由

原告与被告系数十年合伙之至交，既无意见之冲突，自愿念旧谊仍归和好，原告情愿将诉讼撤销，并双方各具切结，是已成和解行为，则本案公断之进行，即应依据当事人等共同一致之意思以为基础，调处费用由双方平均负担，依此理由，故公断如主文。

中华民国十年十一月一日

京师商事公断处

评议长侯呈祥㊞

评议员孔继辙㊞

评议员赵维屏㊞

评议员王汝芹㊞

评议员宋化霖㊞

49. 京师商事公断处公字第四百九十三号[①]

宋步兴诉王殿元铺务纠葛一案

调 处

原告宋步兴，深县人，年四十一岁，住兴隆街德兴号。

被告王殿元，枣强人，年五十七岁，住同上。

右列当事人因铺务纠葛一案经本处评议公断如左：

主 文

王殿元应设法给付宋步兴账存余利等钱一千二百三十三吊一百文，认定铺底倒字王殿元姓名系后添写，调处费用归王殿元负担。

事 实

案经地方审判厅委托调处，当即通知双方依法开议。据宋步兴声称，于前清光绪三十四年，民胞兄宋步显用京足银一百三十两承倒座落兴隆街复兴号铺底，开设切面铺，壬子年三月民兄病危，由王殿元约中书立合同，言明王殿元代还欠德昌茂银一百三十八两六钱三分作东股二成五分，民兄铺底作银二成五分。讵料至今欠款尚未归还，反将铺底倒字诓出后添王殿元字样。历年算账均有余利，迄至本年八月，支洋三元清算，民兄除支应存钱一千四百八十五吊零九十文，拟支钱回乡，分文不付，可见有心霸产，请求令王殿元将存钱照付并认定合同字样系属后来添注。质之王殿元则称与宋步显合伙属实，原倒铺底只写宋步显，知觉后添注商姓名，欠款应共担任，宋步显账存钱乃不计其亏，现欠外债款甚巨，无法给付各等语，案经评议终结应即公断。

理 由

本案争点有二，（一）宋步显名下是否存款及应否支付，（二）原铺底字据王殿元名义是否后来添写。关于第一点查照德兴号账记载宋步显除支存钱一千二百三十三吊一百文，虽注有前账移来计欠钱五千余吊，然以后结数均未并计核算，足见宋步兴所称合意抛除之言并不虚伪，即应由王殿元设法给付以免争端。关于第二点按照合同原书倒与宋步显字样，并非宋步显与王殿元合名同倒，所有旁注王殿元名义笔迹墨色及其格式均足见

---

① 《京师商事公断处公断书录》（第4集，上册），第39—41页。

其后来添写，并经王殿元自承系添注，应认该合同内王殿元名义系后添注。调处费用照章归理曲人负担。本此理由，故公断如主文。

中华民国十年十一月二十日

京师商事公断处

评议长王汝芹㊞

评议员侯呈祥㊞

评议员孔继辙㊞

评议员赵维屏㊞

评议员宋化霖㊞

50. 京师商事公断处公字第五百号①

刘永富诉董廷智等东伙纠葛一案

调 处

原告刘永富，宁河县人，年七十五岁，住花市，福和永铺东，未到。

右代理人甄筮恒，宁河县人，年六十八岁，住同上。

被告董廷智，宁河县人，年六十岁，住同上。

刘长盛，宁河县人，年五十四岁，住同上。

卢信臣，宁河县人，年四十四岁，住同上。

右列当事人等因营业纠葛本处评议公断如左：

主 文

董廷智等应给付刘永富银洋九百元抵销股本红利，东伙关系解除，合同注销，调处费用双方负担。

事 实

案经地方审判厅第一分庭委托，当即通知双方当事人依法评议。据刘永富代理人甄筮恒声称，于光绪三十三年，刘永富出资本银七百两伙开福和永，生理因铺长董廷智等所开红单瑕疵甚多，不服清算，因兹起诉请求清算账目，今案移送贵处，仍请清算公断。质之董廷智等则称，营业实属有亏无盈等语，本处评议开导双方劝令息讼，并令董廷智等给付刘永富洋

---

① 《京师商事公断处公断书录》（第4集，上册），第55—56页。

九百元抵销本利，双方具结存卷亟公断。

理　由

本案纠葛关系账目，如须彻底清查核算，既耗时日，结果仍难了结，兹为和平了结起见，劝令双方让步以期和好而免纠葛，既经双方同意具结遵断，本处根据当事人一致之意思为公断之基础，调处费用双方平均负担，依此理由，特公断如主文。

中华民国十一年三月二十一日
京师商事公断处
评议长孙鸿㽵㊞
评议员高伦堂㊞
评议员谢廷桐㊞
评议员何运昌㊞
评议员李丕显㊞

51. 京师商事公断处公字第五百零一号[①]

赵召臣等诉殷会文等会务纠葛一案

调　处

原告赵召臣，顺邑县人，年四十八岁，住东四杨三猪店。
右代理人韦宝善，顺邑县人，年二十四岁，住同上。
原告马庆五，三河县人，年四十五岁，住东四兴马猪店。
李杰臣，顺邑县人，年三十五岁，住东四刘店。
王静轩，三河县人，年三十五岁，住东四郑王猪店。
被告殷会文，山西人，年五十二岁，住东四保李猪店。
李培之，通县人，年三十九岁，住东四辛李猪店。
宋来成，山西人，年六十岁，住东四人合店。
右代理人宋中泉，山西人，年三十八岁，住同上。
右列当事人等因会款纠葛一案经本处评议公断如左：

主　文

[①]《京师商事公断处公断书录》（第4集，上册），第57—59页。

原告之请求驳回。

调处费用二元归原告负担。

事　实

案经地方审判厅委托调处，当经通知当事人等依法开议，据原告等声称，猪行成立庆司会经管本行铺捐等项，乃殷会文、李培之、宋来成三家拖欠会款合计铜元二百九十八吊九百四十文，商会赴法院诉追，今此案移送贵处，请求断令伊等迅交欠款以维会务。质据被告等答称，猪行于民国五年已成立，商会凡行中纳捐交税等各项皆由商会办理，庆司会只管行中祭神一项，且商会成立以后公同议定庆司会名义已经取消，今原告等仍假庆司会名义捏词收款，商等决不承认等语。据王静轩称，原告与被告涉讼，私将商名列为原告，商实不知情，今愿具切结请求撤销等语。案经评议终结应即公断。

理　由

原告之案款主张不外以庆司会主持会务为词。查商界惯例，各自行成立商会以来，凡该行之一切公共事务皆应由商会管理，此历年来商界各行互相遵行，咸称便利者也。兹原告等既非猪行之董事，又非受有国家催收捐款之职权，乃竟已经公议取消之庆司会名义，向各猪行擅收捐款，其毫无理由，已可概见。且被告对于原告又非债务关系，更何有催索欠款之可言？其请求之不能成立，自应予以驳回。调处费用例由理曲者负担，依此理由，故公断如主文。

中华民国十一年三月二十八日
京师商事公断处
评议长张崇午㊞
评议员张增怀㊞
评议员齐荣光㊞
评议员宋　淮㊞
评议员关翼之㊞

52. 京师商事公断处公字第五百一十三号[1]

张荣卿诉张丹甫等货款纠葛一案

调 处

原告张荣卿，肃宁县人，年三十八岁，住花市。

被告张丹甫，直隶人，年五十一岁，住兴隆街祥记军衣庄。

于顺龙，肃宁县人，年七十四岁，住草厂五条。

右列当事人等因债务纠葛案件本处评议公断如左：

主 文

祥记军衣庄所欠义成布庄货洋七百七十四元七角九分，应由张丹甫如数偿还，如张丹甫无力清偿时，应由于顺龙负代偿责任。

调处费用归张丹甫负担。

事 实

案经第一分庭委托调处，当经通知双方当事人依法开议。据原告声称，商系义成布庄生理，因于顺龙担保，素与张丹甫自开之祥记军衣庄交易，结至本年五月，该号拖欠商号货洋七百七十四元七角九分，有来往折据为凭，屡索不偿，会赴法院诉追，今此案移送贵处，请求断令被告等迅偿积欠以清纠葛。质据被告答称拖欠义成布庄货债只计一百余元，有账簿可查，与原告主张数目实不相符。旋据于顺龙供称，原被两造之交易纯系彼此信用，当时并非由民担保各等语。案经评议终结应即公断。

理 由

原告所欠之数目以双方之来往折据并祥记号中司账李肃臣所开之对单为凭，被告虽坚持否认，然其提出之反证仅凭其片面之账簿。兹调查账簿内之记载系于末尾添写数笔，其不足为信，显然可知。至于顺龙虽否认担保事实，本处详查原告之折据及被告所寄之信函，均于担保一节证明确实，更何能坚不承认，希图为卸责之地步。按诸法理担保人之责任，必主债务者实无偿还意思，得由担保债务者代为清偿。故本案断令先由张丹甫迅为偿还原告之债款，如张丹甫无力清偿时，即由于顺龙负代偿之责。公

---

[1] 《京师商事公断处公断书录》（第4集，上册），第69—71页。

断费用例由理曲者负担,依此理由,故公断如主文。

中华民国十一年七月十二日
京师商事公断处
评议长孙鸿焘㊞
评议员高伦堂㊞
评议员李丕显㊞
评议员谢廷桐㊞
评议员何运昌㊞

53. 京师商事公断处公字第五百二十九号①

金道植诉耿欣五债务纠葛一案

调处

原告金道植,高丽人,年五十一岁,住半壁街。

被告耿欣五,束鹿人,年三十九岁,住崇外木厂胡同。

右列当事人因债务纠葛本处评议公断如左:

主 文

金道植之请求认为无理由,应予驳回。

调处费用归金道植负担。

事 实

案经地方审判厅第一分庭函送调处,本处当即照章通知双方依法评议。据金道植声称,因贩运皮货与耿欣五交易,并商出资往张家口外置皮,大者运回本国,小者移制皮帽,出售赔赚平均分担。讵伊有心欺诈共有四项:(一)兔皮每张定值六钱,伊伪称七钱,共诈取洋五十二元。(二)獭皮共一万七千六百一十张,被其窃取最佳者三百九十五张,每张值洋七角七分,共洋三百零四元一角五分。(三)合伙皮货共赔洋一百五十四元七角七分八厘,伊应摊一半,合洋七十七元三角八分九厘。(四)獭皮手工每张工洋三分,伊竟按五分二厘扣留,记多扣银五十元零一角一分六厘。以上四项共洋四百八十三元一角五分,请求公断追偿等语。质之

---

① 《京师商事公断处公断书录》(第4集,上册),第103—105页。

耿欣五则称，与金道植交易属实，并无合伙情事，所买洋灰兔皮定价每张七钱，有原发单为证，獭皮短少，业经中人核算了结，有传傅品三为证，獭皮猫皮手工并无其事，乃商购买金道植之物，价款付清，有金道植司账先生开单为凭。至金道植妄诉，原因为金道植迟付聚兴长標期应负標利及洋元行市二百六十余元，商向伊追索致起讼端等语，案经评议终结应即公断。

理　由

本案纠葛略分四点，分别论断如下：

一、关于洋灰兔价额是否不实，当以证据为凭，兹查检察厅卷，据耿欣五交由永盛玉清单开列洋灰兔皮三百零八张，每张价银七钱，并察哈尔多伦縣函称次皮换好皮理应加价等语，自应认为洋灰兔每张七钱，则金道植只以空言否认自难成立。

二、关于短少皮张因双方各执异词，合经本处通知原说合中人傅品三到处质询，据称金耿交易所作皮张手工最后结算账目时，经商作中清算共计工洋五百余元，并由金道植酬给耿欣五等一百元，其短少皮张业经交涉清楚云云，既经中人结账并经酬劳，当时清结昭然若揭，事后未便反讦复为主张。

三、关于是否合伙，按商业习惯合伙以万金账及合同为证，今耿欣五既已否认而金道植并无证明合伙方法，且就金道植自己所主张买皮大者运回伊之本国，小者移制皮帽，依此而论，是大者并不合伙，而买皮时大小以何标准而区分之？显见一部分之合伙必致困难清算，可证并无合伙之事实。

四、关于增加工价部分，据耿欣五称买皮张有金道植之司账先生开给清单。当经本处质询，据金道植承认，查检察厅卷内清单开洋九百余元，载有獭皮二千一百五十张，猫皮一百二十一张，与金道植所主张增加工价之皮张数目相符，姑不论会否由耿欣五代作手工，惟既已卖，与耿欣五其手工当早清结，则金道植所主张自难认为真实。

据右论结，应认金道植所请求为无理由，应予驳回。惟耿欣五所主张迟延標息及洋元行市既双方交易有年，亦当代为清结俾息争端。调处费用应归金道植负担，依此理由，故公断如主文。

中华民国十一年十二月三十日

京师商事公断处

评议长张增怀㊞
评议员张崇午㊞
评议员齐荣光㊞
评议员宋　淮㊞
评议员关翼之㊞

54. 京师商事公断处公字第五百三十号[①]

侯镇武等诉陈永利等牙用纠葛一案

调　处

原告侯镇武，通县人，年三十七岁，住虎坊桥源顺炭行。

陈长泰，宛平县人，年四十三岁。

许振宗，宛平县人，年五十四岁。

被告陈永利，山东人，年四十二岁，住安定门内大街公和隆。

王丕显，仓县人，年六十七岁，住雍和宫义顺号，未到。

右代理人刘振声，安新县人，年五十四岁，住德胜门源合公任三元，未到。

右代理人张士功，任丘县人，年三十九岁。

右列当事人因牙用纠葛一案本处评议公断如左：

主　文

原告请求认为无理由，应予驳回，调处费用四元归原告负担。

事　实

案经总商会据大兴县署函送调处，当经通知双方依法调查开会评议。据侯镇武声称，本行向无自运自销习惯，历年系交纳行用始准入市买卖，请令陈永利等照章纳用，并开有清单载明东西南三城八十余家均纳行用，请予调查。质之陈永利则称商等向在后门一带营业，各在北山自立炭窑，购买树木自烧成炭，谓之实炭，自光绪年间到今均系自运自售，并未纳过行用，侯镇武强欲收取，实属不合等语，案经调查，庆合等号声称商等所卖之炭以泡炭为大，宗系由经纪手买定明市价，由经纪过秤交货，除货价

[①] 《京师商事公断处公断书录》（第4集，上册），第107—109页。

外部另交牙用，其实炭一项因销路不多即由公和隆等家手买，向不经牙纪手等语，案经评议终结，应即公断。

理　由

本案争点在于黑炭是否分泡炭、实炭，会否纳行用为解决之根据，本处调查结果，黑炭中确有泡炭、实炭之分别，关于泡炭向有纳牙用之事，惟系由于买炭时由炭行在炭价内扣除牙用，而实炭素无纳用之前例，则亦无收用之理，是侯镇武之请求自应认为无理由，自当驳回，调处费用应归侯镇武负担。本此理由，故公断如主文。

中华民国十一年十二月十五日

京师商事公断处

评议长刘炳文㊞

评议员王德海㊞

评议员姚　宽㊞

评议员傅同环㊞

评议员王洪明㊞

55. 京师商事公断处公字第四百九十八号[①]

杨书声诉田国梁股份纠葛一案

公　断

声请人杨书声，冀县人，年三十四岁，住半壁街万源昌。

田国樑，冀县人，年三十三岁，住崇外三条天宝祥。

耿魁兴，未到。

右列当事人因股份纠葛案件经本处评议如左：

主　文

永德祥应分得天宝成（民国九年份）红利一百五十元。

永德祥对于天宝成之东伙关系应于永德祥商号（民国九年二月间）歇业时认为解除。

---

① 《京师商事公断处公断书录》（第4集，下册），第163—165页。

杨书声其他之请求驳回，公断费用二元由双方平均分担。

事　实

据申请人杨书声声称，商系永德祥玉器局生理。民国七年阴历九月间，有田国樑、耿魁兴领东在奉天省安东县内开设天宝成玉石铺，委托商号在家为之销售货物。当时订明银力、人力共十股，永德祥取得人力股一份，书立合同六张各执为据。每年九月间经并一项，民国八年九月间，永德祥按股分得五十元，至九年、十年两项红利田国樑并不分给予商。借口永德祥已然退股为辞，商无奈具书声请请求按照合同断令平等分给红利。质据田国樑答称，永德祥在天宝成号内得有人力股一份属实，惟该号于民国九年二月间歇业，人力股已为消减，且伊号中铺长杨洪善于九年正月间立给退字一纸，并声明合同遗失作废纸等语。经本处再三调停，田国樑尤给九年份红利一百五十元，惟杨书声坚称分取十年份红利，案经评议终结，应即公断。

理　由

按诸商业习惯同当有人力股，苟无其他特约之注明，其股份自应随其当之有无以为标准。兹永德祥号对于天宝成号内收享有人力股一份，然该号已于民国九年二月歇业，是其商号已无行动之能力，焉有人力之可言，则其人力股不能继续享有更属明显，至其退字是否有效更无研究之必要。今田国樑允许杨书声分取九年份之红利已属从优，乃杨书声坚持分取十年份之红利，其理由实不正当，自难认为成立。永德祥与天宝成之东伙当于永德祥歇业时认为解除，公断费用应由双方平均负担。依此理由故公断如主文。

中华民国十一年三月十七日
京师商事公断处
评议长孔继辙㊞
评议员侯呈祥㊞
评议员赵维屏㊞
评议员宋化森㊞

56. 京师商事公断处公字第五百零三号[①]

李书侯诉果新甫债务纠葛一案

公 断

声请人李书侯，宛平县人，年五十一岁，住雨儿胡同。

声请人果新甫。

右列当事人等因债务纠葛案件经本处评议公断如左：

主 文

宏兴斋所欠李书侯银洋一百元，应俟将宏兴斋铺底出倒得价与各债权人平均分配，公断费用归果新甫负担。

事 实

案经双方当事人声请公断，本处当即通知依法开议，据李书侯声称于丁巳年十二月二十八日由果新甫用宏兴斋饽饽铺名义借欠民银洋一百元，正当有借券为证，迭经催索迄未归还，请求公断等语，质之果新甫则称所欠李书侯债款属实，惟因无款偿还，只有将铺底卖出得价摊还各债务等语。案经双方具结在卷应即公断。

理 由

本案债权及其债额既经债权人承认并有债券为证，欠款既属确实，自应如数偿还，惟债务人以所开宏兴斋歇业无力归还，请求变产摊还各债，尚无不合，宏兴斋所欠各债，俟将宏兴斋铺底变价按照欠外债款均匀分配抵还。公断费用例由理曲者负担，依此理由，故公断如主文。

中华民国十一年四月二十二日

京师商事公断处

评议长姚　宽㊞

评议员王德海㊞

评议员傅同环㊞

评议员刘炳文㊞

评议员邹立清㊞

---

① 《京师商事公断处公断书录》（第4集，下册），第171—172页。

57. 京师商事公断处公字第五百零四号[①]

刘汇权诉果新甫债务纠葛一案

公 断

声请人刘汇权，三河县人，年七十二岁，住地安门大街仁一堂。

右代理人何永安，宛平县人，年二十六岁，住同上。

右列当事人因债务纠葛本处评议公断如左：

主 文

果新甫所欠刘汇权银一百两整，应俟将宏兴斋铺底出倒得价与各债权人平均分配，公断费用归果新甫负担。

事 实

案经当事人具书声请公断，本处当即通知双方依法开议。据刘汇权声称于丁巳年七月十七日，果新甫凭约借欠民银洋一百元，并盖有宏兴斋字号水印为证，今已五年之久，屡经催索，分文未还，为此声请公断还偿欠款。质之果新甫则称，欠款属实，惟现因营业停闲，无款偿还，只有变卖铺底分偿。案经评议终结，应即公断。

理 由

本案债权双方当事人并无争议，所矛盾在于清偿方法，即应否变卖铺底得价偿还债款，解决根据自以债务人现时有无寔力为断。今债务人所开宏兴斋饽饽铺既已歇业，是无现款寔力偿还各债，已属昭然。本处为调停起见，勒令债权人缓待，俟债务人将宏兴斋铺底变卖，得价按照普通债额平均摊还，俾清纠葛。双方业经具结遵断，自当依照履行，公断如主文。

中华民国十一年四月二十二日

京师商事公断处

评议长 姚　宽 ㊞

评议员 王德海 ㊞

评议员 傅同环 ㊞

评议员 刘炳文 ㊞

评议员 邹立清 ㊞

[①] 《京师商事公断处公断书录》（第4集，下册），第173—174页。

参考文献

一 著作及译著类

柏桦：《明清州县官群体》，天津人民出版社2003年版。

陈旭麓：《近代中国的新陈代谢》，上海社会科学院出版社2005年版。

范健、王建文：《破产法》，法律出版社2009年版。

范金民：《明清江南商业的发展》，南京大学出版社1998年版。

冯筱才：《在商言商——政治变局中的江浙商人》，上海社会科学院出版社2004年版。

耿云清：《破产法释义》，五南图书出版公司1984年版。

侯强：《社会转型与中国法制近代化1840—1928》，中国社会科学出版社2005年版。

霍塞：《出卖上海滩》，越裔译，上海书店2000年版。

孔昭炎：《上海领事裁判与会审公廨》，京华印书局1925年版。

赖英照：《公司法论文集》，证券市场发展基金会，1986年。

李启成：《晚清各级审判厅研究》，北京大学出版社2004年版。

李学兰：《中国商人团体习惯法》，中国社会科学出版社2010年版。

梁治平：《寻求自然秩序中的和谐》，中国政法大学出版社2002年版。

刘秀生：《清代商业经济与商业资本》，中国商业出版社1993年版。

马长山：《法治的社会根基》，中国社会科学出版社2003年版。

马敏：《官商之间——社会巨变中的近代绅商》，华中师范大学出版社2003年版。

马敏：《商人精神的嬗变：近代中国商人观念研究》，华中师范大学出版社 2001 年版。

马敏、朱英：《传统与近代的二重变奏——晚清苏州商会个案研究》，巴蜀书社 1993 年版。

邱澎生：《十八、十九世纪苏州城的新兴工商业团体》，台湾大学出版中心，1990 年。

阮忠仁：《清末民初农工商机构的设立》，台湾师范大学历史研究所专刊，1988 年。

宋美云：《近代天津商会》，天津社会科学院出版社 2002 年版。

眭鸿明：《清末民初民商事习惯调查之研究》，法律出版社 2005 年版。

汪辉祖：《佐治药言》，中华书局 1985 年版。

王立民：《上海法制史》，上海人民出版社 1998 年版。

王日根：《乡土之链——明清会馆与社会变迁》，天津人民出版社 1996 年版。

王日根：《中国会馆史》，东方出版中心 2007 年版。

魏天安：《宋代行会制度史》，东方出版社 1997 年版。

吴吉远：《清代地方政府的司法职能研究》，中国社会科学出版社 1998 年版。

萧丁山：《现行法令全书》（上册），中华书局 1922 年版。

徐鼎新、钱小明：《上海总商会史》，上海社会科学院出版社 1991 年版。

徐公肃、邱瑾章：《上海公共租界制度》，载上海史资料丛刊《上海公共租界史稿》，上海人民出版社 1980 年版。

杨湘钧：《帝国之鞭与寡头之链——上海会审公廨权力关系变迁研究》，北京大学出版社 2006 年版。

杨逸：《上海市自治志》，台湾成文出版社 1974 年版。

虞和平：《商会史话》，社会文献科学出版社 2000 年版。

虞和平：《商会与中国早期现代化》，上海人民出版社 1993 年版。

虞和平：《张謇：中国早期现代化的前驱》，吉林文史出版社 2004 年版。

张国福：《中华民国法制简史》，北京大学出版社 1986 年版。

张松：《从公议到公断：清末民初商事公断制度研究》，法律出版社2016年版。

郑秦：《清代司法审判制度研究》，湖南教育出版社1988年版。

朱英：《晚清经济政策与改革措施》，华中师范大学出版社1996年版。

朱英：《辛亥革命时期新式商人社团研究》，中国人民大学出版社1991年版。

二 编著类

蔡鸿源主编：《民国法规集成》，黄山书社1991年版。

陈刚总主编：《中国民事诉讼法制百年进程》，中国法制出版社2004年版。

邓曦原：《帝国的回忆》，李方惠等译，当代中国出版社2007年版。

《大清法规大全》第六册，台北考正出版社1972年版。

[美]费正清、刘广京：《剑桥中国晚清史》，中国社会科学出版社1985年版。

华中师范大学历史研究所等编：《苏州商会档案丛编》（第一辑），华中师范大学出版社1991年版。

华中师范大学历史研究所等编：《苏州商会档案丛编》（第二辑），华中师范大学出版社2004年版。

华中师范大学历史研究所等编：《苏州商会档案丛编》（第三辑）（上、下册），华中师范大学出版社2009年版。

怀效峰点校：《大明律》，北京法律出版社1999年版。

江苏省博物馆编：《江苏省明清以来碑刻资料选集》，生活·读书·新知三联书店1959年版。

江苏省商业厅等编：《中华民国商业档案资料汇编》，中国商业出版社1991年版。

京师商事公断处编：《京师商事公断处公断书录》（第2集）（上、下册），1919年。

京师商事公断处编：《京师商事公断处公断书录》（第4集），1913年。

雷瑨编辑：《政府公报分类汇编》第33册，上海扫叶山房1915

年版。

李华:《明清以来北京工商会馆碑刻资料选编》,文物出版社 1986年版。

联合报文化基金会国学文献馆编:《第六届亚洲族谱学术研讨会记录》,台湾联经出版事业公司 1993 年版。

刘敏、陈爱武主编:《现代仲裁制度》,中国人民公安大学出版社 2002 年版。

马建钊等主编:《中国南方回族古籍资料选编补遗》,民族出版社 2006 年版。

南京大学等编:《明清苏州工商业碑刻集》,江苏人民出版社 1981 年版。

农商部总务厅统计科编:《中华民国元年第一次农商统计表》,中华书局 1993 年版。

彭泽益编:《中国近代手工业史资料(1840—1949)》(第 2 卷),生活·读书·新知三联书店 1957 年版。

澎泽益主编:《中国工商行会史料集》(全二册),中华书局 1995 年版。

阮湘编著:《第一回中国年鉴》,商务印书馆 1924 年版。

上海市档案馆编:《上海租界志》,上海社会科学院出版社 2001 年版。

上海市地方志办公室编:《上海辞典》,上海社会科学院出版社 1989 年版。

上海市工商业联合会、复旦大学历史系编:《上海总商会组织史资料》(下册),上海古籍出版社 2004 年版,第 659 页。

上海市工商业联合会编:《上海总商会议事录》(1—5 册),上海古籍出版社 2006 年版。

寿县地方志编纂委员会编:《寿县志》,黄山书社 1996 年版。

四川大学历史系、四川省档案馆主编:《清代乾嘉道巴县档案选编》(上),四川大学出版社 1989 年版。

四川大学历史系、四川省档案馆主编:《清代乾嘉道巴县档案选编》(下),四川大学出版社 1996 年版。

孙健主编:《北京经济史资料》,北京燕山出版社 1990 年版。

腾一龙等编:《上海审判志》,上海社会科学院出版社 2003 年版。

天津市档案馆等编:《天津商会档案汇编(1903—1911)》(上、下),天津人民出版社 1989 年版。

天津市档案馆等编:《天津商会档案汇编(1912—1928)》(1—4),天津人民出版社 1992 年版。

田原天南编:《清末民初中国官绅人名录》,台湾文海出版社 1985 年影印版。

王铁崖编:《中外旧约章汇编》(第 2 册),生活·读书·新知三联书店 1982 年版。

文安主编:《晚清述闻》,中国文史出版社 2004 年版。

[日]我妻荣编:《新版新法律学辞典》,董璠舆校译,中国政法大学出版社 1991 年版。

谢振民:《中华民国立法史》,中国政法大学出版社 2000 年版。

徐俊德主编:《北京档案史料(一九九九·一)》,新华出版社 1999 年版。

续修四库全书编撰委员会编:《续修四库全书》819"史部·政书类",上海古籍出版社 1996 年版。

(清)张集馨撰:《道咸宦海见闻录》,杜春和等整理,中华书局 1981 年版。

张家镇等编撰,王志华编校:《中国商事习惯与商事立法理由书》,中国政法大学出版社 2003 年版。

张荣铮等点校:《大清律例》,天津古籍出版社 1993 年版。

赵靖等编:《中国近代经济思想资料选辑》(中册),中华书局 1985 年版。

郑飞编:《上海总商会商事公断处报告》,1922 年。

(清)朱寿朋编:《光绪朝东华录》,中华书局 1958 年版。

三 杂志类

蔡晓荣:《论清末商会对华洋商事纠纷的司法参预》,《学术探索》2006 年第 1 期。

常健:《清末民初商会裁判制度:法律形成与特点解析》,《华东政法大学学报》2008 年第 5 期。

《川省犍厂商会职员表(附犍厂商会商事公断处职员表)》,《中华全国商会联合会会报》第 3 年第 5 期。

丁世华：《旧北京的铺底权》，《北京房地产杂志》1995 年第 10 期。

范愉：《当代中国非诉讼纠纷解决机制的完善与发展》，《学海》2003 年第 1 期。

福州市工商联：《打响榕商品牌——福州市异地商会工作的现状与发展思路》，《中国商人》2009 年第 10 期。

付海晏：《清末民初商事裁判组织的演变》，《法理学、法史学》（人大复印报刊资料）2002 年第 7 期。

付海晏、匡小烨：《从商事公断处看民初苏州的社会变迁》，《华中师范大学学报》（人文社会科学版）2004 年第 3 期。

高正方：《清末安徽新教育》（下），《学风》1932 年第 10 期。

《工商半月刊》1930 年第 22 期。

《工商部致司法部据工商会议议决另设商事裁判所并将法国制度暨公断处规则汇送参考请核复函》，《政府公报》1913 年 2 月 4 日。

《工商部致司法部商事裁判所可否准其于商埠及商务繁盛之区设立等情核复文》，《政府公报》1913 年 2 月 4 日。

《公断处有调查实权案（山东商会联合会张豁）》，《中华全国商会联合会会报》第 3 年第 11、12 合期。

何勤华：《中国近代民商法学的诞生与成长》，《法商研究》2004 年第 1 期。

《河北政府公报》1930 年第 544 期。

胡长清：《铺底权之研究》，《法律评论》第 6 卷第 52 号（总第 312 期）。

胡光明：《论早期天津商会的性质和作用》，《近代史研究》1986 年第 4 期。

《会同修正商事公断处章程及细则》，《司法公报》1926 年第 227 期。

《江苏海门商会提出之债务诉讼结案意见四条》，《中华全国商会联合会会报》第 3 年第 2 期。

《江苏南京总商会提出之研究债务诉讼结案办法意见书》，《全国商会联合会会报》第 3 年第 2 期。

李炘：《考核商事公断处情形报告书》，《法律评论》1926 年第 169 期、172 期、173 期、174 期。

《立法院公报》1930年第22期。

刘红娟:《近代中国商会商事公断处职能研究的启示》,《社会科学战线》2006年第3期。

马长林:《晚清涉外法权的一个怪物——上海公共租界会审公廨剖析》,上海市档案馆主编:《档案与历史》,1988年第4期。

马敏:《商事裁判与商会——论晚清苏州商事纠纷的调处》,《历史研究》1996年第1期。

《农商总长田文烈呈大总统汇核江苏等省请给商会商事公断处职员王志瀛等奖章文》,《政府公报》1918年第992期。

《请速结债务诉讼案(吉林抚余商会)》,《中华全国商会联合会会报》第3年第11、12合期。

《请速结债务诉讼案(江苏仪征商会)》,《中华全国商会联合会会报》第3年第11、12合期。

任云兰:《论近代中国商会的商事仲裁功能》,《中国经济史研究》1995年第4期。

芮建新:《雄关漫道真如铁,而今迈步从头越——记合肥市福州商会成立三周年》,《中国商人》2009年第12期。

《商部劝办商会谕帖》,《东方杂志》第1年第2期。

《商会章程附则六条》,《东方杂志》第3年第2期。

《商事公断处条例草案暨商事公断处条例施行细则草案审查报告》,《立法院公报》1930年第15期。

《商事公断处章程仍有效》,《法令周刊》1936年第321期。

《上海江苏银行提出之商事条例意见书》,《中华全国商会联合会会报》第3年第1期。

《上海钱业会商处提出之研究商事条例意见书》,《中华全国商会联合会会报》第3年第1期。

《上海总商会提出之研究债务诉讼结案办法拟设商事检察处理由书》,《中华全国商会联合会会报》第3年第2期。

《司法、农商、内务部呈京师商民债务案件拟由法院委托商会先行调处文并批令》,《司法公报》1915年第31期。

《司法部复工商部增设商事裁判所一节一时碍难以及函》,《政府公报》1913年2月4日。

《司法部致工商部商事裁判所一案法院编制法并无此项规定拟就各商埠等地方审判厅内酌加民事法庭专理商事诉讼等情希核复函》,《政府公报》1913 年 2 月 4 日。

《司法行政公报》1933 年第 28 期。

《四川成都商会商事裁判所规则》,《华商联合报》1909 年第 17 期。

陶水木、郎丽华:《略论民国后期杭州商会的商事公断》,《商业经济与管理》2003 年第 1 期。

《条陈公断债务事件案(贵州总商会)》,《中华全国商会联合会会报》第 3 年第 11、12 合期。

《条陈债务诉讼结案案(陕西商会联合会事务所)》,《中华全国商会联合会会报》第 3 年第 11、12 合期。

《条陈债务诉讼结案办法案(河南总商会特别议董李朝栋提议)》,《中华全国商会联合会会报》第 3 年第 11、12 合期。

王兰:《中国传统商会纠纷解决机制之功能分析——以调解为视角》,《仲裁研究》2007 年第 2 期。

王育琪:《中国民间组织的立法问题探讨》,《学术问题研究》(综合版)2009 年第 2 期。

《行政院公报》1930 年第 183 期。

虞和平:《清末民初商会的商事仲裁制度建设》,《学术月刊》2004 年第 4 期。

张启耀:《清末商会调理经济纠纷的性质及评价》,《安庆师范学院学报》(社会科学版)2008 年第 1 期。

张铨:《上海公共租界会审公廨论要》,《史林》1989 年第 4 期、1990 年第 1 期。

张松:《民初商事公断处探析——以京师商事公断处为中心》,《政法论坛》2010 年第 5 期。

赵婷:《民国初年商事调解机制评析——以商事公断处章程为例》,《江西财经大学学报》2008 年第 1 期。

《正阳关总商会代表李光辰债务诉讼意见书》,《中华全国联合会会报》第 3 年第 2 期。

郑成林:《清末民初商事仲裁制度的演进及其社会功能》,《天津社会科学》2003 年第 2 期。

《中央民众训练部公报》1936年第5期。

朱英：《清末苏州商会调解商事纠纷论述》，《华中师范大学学报》（人文社会科学版）1993年第1期。

朱英：《张謇与民初的商会法之争》，《近代史研究》1998年第1期。

《遵派部员调查商情习惯并拟定京师被灾债户减成偿债结案办法呈并批令》，《司法公报》1915年第48期。

四 文集类

陈忠谦：《仲裁的起源、发展与展望》，载陈忠谦主编《仲裁研究》，第9辑，法律出版社2006年版。

[日]夫马进：《明清时代的讼师与诉讼制度》，载滋贺秀三等《明清时期的民事审判与民间契约》，王亚新等译，法律出版社1998年版。

林启宣：《旧广州的铺底权》，载李齐念主编《广州文史资料存稿选编》第9辑"社会类"，中国文史出版社2008年版，

刘一峰：《孙学仕与正阳楼和正明斋》，载全国政协文史资料委员会编《文史资料存稿选编22》[经济（下）]，中国文史出版社2002年版。

邱澎生：《禁止把持与保护专利：试析清末商事立法中的苏州金箔业讼案》，载张晋藩主编《二十世纪中国法制的回顾与前瞻》，中国政法大学出版社2002年版。

张松：《固有商事习惯与近代商法间的冲突与传承——以民初京师商事公断处为中心的考察》，载王立民主编《中国历史上的法律与社会发展》，吉林人民出版社2007年版。

[日]滋贺秀三：《中国法文化的考察》，载滋贺秀三等《明清时期的民事审判与民间契约》，王亚新等译，法律出版社1998年版。

五 学位论文类

洪佳期：《上海公共租界会审公廨研究》，博士学位论文，华东政法大学，2005年。

江眺：《公司法：政府权力与商人利益的博弈》，博士学位论文，中国政法大学，2005年。

刘承涛：《近代中国商会理案制度研究——以苏沪为中心（1902—1927）》，博士学位论文，华东政法大学，2012年。

刘艳雄：《晚清湖南商事习惯的变迁——以〈湖南商事习惯报告书〉为中心的考察》，硕士学位论文，湖南师范大学，2008年。

吕震乾：《民间组织的法治功能研究》，博士学位论文，中共中央党校，2010年。

邱澎生：《商人团体与社会变迁：清代苏州的会馆公所与商会》，博士学位论文，台湾大学，1995年。

任满军：《晚清商事立法研究》，博士学位论文，中国政法大学，2007年。

申晓勇：《结社集会律与晚清社会》，硕士学位论文，华中师范大学，2002年。

孙广勇：《社会变迁中的中国近代教育会研究》，博士学位论文，华中师范大学，2006年。

王志华：《民国初年商会商事公断研究——以上海总商会商事公断处为例》，硕士学位论文，复旦大学，2005年。

六　报纸类

《本部具奏将破产律咨送法律馆统筹编纂片》，载《商务官报》1907年第30期。

《全国商会联合会记事（十二）》，载《申报》1914年3月27日第13版。

《商部致顾问官张謇及上海商会等论破产律书》，载《商务官报》1906年第12期。

《商法特会第二日记事》，载《申报》1907年11月21日第1张第5版。

《商法特会第一日记事》，载《申报》1907年11月20日第1张第5版。

《商业驳破产律议》，载《申报》1906年6月23日。

《上海商务总会致各埠商会拟开大会讨论商法草案书》，载《申报》1907年9月14日第1张第5版。

《续汉口钱业、汇业驳破产律条议》，载《申报》1906年10月1日第1张第3版。

七　中文网站类

《长沙市总商会仲裁调解中心成立》，2016 年 9 月，参考网址 http：//www.chinadaily.com.cn/dfpd/hunan/2010 - 09 - 01/content_799907.html。

陈忠谦：《二次创业：中国仲裁发展的必由之路》，2017 年 2 月，参考网址 http：//www.ccarb.org/news_detail.php？VID=1246。

哈尔滨地情网（哈尔滨地方志办公室主办），2016 年 12 月，参考网址 http：//218.10.232.41：8080/was40/detail？record=95&channelid=27155&presearchword。

胡临光：《以法院为视角：再议诉讼调解与人民调解之衔接》，2017 年 2 月，参考网址 http：//www.legaldaily.com.cn/dfjzz/content/2010-12/13/content_2395130.htm？node=21038。

上海地方志办公室网站 http：//www.shtong.gov.cn，访问日期：2016-4-20。

中国新闻网：《国务院起草行业协会商会法，"二政府"帽子或被摘》，2016 年 1 月，参考网址 http：//www.chinanews.com/gn/news/2009/12-06/2002294.shtml。